教育部人文社会科学重点研究基地重大项目“岭南濒危方言研究”（07JJD840201）

广东省普通高校人文社会科学重点研究基地——暨南大学汉语方言研究中心“岭南方言资源监测及资源库”项目成果

语言服务书系·方言研究

# 韶关犁市
# 土话研究

李冬香　徐红梅　著

暨南大学出版社
JINAN UNIVERSITY PRESS

中国·广州

**图书在版编目（CIP）数据**

韶关犁市土话研究／李冬香，徐红梅著．—广州：暨南大学出版社，2014.5
ISBN 978－7－5668－0954－4

Ⅰ.①韶…　Ⅱ.①李…②徐…　Ⅲ.①客家话—方言研究—韶关市　Ⅳ.①H176

中国版本图书馆 CIP 数据核字（2014）第 048283 号

……………………………………………………………………………………

**韶关犁市土话研究**
著　　者　李冬香　徐红梅

出 版 人　徐义雄
策　　划　刘　晶
责任编辑　刘　晶　肖自辉
责任校对　黄　斯　王莎莎
出版发行　暨南大学出版社（广州暨南大学　邮编：510630）
网　　址　http：//www.jnupress.com　http：//press.jnu.edu.cn
电　　话　总编室（8620）85221601
　　　　　营销部（8620）85225284　85228291　85228292（邮购）
排　　版　广州良弓广告有限公司
印　　刷　深圳市新联美术印刷有限公司
开　　本　787mm×960mm　1/16
印　　张　15.75
字　　数　282 千
版　　次　2014 年 5 月第 1 版
印　　次　2014 年 5 月第 1 次
定　　价　38.00 元

# 目　录

**第一章　引　言**　/ 001
第一节　犁市镇概况　/ 001
第二节　犁市土话区的语言生活　/ 003
第三节　本书所用符号及调查方言点　/ 011

**第二章　犁市土话语音**　/ 014
第一节　犁市土话声韵调　/ 014
第二节　犁市土话音韵特点　/ 016
第三节　犁市土话音节配合表　/ 026
第四节　犁市土话音系与中古音系的比较　/ 043
第五节　犁市土话同音字表　/ 051

**第三章　犁市土话词汇**　/ 071
第一节　犁市土话词汇特点　/ 071
第二节　犁市土话本字考　/ 075
第三节　犁市土话基本词汇表　/ 089

**第四章　犁市土话语法**　/ 187
第一节　犁市土话的构词法和构形法　/ 187
第二节　犁市土话的虚词和动词的体貌　/ 192
第三节　犁市土话的句法　/ 221

**第五章　犁市土话标音举例**　/ 242

**参考文献**　/ 246

# 第一章　引　言

## 第一节　犁市镇概况

### 一、犁市镇地理、历史概况

犁市是韶关市浈江区下属的一个镇，地处东经113°26′55″～113°43′50″，北纬24°50′15″～25°00′05″之间，东邻仁化县，北接乐昌市，南与韶关市区相连，西与乳源县桂头镇相接。全镇总面积305平方公里，下辖15个村委会和1个社区，2010年总人口4.65万人。境内武江河贯穿南北，京广、武广铁路，106国道，省道S248、S246线穿镇而过，是韶关市区“北大门”和往来仁化县、乐昌市、乳源县的交通枢纽，公路、铁路、水路交通极为便利。地势东北高，西南低，境内矿产资源丰富，其中煤储藏量尤其大。沿河两岸为坝地，是以粮食为主的经济作物区。犁市镇街是周边乡镇主要商品集散地。

犁市渡口附近有一块头大尾尖、形似犁头的沙洲，故被人称为犁头渡。明末清初已设有街（墟）场，称犁头埠墟。民国时称犁铺头，后改称犁市。1949年10月，犁市解放。1959年7月成立犁市人民公社。1959年划出黄塱、下坑给韶关市。1961年分出仙人庙（现改称梅村）公社。1964年又分出花坪镇。1975年又划出腊石给韶关市新韶公社。1983年11月撤社改区，1986年撤区改镇。[①]2001年12月，梅村镇并入犁市镇。2004年7月以前犁市镇属曲江县（现改称曲江区）管辖。2004年7月，犁市镇划归韶关市浈江区管辖。

### 二、犁市镇的民俗、方言和人口来源

武江两岸即浈江区犁市镇、乳源县桂头镇和一六镇三个乡镇，俗称为“西水”。过去，西水妇女的服饰与众不同。扎头帕、系围裙是西水妇女的特殊标志。逢年过节，喜食糍粑和粽子。不同的季节，不同的节日，糍粑和粽子都不同。如清明节做艾糍，端午节吃粽子，六月初六尝新节做蕉叶糍，春节炸油糍，建房子做盖瓦糍等。[①]现在，扎头帕、系围裙的习俗已很少见了，只有极少数老年人还

---

① 曲江县地方志编纂委员会．曲江县志．北京：中华书局，1999. 65～66.

保留这个习俗。不过，吃糍粑和粽子的习惯仍然保留下来了。

犁市镇的方言主要有客家话和土话。客家话主要分布在东北部的山区，当地人叫做“山边话”。土话主要分布在西南部的沿河两岸，当地人叫做“水边话”，土话居民自称“虱婆声”，《中国语言地图集》B13 把它划入归属未明的“韶州土话”①，学术界现在普遍称之为粤北土话。犁市镇的客家话和土话有的成片分布，有的则相互交错。纯客家话的村落有下陂和五四两个村委会，纯土话村落有大村、石脚下、厢廊、下园、黄塘、沙园等六个村委会。以客家话为主，土话只占少数的村落有群丰、犁市、石下、黄沙、黄竹等五个村委会和犁市居委会。以土话为主，客家话呈零星分布的村落有梅塘和溪头两个村委会。此外，有部分外来人员或部分本地人使用或兼用粤语。图 1 是犁市镇方言的分布情况。纯土话村落用［斜线图例］表示，以土话为主、客家话零星分布的村落用［密点图例］表示，以客家话为主、土话只占少数的村落用［疏点图例］表示，纯客家话村落为空白。

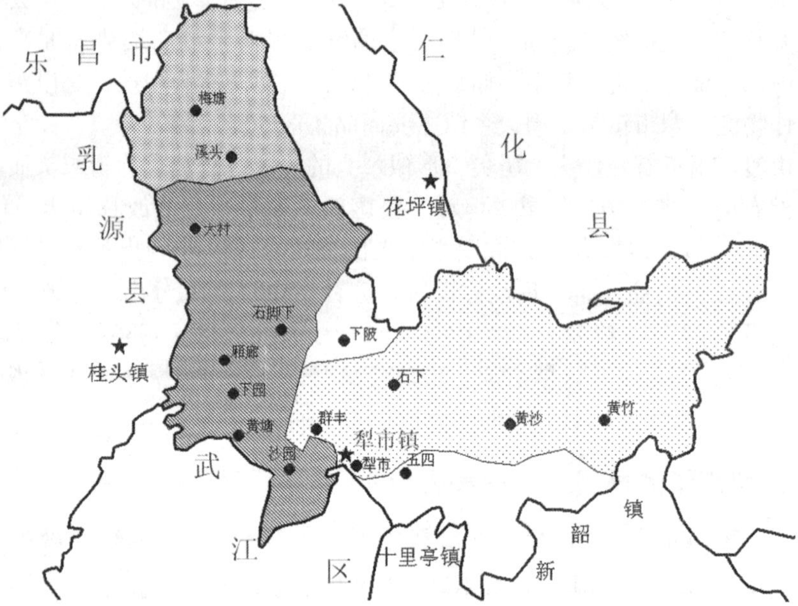


图 1　犁市镇方言的分布

① 中国社会科学院与澳大利亚人文科学院．中国语言地图集．香港：香港朗文（远东）出版有限公司，1989.

据李冬香、庄初升（2009：380），2005 年年底，犁市镇土话区人口为 19 263 人，占全镇总人口的 41.4%。由此可以推知，客家话区人口超过了 50%。据初步了解，客家话区的居民祖先一般是明清以后从闽西等地迁移而来的，至今多数客家人自称其祖先来自福建上杭瓦子街，庄初升（1999）对此有非常详细的讨论。① 而土话区居民祖先多是唐宋时期从江西中部、北部等地迁移而来的，详细情形请参阅庄初升（2004）②，李冬香、庄初升（2009）③。

## 第二节　犁市土话区的语言生活

### 一、犁市土话区的方言使用情况

前文指出，犁市镇的主要方言为客家话，其次是土话。其实，不仅在犁市，在整个韶关市，客家话的使用人口都占有绝对优势，土话处于弱势。因此，由于长期与客家人的接触，土话区部分人兼用客家话。近年来，由于粤语在韶关的不断扩展，土话居民中开始有人兼用粤语。此外，由于普通话的影响，土话居民中也有部分人开始兼用普通话。总之，在土话区，语言生活复杂多样。下面我们以土话区的纯土话村落沙园村为代表，考察犁市镇土话区的语言生活。2009 年我们先后两次进入沙园村，对沙园村的语言生活进行了偶遇抽样调查，共获得 33 份有效问卷。表 1 是样本的基本情况。

表 1　受访者的基本情况

| 性别 | 人数 | 年龄 | 人数 | 职业 | 人数 | 文化程度 | 人数 |
|---|---|---|---|---|---|---|---|
| 男 | 16 | 13 岁以下 | 3 | 农民 | 19 | 没上过学 | 8 |
| 女 | 17 | 13 ~ 30 岁 | 11 | 工人 | 3 | 小学 | 11 |
| | | 31 ~ 50 岁 | 7 | 干部 | 1 | 初中 | 9 |
| | | 51 ~ 70 岁 | 5 | 学生 | 8 | 高中、中师、中技 | 4 |
| | | 70 岁以上 | 7 | 其他 | 2 | 大专或以上 | 1 |

从整体上来看，这个村落的土话目前还是比较稳定的。在 33 位受访者中，

---

① 庄初升．粤北客家方言的分布和形成．韶关大学学报（社会科学版），1999（1）：7 ~ 14.

② 庄初升．粤北土话音韵研究．北京：中国社会科学出版社，2004. 321 ~ 327.

③ 李冬香，庄初升．韶关土话调查研究．广州：暨南大学出版社，2009. 373 ~ 376.

除1个孩子表示其母语土话程度为基本能交流以外，其余的受访者都为熟练。此外，几乎所有的孩子都以土话为母语。家庭内，一般都使用土话，只有与来自外方言区的母亲或妻子交流时，部分人不用土话。我们调查了4位30岁以上的外来媳妇，其中，31～50岁的1个，51～70岁的2个，70岁以上的1个。调查发现，她们的丈夫和孩子对她们都使用土话，但是，她们自己多使用母语即客家话，只有1位70岁以上的老年人使用土话。表2是不同年龄段的受访者母亲的母语情况。

**表2　受访者母亲的母语情况**

| 年龄 \ 人数 \ 频率 \ 母亲母语 | | 土话 | | 客家话 | | 其他 | |
|---|---|---|---|---|---|---|---|
| | | 计数 | 百分比（%） | 计数 | 百分比（%） | 计数 | 百分比（%） |
| 13岁以下 | 3 | 2 | 66.7 | 1 | 33.3 | 0 | .0 |
| 13～30岁 | 10 | 6 | 60.0 | 2 | 20.0 | 2 | 20.0 |
| 31～50岁 | 7 | 6 | 85.7 | 1 | 14.3 | 0 | .0 |
| 51～70岁 | 5 | 4 | 80.0 | 1 | 20.0 | 0 | .0 |
| 70岁以上 | 6 | 6 | 100.0 | 0 | .0 | 0 | .0 |
| 合计 | 31 | 24 | 77.4 | 5 | 16.1 | 2 | 6.5 |

从表2可以看出，70岁以上的老年人，其母亲的母语都为土话，也就是说，他们的母亲都是来自土话区的。而70岁以下的受访者的母亲，开始有来自其他方言区特别是客家方言区的。由于外来女性增多，家庭内部使用其他方言的现象也会随之增多。

还要指出的是，土话虽然在家庭和村子里使用比较频繁，但离开土话村落，到了相邻不远的集镇上，则一般很少使用。我们调查了不同年龄的人去乡镇购物使用方言的情况。表3是受访者去乡镇购物时使用方言的情况。

表3　乡镇购物使用方言的情况

| 年龄 \ 乡镇购物使用的方言 | 频率 人数 | 土话 | | 客家话 | | 粤语 | | 普通话 | |
|---|---|---|---|---|---|---|---|---|---|
| | | 计数 | 百分比（%） | 计数 | 百分比（%） | 计数 | 百分比（%） | 计数 | 百分比（%） |
| 13岁以下 | 3 | 0 | .0 | 1 | 33.3 | 0 | .0 | 2 | 66.7 |
| 13～30岁 | 11 | 1 | 9.1 | 3 | 27.3 | 4 | 36.4 | 3 | 27.3 |
| 31～50岁 | 7 | 0 | .0 | 6 | 85.7 | 1 | 14.3 | 0 | .0 |
| 51～70岁 | 5 | 0 | .0 | 5 | 100.0 | 0 | .0 | 0 | .0 |
| 70岁以上 | 7 | 0 | .0 | 7 | 100.0 | 0 | .0 | 0 | .0 |
| 合计 | 33 | 1 | 3.0 | 22 | 66.7 | 5 | 15.2 | 5 | 15.2 |

从表3可知，去乡镇购物时，除1个受访者表示使用土话以外，其余的受访者一般使用其他方言。其中，50岁以上的人都使用客家话；31～50岁的人多使用客家话，极少数使用粤语；而13～30岁的则以使用粤语为主，其次是客家话和普通话；13岁以下的孩子则以使用普通话为主，部分使用客家话。

下面我们再来看文化教育领域使用方言的情况，分别见表4、表5。

表4　老师课堂使用方言的情况

| 年龄 \ 老师课堂使用的方言 | 频率 人数 | 土话 | | 粤语 | | 普通话 | |
|---|---|---|---|---|---|---|---|
| | | 计数 | 百分比（%） | 计数 | 百分比（%） | 计数 | 百分比（%） |
| 13岁以下 | 3 | 0 | .0 | 0 | .0 | 3 | 100.0 |
| 13～30岁 | 11 | 0 | .0 | 0 | .0 | 11 | 100.0 |
| 31～50岁 | 5 | 0 | .0 | 0 | .0 | 5 | 100.0 |
| 51～70岁 | 3 | 0 | .0 | 0 | .0 | 3 | 100.0 |
| 70岁以上 | 3 | 1 | 33.3 | 2 | 66.7 | 0 | .0 |
| 合计 | 25 | 1 | 4.0 | 2 | 8.0 | 22 | 88.0 |

**表 5 看书读报使用方言的情况**

| 年龄 \ 人数 \ 频率 \ 看书读报使用的方言 | | 土话 | | 普通话 | |
|---|---|---|---|---|---|
| | | 计数 | 百分比（%） | 计数 | 百分比（%） |
| 13 岁以下 | 3 | 0 | .0 | 3 | 100.0 |
| 13~30 岁 | 11 | 0 | .0 | 11 | 100.0 |
| 31~50 岁 | 5 | 2 | 40.0 | 3 | 60.0 |
| 51~70 岁 | 3 | 1 | 33.3 | 2 | 66.7 |
| 70 岁以上 | 3 | 3 | 100.0 | 0 | .0 |
| 合计 | 25 | 6 | 24.0 | 19 | 76.0 |

由表 4、表 5 可知，在学校教育中，70 岁以上的受访者表示，老师课堂上多数使用粤语，少数使用土话；而 70 岁及 70 岁以下的受访者则表示，老师上课都使用普通话。不过，从表 5 可知，虽然老师课堂使用普通话或粤语，但看书读报时有相当部分受访者不使用普通话或粤语，而且这个现象集中出现在 30 岁以上的人群中。

**表 6 心里数数使用方言的情况**

| 年龄 \ 人数 \ 频率 \ 心里数数使用的方言 | | 土话 | | 普通话 | |
|---|---|---|---|---|---|
| | | 计数 | 百分比（%） | 计数 | 百分比（%） |
| 13 岁以下 | 3 | 2 | 66.7 | 1 | 33.3 |
| 13~30 岁 | 11 | 8 | 72.7 | 3 | 27.3 |
| 31~50 岁 | 7 | 7 | 100.0 | 0 | .0 |
| 51~70 岁 | 5 | 5 | 100.0 | 0 | .0 |
| 70 岁以上 | 7 | 7 | 100.0 | 0 | .0 |
| 合计 | 33 | 29 | 87.9 | 4 | 12.1 |

由表 6 可知，心里数数时，绝大多数人使用土话，只有极少数人使用普通话，而且集中出现在 30 岁以下的人群中。

表 7　单位工作使用方言的情况

| 年龄 | 人数 | 土话 计数 | 土话 百分比（%） | 客家话 计数 | 客家话 百分比（%） | 粤语 计数 | 粤语 百分比（%） | 普通话 计数 | 普通话 百分比（%） |
|---|---|---|---|---|---|---|---|---|---|
| 13～30 岁 | 5 | 1 | 20.0 | 0 | .0 | 2 | 40.0 | 2 | 40.0 |
| 31～50 岁 | 7 | 6 | 85.7 | 0 | .0 | 0 | .0 | 1 | 14.3 |
| 51～70 岁 | 5 | 4 | 80.0 | 1 | 20.0 | 0 | .0 | 0 | .0 |
| 70 岁以上 | 7 | 7 | 100.0 | 0 | .0 | 0 | .0 | 0 | .0 |
| 合计 | 24 | 18 | 75.0 | 1 | 4.2 | 2 | 8.3 | 3 | 12.5 |

由表 7 可知，30 岁及 30 岁以下的受访者在单位工作时很少使用土话，一般使用粤语和普通话；而 31～70 岁的受访者主要使用土话，个别使用客家话和普通话；70 岁以上的人则全部使用土话。

上文我们从家庭内部、乡镇购物、文化教育、心里数数、单位工作等 5 个方面介绍了犁市土话区的方言使用情况。总的来看，家庭内部以及心里数数时土话占绝对优势，但 30 岁及 30 岁以下的有较多人开始使用普通话。在乡镇购物时，30 岁以上的以使用客家话为主，13～30 岁的以使用粤语为主，13 岁以下的则以使用普通话为主。文化教育领域，70 岁以上的以使用粤语为主，70 岁及 70 岁以下的以使用普通话为主，并且占绝对优势。在单位工作时，30 岁以上的以使用土话为主，30 岁及 30 岁以下的则以使用普通话和粤语为主。由此可以看出，土话一般限于家庭内和土话村落使用，对外则一般使用客家话，但年轻人开始倾向于使用粤语。

## 二、犁市土话居民方言兼用能力

上文介绍了犁市土话区的方言使用情况，可以看出，有相当部分土话居民兼用客家话和粤语。他们兼用的客家话和粤语程度到底如何？表 8 是受访者掌握其他方言的情况。

表 8　受访者掌握其他方言的情况

| 频率 方言 / 熟练程度 | 客家话 | | 粤语 | | 普通话 | |
|---|---|---|---|---|---|---|
| | 计数 | 百分比（%） | 计数 | 百分比（%） | 计数 | 百分比（%） |
| 不能说，也不能听 | | | | | 3 | 9.1 |
| 能听，但不能说 | 1 | 3.0 | 6 | 18.2 | 4 | 12.1 |
| 能听，也能说一点 | 2 | 6.1 | 12 | 36.4 | 6 | 18.2 |
| 基本能交流 | 20 | 60.6 | 10 | 30.3 | 10 | 30.3 |
| 熟练 | 10 | 30.3 | 5 | 15.1 | 10 | 30.3 |
| 合计 | 33 | 100.0 | 33 | 100.0 | 33 | 100.0 |

从表 8 可以看出，在 33 位受访者中，兼用的其他方言熟练程度最高的是客家话，熟练的约占三分之一，基本能交流的约占三分之二；其次是普通话，熟练和基本能交流的都约占三分之一；相对较差的是粤语，熟练的约占六分之一，基本能交流的则约占三分之一。这与上文受访者客家话和粤语的使用情况一致。不过，在兼用其他方言的能力上，不同年龄的受访者情况不同。请看表 9、表 10 和表 11。

表 9　受访者客家话的熟练程度

| 年龄 | 客家话熟练程度 / 频率 / 人数 | 能听，但不能说 | | 能听，也能说一点 | | 基本能交流 | | 熟练 | |
|---|---|---|---|---|---|---|---|---|---|
| | | 计数 | 百分比（%） | 计数 | 百分比（%） | 计数 | 百分比（%） | 计数 | 百分比（%） |
| 13 岁以下 | 3 | 1 | 33.3 | 0 | .0 | 2 | 66.7 | 0 | .0 |
| 13～30 岁 | 11 | 0 | .0 | 1 | 9.1 | 7 | 63.6 | 3 | 27.3 |
| 31～50 岁 | 7 | 0 | .0 | 0 | .0 | 5 | 71.4 | 2 | 28.6 |
| 51～70 岁 | 5 | 0 | .0 | 0 | .0 | 4 | 80.0 | 1 | 20.0 |
| 70 岁以上 | 7 | 0 | .0 | 1 | 14.3 | 2 | 28.6 | 4 | 57.1 |
| 合计 | 33 | 1 | 3.0 | 2 | 6.1 | 20 | 60.6 | 10 | 30.3 |

**表 10　受访者粤语的熟练程度**

| 年龄＼人数＼频率＼粤语熟练程度 | | 能听，但不能说 | | 能听，也能说一点 | | 基本能交流 | | 熟练 | |
|---|---|---|---|---|---|---|---|---|---|
| 年龄 | 人数 | 计数 | 百分比（%） | 计数 | 百分比（%） | 计数 | 百分比（%） | 计数 | 百分比（%） |
| 13 岁以下 | 3 | 0 | .0 | 1 | 33.3 | 1 | 33.3 | 1 | 33.3 |
| 13～30 岁 | 11 | 0 | .0 | 3 | 27.2 | 4 | 36.4 | 4 | 36.4 |
| 31～50 岁 | 7 | 0 | .0 | 3 | 42.9 | 4 | 57.1 | 0 | .0 |
| 51～70 岁 | 5 | 3 | 60.0 | 1 | 20.0 | 1 | 20.0 | 0 | .0 |
| 70 岁以上 | 7 | 3 | 42.9 | 4 | 57.1 | 0 | .0 | 0 | .0 |
| 合计 | 33 | 6 | 18.2 | 12 | 36.4 | 10 | 30.3 | 5 | 15.1 |

**表 11　受访者普通话的熟练程度**

| 年龄＼人数＼频率＼普通话熟练程度 | | 不能说，也不能听 | | 能听，但不能说 | | 能听，也能说一点 | | 基本能交流 | | 熟练 | |
|---|---|---|---|---|---|---|---|---|---|---|---|
| 年龄 | 人数 | 计数 | 百分比（%） | 计数 | 百分比（%） | 计数 | 百分比（%） | 计数 | 百分比（%） | 计数 | 百分比（%） |
| 13 岁以下 | 3 | 1 | 33.3 | 0 | .0 | 0 | .0 | 1 | 33.3 | 1 | 33.3 |
| 13～30 岁 | 11 | 0 | .0 | 0 | .0 | 0 | .0 | 3 | 27.3 | 8 | 72.7 |
| 31～50 岁 | 7 | 0 | .0 | 0 | .0 | 3 | 42.9 | 4 | 57.1 | 0 | .0 |
| 51～70 岁 | 5 | 0 | .0 | 2 | 40.0 | 1 | 20.0 | 1 | 20.0 | 1 | 20.0 |
| 70 岁以上 | 7 | 2 | 28.6 | 2 | 28.6 | 2 | 28.6 | 1 | 14.2 | 0 | .0 |
| 合计 | 33 | 3 | 9.1 | 4 | 12.1 | 6 | 18.2 | 10 | 30.3 | 10 | 30.3 |

从表 9、表 10 和表 11 可以看出，受访者兼用其他方言的熟练程度具有明显的年龄变异。13 岁以下的孩子，客家话、粤语和普通话都有约三分之二的人达到了基本能交流的程度。13～30 岁的人群上述三种方言几乎所有的人都达到了基本能交流的程度。31～70 岁的人群则以客家话最为熟练，几乎所有的人都达到了基本能交流的程度；粤语和普通话的熟练程度相差不大，达到基本能交流程度的占三分之二以上。70 岁以上的人群也以客家话最为熟练，大多数人达到了基本能交流的程度，普通话则只有少数人能基本交流，而粤语几乎无人能够使用。从中可以看出，受访者兼用的其他方言从客家话占绝对优势慢慢过渡到客家

话、粤语和普通话兼用。

## 三、犁市土话居民的语言态度

上文指出，受访者兼用其他方言的熟练程度具有明显的年龄变异。其实，不同年龄的人，语言态度也不同。先看表12。

**表12 受访者最喜欢的话**

| 年龄 \ 最喜欢的话 | 人数 | 土话 | | 客家话 | | 粤语 | | 普通话 | |
|---|---|---|---|---|---|---|---|---|---|
| | 频率 | 计数 | 百分比（%） | 计数 | 百分比（%） | 计数 | 百分比（%） | 计数 | 百分比（%） |
| 13岁以下 | 3 | 1 | 33.3 | 0 | .0 | 1 | 33.3 | 1 | 33.3 |
| 13~30岁 | 11 | 3 | 27.3 | 1 | 9.1 | 3 | 27.3 | 4 | 36.3 |
| 31~50岁 | 7 | 7 | 100.0 | 0 | .0 | 0 | .0 | 0 | .0 |
| 51~70岁 | 5 | 4 | 80.0 | 1 | 20.0 | 0 | .0 | 0 | .0 |
| 70岁以上 | 7 | 6 | 85.7 | 1 | 14.3 | 0 | .0 | 0 | .0 |
| 合计 | 33 | 21 | 63.6 | 3 | 9.1 | 4 | 12.1 | 5 | 15.2 |

从表12可以看出，30岁以上的人最喜欢的话是土话，占90%以上；其次是客家话；没有人最喜欢粤语和普通话。而30岁及30岁以下的人最喜欢的话中，土话、粤语和普通话各约占三分之一，最喜欢客家话的只有极少数。

最后再来看受访者学会的第二种话，见表13。

**表13 受访者学会的第二种话**

| 年龄 \ 学会的第二种话 | 人数 | 客家话 | | 粤语 | | 普通话 | | 其他 | |
|---|---|---|---|---|---|---|---|---|---|
| | 频率 | 计数 | 百分比（%） | 计数 | 百分比（%） | 计数 | 百分比（%） | 计数 | 百分比（%） |
| 13岁以下 | 3 | 0 | .0 | 1 | 33.3 | 2 | 66.7 | 0 | .0 |
| 13~30岁 | 11 | 2 | 18.2 | 0 | .0 | 8 | 72.7 | 1 | 9.1 |
| 31~50岁 | 7 | 6 | 85.7 | 0 | .0 | 1 | 14.3 | 0 | .0 |
| 51~70岁 | 5 | 4 | 80.0 | 0 | .0 | 1 | 20.0 | 0 | .0 |

（续上表）

| 年龄 \ 人数 \ 频率 \ 学会的第二种话 | | 客家话 | | 粤语 | | 普通话 | | 其他 | |
|---|---|---|---|---|---|---|---|---|---|
| | | 计数 | 百分比（%） | 计数 | 百分比（%） | 计数 | 百分比（%） | 计数 | 百分比（%） |
| 70 岁以上 | 7 | 7 | 100.0 | 0 | .0 | 0 | .0 | 0 | .0 |
| 合计 | 33 | 19 | 57.6 | 1 | 3.0 | 12 | 36.4 | 1 | 3.0 |

从表 13 可以看出，学会的第二种话中，70 岁以上的人群全是客家话；31 ~ 70 岁的人群以客家话占绝对优势，只有少数人为普通话；13 ~ 30 岁的人群以普通话占绝对优势，只有极少数人为客家话；13 岁以下的人群也以普通话为主，另有少数人为粤语。

上文分别介绍了土话区的方言使用情况、土话居民兼用其他方言能力及其语言态度，从中可以看出，上述三个方面都存在明显的年龄变异。从年龄变异可以看出，随着时间的推移，土话的交际功能会逐渐减弱，兼用的其他方言将由以客家话为主逐渐转为粤语和普通话并用。

## 第三节 本书所用符号及调查方言点

### 一、音标符号

本书用国际音标标音，现将本书用到的国际音标符号列出如下。

#### （一）辅音

本书所用到的辅音符号共 17 个，下面按各个辅音的发音部位和发音方法介绍如下，见表 14。

**表 14 本书所用到的辅音**

| | | | 双唇 | 唇齿 | 舌尖前 | 舌尖中 | 舌面 | 舌根 |
|---|---|---|---|---|---|---|---|---|
| 塞音 | 清音 | 不送气 | p | | | t | | k |
| | | 送气 | $p^h$ | | | $t^h$ | | $k^h$ |
| | 浊音 | 不送气 | b | | | | | g |

（续上表）

| | | | 双唇 | 唇齿 | 舌尖前 | 舌尖中 | 舌面 | 舌根 |
|---|---|---|---|---|---|---|---|---|
| 塞擦音 | 清音 | 不送气 | | | ʦ | | | |
| | | 送气 | | | ʦ$^{h}$ | | | |
| 边音 | 浊音 | | | | | l | | |
| 擦音 | 清音 | | | f | s | | | h |
| | 浊音 | | | v | | | | |
| 半元音 | | | | | | | j | |

除了上述辅音外，本书用到的声母还有一个零声母［∅］。

### （二）元音

本书所用到的舌面元音共9个，见图2。

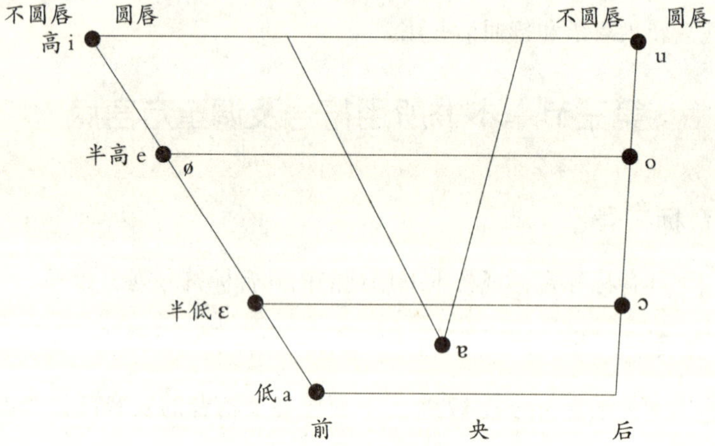


**图2　本书所用到的舌面元音**

本书用到的元音除了以上舌面元音以外，还有一个舌尖元音［ɿ］。

### （三）声调符号

没有特殊说明以外，本书一般采用数字标调法，调值采用五度制。各声调的调值分别是：阴平21、阳平53、上声35、阴去55、阳去33、阴入（变调2）5、阳入（变调1）3。

## 二、其他符号

（1）“/”表示“或者”的意思。

（2）字下加“_”者为白读音，加“═”者为文读音，加“﹏”者为同音字。

（3）有音无字或暂时考不出本字的用“□”代替。

（4）注释中用“～”代替所注的字。

## 三、调查方言点

本书调查方言点为犁市镇沙园村，与庄初升（2004）调查的为同一个村，口音相同。

发音合作人为成伙新先生。成先生1958年出生，大专，教师。在调查过程中，得到了他们一家的大力支持，谨此致谢！

# 第二章　梨市土话语音[①]

## 第一节　梨市土话声韵调

### 一、声母（17个，包括零声母）

| | | | | |
|---|---|---|---|---|
| p 爬步本吠白 | $p^h$ 破被~子抱 | b 麻买猫命袜 | f 火湖灰苦窟 | v 禾乌王横滑 |
| t 多袋道头答 | $t^h$ 拖讨断苎托 | | | l 糯锣露肉辣 |
| ʦ 株纸罩尖摘 | $ʦ^h$ 坐茶锄炒杂 | | s 写蛇烧形湿 | j 夜意有盐叶 |
| k 歌瓜改挂郭 | $k^h$ 茄靠桥口缺 | g 瓦吴二牛月 | h 许豪厚糠合 | |
| Ø 哑爱鸭暗一 | | | | |

说明：

①v 的摩擦比较明显。

②ʦ、$ʦ^h$、s 与齐齿呼和 y 相拼时带有舌叶音的色彩。

③k、$k^h$ 与合口呼相拼时带有轻微的唇齿摩擦音 v。

### 二、韵母（34个）

| | | | |
|---|---|---|---|
| ɿ 纸四事实十 | i 寄二急橘日 | u 火步过佛物 | y 徐主举吹出 |
| a 夜买南甜杂 | ia 头厚口瘦浮 | ua 乖快关括刮 | |
| o 灰会唔~乏罚活 | io 椒烧桥丈~人公脚 | uo 大袋材外骨 | |
| e 呢疑问语气词 | ie 蛇写成井白 | | |
| uie 梗 | | | |
| oe 女猪雷锤细 | | | |
| ai 脐死皮值力 | uai 亏跪柜鬼国 | | |

---

① 本章部分内容根据李冬香《粤北梨市土话音系》（《方言》2013年第4期）一文修改而成。该文写作过程中参考了庄初升（2004）的研究成果，《方言》杂志审稿专家提出了宝贵的修改意见，谨此一并致谢！

| | | |
|---|---|---|
| ei 洗镰盐舌食 | | |
| au 抱包咬搞袄 | iau 鸟~~：赤子阴 | |
| ou 哥坐马挂薄 | iu 留酒抽牛油 | |
| ɛɯ 读木速熟屋 | | |
| øy 茄靴坚软月 | | |
| ɐn 针深亲村银 | in 乒~乓球□调~闯：荡秋千 | uɐn 军棍滚混菌 |
| ɔn 看~守寒汉安 | | |
| aŋ 旁床房等港 | | uaŋ 光狂轰匡广 |
| ɛŋ 东红虫凶拥推 | | |
| oŋ 炭板懒酸尚 | ioŋ 娘枪昌常痒 | uoŋ 肝秆馆罐欢~喜 |
| m̩ 五安汗旱晏晚 | | |

说明：

①a 单用时发音稍后，略圆。

②y 唇形稍展。

③uo 中的 u 发音较短，实际音值为ᵘo。

④m̩ 可以与 h 相拼，如：汗 $hm^{33}$、旱 $hm^{55}$。

## 三、声调（单字调 7 个，小称变调 2 个）

| | | | | | |
|---|---|---|---|---|---|
| 阴平 | 21 | 歌猪包吞张 | 阳平 | 53 | 螺毛沉前坟 |
| 上声 | 35 | 果鬼小桶两斤~ | | | |
| 阴去 | 55 | 破坐瓦软算 | 阳去 | 33 | 露洞饭问运 |
| 阴入 | 5（4ʔ45） | 插踢急割一 | 阳入 | 3（2ʔ23） | 杂笠舌薄镬~头 |
| 变调 1 | 2ʔ23（3） | 沙队刀春蛋笔 | | | |
| 变调 2 | 4ʔ45（5） | 鱼柜帽豆篾 | | | |

说明：

①阴入、阳入都是短调，与之相配的韵母均带有轻微的喉塞 -ʔ。有两个变体，一个中塞式，一个后塞式。为简便计，本书分别标作 5 和 3。

②两个小称变调分别与阴入和阳入合流。因此，下文把两个小称变调分别归入阴入和阳入，不再单独列出。

## 第二节 犁市土话音韵特点

### 一、声母特点

#### （一）古全浊声母今逢塞音、塞擦音时送气与否同时以声纽和声调为条件

古並（奉）、定、澄母（今读塞音）口语中常用上声字读送气音，非常用字一般读不送气音。如：部簿 p$^{h}$u$^{55}$、杜 t$^{h}$u$^{55}$、妇新~：新娘 p$^{h}$ai$^{3}$、断决~t$^{h}$oŋ$^{55}$、苎 t$^{h}$oe$^{3}$、被~子 p$^{h}$ai$^{55}$；吠 puo$^{33}$、动 tɛŋ$^{33}$、荡 taŋ$^{33}$、道 tau$^{33}$。古並（奉）、定、澄母（今读塞音）全浊上声以外的字一般读不送气音。如：扶 pu$^{53}$、步 pu$^{33}$、图 tu$^{53}$、度 tu$^{33}$、锤动词 toe$^{53}$、皮 pai$^{53}$、团 toŋ$^{53}$、住 toe$^{33}$、盗 tau$^{33}$、备 pai$^{33}$、段 toŋ$^{33}$、伏趴 pɛɯ$^{3}$、读毒 tɛɯ$^{3}$。从、澄（今读塞擦音）、崇、群母则一般读送气音，如：残ʦ$^{h}$a$^{53}$、池 ʦ$^{h}$ʅ$^{53}$、床 ʦ$^{h}$aŋ$^{53}$、赵 ʦ$^{h}$io$^{33}$、近 k$^{h}$øy$^{55}$、治 ʦ$^{h}$ʅ$^{33}$、轿 k$^{h}$io$^{5}$、共 k$^{h}$ɛŋ$^{33}$、杰 k$^{h}$øy$^{5}$、杂 ʦ$^{h}$a$^{3}$、直 ʦ$^{h}$ai$^{3}$。

我们注意到，古並（奉）、定、澄母（今读塞音）的上声字中，读送气音的一般归阴去或读来自阴调的小称变音，读不送气音的归阳去。而在古並（奉）、定、澄母（今读塞音）以外的全浊上声字中，读送气音的有的归阴去，如"柱靖坐徛站立妓舅大~近"归阴去；有的归阳去，如"件一~事跪似赵兆叙聚篆尽仲巨拒距技混造"。有个别字则有两读，如"在"有时读 ʦ$^{h}$uo$^{55}$，有时读 ʦ$^{h}$uo$^{33}$；而"重"在"轻重"中读 ʦ$^{h}$ɛŋ$^{55}$，"重要"中读 ʦ$^{h}$ɛŋ$^{33}$。古並（奉）、定、澄母（今读塞音）以外的全浊上声字中读不送气的一般都归阳去，如"诞痔撰荡锭仗"等读阳去。

#### （二）非组普遍存在读如重唇的现象，主要集中在微母字

如：武侮鹉鹦~bu$^{55}$、务雾 bu$^{33}$、未味 bai$^{33}$、尾 bai$^{3}$、闻 bɐn$^{53}$、问 bɐn$^{33}$、忘 baŋ$^{53}$、望 baŋ$^{33}$、网 baŋ$^{3}$、万 boŋ$^{33}$、晚夜~ba$^{5}$、袜 buo$^{3}$。非微母字暂时只发现极少数常用字读如重唇。如：扶奉 pu$^{53}$、斧非 pu$^{35}$、吠奉 puo$^{33}$、妇（新~：新娘）奉 p$^{h}$ai$^{3}$、伏（趴）奉 pɛɯ$^{3}$。上述字的读音是"古无轻唇音"特点的保留。非组还有极少数读重唇音，如"甫脯杏~捧藩"读 p$^{h}$，但它们不是古音的保留，而是由于其他原因造成的。

#### （三）泥、来母不论逢洪细一般合流为 l

如：泥泥 = 犁来 la$^{53}$、难（~易）泥 = 栏来 loŋ$^{53}$、农泥 = 龙来 lɛŋ$^{53}$、尿泥 = 料来

lio$^{33}$、娘泥 = 良来 lioŋ$^{53}$。此外，泥母也有极少数读 g。如：碾～船 gei$^{35}$、捻 gei$^{35}$、扭又音 giu$^{35}$、酿 gioŋ$^{33}$。

### （四）精、庄、知、章四组声母合流为 ʦ、ʦ$^{h}$、s

如：紫精 = 纸章 ʦɿ$^{35}$、查崇二 = 茶澄二 ʦ$^{h}$ou$^{53}$、秋精 = 抽彻二 ʦ$^{h}$iu$^{21}$、精（～神）精 = 庄庄三 = 正（～月）章 ʦaŋ$^{21}$、宗精 = 忠知三 = 终章 ʦɛŋ$^{21}$。不过，庄组三等的韵母除止摄外一般不与三等精、知、章组合流，而是与一等韵相同（详见下文）。

### （五）知组三等有少数口语常用字读如端组

如：朝早～：上午 tio$^{3}$、猪 toe$^{21}$、住 toe$^{33}$、槌动词锤动词 toe$^{53}$、苎 t$^{h}$oe$^{3}$、昼上～：上午 tiu$^{3}$、沉 tɐn$^{53}$、胀涨 tioŋ$^{55}$、仗炮～：鞭炮 tioŋ$^{33}$、丈～人公：岳父 t$^{h}$io$^{55}$、砧 tɐn$^{21}$、筑 tɛɯ$^{5}$、埕澄 taŋ$^{53}$、啄琢～磨 tio$^{5}$、秩 tai$^{5}$。上述字的读音是“古无舌上音”特点的保留。此外，知三还有极少数字读 t，如：爹 tie$^{21}$、择～菜 t$^{h}$ou$^{3}$。其中，“爹 tie$^{21}$”应该是来自普通话，“择～菜 t$^{h}$ou$^{3}$”可能来自周边客家话。

### （六）溪母部分常用字读如晓母，或者读 h，或者读 f

一个溪母字若有文、白两读，则一定是白读读如晓母。如：起 hi$^{35}$、器弃气汽 hi$^{55}$、开 huo$^{21}$、坑 hie$^{21}$、牵 hei$^{21}$、哭酷 hɛɯ$^{5}$、糠 haŋ$^{21}$、渴 huo$^{5}$、空 hɛŋ$^{21}$、肯 haŋ$^{35}$、苦fu$^{35}$～瓜/k$^{h}$u$^{55}$～味、窟fo$^{3}$ 屎～：屁股/k$^{h}$u$^{5}$ 窟～窿。

### （七）见系一般没有腭化

如：徛站立 k$^{h}$i$^{55}$、鱼 gy$^{5}$、口 k$^{h}$ia$^{35}$、脚 kio$^{5}$、牛 giu$^{53}$、香 hioŋ$^{21}$。不过，也有部分晓、匣母三等字腭化为擦音 s，晓母读 s 的有“休蝎喧玄悬熏勋协”，匣母读 s 的有“携协穴弦形刑型”。如：熏勋 sɐn$^{21}$、宣喧 søy$^{21}$、休 siu$^{21}$（晓）、携 sei$^{53}$、穴 sei$^{5}$、形 saŋ$^{53}$（匣）。

### （八）晓、匣母合口字有读 f 声母而混入非组的，匣母有部分字读 v

如：火 fu$^{35}$、坏 fa$^{33}$、活 fo$^{3}$、横 vie$^{53}$、禾 vu$^{53}$、滑 va$^{3}$。

## 二、韵母特点

### （一）一、二等韵的分合

（1）蟹摄一、二等对立明显。

蟹开一一般读 uo，如：贝 puo$^{55}$、袋 tuo$^{5}$、裁 ʦ$^{h}$uo$^{53}$、开 huo$^{21}$。蟹开二读 a，

如：排 pa$^{53}$、晒 sa$^{55}$、皆 ka$^{21}$。因此，灾蟹开一 ʦuo$^{21}$ ≠斋蟹开二 ʦa$^{21}$，财蟹开一 ʦ$^{h}$uo$^{53}$ ≠豺柴蟹开二 ʦ$^{h}$a$^{53}$、该蟹开一 kuo$^{21}$ ≠阶蟹开二 ka$^{21}$。不过，开一也有个别字开始混入开二，读 a。如：宰 ʦa$^{35}$、猜 ʦ$^{h}$a$^{21}$。

蟹合一帮系读 uo、ai，端系读 oe，见系读 o、uo、ai、uai。如：陪 puo$^{53}$、堆 toe$^{21}$、罪 ʦ$^{h}$oe$^{33}$、灰 fo$^{21}$、外 guo$^{33}$、煨 vo$^{21}$、回 fai$^{53}$、刽秦～k$^{h}$uai$^{53}$。蟹合二读 a、ua、ou，如：怪 kua$^{55}$、快 k$^{h}$ua$^{55}$、坏 fa$^{33}$、话动词 vou$^{33}$。

（2）山摄一、二等在见系中保留区别。

山开一端系阳声韵一般读 oŋ，入声韵一般读 uo。如：单 toŋ$^{21}$、拦 loŋ$^{53}$、伞 soŋ$^{55}$、笪 tuo$^{5}$、擦 ʦ$^{h}$uo$^{5}$。见系阳声韵读 uoŋ、ɔn，入声韵读 uo。如：干～湿 kuoŋ$^{21}$、寒 hɔn$^{53}$、罕 hɔn$^{35}$、安 ɔn$^{21}$、葛粉～kuo$^{3}$、割 kuo$^{55}$。山开二帮组阳声韵一般读 oŋ，入声韵读 uo。如：扳动词 poŋ$^{21}$、板 poŋ$^{35}$、襻扣～p$^{h}$oŋ$^{3}$、慢 boŋ$^{33}$、抹 buo$^{5}$。庄组、见系一般读 a。如：山 sa$^{21}$、产 ʦ$^{h}$a$^{35}$、简 ka$^{35}$、眼～睛 ga$^{55}$、闲 ha$^{53}$、杀 sa$^{5}$、瞎 ha$^{5}$。不过，开一端系和开二的帮组都有部分字读 a，开一见系暂时没有发现读 a 的。开一端系读 a 的如：蛋～糕 ta$^{35}$、旦 ta$^{55}$、兰 la$^{53}$、灿 ʦ$^{h}$a$^{35}$、达 ta$^{3}$；开二帮组读 a 的如：班斑 pa$^{21}$、办 pa$^{33}$、瓣豆～pa$^{3}$、八 pa$^{5}$。由此可知，在开口呼中，山摄一、二等的区别主要反映在见系中，其他的声组中一二等基本合流。

山合一帮系、端系阳声韵读 oŋ，入声韵读 uo。如：盘 poŋ$^{5}$、伴 p$^{h}$oŋ$^{3}$、半 poŋ$^{55}$、瞒 boŋ$^{53}$、算 soŋ$^{55}$、钵～头 puo$^{3}$。见系阳声韵一般读 uoŋ、ɔn，入声韵读 o、uo。如：官 kuoŋ$^{21}$、管 kuoŋ$^{35}$；缓 hɔn$^{33}$、阔 k$^{h}$uo$^{5}$、活 fo$^{3}$。但见系也有少数读 a、ua，帮系、端系则暂时没有发现读 a 的。见系读 a、ua 的如：贯 kua$^{55}$、括 kua$^{5}$、款 k$^{h}$a$^{35}$。合口二等庄组阳声韵读 oŋ，入声读 uo。如：闩动词 soŋ$^{21}$、刷 suo$^{5}$。见系读 a、ua。如：关 kua$^{21}$、惯 kua$^{55}$、刮 kua$^{5}$、滑 va$^{3}$。由此可知，在合口呼中，山摄一、二等的区别也主要反映在见系中，不过，一等见系有极少数字与二等合流。

（3）效摄、咸摄一、二等合流。

效摄一、二等合流为 au。如：宝开一 = 饱开二 pau$^{35}$、操开一 = 抄开二 ʦ$^{h}$au$^{21}$、高开一 = 交开二 kau$^{21}$。

咸摄一、二等一般合流为 a。如：男篮～球 la$^{53}$、答 ta$^{5}$、杂 ʦ$^{h}$a$^{3}$、蜡 la$^{3}$（一等），馅 ha$^{5}$、插 ʦ$^{h}$a$^{5}$、夹～袄 ka$^{5}$、狭 ha$^{5}$（二等），敢开一 = 减开二 ka$^{35}$、含开一 = 咸开二 ha$^{53}$。不过，开一见系入声韵不读 a，与其他的字有别。如：鸽 kie$^{3}$、盒喝 huo$^{5}$、合 huo$^{3}$。

**（二）开口呼与合口呼的分合**

（1）果摄开一与合一一般合流为 ou。如：罗开一 = 脶合一 lou$^{53}$、河开一 = 和

（~气）合一 hou$^{53}$，鹅（天~）开一 gou$^{53}$、破合一 p$^{h}$ou$^{55}$。

（2）假摄开二与合二合流为 ou。如：加开二＝瓜（冬~）合二 kou$^{21}$、纱开二 sou$^{21}$、傻合二 sou$^{53}$。

（3）蟹摄开口与合口有分有合。

开一与合一除端系外一般合流为 uo、o（o 只与 f 相拼）。如：贝开一＝辈合一 puo$^{55}$、艾开一＝外合一 guo$^{33}$、开开一 huo$^{21}$、灰合一 fo$^{21}$。端系开一读 uo，合一读 oe。因此，戴开一 tuo$^{55}$≠对（形容词）合一 toe$^{55}$、来开一 luo$^{53}$≠雷合一 loe$^{53}$。

见系见组开二读 a，合二读 ua；影晓组开口与合口合流为 a。如：街开二 ka$^{21}$≠乖合二 kua$^{21}$、鞋（草~）开二 ha$^{53}$、怀合二 fa$^{53}$。

（4）山摄开口与合口有分有合。

山摄开口一等与合口一等合流。阳声韵一般合流为 oŋ、uoŋ、ɔn，入声韵合流为 o、uo。如：丹开一＝端合一 toŋ$^{21}$、伞开一＝算合一 soŋ$^{55}$、秆开一＝馆合一 kuoŋ$^{35}$、焊开一＝唤合一 hɔn$^{33}$、旱开一＝换合一 hm$^{55}$、辣开一 luo$^{3}$、脱合一 t$^{h}$uo$^{5}$、活合一 fo$^{3}$。

开二与合二一般有别，庄组开口读 a，合口读 oŋ、uo。如：删开二 sa$^{21}$、察开二 ʦ$^{h}$a$^{5}$、撰合二 ʦoŋ$^{55}$、刷合二 suo$^{5}$。见系见组开口读 a，合口读 ua；而影晓组开口与合口合流为 a。如：艰开二 ka$^{21}$≠关合二 kua$^{21}$，瞎开二 ha$^{5}$、猾合二 va$^{3}$。

这里要特别指出的是，来自于见系一等的韵母 uoŋ、ɔn 的出现与声母有关。韵母 uoŋ 与塞音 k、k$^{h}$ 相拼。如：肝 kuoŋ$^{21}$、赶 kuoŋ$^{35}$、干~活 kuoŋ$^{55}$、欢~喜 k$^{h}$uoŋ$^{21}$。韵母 ɔn 一般与擦音和零声母相拼。如：韩 hɔn$^{53}$、案 ɔn$^{55}$。ɔn 与舌根音相拼的目前只发现一个字"看~守 k$^{h}$ɔn$^{55}$"。此外，当声母为擦音或零声母时，部分常用字读韵化辅音。如：旱 hm$^{55}$、换汗 hm$^{33}$、安 m$^{21}$。由此我们推测，见系一等擦音与 uoŋ 相拼时经历了如下演变过程：huoŋ→hɔn→hm；uoŋ 与零声母相拼时经历了如下演变过程：uoŋ→ɔn→m。

（5）臻摄开口与合口有分有合。

开一端组读 oŋ，合一端组读 ɐn。如：吞开一 t$^{h}$oŋ$^{21}$≠敦合一 tɐn$^{21}$。见系开一有 øy、uoŋ、ɐn 三个读音。如：根 køy$^{21}$、跟~头 kuoŋ$^{21}$、恳 hɐn$^{35}$、痕 hɐn$^{53}$、恨 hɐn$^{33}$。合一读 ɐn、uɐn。如：昆 k$^{h}$uɐn$^{21}$、困 k$^{h}$uɐn$^{55}$、昏 fɐn$^{21}$、温 vɐn$^{21}$。

开三与合三在见组中有别，其他的声组中两者合流。如：神开三＝旬合三 sɐn$^{53}$、鳞开三＝轮合三 lɐn$^{53}$、引开三＝允合三 jɐn$^{35}$，但，斤开三 kɐn$^{21}$≠均合三 kuɐn$^{21}$。

（6）宕开一与宕合一保留区别的痕迹。如：刚开一 kaŋ$^{21}$≠光合一 kuaŋ$^{21}$、糠开一 haŋ$^{21}$、广合一 kuaŋ$^{35}$，但，炕开一＝旷合一 k$^{h}$aŋ$^{53}$、各开一＝郭合一 kou$^{5}$。

（7）曾摄、梗摄合口字数太少，现列举调查到的几个合口字的读音，同时与开口字对照。曾摄如：国合一 kuai$^{3}$—刻 k$^{h}$ai$^{5}$ 开一。梗摄如：横合二 vie$^{53}$—衡（平~）hie$^{53}$、萤合四＝迎开三 jaŋ$^{53}$、矿合二＝庆开三 k$^{h}$aŋ$^{55}$、轰合二 kuaŋ$^{21}$。

### （三）四等韵的读音层次比较多

（1）蟹摄齐韵主要有 a、ai、ei 三个读音。

读 a 的主要是端组字，“低蹄底抵梯涕屉泥犁黎”等韵母都为 a。如：低 ta$^{21}$、梯 t$^{h}$a$^{21}$、泥 = 犁 la$^{53}$。此外，还有个别非端组字，如：批 p$^{h}$a$^{21}$。

读 ei 的主要是精组和见系字。如：齐 ʦ$^{h}$ei$^{53}$、洗 sei$^{35}$、婿 sei$^{55}$、鸡 kei$^{21}$、溪 k$^{h}$ei$^{21}$、髻 kei$^{3}$。

读 ai 的分布较广，除见系外，其他各声组都有分布。如：迷谜 bai$^{53}$、蓖~麻 p$^{h}$ai$^{21}$、闭 pai$^{55}$、箅 pai$^{33}$（帮组），妻 ʦ$^{h}$ai$^{21}$、脐肚~ ʦ$^{h}$ai$^{53}$（精组），体 t$^{h}$ai$^{35}$、礼 lai$^{35}$、第 tai$^{33}$（端组）。

有的字有 ei、ai 两读。如：弟 t$^{h}$ei$^{55}$阿~/tai$^{33}$兄~、砌 ʦ$^{h}$ai$^{55}$/ʦ$^{h}$ei$^{55}$。此外，个别字有 oe、ei 两读。如：细 soe$^{55}$/sei$^{55}$ ~心。此外，还有个别字读 uo，即：米 buo$^{55}$。

读 ai 时，与三等韵合流；读 a、ei 时，与三等韵有别。如：丽齐 lai$^{33}$ = 厉例励祭—泥黎犁 la$^{53}$、济齐 ʦai$^{55}$ = 祭制际祭—齐 ʦ$^{h}$ei$^{53}$。

（2）咸摄添韵、山摄先韵主要有 ei、a 两读。

咸摄添韵、山摄先韵一般读 ei。如：店 tei$^{5}$、添 t$^{h}$ei$^{21}$、帖 t$^{h}$ei$^{3}$、嫌 hei$^{53}$（添韵），边 pei$^{21}$、天 t$^{h}$ei$^{21}$、先 sei$^{21}$、结 kei$^{5}$（先韵）。只有少数字读 a，添韵尤其少。如：甜 ta$^{53}$（添韵），扁匾 pa$^{35}$、楝苦~树 la$^{5}$、肩 ka$^{21}$、茧 ka$^{35}$、垫 t$^{h}$a$^{55}$、篾 ba$^{5}$（先韵）。

读 ei 时，与三等韵合流。如：边先 = 鞭编仙 pei$^{21}$、千先 = 签盐 ʦ$^{h}$ei$^{21}$。读 a 时，与一二等韵合流。如：扁先 pa$^{35}$—班删 pa$^{21}$、甜添 = 谭覃痰谈 ta$^{53}$。

（3）梗摄青韵有 ie、ei、ai、i 四个读音。

青韵一般读 ie。如：丁补~tie$^{3}$、醒 sie$^{35}$、踢 t$^{h}$ie$^{5}$、经~线 kie$^{21}$。少数字读 ei。如：狄 tei$^{5}$、敌 tei$^{3}$、历 lei$^{3}$。还有极少数读 ai、i。如：析 sai$^{5}$、绩 ʦai$^{5}$、击激 ki$^{5}$。此外，阳声韵中有极少数字读 aŋ。如：经~历 kaŋ$^{21}$、停 taŋ$^{53}$。读 ie、ei、ai 时，与三等韵合流。如：疔青 tie$^{21}$—岭清 lie$^{55}$、青青 ʦ$^{h}$ei$^{21}$—请清 ʦ$^{h}$ei$^{35}$、绩青 = 积清 ʦai$^{5}$。

在上述四等韵的读音中，我们认为，齐韵中的 a、青韵中的 ie 以及添韵、先韵中的 ei、a 属于犁市土话本身的读音，而齐韵、青韵中的 ei 来自周边客家话，ai 来自粤语。据李冬香、庄初升（2009：437），韶关土话周边的客家话齐韵除“梯”以外，一般都有两个读音，一个为 i，一个为 ei，其中 ei 为白读，i 为文读。韶关粤语齐韵有 ai、ɐi 两读，如：米 mai$^{24}$、鸡 kai$^{55}$，泥 lɐi$^{21}$、西 sɐi$^{55}$。青韵读 i、aŋ 的明显来自官话。

### （四）阴声韵的分合情况

（1）果摄有几个读音，分别与遇摄、假摄和蟹摄合流。

一等字大多数读 ou，此时与假开二合流。如：多果 tou$^{21}$、饿果 gou$^{33}$、歌果 = 加假 = 瓜（冬～）假 kou$^{21}$、果果 = 假假 kou$^{35}$。遇摄有少数字读 ou，因而与果摄、假摄合流。如：婆（姑～：姑奶奶）果 = 菩遇 = 爬假 pou$^{53}$、蛾果 = 蜈（～蚣虫）遇 = 牙假 gou$^{53}$、无（南～：铙）遇 = 麻（～糍：荸荠）假 bou$^{5}$。

合口一等见系极少数常用字读 u，此时与遇摄合口一等、合三非组多数、庄组部分字合流。如：火伙果 = 苦（～瓜）遇 fu$^{35}$、禾果和（～尚）果 = 无胡（～须）遇 vu$^{53}$、过果 = 故遇 ku$^{55}$、踒果 vu$^{53}$。

有少数常用字读 uo，此时与蟹摄一等合流。如：我 guo$^{55}$、个 kuo$^{55}$/kuo$^{3}$ 一～钱：一元钱（果摄）；倍 p$^{h}$uo$^{3}$、台 tuo$^{53}$、改 kuo$^{35}$（蟹摄）。

有极个别字有 uo、ou 两读，常用的或者表示较小事物时读 uo，非常用的或者表示较大事物时读 ou。如：婆 puo$^{5}$ 鸡～/pou$^{53}$ 姑～：姑奶奶、螺 luo$^{5}$ 水～：石螺/lou$^{53}$ 田～。此外，还有极个别字读 a。如：搓～衣 ʦ$^{h}$a$^{21}$、跛 pa$^{21}$、箇相当于普通话的结构助词“地” ka$^{55}$。假开二也有少数字读 a，如：巴芭 pa$^{21}$、爸 pa$^{55}$。

（2）遇摄合三大部分字，止摄合三部分字和蟹摄合三极个别字读 y。如：朱 ʦy$^{21}$、除 ʦ$^{h}$y$^{53}$、举 ky$^{35}$、许 hy$^{35}$（遇合三），锥 ʦy$^{3}$、吹 ʦ$^{h}$y$^{21}$、水 sy$^{35}$（止合三），税 sy$^{55}$（蟹合三）。

遇摄合口三等部分字，蟹摄合一端组、合三部分字和止摄合三部分字合流为 oe。如：堆蟹合一 = 猪遇合三 toe$^{21}$、女合三 loe$^{55}$、取遇合三 ʦ$^{h}$oe$^{53}$、醉止合三 ʦoe$^{55}$、炊止合三 = 崔蟹合一 ʦ$^{h}$oe$^{21}$、岁蟹合三 = 穗止合三 soe$^{55}$。

（3）止摄帮组、非组以及开三帮组、非组以外的部分常用字与蟹摄开三、四等部分字合流为 ei、ai。如：皮 pai$^{53}$、味 bai$^{33}$、眉 bai$^{53}$、死 sai$^{35}$、里公～lai$^{55}$、自独～ʦ$^{h}$ai$^{5}$（止摄），毅 gai$^{33}$、弟 tai$^{33}$、例 lai$^{33}$（蟹摄）；鄙（脾气）坏 pei$^{35}$、舐 sei$^{55}$、姊阿～ʦei$^{35}$（止摄），势 sei$^{33}$、契 k$^{h}$ei$^{55}$（蟹摄）。

### （五）阳声韵的分合

（1）咸、山摄除一等、合三帮系有别外，其余的合流。

咸摄一等读 a，山摄一等读 oŋ、uoŋ、ɔn，具体例字详见第（一）部分“一、二等韵的分合”。咸摄合三非组读 a。如：凡 fa$^{53}$、范姓氏 fa$^{55}$、法 fa$^{3}$。山摄合三帮组阳声韵一般读 oŋ，入声韵读 o、uo。如：翻 foŋ$^{21}$、反 foŋ$^{35}$、饭 foŋ$^{33}$、贩动词 foŋ$^{55}$、潘 p$^{h}$oŋ$^{21}$、万 boŋ$^{33}$、发伐筏 fo$^{5}$、袜 buo$^{5}$。不过，山合三也有极少数字读 a。如：烦繁矾 fa$^{53}$、挽～联 ba$^{5}$。有个别字有两读。如：晚 boŋ$^{55}$ ～仔：最小的儿子/

ba$^{5}$ 夜～。

山摄二等和咸摄一、二等合流为 a、ua，例字见第（一）部分“一、二等韵的分合”。

咸山摄开口三、四等一般合流为 ei。如：廉帘咸开三 = 连联山开三年莲山开四 lei$^{53}$、接折咸开三 = 哲浙山开三节山开四 ʦei$^{5}$、严咸开三 = 燃延言山开三 gei$^{53}$。不过，咸山摄开三、四还有部分非常用字与山摄合口三、四等合流为 øy。如：兼咸开三 = 坚山开四 = 捐山合三 køy$^{21}$、谦咸开三 = 圈山合三 kʰøy$^{21}$、怯咸开三杰山开三 kʰøy$^{3}$，扇（动词）山开三 søy$^{55}$、全泉山合三ʦʰøy$^{53}$。

（2）深摄、臻摄以及曾摄、梗摄的部分非常用字合流。

深摄开三与臻摄开三、合三合流为 ɐn。如：问臻合三 bɐn$^{33}$、心森深深开三 = 新身臻开三 = 孙臻合一 sɐn$^{21}$、今金深开三 = 巾斤咸开三 kɐn$^{21}$、饮深开三 = 引臻开三 = 允臻合三 jɐn$^{35}$。曾摄、梗摄也有部分非常用字读 ɐn，如：崩 pɐn$^{21}$、菱凌陵 lɐn$^{53}$、孕 jɐn$^{35}$（曾摄）；杏 hɐn$^{33}$、警 kɐn$^{35}$、贞 ʦɐn$^{21}$（梗摄）。

（3）宕摄、江摄与曾摄、梗摄文读合流，宕摄部分字与山摄一等合流。

宕摄（庄组除外）、江摄与曾摄、梗摄文读合流为 aŋ。如：忙宕开一 = 亡宕合三 = 萌梗开二 = 明（～白）梗开三 baŋ$^{53}$、堂宕开一 = 腾藤曾开一停梗开四 taŋ$^{53}$、赃宕开一 = 庄装宕开三 = 桩江 = 增征蒸曾 = 晶梗 ʦaŋ$^{21}$。

宕摄三等（庄组除外）读 ioŋ。如：浆张章 ʦioŋ$^{21}$、想赏 sioŋ$^{35}$、洋阳 jioŋ$^{53}$、香乡 hioŋ$^{21}$。此外，宕摄、江摄有极少数字读 oŋ。如：上～山 soŋ$^{55}$、裳尚和～ soŋ$^{5}$、畅 ʦʰoŋ$^{55}$、苍 ʦʰoŋ$^{21}$、畅 ʦʰoŋ$^{55}$（宕摄）；窗～帘 ʦʰoŋ$^{21}$（江摄）。此时与山摄一等合流，山摄一等例字见第（一）部分“一、二等韵的分合”。

### （六）梗摄存在明显的文白异读现象

阳声韵白读读 ie，文读读 aŋ、ɐn。如：成 sie$^{53}$、经 kie$^{21}$～线/kaŋ$^{21}$～历、星 sie$^{21}$天～/saŋ$^{21}$～期一、精 ʦie$^{21}$～肉/ʦaŋ$^{21}$～神、衡 hie$^{53}$平～/hɐn$^{53}$～阳、廷 taŋ$^{53}$、耿 kɐn$^{35}$。入声韵白读读 ie，文读读 ai、ei、i 等。如：白 pie$^{3}$、客 kʰie$^{5}$，迹 ʦie$^{5}$脚～/ʦai$^{5}$事～、辟 pʰei$^{5}$、嫡 tei$^{3}$、碧 pʰai$^{5}$、益 jai$^{5}$、激 ki$^{5}$。

### （七）咸、山、梗摄阳声韵常无鼻韵尾

这一点从前文介绍的可知，这里小结如下：第一，咸摄一二等、合三、山摄二等阳声韵读 a、ua；咸摄、山摄的开口三四等读 ei；山摄合口三四等读 øy。第二，梗摄阳声韵或白读读阴声韵 ie。

由于读阴声韵，上述阳声韵便与某些阴声韵合流。咸摄一二等、山摄（一等、合三帮组除外）与蟹摄二等合流。如：残咸 = 柴蟹 ʦʰa$^{53}$、三衫咸 = 山删山 =

酾蟹 sa$^{21}$、甘咸 = 艰奸山 = 阶街蟹 ka$^{21}$、关山 = 乖蟹 kua$^{21}$。梗摄与假摄三等（以母除外）合流。如：争梗 = 遮假 tsie$^{21}$、成梗 = 蛇假 sie$^{53}$、笪假 = 靖（~村：村名）梗 ts$^{h}$ie$^{55}$。

### （八）部分韵摄庄组三等韵母与一等相同

遇合三庄组有 u、ou、øy 三个读音。读 u 的有：楚础 ts$^{h}$u$^{35}$、助 ts$^{h}$u$^{33}$；读 ou 的有：初 ts$^{h}$ou$^{21}$、楚清~ts$^{h}$ou$^{35}$、所 sou$^{35}$；读 øy 的有：锄 ts$^{h}$øy$^{53}$、梳疏 søy$^{21}$。其中 u 跟一等、三等帮组合流。如：布 pu$^{55}$、租 tsu$^{21}$、库 k$^{h}$u$^{55}$，符 fu$^{53}$、雾 bu$^{33}$。而遇合三其他声纽（帮组除外）一般读 oe、y。如：主 tsy$^{35}$、书 sy$^{21}$、雨 jy$^{55}$、句 ky$^{55}$、旅 loe$^{5}$、趣 ts$^{h}$oe$^{55}$。

流开三庄组一般读 ia，与一等相同。如：邹 tsia$^{21}$、瘦 sia$^{55}$（开三），偷 t$^{h}$ia$^{21}$、狗 kia$^{35}$、欧 jia$^{21}$（开一），奏开一 = 皱开三 tsia$^{55}$。开三其他声纽（帮组除外）一般读 iu。如：秋 ts$^{h}$iu$^{21}$、仇 siu$^{53}$、九 kiu$^{35}$、休 siu$^{21}$。

宕开三庄组读 aŋ，与一等相同。如：庄装 tsaŋ$^{21}$、床 ts$^{h}$aŋ$^{53}$、状奖~ts$^{h}$aŋ$^{33}$、霜孀 saŋ$^{21}$（开三），唐 taŋ$^{53}$、忙 baŋ$^{53}$、纲 kaŋ$^{21}$、康 haŋ$^{21}$（开一）。开三其他的声纽一般读 ioŋ。如：凉 lioŋ$^{53}$、枪昌 ts$^{h}$ioŋ$^{21}$、常 sioŋ$^{53}$、痒 jioŋ$^{55}$、香 hioŋ$^{21}$。

## 三、声调特点

### （一）平分阴阳

如：标清 pio$^{21}$—嫖浊 pio$^{53}$、千清 ts$^{h}$ei$^{21}$—前浊 ts$^{h}$ei$^{53}$、腔清 k$^{h}$ioŋ$^{21}$—强（~大）浊 k$^{h}$ioŋ$^{53}$。不过，有部分次浊平声字读阴平。如：微~水仔 bai$^{21}$、魔摩馍 bou$^{21}$、鲇拈拎 lei$^{21}$、啰~嗦 lou$^{21}$、撩~泥 lio$^{21}$。也有部分次浊平读上声。如：蚊 bɐn$^{35}$、挪拿 la$^{35}$、娘阿~：伯母 lioŋ$^{35}$、爷阿~：伯父 jia$^{35}$、园幼儿~jøy$^{35}$、梨统称 lai$^{35}$。

### （二）浊上的演变

浊上字包括次浊上和全浊上，庄初升（2004）把粤北土话中的浊上字分为 A 类字和 B 类字，A 类字都是口语常用字，B 类字大多为书面语用字，少数为口语常用字，它们在粤北土话中的演变方向是有所不同的。①

先看次浊上的演变。梨市土话 A 类字今归阴去，B 类字今归上声。在我们调查到的浊上字中，次浊上归阴去的有：买亩每美米量词勉免娩渑挽缅抿莽猛满晚~仔：最小的儿子努鲁橹虏卤瞭领~导岭女屡礼你李姓氏里公~理鲤拟恼老懒汝乳雨宇

① 庄初升. 粤北土话音韵研究. 北京：中国社会科学出版社，2004. 213~218.

羽耳语眼~睛藕偶惹染咬瓦软忍往以可~野有酉地支名远养痒氧米；也有读来自阴调类的小称变音：米葵花~：葵花子尾卯网鱼~领衫~女孙~儡傀~脑眼洞友酉引~线。次浊上今归上声的有：闽悯敏刎吻皿览揽榄纽扭柳朗拢陇垅垄碾眼—~井捻仰伟苇以~前也绕扰舀允尹引永勇涌蟒网~络蠓蚁藐渺秒李~喃：李子奶；也有读来自阳调类的小称变音，主要有：晚夜~挽~联吕旅履铝鲤鲢~：穿山甲。

再来看全浊上的演变。全浊上的演变是 A 类字今归阴去，B 类字今归阳去。在我们调查到的全浊上声字中，归阴去的有：被~子抱杜判伴~郎淡丈~人公：岳父弟阿~断~绝柿柱在靖坐重轻~徛站立妓舅大~近巳祀市序社柿舐后~年厚下~山范姓氏鲍舰；也有部分读来自阴调类的小称变音，主要有：部簿妇新~：新娘伴艇苎蕌舅细~柏乌~仔树辫。全浊上读阳去的有：判件—~事诞跪似赵兆叙聚篆尽仲巨拒距技混造吠陛辨辩痔撰荡锭待道动仗弟兄~绪肾限缓父腐豆~辅负范模~犯幻汇愤忿凤后前~、皇~；也有个别读来自阳调类的小称变音，如：妇~女 fu$^{5}$。此外，还有部分全浊上读上声，主要有：盾蚌践件—~衣裳菌细~罢棒挺汞巳地支名很狠釜晃蟹。

从上可知，在犁市土话中，浊上 A 类字和 B 类字的演变规律不同。如果我们再联系第一部分“声母特点”中指出的全浊声母清化后送气与否来看，发现，浊上字中读送气音的多归阴去；读不送气音的多归阳去，这一点在古並（奉）、定、澄母（今读塞音）中表现尤为突出。看来，全浊上声字表现出来的声调差别与声母送气与否可能存在某种联系。

### （三）去声的演变

去声一般按照声母的清浊分为阴阳两个调类。如：泻清 sie$^{55}$—射浊 sie$^{33}$、到清 tau$^{55}$—盗浊 tau$^{33}$、救清 kiu$^{55}$—旧浊 k$^{h}$iu$^{33}$、冻清 tɛŋ$^{55}$—洞浊 tɛŋ$^{33}$。不过，也有部分清去字读阳去，如“贷订顿伺膳势驻昼~夜赞晋赘穗溅砌又音迅舜付赴讣泛会~计秽熨秘制~服”等字。也有部分浊去字读阴去，如“怒溜又音誓逝嗜善鳝议诵讼弊敝币暴稚骤颂钝垫导撞”等字。看来，清去和浊去正处在合流的过程中。

### （四）入声的演变

入声依声母的清浊分化为阴入和阳入两类。如：八清 pa$^{5}$—拔浊 pa$^{3}$、湿清 sɿ$^{5}$—十浊 sɿ$^{3}$、督清 tɛɯ$^{5}$—毒浊 tɛɯ$^{3}$、客清 k$^{h}$ie$^{5}$—剧浊 k$^{h}$ie$^{3}$。

### （五）几个特字的声调

李冬香、庄初升（2009：45）指出韶关土话中部分特字的声调，它们是：“鼻”读同浊去；“倒~水”读同清上；“扫~地”读同清去；“表手~”读阴平；“喊”读同清去；“卷考~”读同清上；“忘”各点都读阳平；“听~见”读同清去；“钉～住”读阴平；“扇～动、拼～命、钻～洞、撑动词、供～给”读同清去；“拈～起”读阴平；“吵”读阳平；“伞”读同清去；“聂、抹、粒、裂”随清入演变。上述现象在犁市土话中除“撑动词”读阴平而不读阴去、“聂”读阳入以外，其余的都存在。上述字读音例外的原因多种多样，部分是由于该字有两个反切，而韶关土话读为另一个反切的读音。如：倒～水、扫～地、卷考～、听～见、钉～住、扇～动、钻～洞。部分字可能是另有来源，如：“吵”的本字可能是“嘈”。当然，也有的字可能是由于韶关土话内部语音的演变规律所致，如次浊入“聂、抹、粒、裂”等字随清入演变等。

## 四、小称变音

在犁市土话中，存在一种超出语音层面的特殊的音变现象即小称变音。变音是相对于本音而言的，本音是一个方言在音韵层面上的字的读音，而变音是一种词汇层面和语法层面上的读音。① 犁市土话有两个称变音，一个读阳入3，一个读阴入5。从来源上来看，今读阳入3的来自古清声母或今声调为阴调类的古浊声母的字，今读阴入5的来自古浊声母的字（今读阴调的除外）。如：指手～ʦɿ$^{3}$、票车～p$^{h}$io$^{3}$、节五月～：端午节 ʦei$^{3}$、瓦缸～铺：瓷器店 gou$^{3}$、眼洞 ga$^{3}$、桶井～t$^{h}$ɛŋ$^{3}$、菌蘑菇 k$^{h}$uɐn$^{3}$；字 sɿ$^{5}$、寮 lio$^{5}$、镰禾～刀 lei$^{5}$、林竹～lɐn$^{5}$、虫 ʦ$^{h}$ɛŋ$^{5}$。不过，也有少数词语存在两个小称变音。如：篾 laŋ$^{5}$ 瓜～/laŋ$^{3}$ 竹膜、□pɛŋ$^{5}$ 戽～：戽斗/pɛŋ$^{3}$ 酒～：酒提。

从作用上来说，小称变音有以下三个作用。

（1）区分词的使用频率。一般来说，只有日常口语中的常用词才有读小称变音的现象，而非常用词和新词新语，则一般都读本音。一个语素如果有本音、小称变音两读，那么，往往是常用词中读小称变音，非常用词中读本音。② 如：耳 gi$^{3}$ 鼐/gi$^{55}$、鞋 ha$^{5}$ 草～/ha$^{53}$ 皮～、石 sie$^{3}$～牯/sie$^{5}$ 岩～、鹅 gou$^{5}$ 单用/gou$^{53}$ 天～、春 ʦ$^{h}$ɐn$^{3}$ 鸡～：鸡蛋/ʦ$^{h}$ɐn$^{21}$～天。

（2）从语义上来说，小称变音主要用来区别词义，即同一个词形，小称变音所指的意义与本音所指的意义是有所不同的。一般来说，小称变音用于较小的物品，而本音用于较大的物品。如：衣 ji$^{3}$ 花生～/ji$^{21}$、布 pu$^{3}$ 洗碗～/pu$^{55}$、镰 lei$^{5}$ 禾～刀/lei$^{53}$～刀、蛇 sie$^{5}$ 四脚～/sie$^{53}$。

（3）从语法功能上来说，小称变音常常作为名词的标记。如果一个字有本音、小称变音两读，那么，其本音一般作为谓词或谓词性语素或量词，小称变音

---

① 庄初升. 粤北土话音韵研究. 北京：中国社会科学出版社，2004. 240.

② 庄初升. 粤北土话音韵研究. 北京：中国社会科学出版社，2004. 258～259.

则作为名词或名词性语素。① 如：锯 ky$^{3}$ 名词/ky$^{55}$ 动词、罩 ʦau$^{3}$ 名词/ʦau$^{55}$ 动词、垒篚 pɐn$^{3}$ 名词/pɐn$^{21}$ 动词、窦 tia$^{3}$ 名词/tia$^{55}$ 量词、尺 ʦ$^{h}$ie$^{3}$ 名词/ʦ$^{h}$ie$^{5}$ 量词、对 toe$^{3}$ ~联/toe$^{55}$ 形容词、量词。

## 第三节　犁市土话音节配合表

表 15　犁市土话音节配合表（一）

| | ɿ | | | | | | | i | | | | | | |
|---|---|---|---|---|---|---|---|---|---|---|---|---|---|---|
| | 阴平 21 | 阳平 53 | 上声 35 | 阴去 55 | 阳去 33 | 阴入 5 | 阳入 3 | 阴平 21 | 阳平 53 | 上声 35 | 阴去 55 | 阳去 33 | 阴入 5 | 阳入 3 |
| p | | | | | | | | | | | | | | |
| p$^{h}$ | | | | | | | | | | | | | | |
| b | | | | | | | | | | | | | | |
| f | | | | | | | | | | | | | | |
| v | | | | | | | | | | | | | | |
| t | | | | | | | | | | | | | | |
| t$^{h}$ | | | | | | | | | | | | | | |
| l | | | | | | | | | | | | | | |
| ʦ | 姿 | | 纸 | 志 | | 执 | 籽 | | | | 1 | | | |
| ʦ$^{h}$ | 嗤 | 迟 | 此 | 次 | 治 | | | | | | | | | |
| s | 斯 | 时 | 使 | 四 | 事 | 字 | 十 | | | | | | | |
| j | | | | | | | | 医 | 移 | 椅 | 意 | 异 | 一 | 揖 |
| k | | | | | | | | 机 | | 几~个 | 记 | | 吉 | 箕粪~ |
| k$^{h}$ | | | | | | | | 欺 | 其 | | 企 | | 级 | |
| g | | | | | | | | 2 | 宜 | 蚁 | 耳 | 二 | 日 | 耳蒂 |
| h | | | | | | | | 希 | | 起 | 气 | | | |
| ø | | | | | | | | | | | | | | |

1. □ʦi$^{55}$　一~嘀：形容很小
2. □gi$^{21}$　腥~~：形容很腥

① 庄初升. 粤北土话音韵研究. 北京：中国社会科学出版社，2004. 261~264.

**表 16　梨市土话音节配合表（二）**

| | u | | | | | | | y | | | | | | |
|---|---|---|---|---|---|---|---|---|---|---|---|---|---|---|
| | 阴平21 | 阳平53 | 上声35 | 阴去55 | 阳去33 | 阴入5 | 阳入3 | 阴平21 | 阳平53 | 上声35 | 阴去55 | 阳去33 | 阴入5 | 阳入3 |
| p | | 扶 | 补 | 布 | 步 | 瓠单说 | 布洗碗~ | | | | | | | |
| $p^h$ | 潽溢 | | 普 | 妇新~：媳妇 | | | 簿 | | | | | | | |
| b | | 模~范 | 武 | | 墓 | 物 | 没沉~ | | | | | | | |
| f | 夫 | 胡 | 火 | 富 | 户 | 佛 | | | | | | | | |
| v | 乌 | 禾 | 誣 | | | 扤扭（伤） | | | | | | | | |
| t | 都 | 图 | 赌 | 1 | 度 | 2 | | | | | | | | |
| $t^h$ | | | 土 | 吐 | | 突 | 兔 | | | | | | | |
| l | 鸕 | 奴 | | 鲁 | 露 | 路 | | 3 | | | | | | |
| ts | 租 | | 祖 | | | | 做 | 朱 | | 主 | 著 | | | 锥 |
| $ts^h$ | 粗 | | | 措 | 助 | | | 吹 | 徐 | 储 | 柱 | 聚 | 出 | 处到~ |
| s | 苏 | | 数动词 | 素 | | 树 | 数名词 | 书 | 薯 | 水 | 税 | 竖 | | 鼠飞~ |
| j | | | | | | | | 淤 | 余 | 与 | 雨 | 遇 | | |
| k | 孤 | | 古 | 雇 | | | 牯毛~ | 居 | | 举 | 句 | | | 锯名词 |
| $k^h$ | 箍~胶 | 葫~芦 | 苦~味 | 裤 | | 窟~窿 | 箍桶~ | 区 | 瞿 | | 去 | 巨 | 屈 | |
| g | | 吴 | | | 误 | | | | 鱼草~ | | 语 | | 鱼 | |
| h | | | | | | | | 虚 | | 许 | | | | |
| ø | | | | | | | | | | | | | | |

1. □$tu^{55}$　~~筒：海螺
2. □$tu^{5}$　我~：我们
3. □$ly^{21}$　厚~珠：形容很厚

表 17　犁市土话音节配合表（三）

| | a | | | | | | | ia | | | | | | |
|---|---|---|---|---|---|---|---|---|---|---|---|---|---|---|
| | 阴平21 | 阳平53 | 上声35 | 阴去55 | 阳去33 | 阴入5 | 阳入3 | 阴平21 | 阳平53 | 上声35 | 阴去55 | 阳去33 | 阴入5 | 阳入3 |
| p | 班 | 排 | 扁 | 拜 | 办 | 八 | 拔~河 | | | | | 踣孵 | | |
| $p^h$ | 批 | | | 派 | | 1 | | | | | 6 | | | |
| b | 孖 | 蛮 | | 买 | 卖 | 篾 | | 侔 | 谋 | | 亩 | 茂 | 牟 | 某 |
| f | | 怀 | | 贩 | 犯 | 法~事 | 法 | | 浮 | 否 | 7 | | | |
| v | 弯 | 完 | 2 | | | 挖 | 滑 | | | | | | | |
| t | 低 | 甜 | 底 | 旦 | 踶 | 搭 | 达 | 蔸 | 投 | 抖 | 斗~争 | 逗~留 | 头热~ | 斗跟~ |
| $t^h$ | 贪 | | 睇 | 剃 | | | 塔 | 偷 | 8 | 敨 | 透 | | | |
| l | 了已然 | 泥 | 拿 | 3 | 滥 | 粒 | 蜡 | 褛 | 楼 | 9 | | 漏 | 篓容器 | 篓牛嘴~ |
| ts | 斋 | | 斩 | 债 | | 窄 | | 邹 | | 走 | 奏 | | 10 | |
| $ts^h$ | 猜 | 蚕 | 产 | 4 | 暂 | 插 | 杂 | 搊 | 愁 | | 凑 | 11 | | |
| s | 山 | | 洒 | 晒 | 5 | 杀 | 衫单~ | 搜 | | 使 | 瘦 | | | |
| j | | | | | | | | 欧 | 爷大~ | 呕 | 野 | 夜 | 爷老~ | [illegible] |
| k | 街 | | 敢 | 介 | | 夹~袄 | 柑 | 沟 | 12 | 狗 | 够 | | 蛤~婆 | 笱 |
| $k^h$ | 揩提 | | 砍 | 喊 | | | 掐 | 抠 | | 口 | 扣 | | 恰 | 口门~ |
| g | 伢~伢仔 | 癌 | 眼—~井 | 眼~睛 | 崖 | 额狗头~ | 眼洞 | 13 | | | 藕 | | | |
| h | 哈叹词 | 咸 | 蟹 | | 限 | 瞎 | 辖 | | 喉 | | 厚 | 后前~ | 候时~ | 14 |
| ø | 丫~头 | | 矮 | 暗 | | 压 | 鸭 | | | | | | | |

1. □$p^ha^{5}$　谷~：空的稻谷子粒
2. □$va^{35}$　穿好（鞋跟）
3. □$la^{55}$　□$hou^{33}$~薯：马铃薯
4. □$ts^ha^{55}$　调皮
5. □$sa^{33}$五指分开
6. □$p^hia^{55}$　~心：（萝卜）糠了
7. □$fia^{55}$（做事）浮
8. □$t^hia^{53}$　~　□$la^{53}$　□$tsa^{55}$：詈语
9. □$lia^{35}$　涉（水）
10. □$tsia^{5}$　（狗）咬（人）
11. □$ts^hia^{33}$　迁~：迁就
12. □$kia^{53}$　捞
13. □$gia^{21}$　黑色的小虫，形体像萤火虫，但不发亮
14. □$hia^{3}$　看紧（坏人）

表 18　梨市土话音节配合表（四）

| | ua | | | | | | | o | | | | | | | |
|---|---|---|---|---|---|---|---|---|---|---|---|---|---|---|---|
| | 阴平 21 | 阳平 53 | 上声 35 | 阴去 55 | 阳去 33 | 阴入 5 | 阳入 3 | 阴平 21 | 阳平 53 | 上声 35 | 阴去 55 | 阳去 33 | 阴入 5 | 阳入 3 |
| p | | | | | | | | | | | | | | |
| pʰ | | | | | | | | | | | | | | |
| b | | | | | | | | | | | | | | |
| f | | | | | | | | 灰 | | | | | 发 | 活 |
| v | | | | | | | | 煨 | | | | 会~唔~ | 核果~ | 核—~黄豆 |
| t | | | | | | | | | | | | | | |
| tʰ | | | | | | | | | | | | | | |
| l | | | | | | | | | | | | | | |
| ʦ | | | | | | | | | | | | | | |
| ʦʰ | | | | | | | | | | | | | | |
| s | | | | | | | | | | | | | | |
| j | | | | | | | | | | | | | | |
| k | 关 | | 拐 | 怪 | | 括 | 刮镰~ | 1 | | | | | | |
| kʰ | 夸 | | 块 | 快 | | | | | | | | | | |
| g | | | | | | | | | | | | | | |
| h | | | | | | | | | | | | | | |
| ø | | | | | | | | | | | | | | |

1. □$ko^{21}$　~ ~□$ka^{55}$：松球

**表 19 犁市土话音节配合表（五）**

| | io | | | | | | | uo | | | | | | |
|---|---|---|---|---|---|---|---|---|---|---|---|---|---|---|
| | 阴平 21 | 阳平 53 | 上声 35 | 阴去 55 | 阳去 33 | 阴入 5 | 阳入 3 | 阴平 21 | 阳平 53 | 上声 35 | 阴去 55 | 阳去 33 | 阴入 5 | 阳入 3 |
| p | 标 | 嫖 | 表~格 | 俵给 | 瀌撒（尿） | | | | 陪 | | 辈 | 焙 | 婆鸡~ | 钵~头 |
| pʰ | 瓢 | | | 漂~亮 | | 藨 | 票 | | | | | | 泼 | 倍 |
| b | | 苗 | 秒 | | 庙 | | | | 煤 | 1 | 米 | 妹~夫 | 抹 | 袜 |
| f | | | | | | | | | | | | | | |
| v | | | | | | | | | | | | | | |
| t | 刁 | 条 | | 吊 | 掉 | 啄 | 朝早~ | | 台 | | 戴 | 代 | 笪 | 带名词 |
| tʰ | 挑 | | 斢调换 | 跳 | | | 挑~子 | 胎 | | | 态 | | 脱 | 胎牲畜的胎 |
| l | 撩~泥 | 辽 | 了~解 | 了助词 | 尿 | 寮 | 略 | 捺 | 来 | | | 赖 | 爊 | 辣 |
| ʦ | 焦 | | 剿 | 照 | | 卓 | 嚼 | 灾 | | 崽儿子 | 最 | | 撮 | 櫗 |
| ʦʰ | 超 | 瞧 | | | 赵 | 绰 | 鹊 | | 才 | 彩 | 蔡 | 在又音 | 擦动词 | 菜韭~ |
| s | 消 | 韶 | 小 | 笑 | 邵 | 削 | 勺尿~ | | | 2 | | | 刷 | |
| j | 妖 | 摇 | 舀 | 要重~ | 耀 | 鹞纸~ | 约 | | | | | | | |
| k | 骄 | | 缴 | 叫 | | 脚 | 脚残汁 | 该 | | 改 | 个 | | 骨 | 盖名词 |
| kʰ | | 桥 | 巧 | 窍 | 撬 | 却 | 葍 | | | | 丐 | | 阔 | |
| g | | | | | | | 弱 | | 危 | | 我 | 外 | | |
| h | 嚣 | | 晓 | | | | | 开 | 3 | 海 | | 害 | 盒 | 合 |
| ø | | | | | | | | | | 蔼和~ | 爱 | | | |

1. □buo[35]　（衣服）皱
2. □suo[35]　~火：迁入新居
3. □huo[53]　鱼~鳃：鱼鳃

**表20　梨市土话音节配合表（六）**

| | e | | | | | | | ie | | | | | | |
|---|---|---|---|---|---|---|---|---|---|---|---|---|---|---|
| | 阴平21 | 阳平53 | 上声35 | 阴去55 | 阳去33 | 阴入5 | 阳入3 | 阴平21 | 阳平53 | 上声35 | 阴去55 | 阳去33 | 阴入5 | 阳入3 |
| p | | | | | | | | 绷硬～～ | 彭 | 饼 | 佣藏 | 病 | 百 | 白 |
| $p^h$ | | | | | | | | 1 | | | 2 | | 劈 | |
| b | | | | 么语气词 | | | | | 盲 | 3 | | 命 | 名 | 脉 |
| f | | | | | | | | 4 | | | | | 5 | |
| v | | | | | | | | | 横 | | | | 划笔～ | 划计～ |
| t | | | | | | | | 疔 | | 鼎 | 钉动词 | 订～婚 | 笛 | 籴 |
| $t^h$ | | | | | | | | 厅 | | | 听～见 | | 踢 | 艇 |
| l | | | | 呢语气词 | | | | | 灵 | 6 | 岭 | 靓漂亮 | 叻能干 | 坜量词 |
| ts | | | | | | | | 争 | | 井 | 借 | | 炙 | 蔗 |
| $ts^h$ | | | | | | | | 青 | 斜 | 请 | 笪斜 | 谢 | 拆 | 泽 |
| s | | | | | | | | 声 | 蛇 | 写 | 姓 | 射 | 锡 | 生学～ |
| j | | | | | | | | 萦绕 | 赢 | 影 | 7 | | 轭 | 逸 |
| k | | | | | | | | 耕 | | 颈 | 镜 | | 革 | 鸽 |
| $k^h$ | | | | | | | | 轻 | | | | 悭节俭 | 客 | 剧 |
| g | | | | | | | | 8 | | | 惹 | 硬 | | 屰 |
| h | | | | | | | | 坑 | 行～为 | | | | 吓 | |
| ø | | | | | | | | | | | | | | |

1. □$p^hie^{21}$　禾稿～：草垫子
2. □$p^hie^{55}$　掸（灰尘）
3. □$bie^{35}$　蝗虫
4. □$fie^{21}$　～～嘀：玩具，用有弹力的绳子把竹片串起来，一拉一放
5. □$fie^{5}$　甩（干水）
6. □$lie^{35}$　伸出（舌头）
7. □$jie^{55}$　唱～：拜神
8. □$gie^{21}$　甜～～：形容很甜

**表 21　犁市土话音节配合表（七）**

| | uie | | | | | | | oe | | | | | | |
|---|---|---|---|---|---|---|---|---|---|---|---|---|---|---|
| | 阴平21 | 阳平53 | 上声35 | 阴去55 | 阳去33 | 阴入5 | 阳入3 | 阴平21 | 阳平53 | 上声35 | 阴去55 | 阳去33 | 阴入5 | 阳入3 |
| p | | | | | | | | | | | | | | |
| $p^h$ | | | | | | | | | | | | | | |
| b | | | | | | | | | | 妹阿~ | | | | |
| f | | | | | | | | | | | | | | |
| v | | | | | | | | | | | | | | |
| t | | | | | | | | 猪 | 锤动词 | | 对 | 住 | 锤铁~ | 队 |
| $t^h$ | | | | | | | | 推 | | 腿 | 退 | | | 苎 |
| l | | | | | | | | | 雷 | 1 | 女 | 内 | 律 | 女孙~ |
| ʦ | | | | | | | | 追 | | 嘴 | 醉 | | | |
| ʦ$^h$ | | | | | | | | 炊 | 随 | 取 | 脆 | 罪 | 2 | |
| s | | | | | | | | 虽 | 谁 | | 岁 | 睡 | 蟀蟋~ | 术 |
| j | | | | | | | | | | 蕊 | | 锐 | | |
| k | | | 梗茎 | | | | | | | | | | | |
| $k^h$ | | | | | | | | | | | | | | |
| g | | | | | | | | | | | | | | |
| h | | | | | | | | | | | | | | |
| ø | | | | | | | | | | | | | | |

1. □loe$^{35}$　鱼篓儿
2. □ʦ$^h$oe$^5$　~都唔知：一点都不知道

表 22　梨市土话音节配合表（八）

| | ai | | | | | | | uai | | | | | | |
|---|---|---|---|---|---|---|---|---|---|---|---|---|---|---|
| | 阴平 21 | 阳平 53 | 上声 35 | 阴去 55 | 阳去 33 | 阴入 5 | 阳入 3 | 阴平 21 | 阳平 53 | 上声 35 | 阴去 55 | 阳去 33 | 阴入 5 | 阳入 3 |
| p | 悲 | 皮 | 比 | 闭 | 备 | 北 | 笔 | | | | | | | |
| $p^h$ | 披 | | 鄙 | 佩 | | 匹 | 妇新~：新娘 | | | | | | | |
| b | 眯 | 眉 | 1 | 每 | 味 | 咪猫~ | 密 | | | | | | | |
| f | 非 | 回 | 匪 | 废 | 惠 | 2 | | | | | | | | |
| v | 威 | 围 | 伟 | | 胃 | 位 | | | | | | | | |
| t | | 题 | | 帝 | 地 | 得 | 德 | | | | | | | |
| $t^h$ | | | 体 | 锑 | | | | | | | | | | |
| l | | 离 | 梨统称 | 你 | 利 | 栗 | 力 | | | | | | | |
| ʦ | 挤 | | 姊~夫 | 制 | | 织 | 仔—~ | | | | | | | |
| $ʦ^h$ | 妻 | 糍艾~ | | 砌~砖 | | 七 | 直 | | | | | | | |
| s | 3 | | 死 | | | 息 | 色 | | | | | | | |
| j | | | | | | 益 | | | | | | | | |
| k | | | | | | 急 | | 归 | | 鬼 | 季 | | | 国 |
| $k^h$ | | | 凯 | | | 刻 | | 规 | 葵 | 毁 | 桂~头 | 跪 | 柜~桶 | |
| g | | | | | 魏 | | | | | | | | | |
| h | | | | | 械 | 黑 | 4 | | | | | | | |
| ø | | | | | | 5 | | | | | 喂叹词 | | | |

1. □$bai^{35}$　拔（草）
2. □$fai^{5}$　扔（出去）
3. □$sai^{21}$　~眼：斗鸡眼儿
4. □$hai^{3}$　（田地）翻过后因久未耕种而不松散
5. □$ai^{5}$　操心

**表23　犁市土话音节配合表（九）**

| | ei | | | | | | | au | | | | | | |
|---|---|---|---|---|---|---|---|---|---|---|---|---|---|---|
| | 阴平21 | 阳平53 | 上声35 | 阴去55 | 阳去33 | 阴入5 | 阳入3 | 阴平21 | 阳平53 | 上声35 | 阴去55 | 阳去33 | 阴入5 | 阳入3 |
| p | 边 | 便~宜 | 贬 | 变 | 辨 | 屄嫳~ | 别 | 包 | 袍 | 保 | 报 | | 刨名词 | 包一~烟 |
| $p^h$ | 篇 | | 片尿~ | 遍 | | 辟 | 撇 | 抛 | | 跑 | 炮 | | | 泡水~ |
| b | | 棉 | | 免 | 面 | 搣 | 灭 | | 矛 | 5 | 冇 | 貌 | 帽 | 卯 |
| f | | | | | | | | | | | | | | |
| v | | | | | | | | | | | | | | |
| t | 颠 | 田 | 点 | | 电 | 碟 | 敌 | 叨唠~ | 逃 | 岛 | 到 | 道 | 桃 | 刀 |
| $t^h$ | 天 | | | 簟 | | 铁 | 帖 | 涛 | | 讨 | 套 | | | |
| l | 拎 | 连 | 1 | 2 | 恋 | 裂缝儿 | 猎 | 摎混合 | 劳 | 佬 | 脑 | 闹 | | 脑豆腐~ |
| ʦ | 毡 | | 剪 | 战 | | 接 | 妾 | 糟 | | 早 | 灶 | | 6 | 枣 |
| $ʦ^h$ | 千 | 缠 | 浅 | | 贱 | 切 | 3 | 操 | 曹 | 炒 | 燥 | 造 | | 槽 |
| s | 先 | 携 | 洗 | 线 | 善 | 设 | 舌 | 臊 | | 叔阿~ | 扫 | | | 嫂大~ |
| j | 烟 | 盐 | 掩 | 艳 | 焰 | 亿 | 页 | | | | | | | |
| k | 鸡 | | | 见 | | 结 | 髻 | 交 | | 搞 | 告 | | | 7 |
| $k^h$ | 溪 | 乾 | 件一~衣 | 欠 | 件一~事 | 揭 | 4 | 敲 | | 考 | 靠 | | 8 | 篙竹~ |
| g | | 严 | 捻 | 染 | 验 | 业 | 热 | | 熬 | | 咬 | 傲 | | |
| h | 牵 | 嫌 | 显 | 宪 | 现 | 歇 | | 薅 | 毫 | 好~坏 | 孝 | 号 | | |
| ø | | | | | | | | 9 | | 袄 | 奥 | | | 坳脚~ |

1. □$lei^{35}$　打~排：打滚
2. □$lei^{55}$　捡起（散乱的东西）
3. □$ʦ^hei^{3}$　刮（火柴）
4. □$k^hei^{3}$　东~：东西
5. □$bau^{35}$　“唔好”的合音
6. □$ʦau^{5}$　还~：刚才
7. □$kau^{3}$　口~：别人说过的话
8. □$k^hau^{5}$　□$la^{53}$~：蜘蛛
9. □$au^{21}$　~□$lau^{53}$：冤枉

**表 24　梨市土话音节配合表（十）**

| | iau | | | | | | | ou | | | | | | |
|---|---|---|---|---|---|---|---|---|---|---|---|---|---|---|
| | 阴平21 | 阳平53 | 上声35 | 阴去55 | 阳去33 | 阴入5 | 阳入3 | 阴平21 | 阳平53 | 上声35 | 阴去55 | 阳去33 | 阴入5 | 阳入3 |
| p | | | | | | | | 波 | 爬 | 把~守 | 霸 | | 剥 | 疤 |
| $p^h$ | | | | | | | | 鬌一~树 | | | 怕 | | 拍 | 帕 |
| b | | | | | | | | 魔 | 麻 | 摸~得 | 马 | 磨动词 | 磨名词 | 莫 |
| f | | | | | | | | 花 | 华中~ | | 化 | 画动词 | 画名词 | 花麻~ |
| v | | | | | | | | 莴~笋 | | 窝名词 | | 话动词 | 话名词 | 获 |
| t | | | | 鸟~~ | | | | 多 | 驼 | 朵 | 剁 | 惰 | 夺 | 多差唔~ |
| $t^h$ | | | | | | | | 拖 | | 妥 | 1 | | 托 | 择~菜 |
| l | | | | | | | | 啰~嗦 | 罗 | | 2 | 糯 | 锣 | 落 |
| ʦ | | | | | | | | 渣 | | 左 | 炸 | | 作 | 桌 |
| $ʦ^h$ | | | | | | | | 初 | 茶 | 楚 | 坐 | 座 | 戳 | 浊 |
| s | | | | | | | | 纱 | 傻 | 所 | | | 索 | 沙 |
| j | | | | | | | | | | | | | | |
| k | | | | | | | | 加 | | 果 | 嫁 | | 郭 | 瓜西~ |
| $k^h$ | | | | | | | | 科 | | 可 | 课 | | 霍 | 壳 |
| g | | | | | | | | 丫张（嘴） | 俄 | | 瓦 | 饿 | 握 | 瓦缸~铺 |
| h | | | | | | | | 虾 | 河 | | 下~山 | 夏 | 鹤 | 学~生 |
| ø | | | | | | | | 桠 | 3 | 哑 | | | 恶善~ | |

1. □$t^hou^{55}$　量词，堆，一~沙：一堆沙
2. □$lou^{55}$　~采：敲诈
3. □$ou^{53}$　叹词，表示醒悟

表25　犁市土话音节配合表（十一）

| | iu | | | | | | | ɛɯ | | | | | | | |
|---|---|---|---|---|---|---|---|---|---|---|---|---|---|---|---|
| | 阴平21 | 阳平53 | 上声35 | 阴去55 | 阳去33 | 阴入5 | 阳入3 | 阴平21 | 阳平53 | 上声35 | 阴去55 | 阳去33 | 阴入5 | 阳入3 |
| p | | | | | | | | | | | | | 卜 | 伏趴 |
| $p^h$ | | | | | | | | | | | | | 仆 | |
| b | | | | | | | | | | | | | 目 | 木糊涂 |
| f | | | | | | | | | | | | | 福 | 服 |
| v | | | | | | | | | | | | | | |
| t | 丢 | | | | | | 昼上~ | | | | | | 督 | 毒 |
| $t^h$ | | 1 | | | | | | | | | | | | |
| l | 溜~苔 | 刘 | 柳 | 溜滑 | | 榴石~ | | 2 | | | | | 鹿 | 肉 |
| ʦ | 周 | | 酒 | 咒 | | 揪 | | | | | | | 祝 | 竹~节 |
| $ʦ^h$ | 秋 | 酬 | 丑 | 臭 | 就 | 绸 | 鳅泥~ | | | | | | 速 | 族 |
| s | 修 | 仇 | 手 | 秀 | 受 | | 手犁~ | | | | | | 缩 | 熟 |
| j | 优 | 油 | | 有 | 右 | 柚 | 酉 | | | | | | | 玉 |
| k | 纠 | | 九 | 救 | | | | | | | | | 谷~雨 | 谷 |
| $k^h$ | 丘 | 求 | | 舅大~ | 旧 | | 阄拈~ | | | | | | 菊 | 局 |
| g | | 牛 | 扭又音 | | | 牛黄~ | | | | | | | | |
| h | | | | | | | | | | | | | 哭 | 熇加热 |
| ø | | | | | | | | | | | | | 屋 | 屋用于地名 |

1. □$t^h$iu$^{53}$　~□la$^{33}$□ma$^{55}$：詈语
2. □lɛɯ$^{21}$　讨厌

**表 26　梨市土话音节配合表（十二）**

| | øy | | | | | | | ɐn | | | | | | |
|---|---|---|---|---|---|---|---|---|---|---|---|---|---|---|
| | 阴平21 | 阳平53 | 上声35 | 阴去55 | 阳去33 | 阴入5 | 阳入3 | 阴平21 | 阳平53 | 上声35 | 阴去55 | 阳去33 | 阴入5 | 阳入3 |
| p | | | | | | | | 彬 | 贫 | 本 | 笨 | | 盆面~ | 4 |
| pʰ | | | | | | | | | | | 喷 | | | |
| b | | | | | | | | | 文 | 敏 | 焖 | 问 | | |
| f | | | | | | | | 昏 | 魂 | 粉 | 粪 | 奋 | 份有~ | |
| v | | | | | | | | 温 | 炆 | 隐 | | | | |
| t | | | | | | | 端萝卜~ | 敦 | 屯 | 埻木桩 | 填钉（木桩） | 顿 | | |
| tʰ | | | | | | | | 饨馄~ | | 盾 | 钝 | | | |
| l | 1 | 联缝制 | 2 | | | | 3 | 5 | 林 | 檩 | | 嫩 | 林竹~ | |
| ts | 尊 | | 转~送 | 转形容词 | | 卒 | | 津 | | 准 | 镇 | | | 圳水渠 |
| tsʰ | 川 | 锄 | 犬 | 寸 | 篆 | | 穿皓~ | 村 | 陈 | 蠢 | 衬 | 尽 | 阵一~间 | 春鸡~ |
| s | 梳 | 玄 | 选 | 扇动词 | | 雪 | 戌 | 心 | 神 | 沈 | 训 | 顺 | | 信名词 |
| j | 冤 | 员 | 院~长 | 远 | 县 | 丸肉~ | 乙 | 音 | 云 | 允 | 印 | 运 | | 引~线 |
| k | 坚 | | 卷考~ | | 健 | 绝 | 蕨~菜 | 斤 | | 紧 | 劲 | | | 今□hi²¹~ |
| kʰ | 圈 | 权 | | 近 | | 决 | 圈圆~ | 钦 | 琴 | | | | | 6 |
| ɡ | | 元 | | 软 | 愿 | 月元~ | 月一~ | 7 | 人 | 茌~草 | 忍 | 认 | 银 | |
| h | 靴 | 去 | 蟢~公 | | | 血 | 陨岭~ | 8 | 恒 | 恳 | | 杏 | | |
| ø | | | 踠 | | | | 哕 | 恩 | | | | | | |

1. □$løy^{21}$　（苍蝇）叮
2. □$løy^{35}$　蘸（酱油等）
3. □$løy^{3}$　劈削（树枝）
4. □$pɐn^{3}$　篦（名词）
5. □$lɐn^{21}$　含
6. □$k^{h}ɐn^{3}$　鸡~：鸡肫
7. □$gɐn^{21}$　缠（人）
8. □$hɐn^{21}$　~~：叹词，表示得意

**表 27 犁市土话音节配合表（十三）**

| | in | | | | | | | uɐn | | | | | | |
|---|---|---|---|---|---|---|---|---|---|---|---|---|---|---|
| | 阴平 21 | 阳平 53 | 上声 35 | 阴去 55 | 阳去 33 | 阴入 5 | 阳入 3 | 阴平 21 | 阳平 53 | 上声 35 | 阴去 55 | 阳去 33 | 阴入 5 | 阳入 3 |
| p | 乓 ~乓球 | | | | | | | | | | | | | |
| $p^h$ | | | | | | | | | | | | | | |
| b | | | | | | | | | | | | | | |
| f | | | | | | | | | | | | | | |
| v | | | | | | | | | | | | | | |
| t | | | | | | | | | | | | | | |
| $t^h$ | | | | | | | | | | | | | | |
| l | | | | | | | | | | | | | | |
| ʦ | | | | | | | | | | | | | | |
| ʦ$^h$ | | | 1 | | | | | | | | | | | |
| s | | | | | | | | | | | | | | |
| j | | | | | | | | | | | | | | |
| k | | | | | | | | 军 | | 滚 （水）开 | | | | 棍 |
| $k^h$ | | | | | | | | 昆 | 群 | 捆 | 困 | 混 | 裙 | 菌蘑菇 |
| g | | | | | | | | | | | | | | |
| h | | | | | | | | | | | | | | |
| ø | | | | | | | | | | | | | | |

1. □ʦ$^h$in$^{35}$ 调~闯：荡秋千

**表 28　梨市土话音节配合表（十四）**

| | ɔn | | | | | | | aŋ | | | | | | |
|---|---|---|---|---|---|---|---|---|---|---|---|---|---|---|
| | 阴平21 | 阳平53 | 上声35 | 阴去55 | 阳去33 | 阴入5 | 阳入3 | 阴平21 | 阳平53 | 上声35 | 阴去55 | 阳去33 | 阴入5 | 阳入3 |
| p | | | | | | | | 兵 | 棚 | 丙 | 1 | 并 | | |
| pʰ | | | | | | | | 2 | | 蚌 | 胖 | | | |
| b | | | | | | | | | 忙 | 孟 | 猛 | 望 | | 网鱼~ |
| f | | | | | | | | 荒 | 妨 | 纺 | 放 | | 房 | 3 |
| v | | | | | | | | 4 | 黄 | 枉冤~ | 往 | 旺 | 黄牙~ | |
| t | | | | | | | | 丁 | 唐 | 党 | 档 | 定 | 糖白~ | 凳 |
| tʰ | | | | | | | | 汤 | | 躺 | 趟 | | | |
| l | | | | | | | | | 铃 | 朗 | 哴~口 | 浪 | 馕瓜~ | 馕竹~ |
| ʦ | | | | | | | | 庄 | | 整~酒 | 壮 | 正又音 | | 甑饭~ |
| ʦʰ | | | | | | | | 清 | 床 | 闯调□ ʦʰiɐn35~ | | 静 | 状~纸 | 秤 |
| s | | | | | | | | 霜 | 形 | 爽 | 性 | 盛兴~ | 绳 | 桑 |
| j | | | | | | | | 英 | 荣 | 永 | 应~付 | 5 | 蝇 | |
| k | | | | | | | | 京 | | 讲 | 竞 | | | 钢 |
| kʰ | | | | 看~守 | | | | 康 | 逛 | 坎 | 庆 | | | |
| g | | | | | | | | | | 仰~头 | | 硬 打~震 | | |
| h | | 寒 | 罕 | 汉 | 焊 | | | 糠 | 杭 | 狠 | 项 | 幸 | 巷 | |
| ø | 鞍 | | | 案 | | | | 庵 | | 昂 | 蕹~菜 | | | |

1. □paŋ$^{55}$　硬～～：固执
2. □pʰaŋ$^{21}$　（从高处往低处）跳
3. □faŋ$^{3}$　寿～：生前预制的棺材
4. □vaŋ$^{21}$　～春：寡蛋
5. □jaŋ$^{33}$　剩（一点儿）

**表29　犁市土话音节配合表（十五）**

| | uaŋ | | | | | | | εŋ | | | | | | |
|---|---|---|---|---|---|---|---|---|---|---|---|---|---|---|
| | 阴平21 | 阳平53 | 上声35 | 阴去55 | 阳去33 | 阴入5 | 阳入3 | 阴平21 | 阳平53 | 上声35 | 阴去55 | 阳去33 | 阴入5 | 阳入3 |
| p | | | | | | | | | 朋 | | | | 1 | 2 |
| $p^h$ | | | | | | | | 3 | | 捧 | | | | |
| b | | | | | | | | 朦眼睛花 | 蒙 | 蠓 | 4 | 梦 | 蒙破~ | |
| f | | | | | | | | 风 | 冯 | | | 凤 | | |
| v | | | | | | | | | | | | | | |
| t | | | | | | | | 东 | 同 | 董 | 栋 | 动 | 筒 | 冻□ $k^haŋ^{53}$~ |
| $t^h$ | | | | | | | | 通 | | 统 | 痛 | | | 桶井~ |
| l | | | | | | | | 齉煳 | 农 | 垄 | | 弄 | 笼鸡~ | |
| ʦ | | | | | | | | 宗 | | 肿 | 纵 | | | 粽 |
| $ʦ^h$ | | | | | | | | 冲 | 从 | | 重轻~ | 仲 | 虫 | 葱 |
| s | | | | | | | | 松~紧 | 崇 | | 送 | | | |
| j | | | | | | | | | 容 | 拥 | | 用 | 绒 | |
| k | 光 | | 广 | | | | | 工 | 5 | 巩 | 供 | | | 公㚢~ |
| $k^h$ | 匡 | 狂 | | | | | | 烘 | 穷 | 孔 | 控 | 共 | | |
| g | | | | | | | | 6 | | | | 7 | | |
| h | | | | | | | | 空 | 熊 | 汞 | 揈推 | | | |
| ø | | | | | | | | 翁 | | 拥推 | | | | 瓫 |

1. □pεŋ$^{5}$　屌～：屌斗
2. □pεŋ$^{3}$　酒～：酒提
3. □$p^h$εŋ$^{21}$　臭～～：形容很臭
4. □bεŋ$^{55}$　神志不清
5. □kεŋ$^{53}$　岭～：山岭上起伏不平之处
6. □gεŋ$^{21}$　～蓝：形容很蓝
7. □gεŋ$^{33}$　～唔好：（病）总不好

**表30　梨市土话音节配合表（十六）**

| | oŋ | | | | | | | ioŋ | | | | | | |
|---|---|---|---|---|---|---|---|---|---|---|---|---|---|---|
| | 阴平21 | 阳平53 | 上声35 | 阴去55 | 阳去33 | 阴入5 | 阳入3 | 阴平21 | 阳平53 | 上声35 | 阴去55 | 阳去33 | 阴入5 | 阳入3 |
| p | 般 | 滂 | 板 | 半 | | 盘 | 半七月~ | | | | | | | |
| $p^h$ | 潘 | | | 判 | 拌 | | 伴 | | | | | | | |
| b | | 瞒 | | 满 | 万 | 门 | | | | | | | | |
| f | 翻 | | 反 | 睏睡 | 饭 | | 贩牛~ | | | | | | | |
| v | | 园沙~ | 碗 | | 岸南~ | 园菜~ | | | | | | | | |
| t | 单 | 团 | 短 | 1 | 段 | 缎 | 单药方 | 4 | | | 胀 | 仗炮~ | | |
| $t^h$ | 吞 | | | 断决~ | | | 炭 | | | | | | | |
| l | 2 | 栏 | | 暖 | 乱 | 3 | 卵男阴 | | 娘 | 两几~ | 两~个 | 亮 | 梁横~ | |
| ʦ | 钻~来~去 | | 纂集中 | 钻动词 | | | 钻名词 | 张 | | 奖 | 账 | | | 帐 |
| $ʦ^h$ | 餐 | | | 畅 | | | | 昌 | 详 | 抢 | 唱 | 匠 | 场墟~ | |
| s | 酸 | | 散鞋带~了 | 伞 | 上~面 | 裳 | 闩门~ | 湘 | 常 | 想 | 相~貌 | | 上马~ | 箱蜂~ |
| j | | | | | | | | 殃 | 杨 | 5 | 养 | 样量词 | 羊 | 秧菜~ |
| k | | | | | | | | 姜 | | | | | 6 | |
| $k^h$ | | | | | | | | 腔 | 强~大 | 强勉~ | | | 框 | |
| g | | | | | | | | | 仰 | | 7 | 让 | | |
| h | | | | | | | | 香 | | 享 | 向 | | | |
| ø | | | | | | | | | | | | | | |

1. □$toŋ^{55}$　量词，级，用于台阶：上~
2. □$loŋ^{21}$　~~箇：（手脚）疼痛
3. □$loŋ^{5}$　鸡~：未下蛋的小母鸡
4. □$tioŋ^{21}$　~虫雀：啄木鸟
5. □$jioŋ^{35}$　挡（住）
6. □$kioŋ^{5}$　~宗：这样
7. □$gioŋ^{55}$　~□$kioŋ^{5}$宗睏：和衣而睡

表 31 犁市土话音节配合表（十七）

| | uoŋ | | | | | | | m | | | | | | |
|---|---|---|---|---|---|---|---|---|---|---|---|---|---|---|
| | 阴平 21 | 阳平 53 | 上声 35 | 阴去 55 | 阳去 33 | 阴入 5 | 阳入 3 | 阴平 21 | 阳平 53 | 上声 35 | 阴去 55 | 阳去 33 | 阴入 5 | 阳入 3 |
| p | | | | | | | | | | | | | | |
| $p^h$ | | | | | | | | | | | | | | |
| b | | | | | | | | | | | | | | |
| f | | | | | | | | | | | | | | |
| v | | | | | | | | | | | | | | |
| t | | | | | | | | | | | | | | |
| $t^h$ | | | | | | | | | | | | | | |
| l | | | | | | | | | | | | | | |
| ʦ | | | | | | | | | | | | | | |
| $ʦ^h$ | | | | | | | | | | | | | | |
| s | | | | | | | | | | | | | | |
| j | | | | | | | | | | | | | | |
| k | 官 | | 秆 | 罐 | | | 竿担~ | | | | | | | |
| $k^h$ | 欢~喜 | | | | | | | | | | | | | |
| g | | | | | | | | | | | | | | |
| h | | | | | | | | | | | 旱 | 汗 | | |
| ø | | | | | | | | 唔不 | | 1 | 晏晚 | 嗨叹词 | | 午子~线 |

1. □$m^{35}$ 应答声

# 第四节　梨市土话音系与中古音系的比较

## 一、声母的比较

表 32　梨市土话声母与中古声母的比较

<table>
<tr><th rowspan="3" colspan="2"></th><th colspan="3">清</th><th colspan="3">全浊</th><th rowspan="3" colspan="2">次浊</th><th rowspan="3">清</th><th colspan="3">全浊</th></tr>
<tr><th rowspan="2" colspan="2">全清</th><th rowspan="2">次清</th><th rowspan="2">平</th><th colspan="2">仄</th><th rowspan="2">平</th><th colspan="2">仄</th></tr>
<tr><th>上</th><th>去入</th><th>上</th><th>去入</th></tr>
<tr><td rowspan="2" colspan="2">帮组</td><td rowspan="2" colspan="2">帮：p</td><td rowspan="2">滂：$p^h$</td><td rowspan="2">並：p</td><td>並：$p^h$</td><td rowspan="2">並：p</td><td rowspan="2" colspan="2">明：b</td><td></td><td></td><td></td><td></td></tr>
<tr><td>並：p</td><td></td><td></td><td></td><td></td></tr>
<tr><td colspan="2">非组</td><td colspan="2">非：f/p</td><td>敷：f/$p^h$</td><td>奉：f/p</td><td>奉：f/p/$p^h$</td><td>奉：f/p</td><td colspan="2">微：b</td><td></td><td></td><td></td><td></td></tr>
<tr><td rowspan="2" colspan="2">端泥组</td><td rowspan="2" colspan="2">端：t</td><td rowspan="2">透：$t^h$</td><td rowspan="2">定：t</td><td>定：$t^h$</td><td rowspan="2">定：t</td><td rowspan="2">泥：l</td><td rowspan="2">来：l</td><td></td><td></td><td></td><td></td></tr>
<tr><td>定：t</td><td></td><td></td><td></td><td></td></tr>
<tr><td colspan="2">精组</td><td colspan="2">精：ts</td><td>清：$ts^h$</td><td colspan="3">从：$ts^h$</td><td colspan="2"></td><td>心：s</td><td colspan="3">邪：$ts^h$/s</td></tr>
<tr><td rowspan="3">知组</td><td>二等</td><td rowspan="3">知</td><td>ts/t</td><td rowspan="3">彻 $ts^h$/$t^h$</td><td rowspan="3">澄 $ts^h$/$t^h$</td><td colspan="2">澄 $ts^h$</td><td colspan="2"></td><td></td><td></td><td></td><td></td></tr>
<tr><td rowspan="2">三等</td><td>ts/t</td><td colspan="2">澄 $ts^h$</td><td colspan="2"></td><td></td><td></td><td></td><td></td></tr>
<tr><td>ts/t</td><td>澄：$t^h$</td><td>澄：$ts^h$/ t</td><td colspan="2"></td><td></td><td></td><td></td><td></td></tr>
<tr><td colspan="2">庄组</td><td colspan="2">庄：ts</td><td>初：$ts^h$</td><td>崇：$ts^h$</td><td colspan="2">崇：$ts^h$/s（只限于止开三）</td><td colspan="2"></td><td>生：s</td><td></td><td></td><td></td></tr>
<tr><td colspan="2">章</td><td colspan="2">章：ts</td><td>昌：$ts^h$</td><td colspan="3">船：s</td><td colspan="2"></td><td>书：s</td><td colspan="3">禅：s</td></tr>
<tr><td colspan="2">日母</td><td colspan="2"></td><td></td><td></td><td></td><td></td><td colspan="2">日：g/j</td><td></td><td></td><td></td><td></td></tr>
<tr><td colspan="2">见晓组</td><td colspan="2">见：k</td><td>溪：$k^h$/h</td><td colspan="3">群：$k^h$</td><td colspan="2">疑：g/j</td><td>晓：f/h</td><td colspan="3">匣：f/h/v</td></tr>
<tr><td colspan="2">影组</td><td colspan="2">影：Ø/j/v</td><td></td><td></td><td></td><td></td><td colspan="2">云：j/v</td><td>以：j/v</td><td></td><td></td><td></td></tr>
</table>

下面按表 32 中古声母顺序，先说明梨市土话声母与中古声母的对应关系，然后列举梨市土话声母例外字。

帮母以读 p 为常例，“庇泌”读 b，“彼鄙碧绊”读 $p^h$。

滂母以读 $p^h$ 为常例，“泊魄坡玻~璃颇品”读 p，“剖”读 f。

並母全浊上部分常用字读 $p^h$，部分字读 p；非全浊上以读 p 为常例。非全浊上“瓢避跑雹螃钯齿~婆砖~：砖坯”读 $p^h$。

非母以读 f 为常例，极少数口语常用字读 p。“甫脯藩”读 $p^h$。

端母以读 t 为常例，“肚猪~”读 $t^h$。

透母以读$t^h$为常例，“坦平~踏榻~板贷椭”读t，“叹”读$t^h$。

定母全浊上部分常用字读$t^h$，部分字读t；非全浊上以读t为常例，“垫导兑钝饨馄~”读$t^h$。

泥母以读l为常例，“赁”读p，“碾”读ʦ，“碾~船捏挽（袖子）捻扭又音”读g，“诺”读j。

来母以读l为常例，“裸”读k。

精母以读ʦ为常例，“赞躁”读$ʦ^h$。

清母以读$ʦ^h$为常例，“俏”读s，“撮辑”读ʦ。

从母以读$ʦ^h$为常例，“自~尽”读s，“嚼缉~鞋口捷截”读ʦ。

心母以读s为常例，“赛膝速”读$ʦ^h$，“僧”读ʦ。

邪母以读$ʦ^h$/s为常例，“颂”读ʦ，“巳地支名”读k，“羡”读h。

知母以读ʦ/t为常例，“拄驻昼~夜”读$ʦ^h$。

彻母以读$ʦ^h$为常例，“痴”读ʦ。

澄母除三等全浊上极少数常用字读$t^h$、非全浊上字读t以外，其余以读$ʦ^h$为常例。全浊上“仗炮~”读t，“痔稚纣”读ʦ。

崇母以读$ʦ^h$为常例，“骤铡撰”读ʦ。

生母以读s为常例，“产拴”读$ʦ^h$。

章母以读ʦ为常例，“止址赘诊疹”读$ʦ^h$，“枢”读$k^h$。

昌母以读$ʦ^h$为常例，“齿牙~”读ʦ，“侈齿马~苋”读s。

书母以读s为常例，“始奢束”读$ʦ^h$。

禅母以读s为常例，“瑞”读j，“殖值”读$ʦ^h$。

日母以读g/j为常例，“肉”读l。

见母以读k为常例，“级菇冬~箍名词拘劫概溉规刽桂~头：乡镇名稽揭菊阄决诀昆滚~动矿”读$k^h$，“懈酵”读h，“浇”读ʦ。

溪母以读$k^h$/h为常例，“遣犬”读$ʦ^h$，“枯楷券”读k。

群母以读$k^h$为常例，“渠他臼键健”读k。

疑母以读g/j为常例，“虐拟”读l，“讹”读f，“岸南~：村名”读v。

晓母以读f/h为常例，“储”读$ʦ^h$，“轰”读k，“休喧玄悬熏勋协”读s，“吸喊毁货霍藿~香欣掀烘哄欢”读$k^h$。

匣母以读f/h/v为常例，“舰汞”读k，“核审~溃绘混”读$k^h$，“携协穴弦形刑型”读s。

影母以读Ø/j/v为常例，“握扼”读g，“秽”读f。

云母以读j/v为常例，“援”读g，“熊雄”读h，“晕”读f。

以母以读j/v为常例，“捐”读k，“淫”读g。

## 二、韵母的比较

表 33　梨市土话韵母与中古韵母的比较（一）

| | 开口呼 | | | | | | | | | | | | | | |
|---|---|---|---|---|---|---|---|---|---|---|---|---|---|---|---|
| | 一等 | | | 二等 | | | | | 三四等 | | | | | | |
| | 帮系 | 端系 | 见系 | 帮系 | 泥组 | 知组 | 庄组 | 见系 | 帮系 | 端系 | 庄组 | 知组 | 章组 | 日母 | 见系 |
| 果 | | ou | ou | | | | | | | | | | | | øy |
| 假 | | | | ou/a | a | ou | ou | ou/a | | ie | | ie | ie | ie | ia |
| 遇 | | | | | | | | | | | | | | | |
| 蟹 | uo | uo | uo | a | | | a | a | a/ai | a/ei/ai | | | ei/ai/ʅ | | ei/ai/i |
| 止 | | | | | | | | | ai | ai/ʅ | ʅ | ʅ | ʅ | i | i |
| 效 | au | au | au | au | au | au | au | au | io | io | | io | io | io | io |
| 流 | ia | ia | ia | | | | | | ia/io | iu | ia | iu | iu | iu | iu |
| 咸舒 | | a | a | | | | a | a | | ei | | ei | ei | ei | ei |
| 深舒 | | | | | | | | | ɐn | ɐn | ɐn | ɐn | ɐn | ɐn | ɐn |
| 山舒 | | oŋ/a | uoŋ/ɔn | oŋ/a | | | a | a | ei | ei/øy | | ei | ei/øy | ei | ei/øy |
| 臻舒 | | oŋ | uoŋ/ɐn | | | | | | ɐn | ɐn | ɐn | ɐn | ɐn | ɐn | ʊn |
| 宕舒 | aŋ | aŋ | aŋ | | | | | | | ioŋ | aŋ | ioŋ | ioŋ | ioŋ | ioŋ |
| 江舒 | | | | aŋ | | | aŋ | aŋ | | | | | | | |
| 曾舒 | ɐn | aŋ | aŋ/ɐn | | | | | | aŋ | ɐn | | aŋ | aŋ | ɐn | aŋ |
| 梗舒 | | | | ie/aŋ | | ie/aŋ | ie/aŋ | ie/aŋ | ie/aŋ | ie/aŋ | | ie/aŋ | ie/aŋ | | ie/aŋ |

（续上表）

| | 开口呼 | | | | | | | | | | | | | | |
|---|---|---|---|---|---|---|---|---|---|---|---|---|---|---|---|
| | 一等 | | | 二等 | | | | | 三四等 | | | | | | |
| | 帮系 | 端系 | 见系 | 帮系 | 泥组 | 知组 | 庄组 | 见系 | 帮系 | 端系 | 庄组 | 知组 | 章组 | 日母 | 见系 |
| 通舒 | | | | | | | | | | | | | | | |
| 咸入 | | a | uo/ie | | | | a | a | | ei | | | | | ei |
| 深入 | | | | | | | | | | ai | | ai | ʅ | i | i/ai |
| 山入 | | uo/a | uo | a | | | a | a | ei | ei | | | | | ei/øy |
| 臻入 | | | | | | | | | ai | ai | øy | ai | ʅ | i | i |
| 宕入 | ou | ou | ou | | | | | | | io | | io | io | io | io |
| 江入 | | | | ou | | ou | | ou | | | | | | | |
| 曾入 | ai | ai/a | | ai | | | | | ai | ai | ai/a | ai | ai | | ai |
| 梗入 | | | | ie | | ie | ie | ie | ie | ie | | ie | ie | | ie/i |
| 通入 | | | | | | | | | | | | | | | |

下面按表33中古韵母顺序，先说明犁市土话韵母与中古开口呼韵母的对应关系，然后列举犁市土话韵母例外字。

果开一以读 ou 为常例，“挪训读搓～衣阿”读 a，“个我”读 uo。

蟹开一以读 uo 为常例，“贝沛凯”读 ai，“宰猜”读 a。

蟹开二以读 a 为常例，“钗训读”读 ou，“筛”读 øy。

蟹开四以读 a/ei/ai 为常例，“米”读 uo，“细”读 oe。

止开三精庄知章以读ɿ为常例，“巳地支名”读i，“使唔~：不必”读ia，“自独~姊~妹”读ai，“姊阿~舐”读ei；见系以读i为常例，“拟毅”读ai。

效开二以读au为常例，“抓训读”读ou。

效开四以读io为常例，“鸟交合”读ia，“鸟~~：赤子阴”读iau。

流开一以读ia为常例，“母拇戌”读u，“喉”读øy。

流开三以读ia/iu/io为常例，“妇~女富负漱”读u，“妇新~：新娘”读ai，“臼”读au。

咸开一阳声韵以读a为常例，“簪头~”读ou，“堪坎揞捂（住）憨憾”读aŋ。

咸开二阳声韵以读a为常例，“杉”读ou。

咸开三阳声韵以读ei为常例，“潜渐检俭节~”读ɐn，“瞻陕~西”读aŋ。

咸开三入声韵以读ei为常例，“劫抢~怯”读io。

咸开四阳声韵以读ei为常例，“甜”读a。

深开三入声韵端系以读ai为常例，“粒”读a。

山开一阳声韵见系以读oŋ/ɔn为常例，“崖”读a。

山开二阳声韵以读a为常例，“绽破~”读ioŋ，“柬”读ɐn。

山开三阳声韵以读ei/øy为常例，“碾~米机”读ɐn，“涎禅~让”读a，“掀”读aŋ。

山开四阳声韵以读ei/øy为常例，“眠”读ɐn，“扁匾肩楝垫茧”读a。

山开四入声韵以读ei为常例，“篾”读a。

深开三阳声韵以读ɐn为常例，“寝~室”读oŋ。

臻开一阳声韵以读oŋ/ɐn为常例，“根”读øy，“跟~头”读uoŋ，“很狠”读aŋ。

臻开三阳声韵以读ɐn为常例，“伸”读ei，“邻晋”读ie，“近”读øy，“宾”读aŋ。

臻开三入声韵端系以读ai为常例，“疾”读a；见系以读i为常例，“乙”读øy。

宕开一入声韵以读ou为常例，“诺”读io，“泊”读ie。

宕开三阳声韵非庄组以读ioŋ为常例，“肠”读aŋ，“畅上~山上~面尚裳”读oŋ，“丈~人公：岳父厢~廊：村名”读io。

宕开三入声韵以读io为常例，“焯”读ou。

江开二阳声韵以读aŋ为常例，“窗~帘”读oŋ。

曾开一阳声韵以读aŋ/ɐn为常例，“朋”读ɛŋ。

曾开三阳声韵见系以读aŋ为常例，“孕”读ɐn。

曾开三入声韵以读ai/ei为常例，“极”读i。

梗开二阳声韵以读 ie/aŋ 为常例，“打”读 ou，“烹耿衡~阳杏”读 ɐn，“梗”读 uie。

梗开二入声韵以读 ie/i 为常例，“拍陌择~菜扼”读 ou，“窄”读 a，“核审~、核~桃”读 ai。

梗开三阳声韵以读 ie/aŋ 为常例，“贞警竟卿擎”读 ɐn。

**表 34　犁市土话韵母与中古韵母的比较（二）**

| | 合口呼 | | | | | | | | | | | |
|---|---|---|---|---|---|---|---|---|---|---|---|---|
| | 一等 | | | 二等 | | 三四等 | | | | | | |
| | 帮系 | 端系 | 见系 | 庄组 | 见系 | 帮系 | 端系 | 庄组 | 知组 | 章组 | 日母 | 见系 |
| 果 | ou | ou | u/ou | | | | | | | | | øy |
| 假 | | | | ou | ou/ua | | | | | | | |
| 遇 | u | u | u | | | u | oe/y | ou/u | oe/y | oe/y | y | y |
| 蟹 | uo/ai | oe | o/uo/ai/uai | | a/ua/ou | ai/oe | oe | | | oe/y | | ai/uai |
| 止 | | | | | | ai | oe | oe/y | oe/y | oe/y | oe | ai/uai |
| 效 | | | | | | | | | | | | |
| 流 | | | | | | | | | | | | |
| 咸舒 | | | | | | a | | | | | | |
| 深舒 | | | | | | | | | | | | |
| 山舒 | oŋ | oŋ | uoŋ/ɔn | oŋ | a/ua | oŋ/a | øy | | øy | øy | øy | øy |
| 臻舒 | ɐn | øy/ɐn | ɐn/uɐn | | | ɐn | ɐn | | ɐn | ɐn | ɐn | ɐn/uɐn |
| 宕舒 | | | aŋ/uaŋ | | | aŋ | | | | | | aŋ/uaŋ |
| 江舒 | | | | | | | | | | | | |
| 曾舒 | | | ɛŋ | | | | | | | | | |
| 梗舒 | | | | | ie/aŋ/uaŋ | | | | | | | aŋ |
| 通舒 | ɛŋ | ɛŋ | ɛŋ | | | ɛŋ | ɛŋ | ɛŋ | ɛŋ | ɛŋ | ɛŋ | ɛŋ |
| 咸入 | | | | | | a | | | | | | |
| 深入 | | | | | | | | | | | | |
| 山入 | uo | uo | o/uo | uo | a/ua | o/uo | øy | | øy | øy | | øy |

（续上表）

| | 合口呼 | | | | | | | | | | | |
|---|---|---|---|---|---|---|---|---|---|---|---|---|
| | 一等 | | | 二等 | | 三四等 | | | | | | |
| | 帮系 | 端系 | 见系 | 庄组 | 见系 | 帮系 | 端系 | 庄组 | 知组 | 章组 | 日母 | 见系 |
| 臻入 | u | u/øy | o/uo | | | u | oe/øy | | oe | oe | | i/u/øy |
| 宕入 | | | ou | | | | | | | | | |
| 江入 | | | | | | | | | | | | |
| 曾入 | | | uai/ua | | | | | | | | | |
| 梗入 | | | | | ie/ou | | | | | | | ei |
| 通入 | εɯ | εɯ | εɯ | | | εɯ | εɯ | εɯ | εɯ | εɯ | εɯ | εɯ |

下面按表34中古韵母顺序，先说明犁市土话韵母与中古合口呼韵母的对应关系，然后列举犁市土话韵母例外字。

果合一以读 u/ou 为常例，“跛”读 a，“婆姼～、鸡～螺水～：石螺”读 uo，“梭”读 øy。

假合二以读 ou/ua 为常例，“耍”读 a。

遇合一以读 u 为常例，“菩蜈～蚣虫”读 ou。

遇合三帮系以读 u 为常例，“无南～：铙”读 ou；庄组以读 u/ou 为常例，“锄梳疏去”读 øy；知章组以读 oe/y 为常例，“树”读 u；见系以读 y 为常例，“渠他”读 i，“芋”读 u。

蟹合一帮系以读 uo/ai 为常例，“妹阿～”读 oe；端系以读 oe 为常例，“最”读 uo；见系以读 o/uo/ai/uai 为常例，“块”读 ua。

蟹合四见系以读 ai/uai 为常例，“携”读 ci，“锐”读 oe。

止合三见系以读 ai/uai 为常例，“危”读 uo。

山合一阳声韵以读 uoŋ/oŋ/ɔn 为常例，“拼～命”读 aŋ，“贯”读 ua，“款”读 a，“端萝卜～丸窜”读 øy，“桓皿”读 ɐn。

山合一入声韵以读 uo/o 为常例，“末”读 ai，“沫夺”读 ou，“括”读 ua。

山合二阳声韵庄组以读 oŋ 为常例，“篡”读 øy。

山合三阳声韵以读 øy 为常例，“泉～水”读 a，“园菜～、沙～”读 oŋ。

山合三入声韵以读 øy 为常例，“劣”读 io，“悦”读 oe。

臻合一阳声韵以读 øy/ɐn/uɐn 为常例，“门蹭”读 oŋ，“夯 头”读 aŋ。

臻合一入声韵帮系以读 u 为常例，“勃”读 ou；见系以读 o/uo 为常例，

“窟~窿”读 u。

臻合三阳声韵以读 ɐn/uɐn 为常例，“遵”读 øy。

宕合一阳声韵以读 aŋ/uaŋ 为常例，“黄~角：黄颡鱼”读 a。

宕合一入声韵以读 ou 为常例，“扩”读 aŋ。

曾合一阳声韵“弘”读 ɛŋ。

梗合二阳声韵以读 ie/aŋ/uaŋ 为常例，“宏”读 ɛŋ。

梗合三阳声韵以读 aŋ 为常例，“琼”读 ɐn，“兄”读 ɛŋ。

通合一入声韵以读 ɛɯ 为常例，“扑秃”读 ou；“沃”读 io，“曝”读 au。

通合三阳声韵以读 ɛŋ 为常例，“庸”读 aŋ。

通合三入声韵以读 ɛɯ 为常例，“郁”读 ai，“叔阿~”读 au。

## 三、声调的比较

表 35 犁市土话声调与中古声调的比较

| | | 阴平 | 阳平 | 上声 | 阴去 | 阳去 | 阴入 | 阳入 |
|---|---|---|---|---|---|---|---|---|
| 平 | 清 | 21 | | | | | | |
| | 浊 | | 53 | | | | | |
| 上 | 清 | | | 35 | | | | |
| | 次浊 | | | 35 | 55 | | | |
| | 全浊 | | | 35 | 55 | 33 | | |
| 去 | 清 | | | | 55 | | | |
| | 浊 | | | | | 33 | | |
| 入 | 清 | | | | | | 5 | |
| | 次浊 | | | | | | | 3 |
| | 全浊 | | | | | | | 3 |

下面按表 35 中古声调顺序说明犁市土话声调与中古声调的对应关系，然后列举犁市土话声调例外字。

清平以读阴平为常例，“滂嵩魁肪脂~妨纷”读阳平，“脂~肪姑阿~：姑妈刊哥阿~蝙”读上声，“颇拼~命听~见雌坳”读阴去。

次浊平以读阳平为常例，“微~水仔魔摩馍拈拎啰~嗦撩~泥”读阴平，“蚊挪训读拿娘阿~：伯母爷阿~：伯父园幼儿~梨统称”读上声，“于芒~果讹”读阴去，“馒~头儒研”读阳去。

全浊平以读阳平为常例，“饨馄～”读阴平，“跑螃储祈”读上声，“渠他”读阴去，“肠乘～车”读阳去。

清上以读上声为常例，“跛垮挤表手～寝～室楷倚”读阴平，“椭傻拯”读阳平，“础漂～白粉始矢伞企喊癸悔枉”读阴去，“髓闯宠贿腑俯讽”读阳去，“徙”读阴入，“掸鸡毛～子”读阳调的小称变音5。

次浊上常用字以读阴去为常例，非常用字以读上声为常例。“阮”读阳平，“汝乳宇羽牡里～外愈也”读阳去。

全浊上常用字以读阴去为常例，非常用字以读阳去为常例。“稻”读阴平，“怠囤绍”读阳平，“盾蚌践件一～衣裳菌细～罢棒挺汞巳地支名很狠釜晃蟹”读上声，“妇～女”读来自阳调的小称变音5。

清去以读阴去为常例，“跨稍俏倡搭捉绢～筛傅亚奔～头钉～住经～线”读阴平，“剑秦～”读阳平，“臂手～片尿～谤倒～水统懈块灿～烂券倦卷考～竟慰访腕映”读上声，“贷订～婚顿伺膳势驻昼～夜赞晋赘溅砌又音迅舜付赴讣泛会～计秽熨秘”读阳去，“譬”读阴入，“背～脊”读来自阳调的小称变音5。

浊去字以读阳去为常例，“溜～苔：青苔郡自～己芋”读阴平，“忘澄～一～辆嗣饲薯喻豫殉绽破～谚晕釉横发～狗：疯狗”读阳平，“孟纬翡院～长孕咏泳弹子～蛋～糕捕兑溃”读上声，“怒溜滑誓逝嗜议诵讼颂弊敝币暴稚骤钝垫导”读阴去，“避”读阴入，“瓣豆～”读来自阴调的小称变音3。

清入字以读阴入为常例，“沃”读阳入。

次浊入以读阳入为常例，“拉捺摸（动作）慢”读阴平，“捏挽（袖子）”读阳平，“摸～得：（动作）很慢”读上声，“域浴悦亦”读阳去，“抹粒”读阴入。

全浊入以读阳入为常例，“宅”读阴平，“曝”读阴去，“掷乏”读阳去，“捷截及极绝杰掘伐筏复～原狭”读阴入。

## 第五节 犁市土话同音字表

一、本表所收的字，绝大部分是依据《方言调查字表（修订本）》（中国社会科学院语言所编，1981年版）一书调查而来的，少部分字虽然不见于《方言调查字表（修订本）》，但在犁市土话口语中常用。此外，考虑到音节的需要，酌情收录了部分字的文读。

二、本表按犁市土话的音系排列。先按韵母分类，同韵的字按声母顺序排列，声母和韵母相同的按声调顺序排列。

声母的排列顺序为：p $p^{h}$ b f v t $t^{h}$ l ʦ $ʦ^{h}$ s j k $k^{h}$ g h Ø。

韵母的排列顺序为：ɿ i u y a ia ua o io uo e ie uie oe ai

uai ei au iau ou iu ɛɯ øy ɐn in uɐn ɔn aŋ uaŋ ɛŋ oŋ ioŋ uoŋ m。

三、阴入和阳入来源于小称变调的字放在圆圈“○”之后。写不出的字用方框“□”代替。释义和举例小字齐下。例中用波浪号“~”代表所释字，写不出的字不再用方框表示，直接标注读音。

ʅ

ts [21]知痴蜘~蛛支肢枝资姿咨之芝娄~屄：女阴 [35]子筷~紫纸旨指脂~肪梓齿牙~姊~嫂：妯娌□胳肢，使发痒抵~禾稿：扎稻草只~有 [55]智致稚至置痔志痣□tsi⁵⁵~虫：蝉 [5]执汁质 [3]○趾脚~栀黄~：栀子指手~籽葵花~子砂~

tsʰ [21]嗤□（用磁铁）吸 [53]池驰瓷迟兹慈磁滋辞词祠嗣饲持 [35]扯此耻止址齿 [55]刺次厕雌始□~鸡：野鸡 [33]似治□~水：（把烧红的铁器放在冷水里）冷却

s [21]撕斯厮施自~己私师狮尸司思~想丝诗 [53]时 [35]屎侈使史驶齿马~苋 [55]世誓逝赐四肆矢嗜思意~祀试侍市什~人：谁柿~子 [33]是氏视豉示自~尽肄伺士寺仕事字名~柿~饼 [5]湿失□用在重叠的形容词后，相当于普通话的“的”，如：瘦瘦~○匙铲~：锅铲牸字时闲~ [3]十实拾

i

ts [55]□一~嘀：形容很小

j [21]倚伊医衣□~塔：腌菜的坛子，用泥土烧制而成，中间圆，上有水槽 [53]谊仪移夷姨大~ [35]椅以~前 [55]意以可~ [33]易难~异亦 [5]一○姨细~ [3]揖○衣花生~：花生皮

k [21]饥肌几茶~基机讥箕簸~几~乎 [35]杞几~个己天干名 [55]渠他寄冀纪记既□鸡~冠：鸡冠□这叽~里咕噜 [5]急洁吉橘激击□皮~：小皮箱□帽~：帽檐儿 [3]□~膀：翅膀○巳地支名己自~箕粪~

kʰ [21]欺 [53]奇骑岐祁其期棋旗蜞~tau⁵³：蚂蝗□生牙~：腮腺炎□（鸡、鸭）交配 [55]企徛站立妓技忌 [5]级吸汲极及○棋象~

g [21]□腥~~：形容很腥 [53]宜疑 [35]蚁 [55]议耳饵 [33]义二贰 [5]○日 [3]入日~子○耳蒂

h [21]牺嬉嘻熙希稀□~今：现在焸喂（鸡、猪等）[35]启岂祈起喜 [55]戏器弃气汽

u

p ［53］蒲菖~扶［35］补斧［55］布怖瀑不［33］步［5］○瓠单说［3］○布洗碗~

$p^h$ ［21］□量词，圈：一~麻将铺~设潽溢（出）［35］谱普捕甫脯杏~［55］妇新~：儿媳妇［3］○脯胸~铺店~部簿

b ［53］模~子模~范摹~仿［55］武舞侮鹉鹦~母拇姆保~［33］暮慕墓募务雾戊［5］物○模砖~［3］没沉~

f ［21］呼夫肤傅敷乎俘麸郛量词，丘：一~田［53］胡湖糊浆~壶乎符梧~桐扶芙~蓉蝴~蝶［35］火伙苦~瓜虎浒水~府抚釜［55］戽富副□量词，扇：一~门［33］户沪互护腑俯付赴附讣父腐豆~腐~烂辅负咐吩~［5］忽○佛妇~女

v ［21］乌呜污坞巫诬芋□喂（饭）［53］禾踒胡~须无和~尚糊面~狐~狸［35］誣~人：冤枉人［5］扤扭（伤）□腌（菜）

t ［21］都~市都全部［53］徒屠途涂图［35］赌肚腹~［55］□~~筒：海螺［33］妒度渡镀踱［5］□词缀，表复数，相当于普通话的“们”□肥~~：形容很胖

$t^h$ ［35］土［55］土~铳吐杜肚~脐poŋ$^{55}$：脐带［5］突［3］○肚猪~兔

l ［21］鱸锈［53］奴卢炉芦~苇鸬~鹚鲈~鱼庐驴□~嘀：男孩儿□~~虫：毛毛虫［55］努怒鲁橹虏卤［33］露鹭白~［5］□（物品或人的某个部位）受损○路炉扯~：打鼾芦葫~

ts ［21］租［35］祖组阻［3］○做

$ts^h$ ［21］粗［55］醋措~施［33］助

s ［21］苏酥蔬梳~妆台［35］数动词［55］素诉嗉鸟~子漱［5］○树杵数~学［3］○庶数名词

k ［21］姑~娘孤枯菇过（送）给箍动词［35］姑阿~：姑母古估牯股鼓［55］过故固雇顾［3］□~薯：豆薯○鸪鹧~蛄蝼~菇薯~：慈菇牯毛~：寒毛过太~：太

$k^h$ ［21］菇冬~箍~胶：用来扎头发的橡皮筋□锉~：指甲下的倒刺□（刀）钝［53］葫~芦□~$ts^huo^5$：蟑螂□清~~：形容水很清［35］苦~味［55］库裤［5］窟~窿［3］□短~~：形容很短○箍桶~

g ［53］吴吾梧~桐［33］误悟

y

l ［21］□厚~珠：形容很厚

ts ［21］诸诛蛛蜘~株朱硃珠［35］煮主［55］著注蛀铸［3］○锥珠脚眼~：踝子骨

$ts^h$ ［21］吹黢祛［53］徐厨除［35］储［55］处~所拄柱［33］叙聚驻住［5］出

[3]○处相～处到～
s [21]书舒输 [53]薯殊蜍 kia² ～婆：蟾蜍 [35]暑鼠署水 [55]恕税絮序 [33]绪竖莳～田：插秧 [3]○鼠飞～：蝙蝠
j [21]淤 [53]余榆逾愉喻如豫尔儿而尔盂 [35]与伛（衣服）皱 [55]雨于 [33]汝乳宇羽御誉预儒遇寓吁裕愈域浴禹
k [21]居车～马炮 [35]举矩 [55]据锯动词句 [3]○锯名词
kʰ [21]枢拘区驱 [53]渠水～瞿 [55]去 [33]巨拒距俱具惧 [5]屈
g [53]渔～民鱼草～愚 [55]语 [5]○鱼渔
h [21]墟虚嘘 [35]许

a

p [21]巴芭跛班斑粑糍～□摇～：摇把□～扁豆：刀豆□螺丝～：螺丝刀 [53]排 [35]摆罢蝙扁匾 [55]爸拜 [33]吧稗败办坍烂泥□～笔：舔笔 [5]八○牌簰竹～巴下～ [3]拔～河○瓣豆～
pʰ [21]批剌削（苹果） [55]派□～～仔蔸：灯笼果□～肚：怀孕 [5]□谷～：空的稻谷子粒
b [21]孖成对、双□哪 [53]埋蛮 [55]买吗□tʰiu²¹ la³³ ～：詈语 [33]卖骂 [5]○篾晚夜～挽～联
f [53]怀槐淮凡帆烦繁矾 [55]贩范姓氏 [33]坏泛范模～犯乏幻患宦 [5]法～事 [3]○法
v [21]蛙洼歪弯湾□量词，畦：一～菜 [53]完还～书环黄～角：黄颡鱼 [35]□穿（鞋跟） [5]挖 [3]猾滑或惑
t [21]呆低担挑□（鸟）筑（巢） 耽 [53]潭谭谈痰甜 [35]底抵坦平～弹子～疸蛋～糕胆 [55]旦嘀夫娘～：女人打量词，十二个为一打担～子 [33]踶踩（脚） [5]笞搭遢邋～：肮脏○蹄猪～lou⁵：猪蹄 [3]达特□社～：土地庙沓踏榻～板○嘀名词后缀担～子
tʰ [21]他梯贪它 [35]睇 [55]淡替剃屉探垫涕毯 [3]塌○塔
l [21]了助词，表已然 [53]泥犁黎尼南男篮～球蓝兰□～蛄：蝼蛄□～kʰau⁵：蜘蛛□头～：头□“你”和前缀“阿”的合音 [35]揶训读拿览揽榄□瘦 kua³⁵ ～：形容很瘦 [55]□hou³³ ～薯：马铃薯 [33]滥缆□量词，拃：一～长 [5]粒□～尾：后来□跨（过去）○楝苦～树奶牛～泥子～：土坯篮菜～ [3]纳腊蜡勒□～sa⁵：垃圾邋～遢：肮脏瘌饭～：饭团
ts [21]斋 [35]斩盏宰 [55]蘸债 [5]札眨窄轧～棉花

$ts^h$　[21]搓~衣猜差出~参~加掺搀 [53]豺柴蚕惭谗馋残单~于禅~让涎泉~水潺骨水~~：形容菜很老 [35]踩□~祸：闯祸惨灿~烂铲产 [55]□调皮□~□sɐn$^{35}$：新枝 [33]寨暂赚站车~赞~助栈 [5]插察测 [3]□箕形指纹疾杂闸□黄~：蟋蟀□水~：水獭○铲门~：门槛

s　[21]三衫珊山删酾~酒：斟酒 [35]耍洒 [55]晒 [33]□五指分开 [5]萨杀□la$^{3}$~：垃圾趿~薯苗：插红薯苗 [3]○衫单~：外衣山大路边~：山名，较小

k　[21]皆阶楷揩佳街甘泔艰奸肩 [35]解感敢橄~榄减碱简拣茧 [55]介芥~兰界尬尴~疥届戒监~督鉴间~断谏□ko$^{21}$ ko$^{21}$~：松球箇结构助词，连接修饰语和中心语 [5]夹~袄挟~菜佮~野老：找情夫 [3]钾胛匣○柑夹文件~甲间中~

$k^h$　[21]揢捉□~上昼：午睡 [35]砍刊款 [55]勘喊 [3]掐□眨（眼）□夹（在腋下）

g　[21]伢~伢仔：婴儿□lia$^{53}$唔~：合不来啱~sei$^{55}$：刚刚；合适 [53]衙涯崖颜顽癌谚岩 [35]伢伢~仔：婴儿眼一~井 [55]眼~睛 [33]岸雁 [5]○额狗头~：两端有槽、用以嵌入绳子的扁担 [3]额~角：鬓角○眼洞

h　[21]哈叹词 [53]霞遐瑕暇孩谐鞋皮~含函咸闲还~有衔 [35]懈蟹 [33]撼陷限苋 [5]狭瞎豁~达哈~$ts^h$iu$^{53}$：喷嚏○馅鞋草~ [3]峡洽辖

Ø　[21]哀阿~哥鸦丫~头亚挨啊 [35]矮 [55]暗哈打~~：打哈欠 [5]押压 [3]○鸭

ia

p　[33]踣孵、蹲

$p^h$　[55]□~心：（萝卜）糠了

b　[21]伴~伙计：合伙儿 [53]谋 [55]亩 [33]牡茂贸戊天干名 [5]○牟（牛）吃（草） [3]○某

f　[53]浮 [35]剖解~否 [55]□（做事）浮

t　[21]兜蔸篼鬭（牛用角）顶 [53]头投 [35]斗烫~抖陡鸟交合 [55]斢安装斗~争窦量词，窝：一~蜂 [33]豆~芽□~死：毒死逗~留 [5]斵砍○痘逗~号头热~：太阳豆绿~ [3]□（用石头等）压（着）□湿~~：湿淋淋○斗跟~窦名词，窝：狗~

$t^h$　[21]偷 [53]□~la$^{53}$tsai$^{55}$：詈语 [35]敨 [55]透

l　[21]褛大~：风衣 [53]楼□~唔ga$^{21}$：合不来 [35]□涉（水）□绊（倒） [33]漏陋 [5]□搅□皓~：明瓦○篓用竹篾、荆条等编制的容器 [3]□~乱：凌乱□后缀，表示多数，相当于普通话的“些”○篓牛嘴~：牛笼嘴

ts　[21]邹 [35]走 [55]奏皱绉纣骤鹧~鸪 [5]□（狗）咬（人）

tsʰ [21]揈 [53]愁□懒惰 [55]凑 [33]□迁~：迁就□顶（住门）

s [21]搜艘馊 [35]使唔~：不必 [55]瘦

j [21]区姓氏欧瓯殴□捂（住眼睛）[53]爷大~椰 [35]也呕爷阿~：伯父 [55]野沤怄蝠~床：赖床□（把开水）摊（凉）呀语气词，表示提议或停顿呀嗨~：叹词，表示惊讶 [33]夜也 [5]○爷老~夜年三十晚~ [3]簋（用木头、竹子等制作而成的）碗

k [21]勾动词钩动词沟勾~当□~蛤婆：蟾蜍 [53]□捞□"渠"和前缀"阿"的合音 [35]狗苟 [55]够构购 [5]蛤~婆：较大的青蛙 [3]○鸠 pɐɯ³~：斑鸠笱勾名词钩名词

kʰ [21]抠眍 [35]口□挡（住）[55]扣叩寇 [5]恰 [3]○口门~

ɡ [21]□黑色的小虫，形体像萤火虫，但不发亮 [55]藕偶□摇（头）

h [53]侯瘊喉皮~：（钢笔）皮管 [55]后~年厚 [33]候系联~后前~后皇~係是系关~ [5]○猴~嘀：猴子候时~ [3]□看紧（坏人）

ua

k [21]乖关 [35]拐蛤~嘀：较小的青蛙□瘦 la³⁵~：形容很瘦 [55]怪贯惯 [5]剐括刮 [3]○刮镰~：锄地用的板锄，较窄较薄

kʰ [21]夸垮跨 [35]块 [55]快筷

o

f [21]恢灰 [5]发伐筏 [3]活罚○窟屎~：屁股

v [21]煨喔 [33]会~唔~ [5]○核果~ [3]核量词，粒：一~黄豆

k [21]□~~ka⁵⁵：松球

io

p [21]膘镖标表手~彪猋跳 [53]嫖 [35]表~格俵~画 [55]俵给 [33]漉撒（尿）

pʰ [21]飘 [55]瘭皮肤上长的小而薄的水泡漂~亮漂~白粉 [5]○瓢薸浮萍 [3]○票

b [53]苗瞄描 [35]藐渺秒 [33]庙妙缪

t [21]朝今~刁貂雕 [53]条调~和 [55]钓动词吊倜发羊~：癫痫 [33]掉调音~调~动 [5]啄琢~磨○条链~ [3]○朝早~钓鱼~：钓鱼钩儿

tʰ [21]挑□雕刻 [35]斢调换 [55]跳粜丈~人公：岳父 [3]○挑房檐下伸出去的条状木头

l [21]撩~泥：（用工具由下往上把泥巴）甩出去 [53]燎疗聊辽撩~火棍廖□高~条：形容很高 [35]鸟了~解 [55]了表示动作的结果，相当于普通话的"掉" [33]尿瞭料廖

姓鹩～哥：八哥［5］〇寮柴～：柴房［3］劣略掠虐

ts　［21］焦蕉椒胡～礁招沼诏浇［35］劁［55］照醮打～：庙会□量词，场：一～雨［5］酌卓着穿～［3］爵嚼〇雀椒辣～

$ts^h$　［21］锹缲～边悄超昭［53］樵瞧朝～代潮［33］噍嚼召赵兆［5］绰［3］鹊着睏～

s　［21］稍梢捎消宵霄硝销烧萧箫屑不～厢～廊：村名俏［53］韶绍［35］小少多～［55］笑少～年鞘刀～［33］邵［5］削〇勺粪～［3］勺尿～芍〇笑抗～：开玩笑

j　［21］妖邀腰要～求幺～二三吆～喝［53］饶摇谣窑姚尧肴□淋（水）［35］扰绕舀杳［55］要重～［33］耀［5］〇鹞纸～：风筝药膏～［3］诺若疟约药钥跃沃□招（手）〇腰～嘀：肾

k　［21］骄娇矫［35］缴侥～幸饺～子鲚～嘀：捞鱼工具，叉形，有长柄［55］叫［5］脚［3］〇脚（油、菜、茶等的）残汁

$k^h$　［53］乔侨桥荞［35］巧［55］窍［33］撬［5］劫抢～却怯□热～：痱子〇轿［3］〇藠

ŋ　［3］弱

h　［21］嚣［35］晓

uo

p　［53］培陪裴赔［55］辈背～$lau^{53}$心：背的中间部分［33］背～手吠背～书焙［5］拨〇背～脊婆鸡～［3］〇钵～头背驼～

$p^h$　［5］□搧（扇子）泼［3］〇倍

b　［53］枚梅枚媒煤霉□～裆裤：连裆裤□缩～：（蛇）绞缠［35］□（衣服）皱［55］米么什～莓草～［33］妹～夫［5］肭发～：发呆抹〇妹姊～［3］袜〇米葵花～：葵花籽

t　［53］台苔抬怠［55］带动词戴［33］代袋大～黄大贷待［5］笪□量词，缕：一～头发〇苔溜～：青苔袋衣服口袋［3］□面　：脸颊〇带名词

$t^h$　［21］胎［55］态太泰［5］脱［3］〇胎牲畜的胎

l　［21］拉捺□长～～：形容很长［53］来□～尿：尿床□～渴：形容很饿□～～虫：小虫，形体像毛毛虫，尖嘴，蜇人［33］奈赖耐癞睐瞥（一眼）［5］燶（火）烫〇螺水～：石螺［3］辣捋

ts　［21］灾栽［35］崽儿子［55］载最再［5］撮欶吸（饮料）［3］檬（瓶）塞子〇仔表小称的词缀

$ts^h$　［53］才材财裁［35］彩采睬［55］菜包～赛蔡在［33］在又音［5］□疮擦动词□骗□$k^hu^{53}$～：蟑螂［3］〇礤菜韭～擦名词，刷子

s　[35]□～火：迁入新居［5］刷撒嘞啜

k　[21]该□鸡～：鸡嗉子□牛袢～：牛的颈袢绳［35］改［55］个盖动词［5］割骨葛姓氏［3］○葛粉～个量词，元：一～钱盖名词

kʰ　[55]概溉慨丐［5］阔

ŋ　[53]危□"我"和前缀"阿"的合音［55］我［33］碍艾外

h　[21]开［53］□～laŋ⁵³头：植物，形体像芋头，可以入药□鱼～鳃：鱼鳃［35］海［33］害亥［5］喝渴○盒［3］合

ø　[35]蔼和～［55］爱

e

b　[55]么

l　[55]呢

ts　[21]喳叽叽～～

ie

p　[21]绷硬～～［53］彭平～地坪［35］饼□～lɛŋ³³子：蜻蜓［55］偋藏［33］病［5］百璧壁○白～公：曾祖父坪草～［3］泊柏伯魄白○柄壁隔～：邻居饼酒～

pʰ　[21]□禾稿～：草垫子［55］□掸（灰尘）［5］劈

b　[53]盲明～日［35］□蝗虫［33］命［5］□叉（开腿）○麦名铭［3］脉

f　[21]□～～嘀：玩具，用有弹力的绳子把竹片串起来，一拉一放［5］□甩（干水）

v　[53]横［5］○划笔～［3］划计～

t　[21]爹疔黑头～：较大的疮□掷（石头）瞪［35］顶岭～鼎［55］订～簿：装订本子钉动词［33］订～婚［5］□人～：人家□赶、追○亭凉～笛［3］籴～米：买米○钉名词疔丁补～

tʰ　[21]厅［55］听～见［5］踢剔□活～：能干［3］○艇厅私～：正厅

l　[53]邻灵零伶～～俐俐［35］□伸出（舌头）［55］领～导岭［33］靓漂亮［5］□赤～：赤膊叻能干○疬淋巴结零十～个［3］□～心：恶心伶～俐：干净□～杆：（赶鸡鸭的）棍棒坜量词，畦：一～菜地○领衫～

ts　[21]遮争筝睁踭脚～精～肉［35］者井□百老～：喜鹊整修理［55］借正结果补语，相当于普通话的"好"［5］摘迹脚～：脚印儿脊炙砾（用石头等）压（着）［3］责只量词○蔗睛

tsʰ　[21]车～马奢撑青蜻［53］邪斜晴晟～眼：（光线）刺眼［35］且扯请［55］笡倾斜靖～村：村名掌［33］谢晋净郑掷［5］拆赤斥尺量词□pʰai³～：用糖把爆米花粘在一起而成的食

品□（凳子觉得）冰○橙［3］席~子泽择○策政~册尺名词青篾~：青篾

s　［21］些赊生~产甥声星天~：星星腥［53］蛇成城［35］写舍~得醒□米~：量米的量杯□jie$^{53}$~：免得［55］泻卸舍宿~赦社姓性心~：心情［33］射［5］锡○蛇四脚~：晰蜴石岩~［3］石~牯：石头○生学~星秤~

j　［21］□~tsai$^{55}$虫：金龟子萦绕（毛线）［53］盈赢□~sie$^{35}$：免得［35］演训读影映营院子［55］□唱~：拜神［5］轭［3］逸○影阴~：影子

k　［21］更五~庚羹耕惊粳~米经~线［35］梗颈［55］更~加镜［5］格~外革隔［3］○鸽格~子

k$^h$　［21］轻［33］悭节俭［5］客剧~烈○屐［3］剧

g　［21］□甜~~：形容很甜［55］惹［33］硬［3］屰顶撞（长辈）

h　［21］坑［53］行~为衡平~［5］吓○行水~：檩

uie

k　［35］梗茎

oe

b　［35］妹阿~

t　［21］堆猪［53］槌动词锤动词［55］对形容词、量词［33］住［5］○槌名词，洗衣~锤名词［3］○碓队猪肉~对~联

t$^h$　［21］推［35］腿兑［55］退蜕褪［3］□内~：里面○苎

l　［53］雷擂狸黄鼠~：黄鼠狼□大~~：形容很粗［35］□鱼篓儿［55］女屡［33］虑内累腻里~外类滤［5］律率○吕旅履垒堡~蕾铝泪眼~狸狐~□笊~：笊篱［3］○儡傀~女孙~

ts　［21］追锥~形［35］嘴［55］缀醉

ts$^h$　［21］趋崔催炊［53］随垂［35］取娶［55］趣脆翠［33］罪赘坠淬吹~：吹灭［5］□~都唔知：一点都不知道

s　［21］须需腮鳃鱼 huo$^{53}$~：鱼鳃虽衰［53］谁［55］细碎岁帅穗粹［33］睡隧~道髓遂［5］蟀蟋~［3］戌术述率~领○荽芫~岁对~：周岁

j　［35］蕊［33］锐瑞悦

ai

p　［21］杯背~负碑卑悲椑冻~：柿子啤~酒陂［53］皮疲脾琵~琶枇~杷［35］臂手~比髀□量词，面：一~红旗［55］贝蔽弊币闭背扛箅滗滤（米汤）痹（手脚）麻木

[33]背~水：避雨备鼻秘陛毙 [5]毕必弼北逼迫训读卜萝~ [3]□亲~：亲自○笔

$p^h$ [21]蓖~麻胚坯披丕 [35]彼鄙 [55]沛配佩被~子屁□生~嘀：鱼腥草 [5]匹碧譬避婢奴~ [3]□爆米花○妇新~：新娘被夹~

b [21]眯微~水仔：很小的雨 [53]迷谜弥满眉媚微 [35]□拔（草） [55]尾凤~草每泌庇美米量词□跟（着）咪麦克风 [33]魅~力寐未味昧沕□量词，片：一~橘子 [5]○咪猫~：猫墨尾药~：尾药，一般在药快煎好时才放进去煎 [3]末蜜密默○未地支名尾

f [21]非飞妃挥辉徽 [53]回茴肥蛔 [35]匪翡 [55]悔肺晦废费 [33]汇吠会~计会开~秽慧惠讳忌~ [5]□扔（出去）

v [21]威 [53]为作~唯维惟桅遗违围猬刺~ [35]萎委伟苇纬慰 [33]卫为~什么畏胃谓喂 [5]○位

t [53]提堤题啼 [55]帝 [33]弟兄~第递隶地 [5]得的目~□稠~~：形容很稠秩○弟徒~ [3]□这○德

$t^h$ [35]体 [55]锑

l [53]离篱璃玻~厘 [35]梨统称李~嘀：李子 [55]礼你李姓氏里公~理鲤拟 [33]例厉励丽荔利俐伶伶~~吏莉茉~花脷猪~：猪舌头□瞥（一眼） [5]□bai³⁵咳~：哮喘栗○俐伶~：干净痢痢~梨雪~鲤鲢~：穿山甲篱隔~：邻居 [3]立笠肋匿力□~~侧侧瞓：侧着睡簕荆棘○哩名词后缀

ts [21]挤□黑色小虫，有翅膀，一般长在树上□咸~~：形容很咸 [35]姊~夫□啊~：叹词，表示意外 [55]祭际制济剂□jie²¹~虫：金龟子□$t^h$ia⁵³la⁵³~：詈语 [5]□量词，虎口：一~长缉~鞋口辑铡则即鲫侧织职积迹事~绩□腻~~：形容很腻○仔争~：差点儿 [3]□鸡~：鸡舍○仔一~：一点儿

$ts^h$ [21]妻 [53]糍艾~ [55]砌~砖 [5]七自独~漆膝戚○荠麻~：荸荠侄席主~脐肚~糍~粑 [3]袭贼殖植籍集习蛰惊~直值□滤（干）

s [21]□~草：水草的一种，漂浮在水中，可以喂鱼□~眼：斗鸡眼儿 [35]死 [5]徙悉室塞息熄媳识式饰昔惜夕适释析○食鸡~ [3]啬○色息~嘀：重孙饰耳~：耳环式款~

j [5]忆抑逆益译易交~郁□烟~：油烟

k [5]急

$k^h$ [35]凯 [5]刻克核审~□弯曲

g [33]艺毅伪魏□会

h [33]械系~统贿 [5]黑核~桃 [3]□（田地翻过后）因久未耕种而不松散

ø　［5］□操心

uai

k　［21］圭闺龟归［35］诡轨鬼［55］桂~花季贵癸天干名［3］○国

$k^h$　［21］盔亏窥规［53］魁奎葵逵刽秦~［35］傀~儡溃毁［55］桂~头：乡镇名愧惭~［33］跪绘柜衣~□量词，尊：一~佛像［5］○柜~桶

ø　［55］喂叹词，表示提醒

ei

p　［21］编鞭边□~草皮：锄草皮［53］便~宜［35］贬扁~屎窟：擦屁股鄙（脾气）坏［55］变［33］辨辩汴便方~便上~：上面［5］屄娄~：女阴□淡~~：形容很淡［3］别○鳖编辫子边侧~

$p^h$　［21］编偏篇［35］片尿~［55］骗遍片［5］辟僻澈动词，（水）溅［3］撇○澈名词，澈水~：打水漂片一~肉

b　［53］棉绵［55］勉免娩渑挽~救娩缅［33］面脸面面条［5］搣剥、撕○面~子［3］灭

t　［21］颠癫［53］田填［35］点典腆［33］掂~量电殿奠佃□~水：墨水儿店又音［5］跌碟蝶蝴~牒狄叠○店［3］谍间~滴嫡敌

$t^h$　［21］添掭天舔［55］弟阿~：弟弟簟［5］贴铁□~霸：牛虻［3］○帖

l　［21］鲇拈拎［53］廉镰~刀帘连联~系年怜莲□高~禾：高粱鲢链［35］□打~排：打滚［55］□捡起（散乱的东西）［33］敛殓念练恋［5］□~啬：齐啬裂缝儿○链~条年年~镰禾~刀帘大胡~：络腮胡子［3］捏~造聂镊蹑猎列烈裂分~历□地~：桃金娘栵~树

ts　［21］煎尖占~卜毡楔粘油~米［35］姊阿~：姐姐碾剪展□$ki^{55}$~：这些［55］粘~性占~领箭战荐［5］接捷折哲蜇浙节截［3］○妾节五月~：端午节粘~米

$ts^h$　［21］迁签笺千□（用尖刀）捅□面~：前面［53］齐缠前钱价~挦拔（鸡毛）憯生气、讨厌［35］浅践遣［33］溅砌又音贱饯□量词，伙：一~人［5］彻撤切荚~爤：闪电辙□来唔~：来不及○钱［3］□刮（火柴）

s　［21］西~瓜犀仙鲜先伸哭垫（高）［53］携□"什么东西"的合音［35］洗闪癣□~板：板墙［55］细~心婿舐舔线□$ga^{21}$~：刚刚潩吸留（鼻涕）［33］誓发~势膳善鳝［5］涩摄协薛泄涉设屑木~穴○舌啰~［3］舌食吃蚀○栖西东~：物品线禾~：稻穗

j　［21］阉堰烟淹腌~菜（动宾）［53］炎阎盐然芫~荽□第尾~：末名□（容貌）丑□

卵～：精液 [35]掩俨□～kei²¹骨：肋骨 [55]厌艳咽宴 [33]焰□撒（种子等）[5]腌～菜（偏正）亿靥酒～：酒窝□～贴：舒服□（乒乓球）扁噎饱～～：形容很饱○檐叶 [3]页翼液腋疫役○雁燕～仔

k [21]鸡□jei³⁵～骨：肋骨 [55]计继舰剑建见 [5]结□（柿子）涩 [3]○髻结打～鸡灶～：灶蟋蟀

kʰ [21]稽溪□～钱：纸钱 [53]钳乾虔 [35]件一～衣裳瘖辛苦 [55]契嵌欠 [33]𠞰按（图钉）件一～事 [5]揭○钳镊子 [3]□东～：东西□窄～～：形容很窄

ŋ [53]严燃延筵言捏挽（袖子）[35]捻碾～船：药碾子 [55]染 [33]验研砚 [5]○业热倒西～：西晒 [3]热孽

h [21]牵 [53]嫌贤 [35]险显 [55]宪 [33]羡现 [5]胁歇蝎□结果补语，相当于普通话的"完、掉"□二～：二胡

au

p [21]褒包胞苞 [53]袍刨动词 [35]保堡宝饱 [55]报爆暴豹鲍曝 [5]○刨名词□眼～：上眼睑 [3]○包一～烟

pʰ [21]抛脬卵～：阴囊 [35]跑 [55]泡动词炮抱□岭～：小山 [3]○泡名词，水～

b [53]毛茅猫～咪：猫锚矛 [35]□"唔好"的合音 [55]有 [33]冒貌帽草～覓～泥：（猪用嘴巴）拱泥 [5]○帽毛松～猫～头雀：猫头鹰 [3]○卯

t [21]叨唠～刀犁柄～ [53]逃淘洵陶萄绹拴掏桃毛～□蜞～：蚂蟥 [35]祷岛倒～水 [55]到倒～过来 [33]道盗 [5]○桃 [3]○刀

tʰ [21]滔涛稻 [35]讨 [55]套导

l [21]挠摎和，表示连接摎混合 [53]劳捞牢唠～叨涝痨□au²¹～：冤枉□背～心：背的中间部分□（茶、酒等）浓 [35]佬词缀，一般用于成年男性后 [55]脑恼老□～草：爬地草□讨厌 [33]闹□割翻～：秋收 [3]○簩圆～：圆形、浅帮、用来滤水的器具脑豆腐～：豆腐花

ts [21]笊遭糟□（用力）踩 [35]早蚤澡爪找 [55]灶罩动词 [5]○□还～：刚才 [3]○枣罩名词

tsʰ [21]操抄钞□慌张 [53]曹槽吵训读巢 [35]草炒 [55]躁糙粗～燥抄（乱）翻□（乱）动 [33]皂肥～造棹撑（船）[3]○槽单用

s [21]骚臊艄 [35]叔阿～：父亲嫂表～ [55]扫～地扫～把潲 [3]○嫂大～扫芒花～

k [21]高膏羔交郊胶跤□表周遍性的词，相当于普通话作补语的"遍" [35]稿绞狡～猾搅搞□白花～菜：地菜 [55]告教较～换较～秤窖铰～剪：剪刀觉瞓～臼构硬构：冰

[3] ○□口～：别人说过的话

$k^h$　[21] 敲跷 [35] 考烤 [55] 靠犒珓拷 [5] ○□la$^{53}$～：蜘蛛 [3] ○篙竹～

g　[53] 淆混～熬□～鹰：老鹰□歪 [55] 咬 [33] 傲

h　[21] 薅～田：耘田 [53] 毫豪壕号～叫 [35] 好～坏 [55] 酵好爱～耗孝郝□野～：野兽 [33] 号效校学～皓亮浩校～对校上～

ø　[21] □～lau$^{53}$：冤枉 [35] 袄拗扳 [55] 懊奥坳 [3] ○坳脚～：脚心

iau

t　[55] 鸟～～：赤子阴

ou

p　[21] 波菠～菜坡玻～璃煲 [53] 婆姑～：姑奶奶爬杷枇～琶琵～钯大～耙动词筢铁～头：连枷菩扒 [35] 把～守 [55] 簸颇霸坝□拗手～：扳手劲 [5] 博剥驳□～～扣：子母扣○筢婆亲家～：亲家母 [3] 薄～荷○薄厚～疤

$p^h$　[21] 蔸量词，棵：一～树 [55] 破怕 [5] 勃朴雹拍扑 [3] ○帕筢齿～婆砖～：砖坯

b　[21] 魔摩馍摸（动作）慢 [53] 麻 [35] 摸～得：（动作）很慢摸抚～ [55] 马 [33] 磨动词□矮～～：形容很矮 [5] ○磨名词，单用麻～糍：荸荠无南～：饶 [3] 蟆莫幕膜寞陌沫茉～莉花○码

f　[21] 花 [53] 华中～铧华～山桦～树划～算 [55] 讹化□（鸡）翻（食物） [33] 画动词 [5] ○画名词，单用 [3] ○花麻～

v　[21] 蜗涡莴～笋窝凹（下去） [35] 窝名词 [33] 祸～害话动词 [5] ○镬铁～祸话名词 [3] 获镬～头：锅

t　[21] 多爹～公：外祖父 [53] 驼驮椭拕提 [35] 朵躲打 [55] 剁 [33] 惰堕坠（下来） [5] 夺铎□耳～：耳垂□～尿：把尿坨棉～○砣秤～ [3] ○多差唔～

$t^h$　[21] 拖 [35] 妥 [55] □量词，堆：一～沙 [5] 托拓秃○舵 [3] 择～菜托～田：梯田

l　[21] 啰～嗦□～画：贴画 [53] 罗箩大～捼～刀：磨刀骡螺田～脶指纹萝～卜 [55] □～采：敲诈 [33] 糯□～斗：罗 [5] □猪蹄～：猪蹄□睁（眼）○锣箩～仔 [3] 落洛骆烙络酪乐快～

ts　[21] 楂山～渣抓簪头～ [35] 左佐□量词，朵：一～花 [55] 诈炸榨 [5] 作捉 [3] ○桌捉～子

$ts^h$　[21] 叉动词差～别差参～初钗宅 [53] 茶搽查调～□～lɐn$^{53}$：雀斑 [35] 楚 [55]

础锉莝~草矬坐岔错差~疝训读 [33]座 [5]焯戳○凿名词 [3]错~杂浊镯凿动词○杈叉名词，勾~

s [21]蓑嗦啰~纱杉痧砂~子 [53]□骗傻 [35]锁琐所 [5]塑~像索朔□（凳子觉得）冰□~菜：泥白菜□软~~：形容很软○厦偏~：房屋两边伸出去的部分 [3]○沙

k [21]歌家加痂枷嘉家~具瓜冬~ [35]哥阿~裸果裹假真~假贾寡~婆：寡妇 [55]假放~嫁架稼价褂挂卦 [5]各阁搁胳郭角觉知~ [3]○桷瓜苦~哥鹩~：八哥

kʰ [21]科窠□凑（钱） [35]可颗柯树~：树枝 [55]课货 [5]确推（指关节）叩击□~头：点头霍藿~香 [3]廓○壳

g [21]丫张（嘴） [53]蛾娥俄鹅天~衙牙伢雅蜈~蚣虫 [55]我□伢~：黑色虫子，有两只长角，身上有斑点，一般长在苦楝树上瓦 [33]饿卧仰~起坐 [5]岳握扼鄂乐音~○芽鹅单用卧~铺 [3]○瓦缸~铺：瓷器店

h [21]虾咳~嗽 [53]荷薄~河何荷~花和~气和~面 [55]下~山 [33]贺下~面夏厦~门□~la⁵⁵薯：马铃薯 [5]咳 ma³⁵ ~la⁵：哮喘赫鹤熇烤○学~校下夜~：夜晚 [3]学~生○下底~

ø [21]阿~胶鸦椏屙窝手~：手指窝 [53]□叹词，表示醒悟 [35]哑□~热：闷热 [5]恶善~

iu

t [21]丢 [3]○昼上~

tʰ [53]□~la³³ma⁵⁵：詈语

l [21]溜~苔：青苔 [53]流刘留硫~磺琉~璃馏 [35]纽扭柳 [55]溜滑 [5]○榴石~骝马~褂：马褂儿

ʦ [21]揪州周洲舟 [35]酒 [55]咒□弯曲 [5]揪拧（开）

ʦʰ [21]秋抽 [53]囚泅酬绸~仔：绸缎稠筹售□哈~：喷嚏 [35]丑 [55]臭兽嗅 [33]就袖昼~夜宙肘售 [5]○绸 [3]○秋中~节鳅泥~

s [21]修收休羞 [53]仇 [35]手首守朽 [55]秀绣锈□打~~：吹口哨 [33]受寿授 [3]○手犁~：犁的把手

j [21]优忧悠幽 [53]揉柔尤邮由油游犹~豫釉 [55]有酉地支名 [33]又幼右佑诱莠 [5]○柚 [3]○友酉

k [21]纠 [35]久九韭 [55]灸救究咎灸

kʰ [21]丘邱 [53]求球仇姓氏 [55]舅大~ [33]旧 [3]○阄拈~柏乌~仔树舅细~

g [53]牛 [35]扭又音 [5]○牛黄~

**ɛɯ**

p [5]卜猜测 [3]□~鸠：斑鸠伏趴□（人身上长的）泡

pʰ [5]仆

b [5]目穆牧○木 [3]木糊涂木~瓜

f [5]复~兴福幅蝠复重~、~原腹覆 [3]服

t [5]□（器物的）底部督笃筑（用棍棒等把物品）砸实剢（用针）扎 [3]独读毒

l [21]□讨厌 [5]辘禄睩（眼珠）转来转去○鹿录语~碌石~肉牙~：牙床绿清~tɐn³³ tɐn³³：形容水很深 [3]六陆肉绿□泥~：泥土碌~碡录~取□（水）烫

ts [5]筑祝足粥烛嘱竹~篙 [3]○竹~节

tsʰ [5]续速畜蓄促触束 [3]族逐轴俗碡碌~□（水）呛（了鼻子）

s [5]宿星~肃甘~宿住~缩 [3]肃严~熟赎属○叔粟

j [3]育辱褥玉欲狱

k [5]焗小火慢慢煮谷~雨□（绳子等带状物拧得）紧 [3]○谷

kʰ [5]菊曲 [3]局

h [5]哭酷 [3]熇（用蒸汽）加热

ø [5]屋 [3]○屋用于地名：陈~

**øy**

t [3]○端萝卜~：萝卜两端的蒂

l [21]□（苍蝇）叮 [53]联缝制 [35]□蘸（酱油等） [3]□劈削（树枝）

ts [21]专砖尊遵 [35]转~送转打（方向盘） [55]转形容词 [5]拙卒

tsʰ [21]拴川穿~衣裳穿狗~：狗洞 [53]锄全传~达传~记存泉 [35]喘犬 [55]窜篡串寸 [33]篆旋头发~儿漩 [3]○串猴~莵穿皓~：窗户

s [21]梳筛动词疏宣喧梭动词 [53]船~舱弦旋玄悬 [35]选 [55]扇动词 [5]雪说虱恤○船 [3]○戌筛名词扇名词梭名词

j [21]冤渊 [53]圆园果~员沿源阮铅袁 [35]院~长园幼儿~ [55]怨远 [33]县 [5]○丸肉~院~子 [3]阅越粤乙

k [21]兼坚绢~筛捐根皱~裂 [35]笕卷~起卷考~券跰倦 [33]键健 [5]倔蕨绝 [3]○蕨~菜

kʰ [21]谦圈 [53]拳权 [55]歉劝近 [5]杰决诀缺掘□盖（上）○茄 [3]□（粥等）稠○圈圆~

ŋ [53]缘元原援 [55]软 [33]愿 [5]○月元~ [3]月一~

h　[21]靴 [53]去喉~咙悬~崖 [35]圈~屎地：肥地蠵~公：蚯蚓 [5]血 [3]○陧岭~：山顶间的低洼处

ø　[35]踠（沙子）硌（脚） [3]哕

## ɐn

p　[21]坌动词，（用篦子）梳彬槟~榔泵奔崩 [53]贫湓溢（出）盆~地 [35]品本 [55]笨殡□编（辫子） [5]○盆面~ [3]○坌名词，篦子

$p^h$　[55]喷烹

b　[53]眠民文闻鸣纹 [35]闽悯敏蚊刎吻皿 [55]抿焖 [33]闷问

f　[21]昏婚分芬荤吩~咐 [53]魂浑晕坟纷 [35]粉 [55]粪 [33]奋愤忿份 [5]○份有~

v　[21]温瘟 [53]馄~饨炆 [35]隐稳

t　[21]敦墩砧迍~圈：转圈吨 [53]屯臀囤沉 [35]埻木桩 [55]填钉（木桩）□竖（起来） [33]顿扽两头同时用力，或一端固定而另一头用力猛一拉□清绿~~：形容水很深

$t^h$　[21]饨馄~ [35]盾 [55]钝

l　[21]□啃□含 [53]林淋临鳞磷仑伦轮沦菱凌陵□$ts^hou^{53}$~：雀斑 [35]檩□捻卵惀思考 [33]嫩论议~ [5]○林竹~

ts　[21]针斟津珍榛臻真贞樽瓶子 [35]枕准碾~米机 [55]进镇振震俊浸圳深~ [3]○圳水渠震打硬~：打冷战

$ts^h$　[21]村侵亲~人椿~树春~天参~差 [53]潜寻沉岑秦陈尘 [35]诊疹蠢□~眼瞓：打瞌睡 [55]亲~家衬趁 [33]渐尽阵□伴儿 [5]○阵一~间：一会儿 [3]○春鸡~：鸡蛋

s　[21]心芯森深辛薪新身申孙熏勋伸参人~ [53]神辰晨臣旬荀巡循殉唇纯醇 [35]沈审婶阿~：婶婶损笋榫 [55]渗甚信动词讯训擤 [33]肾慎迅顺舜 [3]○身下~信名词芯棉~：灯芯婶小~：弟媳

j　[21]音阴荫因姻殷 [53]匀云□量词，庹：一~长 [35]饮允尹孕引颖 [55]洇印□~水：浇水 [33]熨韵闰润运 [3]○引~线

k　[21]今金跟巾斤筋 [35]捡拿检谨锦柬紧耿警竟俭节~ [55]禁~止劲 [3]○□这么、那么今□$hi^{21}$~：现在

$k^h$　[21]钦欣卿襟老~：连襟 [53]琴禽擒勤芹擎琼 [3]○□鸡~：鸡肫

ɡ　[21]□缠（人） [53]壬任姓氏吟淫人仁仍寅银~鸡：哨子 [35]荏~草 [55]忍 [33]韧纫缝~任责~认 [5]○人老大~银仁半工~：不饱满的稻谷子粒

h　[21]~~：叹词，表示得意 [53]桓恒痕衡~阳 [35]恳 [33]垦恨杏

ø　[21]恩

in

p　[21]乒~乓球

$ts^h$　[35]□调~闯：荡秋千

uɐn

k　[21]均钧君军郡 [35]滚（水）开（了） [3]○棍

$k^h$　[21]昆坤 [53]群裙围~ [35]滚~动捆菌细~磙石~ [55]困 [33]混 [5]○裙 [3]○菌蘑菇

ɔn

$k^h$　[55]看~守

h　[53]寒韩 [35]罕 [55]汉叹 [33]焊翰唤缓

ø　[21]安鞍胺甲~磷铵~水头：碳铵 [55]案按~照

aŋ

p　[21]捞~刀：鐾刀宾奔~头帮邦冰兵乓乒~球□~头：镢头□塌泵潜水~ [53]赁旁庞凭膨棚平和~评瓶屏萍苹膀~胱频 [35]禀榜谤绑棒丙秉□~嘴：豁唇子 [55]□硬~~：固执 [33]并凭倚靠

$p^h$　[21]□（从高处往低处）跳 [35]螃蚌 [55]拼~命胖聘

b　[53]忙芒茫亡忘萌明~白盟 [35]蟒网~络孟 [55]莽芒~果猛 [33]妄望命~令 [3]○网鱼~

f　[21]荒慌谎方芳 [53]肪脂~妨坊 [35]晃仿纺访 [55]放 [5]○房 [3]○□寿~：生前预制的棺材

v　[21]□~春：寡蛋 [53]黄簧皇王楻桶~：稻谷脱粒用的木桶蝗横发~狗：疯狗磺硫~ [35]玩游~枉冤~ [55]枉往汪姓氏 [33]旺 [5]○黄牙~：牙垢

t　[21]当裆瞪丁汀登灯 [53]坛唐糖黄~：红糖塘黄~：村名，较大堂棠螳腾誊藤澄~一~亭停廷庭蜓埕 [35]党挡挺顶~颈：顶嘴戥等 [55]当~昼：上午凳骑~：长条形的凳子档 [33]邓但荡锭定诞 [5]○塘狮~：村名，较小糖白~ [3]○凳瞪热~：白天

$t^h$　[21]汤劏宰 [35]坦~克躺 [55]趟烫钖□等

l　[53]郎廊狼螂榔~锤：大铁锤能宁安~铃伶□$huo^{53}$~头腩脚~肚：腿肚儿 [35]朗

[55]哏～口：漱口□毛线□踮□架～：架子 [33]浪令另晾晾（衣服） [5]○馕瓜～ 爧炦～：闪电腩背～骨：脊梁骨 [3]○馕竹膜

ts [21]瞻赃庄装桩妆曾姓氏增僧征蒸精～神晶侦正～月哩罾甑酒～ [35]仅整～酒：办酒席 [55]脏葬壮憎证症正～反政正才赠 [33]正又音 [3]○甑饭～

$ts^h$ [21]疮称～呼清舱仓苍 [53]床藏隐～曾～经层澄～清惩秤～砣：秤锤情呈逞程肠心～ [35]闯调□$ts^hin^{35}$～：荡秋千 [33]攒积～状奖～撞称相～藏西～脏心～闯创□～日：昨天肠静 [5]○状～纸 [3]○秤

s [21]霜孀双升牲笙星～期一 [53]丞拯乘～法承诚形刑型 [35]爽省节～陕～西 [55]丧出～胜性□$laŋ^{55}$～：毛衣圣 [33]乘～车剩盛兴～ [5]○绳塍田～：田埂 [3]○□鸡～仔：鸡角□汗～：汗垢桑嗓

j [21]应～当鹰莺鹦英婴缨 [53]迎荣营莹萤庸 [35]永咏泳 [55]应～付 [33]□剩（一点儿） [5]○蝇

k [21]冈刚岗纲缸江扛豇荆京惊獍黄～鲸经～历胫哽尴～尬 [35]讲境景 [55]杠降下～、投～竞径□黄～：黄色羽毛的鸟□～事：故意敬 [3]○钢

$k^h$ [21]堪掀慷倾康筐龛□～章：徽章 [53]逛□～冻：（油）冻结 [35]坎 [55]抗炕旷扩况庆矿

g [35]仰～头 [33]硬打～震：打冷战

h [21]憨糠兴～旺 [53]行银～航杭□呵斥 [35]很狠肯□（衣服上的）霉 [55]项献兴高～□那 [33]幸憾巷街～：街道 [5]○巷港～口行一～菜地

Ø [21]肮～脏庵 [35]昂□（沙子）硌（脚） 揞按（住） [55]蕹～菜

uaŋ

k [21]光轰胱膀～ [35]广

$k^h$ [21]匡框 [53]狂

ɛŋ

p [53]朋篷蓬 [5]○□屏～：屏斗 [3]○□酒～：酒提

$p^h$ [21]□臭～～：形容很臭 [35]捧

b [21]曚（眼睛）花 [53]蒙朦雺～纱：雾 [35]蠓 [55]□神志不清 [33]梦 [5]○蒙破～：启蒙

f [21]风枫疯丰封锋峰锋蜂 [53]冯逢 [33]讽风奉俸缝～隙

t [21]冬东 [53]同铜桐茼～菠菜：茼蒿童□黄～～：形容很黄 [35]董懂氹水坑 [55]冻栋 [33]动洞垌 [5]○筒 [3]○冻$k^haŋ^{53}$～：（油）冻结

$t^h$　[21]通捅 [35]桶统 [55]痛 [3]○桶井～

l　[21]爖（烧）燗（了）□～kɛŋ$^{21}$：表示程度较深的后缀 [53]聋笼农浓脓隆龙砻□～箕：蕨类植物的一种，一般用作柴火 [35]拢陇垅垄 [33]弄□pie$^{35}$～子：蜻蜓 [5]○窿窟～咙喉～笼鸡～

ts　[21]宗综棕中～间忠终踪钟舂㨍捶、筑 [35]总种～类肿 [55]中射～众纵颂种～树 [3]○粽盅

$ts^h$　[21]聪匆充冲 [53]虫蜈蚣～从丛松～树重～复 [55]重轻～铳 [33]仲宠重～要 [5]○虫 [3]○葱冲山～

s　[21]松～紧 [53]嵩崇□（容貌）丑 [55]送餸～饭：下饭宋诵讼

j　[53]戎融容蓉熔溶 [35]拥勇涌 [33]用 [5]○绒

k　[21]公阿～：祖父蚣工攻功弓躬宫恭□lɛŋ$^{21}$～：表示程度较深的后缀 [53]□岭～：山岭上起伏不平之处 [35]虹彩虹拱汞巩□量词，节：一～甘蔗 [55]贡供公～～：祖父的兄弟□钻（过去） [3]○公姼～：外祖父

$k^h$　[21]烘 [53]穷 [35]孔哄恐 [55]控 [33]共

g　[21]□～蓝：形容很蓝 [33]□～唔好：（病）总不好

h　[21]兄空胸凶□～～笑：哈哈笑 [53]弘宏红洪鸿熊雄 [55]㧐推

ø　[21]翁雍 [35]拥推 [3]○瓮

oŋ

p　[21]扳动词般搬颁 [53]滂盘墨～：墨斗 [35]版板扳～手蒡牛～菜 [55]扮半□肚脐～：脐带 [5]○盘 [3]○半七月～：中元节

$p^h$　[21]攀潘藩 [55]盼绊判叛袢伴～郎 [33]拌磅～秤 [3]○襻扣～伴贩（又音）牛～：贩卖牛的人

b　[53]瞒门～口 [55]满晚～崽：最小的儿子 [33]迈慢馒～头漫万□作～：恶心 [5]○门

f　[21]番翻 [35]反 [55]瞓睡 [33]饭 [3]○贩牛～：贩卖牛的人

v　[53]园沙～：村名 [35]豌剜碗腕 [33]岸南～：村名 [5]○园菜～

t　[21]蝉丹单端蹲箪～竹：竹子的一种，口大，节长，内特空，一般用来编织器具 [53]团弹～琴 [35]短断拗（断） [55]□量词，级，用于台阶：上～ [33]段锻椴 [5]○缎掸鸡毛～子 [3]○单药方

$t^h$　[21]摊滩吞瘫 [55]断～绝 [3]○炭

l　[21]□～～箇：（手脚）疼痛 [53]栏拦难～易 [55]懒暖 [33]难患～烂乱 [5]○□鸡～：未下蛋的小母鸡 [3]○卵男阴

ts [21]钻~来~去 [35]纂集中 [55]钻动词撰 [3]○钻名词

tsʰ [21]餐~厅寝~室窗~帘 [55]畅

s [21]酸闩动词 [35]散鞋带~了 [55]伞散分~算蒜上~山 [33]上~面尚高~ [5]○裳尚和~ [3]○闩名词，门~

ioŋ

t [21]□~虫雀：啄木鸟 [55]胀涨~眼：金鱼眼 [33]仗炮~：鞭炮

l [53]娘良凉量~长短粮梁粱辆 [35]两儿~娘阿~：伯母 [55]两~个 [33]亮谅量数~ [5]○娘夫~：妻子梁横~：椅子掌儿

ts [21]将~来浆张章樟□（鸡）啄（食） [35]蒋奖浆长生~掌桨船~ [55]酱将大~涨胀账障瘴 [3]○帐幛喜~桨~锄：镐

tsʰ [21]枪昌菖~蒲倡 [53]绽破~墙详祥长~短场□~仔：丝瓜的一种，肉多网状纤维□口水 [35]抢厂 [55]唱 [33]匠象像橡丈一~杖仗 [5]○场墟~：集市

s [21]相互~箱皮~厢一~情愿湘襄镶商伤 [53]常尝偿嫦 [35]想赏晌饷 [55]相~貌 [5]○上马~ [3]○箱小箱子

j [21]央秧~苗殃 [53]榕洋阳杨扬疡羊绵~ [35]□挡（住） [55]养痒氧 [33]壤样量词□降~：拜神 [5]○羊样名词 [3]○秧菜~

k [21]疆缰姜僵 [5]○□~宗：这样

kʰ [21]羌腔 [53]强~大 [35]强勉~ [5]○框（粪箕等器物的）框

ɡ [53]仰打开（折叠的衣服和被子等） [55]□~kioŋ⁵宗瞓：和衣而睡 [33]让酿

h [21]香乡 [35]享响 [55]向

uoŋ

k [21]干~湿肝观道~观参~官棺跟~头冠鸡ki⁵⁵~：鸡冠杆围~ [35]杆秆赶管馆 [55]干~部干~活冠~军灌罐 [3]○竿担~：扁担的总称

kʰ [21]欢~喜宽~大处理

m

h [55]旱焕 [33]汗换痪瘫~

ø [21]嗯叹词，表示领会唔不安 [35]□应答声 [55]五伍午暗晏晚 [33]嗯叹词，表示叹息 [3]○午子~线：经线

# 第三章　梨市土话词汇

## 第一节　梨市土话词汇特点

### 一、梨市土话与普通话的词汇差异

梨市土话与普通话的词汇差异主要表现在以下三个方面：

第一，部分词语的词序与普通话相反。如：风大（大风）、风细（小风）、天冻（冷天）、天热（热天）、伏初（初伏）、伏中（中伏）、伏尾（末伏）、砖碎（碎砖）、瓦碎（碎瓦）、月大（大月）、月小/月细（小月）、辣椒干（干辣椒）、笋干（干笋）、鱼干（鲞）、菜干（干菜）、针金菜（金针菜）、盐粉（粉盐）、妆嫁（嫁妆）、号字（字号）、货存（存货）、齐整（整齐）、闹热（热闹）、药尾（尾药）。

第二，部分词语与普通话名同实异。如普通话的“雨”在梨市土话中一般多用“水”。如：大水（大雨）、落水（下雨）、春水（春雨）、雷公大水（雷阵雨）、沤水（连阴雨）。普通话的“露”梨市土话则称之为“雾”。如：打雾（下露）、雾水（露水）、朝雾（晨露）、夜雾（夜露）。普通话的“雾”梨市土话叫做“霁纱”。此外，由于气候较温暖，很少下雪，因此，梨市土话冰、雪不分，“冰”一般叫做“雪”。如：雪条（冰锥）。相关的“冻”也说“雪”。如：雪藏肉（冻肉）、雪水（冻雨）等等。

第三，保留了较多的古汉语词汇。由于地理位置比较闭塞，梨市土话区历史上与外界联系相对较少，因而保留了较多的古汉语词汇。如：入（进）、呼（唤）、绹（拴）、皓（亮）、拔爐（闪电）、窦（窝）、髀（腿）、朝（早）、饮（喝）、卜（猜测）、阔（宽）、利（刀快）、粜米（买米）、辘（轮子）、疏（稀）、笡（斜）、奉酒（劝酒）、咒（骂）、剔（掏耳朵）、棹（撑船）、皓穿（窗户）、过阴平（给）、弥（满）、汲水、驳头（接头）、姼公（外祖父）、姼婆（外祖母）、堂前（婆婆）、息嘀（重孙）、息女（重孙女）、疬（淋巴结）、营（院子）、阻（碍）。

## 二、犁市土话的构词理据

犁市土话词语的构词理据形式比较多，主要有下面几种：

第一，着眼于事物的形体特征来命名。如根据形状把“蒂”称作“耳”。如：瓜耳（瓜蒂）、花耳（花蒂）。像耳朵一样分列两旁的东西也叫“耳”。如：镬耳（锅耳）、粪箕耳（粪箕的提手）、桶耳（桶的提手）、裤耳（裤襻）、扣耳（扣襻）。像衣服一样包裹在外面的东西叫“衣”。如：棕衣（棕毛）、竹衣（竹膜）、花生衣（花生的种皮）。其他的如：箭猪（豪猪）、簕瓜（表皮有刺的瓜）、簕竹（刺竹）、四脚蛇（蜥蜴）、扫把星（彗星）、龙牙豆（四季豆）、牛髀瓜（佛手）、蜜蜂煤（蜂窝煤）、龙骨车（筒车）、鸡髀糖（棒棒糖）、乌龟车（小轿车）、皮喉（笔管）、算盘子（喉结）、脱茄（脱肛）、踏碓（坐跷跷板）、老鼠沿粪缸（疥疮）、狗头额（两端有槽用以嵌入绳子的扁担）、鸡毛锥（鸡皮疙瘩）、碓蟹（石臼）、桨锄（镐）、热头担枷（日晕）、月皓担枷（月晕）、线瓜（有棱的丝瓜）、八字脚（罗圈腿）。

第二，着眼于事物的性质来命名。如把“干爹、干妈”称作“契爷、契妈”，理据是“干爹、干妈”不是亲生的，而是拜认的。又如蜗牛，因为其形体似螺，体内会分泌出液体，所以叫“涎螺”。其他的如：粉葛（葛）、发横狗（疯狗）、香火石（萤火虫）、臭丸（樟脑丸）、色粉（胭脂）、假奶嘴（奶嘴儿）、泥肉（泥土的统称）、硬板头（土茯苓）、假火上头（上火）、仿贴（衣襟儿）、半餐（茶点）、嫖色公（男妓）、半公卵（阴阳人）、混屎公（屎壳郎）、扫首尾（包圆儿）。

第三，着眼于事物的功用来命名。如水藻一般是给鲤鱼吃的，所以叫做“鲤鱼草”。手绢一般是用来擦嘴的，所以叫“渣巾”。其他的如：肥地菜、睇屋狗（看家狗）、水行（檩）、火眼（过道）、凉亭（亭子）、茶托（茶盘）、手袜（手套）、假袖（袖套）、过底纸（复写纸）、银包（钱包）、楼枕（中梁）、擦字膏（橡皮）。

第四，着眼于事物的情状来命名。如飞蛾出现一般预示着会下大雨，所以把飞蛾叫做“水蚊”。桃金娘是紧贴地面密密麻麻生长的，好像是地面的一副帘子，所以叫做“地帘”。其他的如：紧颈食（吃抢食）、天脚红（朝霞）、热头送山（晚霞）、扯炉（打鼾）、爬田角（布谷鸟）、乌蝇屎（脸上呈点状分布的黑色斑点）、晒花（扬花）、游柯（爬枝）、发剪筋（抽筋）。

第五，着眼于事物的时间或处所来命名。着眼于事物时间的如：五月节（端午节）、三月青、六月籽（上半年种植、六月收割的花生）、三月泡泡仔（野生的草莓）、夏至菌、冬菇、冬米（晚米）、中秋饼（月饼）。着眼于事物处所的如：过热河（在热水里焯）、过冻河（在冷水里焯）。

第六，着眼于事物的来源来命名。犁市土话一般习惯在外来的事物前加“番”或“西”。如：番鬼辣椒（西红柿）、西洋菜、番鬼姜（姜）、番鬼碱（肥皂）、西粉（绿豆粉做的粉丝）。

第七，因避讳而命名。如：茶（汤药）、猪红（猪血）、猪脷（猪舌头）。

除了上面几种以外，还有着眼于事物的颜色命名的，如“雪耳（银耳）”；根据事物使用的工具来命名的，如“箩行（货郎担）”；根据事物使用的方式来命名的，如“支装酒（瓶装酒）”。

## 三、犁市土话与周边方言的词汇比较

如前所述，犁市土话区居民的先民多是唐宋时期从江西北部、中部迁移而来的。来到韶关后，又与周边客家人有了几百年的接触，因此，土话居民绝大多数能用客家话进行交流。近年来，粤语在韶关的势力不断扩大，开始渗透到犁市土话区，土话居民也有部分人能使用粤语。正是因为如此，犁市土话有相当一部分词汇来自周边的客家话、赣语以及粤语。下面举例说明。要指出的是，本文判断犁市土话的词汇来源时，依据李冬香、庄初升（2009）所用的方法，即：依据韶关土话、粤北土话连州片和湘南土话的共性确定韶关土话与周边方言的同源性共有成分，依据韶关土话、连州片土话和湘南土话的差异以及韶关土话的内部差异确定韶关土话与周边方言的接触性共有成分。当某个语言现象既见于客家话，又见于赣语；或者既见于客家话，又见于粤语；或者既见于客家话，又见于普通话，而又没有其他证据能够确定其来自周边哪种方言时，我们就优先考虑客家话，认为这是受客家话影响的结果。①

（1）受客家话影响深刻，相当一部分词汇来源于周边客家话。如：□tsiu$^{55}$螺风（旋风）、雺纱（雾）、沙坝（沙滩）、开心水（沸水）、路头（路）、冻椑（柿子）、花生仁（花生米）、树柯（树枝）、头牲（牲畜）、孤蜚（臭虫）、老蟹（螃蟹）、乌蝇（苍蝇）、私厅（正厅）、桶楻（稻谷脱粒用的木桶）、瓦桷（椽子）、㰖（塞子）、颈围（较短的围巾）、纸鹞（风筝）、笊□loe$^{5}$（笊篱）、辘（轮子）、砥岁钱（压岁钱）、信皮（信封）、旧饭（剩饭名词）、上昼（午饭）、粥水（米汤）、西粉（绿豆粉做的粉丝）、头□la$^{53}$（头）、头毛（头发）、眼睛仁（眼珠）、手指公（大拇指）、牙黄（牙垢）、手臼（手腕）、肩头（肩膀）、膝头牯（膝盖）、胸口（胸脯）、脚坳（脚心）、𡳞屄（女阴）、阿姆（母亲）、姊嫂（妯娌）、新妇（儿媳妇）、舅娘（舅母）、男子佬（男人）、伙计佬（店员）、做

① 李冬香，庄初升．韶关土话调查研究．广州：暨南大学出版社，2009．428～432．

月（坐月子）、贡脓（化脓）、近紧（附近）、□gau$^{53}$（歪、摇）、胀肚（积滞）、屙肚（泻肚）、发羊偶（癫痫）、沤崽（害喜）、见功（见效）、对岁（周岁）、讲口（吵架）、争（护着他）、得闲（有空儿）、□pɐn$^{55}$编（结辫子）、结壁（砌墙）、睇（看）、□lai$^{33}$/睐（瞥一眼）、装（灌开水）、丫（张嘴）、舐（舔）、食夜（吃晚饭）、□sa$^{33}$（张开手，且五指分开）、摎饭（用汤泡饭）、窨（埋在地下）、□laŋ$^{55}$（踮脚）、化（踢被子）、碾（轧）、搜（掏口袋）、斲（砍）、绑（捆柴火）、射（水溅）、□jaŋ$^{33}$（剩）、酾（斟茶）、整酒（摆酒席）、挨（蹭痒）、偋（藏）、上（爬树）、扛（端碗）、□tie$^{21}$（掷石头）、□tɐn$^{55}$（竖起来）、唔使（不必）、踎（蹲）、萦（绕毛线）、眼衣（晾衣服）、斢（安装）、敨（休息）、□tsʰɛɯ$^{3}$（水呛了鼻子）、□tia$^{33}$鱼（用药毒鱼）、拥（推）、係（是）、爱（要）、行运（运气好）、该衰（倒霉）、疑糊（怀疑）、能够（能干）、癐（疲劳、辛苦）、叻（厉害）、造孽（可怜）、鄙（脾气坏）、怕丑（害羞）、欢喜（高兴）、徛（陡）、□lau$^{53}$（酒浓）、青（绿）、乌（黑；屁股打青了）、剢（毛衣觉得扎）、晟眼（光线刺眼）、个（一只鸡、一只碗、一口锅）、坜（一畦菜地）、皮（一片树叶）、畬（一株草）、□kɛŋ$^{35}$（一截甘蔗）、□bai$^{33}$（一瓣儿橘子）、□jɐn$^{53}$（一庹长）。

（2）保留了部分赣方言词汇。如：硬构（冰）、断黑（傍晚）、屋哩（家里）、绳（绳子）、笔筒（笔套）、卵（男阴）、崽嘀（儿子）、两崽爷（父子俩）、野老公（情夫）、野老婆（情妇）、歇凉（乘凉）、筒（套被子）、起屋（盖房子）、过水（漂洗）、惹（传染）、担（挑）、干塘（抽干水塘）、减（拨饭菜）、打汤（汆汤）、拈阄（抓阄）、挦（拔鸡毛）、溢/潽（溢出）、晓得（知道）、干（衣服晒干了）、清（粥稀）、蔸（一棵树）。

（3）极少数词语来自周边粤语。如：上便（上面）、下便（下面）、□kʰei$^{21}$钱（较小的纸钱）、柜桶（抽屉）、猪脷（猪舌头）、□laŋ$^{55}$（毛线）、雪条（冰棍儿）、老举婆（妓女）、红毛泥（水泥）、椰子菜（洋白菜）、睇牛（放牛）、睇屋（看家）、趁墟（赶集）、揾钱（赚钱）。

（4）有部分与周边连州、湘南等土话相同而客赣不见或少见的词语。如：夫娘（妻子）、鬭（牛用角顶）、笠帽（斗笠）、籴米（买米）、鸡窦（鸡窝）、薅田（耘田）、禾雀（麻雀）、热□kʰio$^{3}$（痱子）、码头（台阶）、堂前（婆婆）、姼公（外祖父）、姼婆（外祖母）、疏（稀）、拕（提水）、笪（斜）、雀（鸟儿）、翘（噘嘴）、搞（玩儿）、起头（起床）、□tsʰaŋ$^{33}$日（昨天）。

（5）有部分周边连州、湘南等土话不见或少见而见于韶关土话区的词语。如：皓（光）、月皓（月亮）、洒水（淋雨）、荚爐（闪电）、热瞪（白天）、高□lei$^{53}$禾（高粱）、□fou$^{55}$（鸡翻食物）、□tsioŋ$^{21}$（鸡啄食）、猫咪（猫）、禾雀

(麻雀)、针（蜂蜇人）、香火石（萤火虫）、鬼□bie[35]（螳螂）、蜞□tau[53]（蚂蟥）、铲匙（锅铲）、门铲（门槛儿）、床窦（床）、火乌（锅烟子）、脑门鼠（囟门）、□paŋ[35]牙齿（豁牙）、□bai[35]咳□lai[5]（哮喘）、姼公（外祖父）、姼婆（外祖母）、新妇（新娘）、堂前（婆婆）、□tou[5]尿（把尿）、黖（饭煳了）、铁牛牯（钉锦儿）、圈（绕过去）、□løy[3]（劈削树枝）、□la[5]（跨过去）、□tia[3]（用石头等压着）、挂吊（牵挂）、疏（稀）。

（6）有极少数在包括相邻的韶关土话在内的周边土话中暂时未发现的词语。如：捏（挽袖子）、剔（掏耳朵）、□lia[5]匀（搅拌）、□jei[53]（容貌丑）、□pa[33]笔（掭笔）、踶（跺脚）。

除了来自周边客家话、赣语和粤语以外，梨市土话中还有部分与少数民族语言相同的词语。如把非人住的房屋称为“寮”。如：茅寮（茅草房）、柴寮（柴房）、碓寮（碓房）、磨寮（磨房）。周振鹤、游汝杰（2006）指出，“现代瑶语勉话称房子为pjau[3]，湘西苗语称房子为plɯ[3]，语音跟汉字‘寮’的上古音* liaw（来母宵部）接近。也许古代南方汉人所住的‘寮’跟山瑶的‘打寮’有关”①。从韶关土话来看，这一推论是成立的。隋唐时期，瑶人就已在韶关居住。至今韶关市下属的乳源县还有两万多瑶民生活在山区，他们仍然使用瑶语。此外，地名当中多用“垌”。如：五垌桥、灶头垌、寮脚垌。这些带“垌”字的地名所在之处一般是比较开阔的田野。

此外，梨市土话有些事物有两种不同来源的说法。客家话、赣语两种说法并存的（“/”前为客家话，后为赣语）如：较换/斢（调换）、谷串/禾线（稻穗）、浑/浊（水浊）、阉鸡/线鸡（阉鸡）、劏鱼/破鱼（剖鱼）。客家话、土话两种说法并存的（“/”前为客家话，后为土话）如：脱秧/□bai[35]秧（拔秧）、揫/凑（和）、乌/淬（火灭了）、射/溅（水溅）、饭痂/饭焦（锅巴）、嬲/憎（讨厌）、□lie[3]心/作□boŋ[33]（恶心）、老襟/老姐妹（连襟）。赣语、土话并存的（“/”前为赣语，后为土话）如：伛/□buo[35]（衣服皱）、眼红/眼热（妒忌）。

## 第二节　梨市土话本字考

考本字是汉语方言研究的一个重要内容。梅祖麟（1995）指出，过去研究方言本字的方法可以分成两种，“第一种是增加历史词汇学的知识，也就是去查《广韵》、《集韵》、《玉篇》以及其他古文献”，这是一种“觅字”的方法；“第二种是增加方言音韵史的知识，这就要分辨方言中的音韵层次，在各个音韵层次

① 周振鹤，游汝杰．方言与中国文化．上海：上海人民出版社，2006.148.

中找出演变规律”，这是一种“寻音”的方法。[1] 潘悟云（2005）在讨论上述两种考本字方法的基础上指出，虚词的本字考证比实词重要得多，也困难得多，它必须兼顾三个方面。第一是语音对应关系，第二是历史层次划分，第三是特殊音变规则。[2] 甘于恩（2009）提倡一种立体的本字考订方法，同时指出本字考订中的四性：语音的关联性、意义的渐变性、字形的理据性、地理的相近性。[3] 本节主要运用“觅字法”和“寻音法”，同时借鉴潘先生和甘先生的相关理论考证犁市土话部分词语的本字。要说明的是，为便于声调对照，除不与单字调合流的小称变调用数字标注外，本节其余调类标注采用发圈法。

## 一、抵

“扎稻草”说“□$^{c}$tsɿ 禾稿”，“□$^{c}$tsɿ”的本字即“抵”。抵，《说文》，侧击也，从手氏声，诸氏切；《广韵》，诸氏切，抵掌，《说文》云：侧手击也；《集韵》，掌氏切，《说文》：侧击也，或作抵觝。“□$^{c}$tsɿ”与“抵”声韵调皆合，意义也合，扎稻草时一般是侧着手用力扎。

## 二、欯

给鸡、鸭、猪、狗等家养动物“喂（食）”说“□$_{c}$hi”，“□$_{c}$hi”的本字可能是“欯”。欯，《广韵》，许羁切，贪者欲食貌；《集韵》，香依切，欲食也。“□$_{c}$hi”与“欯”声韵调皆合，意义从“欲食”演变到“喂”。犁市周边乳源桂头、浈江向阳、马坝大村等土话表示给鸡、鸭、猪、狗等家养动物“喂（食）”时分别说成：$_{c}$hai、$_{c}$hi、$_{c}$hi，与“欯”的声韵调皆合。李冬香、庄初升（2009：199）用“□”表示。

## 三、郛

“（一）丘（田）”说“□$_{c}$fu”，“□$_{c}$fu”的本字可能是“郛”。郛，《说文》，郭也，从邑孚声，甫无切。《广韵》和《集韵》的注音和解释一致，芳无切，郭也。《集韵》认为或从土，“垺”。“□$_{c}$fu”与“郛”声韵调皆合，意义有所转移，从“城郭”演变为量词“丘”，不过，用该量词的事物如田与“城郭”形似。因此，“□$_{c}$fu”的本字应为“郛”。韶关土话表示“（一）丘（田）”

---

① 梅祖麟．方言本字研究的两种方法．吴语和闽语的比较研究，上海：上海教育出版社，1995.1.

② 潘悟云．汉语否定词考源——兼论虚词考本字的基本方法．中国语文，2002（4）：302～309.

③ 甘于恩．论汉语方言本字考订的“四性”——以粤方言为例．广东技术师范学院学报，2009（4）：75～78，139.

时普遍用“郛”，如乳源桂头、浈江向阳、马坝大村、仁化周田、仁化石塘等土话其读音分别为：fu$^{4}$、꜀fu、꜀fʉ、꜀fu、꜀fu，李冬香、庄初升（2009：331）用“□”表示。

## 四、过阴平

引进动作交付、传递的接受者，犁市土话说“□꜀ku”。如：

趁渠唔在屋，你送□꜀ku渠（趁他不在家，你给他送去）。

□ki꜄本书送□꜀ku你（这本书送给你）。

“□꜀ku”的本字当为读阴平的“过”。过，《说文》，度也，从辵咼声，古禾切。《集韵》，古禾切，《说文》度也。《广韵》收录了读阴平的“过”，古禾切，经也，又过所也。犁市土话的“□꜀ku”与《说文》、《集韵》的“过”音义皆合。

犁市周边土话浈江向阳引进动作交付、传递的接受者也用“□꜀ku”。如：拈本书□꜀ku渠（给他一本书）。音义与犁市土话完全一致，李冬香、庄初升（2009：342）用“□”表示。与犁市相接的乳源桂头土话则用读去声的“过”。如：俵本书过渠（给他一本书）。

乐昌北乡和皈塘两地土话相当于普通话“借给我”的“给”和“被他吃了”的“被”读音为꜀a，庄初升（2004）认为其本字是“於”。[①] 我们认为，其本字也应是这个读阴平的“过”，理由有三点：第一，皈塘土话表“给”义的꜀a与表示动词的消极结果或形容词的消极性状的“过”韵腹相同。据张双庆（2000），在皈塘，表示动词的消极结果或形容词的消极性状，在完成体标记“了”前插入“挂kua꜄”。如：唔见挂了（不见了）、坏挂了（坏了）。[②] 李冬香（2003）对湖南、江西、粤北等方言中的这个表消极的结果补语进行了考察，认为其本字都是读去声的“过”。[③]皈塘土话的“挂”也不例外，而且“挂”与上述表“给”义的꜀a韵腹相同。第二，乐昌北乡和皈塘两地土话表“给”义的꜀a是꜀kua语音弱化的结果。据李冬香（2003），表示消极的结果补语的“过”在湖南方言中有的读“啊”，如平江方言；有的则有kua$^{21}$和a$^{21}$两读，如洞口方言。因此，北乡和皈塘两地方言上述表“给”义的꜀a由꜀kua脱落而来也是很有可能的。第三，乐昌北乡、皈塘等土话与浈江犁市、乳源桂头、浈江向阳等土话都属于归属未明的粤北土话，其内部关系非常密切。

---

① 庄初升．粤北土话音韵研究．北京：中国社会科学出版社，2004. 286～287.

② 张双庆．乐昌土话研究．厦门：厦门大学出版社，2000. 47.

③ 李冬香．从湖南、江西、粤北等方言中的“咖”看湘语、赣语的关系．语文研究，2003（4）：51.

潘悟云（2002）在讨论虚词的考本字方法时，提出两条虚词考本字的优选原则作为具体的参考：第一，从合不从分的原则。在充分小的地理范围内，虚词的来源一般是相同的。“充分小”是一个模糊的概念，有时候指整个汉语，有时候可能指一个方言小片。第二，语义对语音优先原则。一个字的语音很容易变化，特别是虚词。但是，基本语义（包括语法意义）的变化就不那么容易。① 乐昌北乡和皈塘两地土话相当于普通话“借给我”的“给”和“被他吃了”的“被”的꜀a 的本字就是根据上述两条原则考证的。

## 五、誣

“冤枉人”说“□꜂vu 人”，“□꜂vu”的本字应是“誣”。誣，《广韵》，安古切，相毁也；《集韵》，于五切，《说文》相毁也，一曰畏亚，或从恶，誣。犁市土话的“□꜂vu”与“誣”音义皆合。

## 六、伛

“（衣服）皱”说“□꜂jy”，“□꜂jy”的本字可能是“伛”。伛，《说文》，偻也，从人区声，于武切；《广韵》，于武切，不伸也，伛也；《集韵》，委羽切，《说文》偻也。犁市土话的“□꜂jy”与“伛”声韵调皆合，意义则有所引申，从用于人转移到人所穿的衣服。马坝大村土话也有此说，“（衣服）皱”说“□꜂jʉ”，与“伛”声韵调皆合。李冬香、庄初升（2009：234）用“□”表示。

## 七、踶

“跺（脚）”说“□ta꜆”。“□ta꜆”的本字可能是“踶”。踶，《说文》，躗也，从足是声，特计切；《广韵》，特计切，蹋；《集韵》，大计切，《说文》躗也。犁市土话的“□ta꜆”与“踶”声韵调皆合，意义则有所引申。

## 八、趿

“插红薯苗”说“□sa꜅薯苗”，“□sa꜅”的本字应是“趿”。趿，《说文》，进足有所撷取也，从足及声，《尔雅》曰：“趿谓之撷”，苏合切；《广韵》，进足，苏合切；《集韵》，悉合切，《说文》进足有所撷取也。犁市土话的“□sa꜇”与“趿”声韵调皆合，意义有所转移，从“穿鞋”转向“插红薯苗”，不过，两者形似，即部分外露、部分不外露。

---

① 潘悟云. 汉语否定词考源——兼论虚词考本字的基本方法. 中国语文，2002（4）：302～309.

## 九、侔

“合伙儿”说“□꜀bia 伙计”，“□꜀bia”的本字应是“侔”。侔，齐等也，从人牟声，莫浮切；《广韵》，莫浮切，等也均也齐也；《集韵》，迷浮切，说文：齐等也，或省。《墨子·小取》：侔也者，比辞而俱行也。《韩非子·五蠹》：超五帝，侔三王者，必此法也。犁市土话的“□꜀bia”与“侔”意义相合，声母与韵母也相合，只是声调读阴平。次浊平读阴平的现象在犁市土话中比较多，如“微~水仔魔摩馍鲇拈拎啰~嗦撩~泥”等都读阴平。

## 十、牟

“（牛）吃（草）”说“□bia꜆”，其本字可能是“牟”。牟，《说文》，牛鸣也，从牛，象其声气从口出，莫浮切；《广韵》，莫浮切，《说文》曰：牛鸣，又过也陪也进也大也；《集韵》，迷浮切，《说文》牛鸣也，从牛象其声，气从口出，一曰取也大也。犁市土话“□bia꜆”的“吃”义与《广韵》“牟”的“进”义、《集韵》“牟”的“取”义比较接近。现代汉语还有“牟取”一词。语音上，“□bia꜆”与“牟”声母、韵母皆合，今读阴入来源于浊声母字的小称变调，与“牟”也相合。

## 十一、鬭

“（牛用角）顶”说“□꜀tia”。“□꜀tia”本字当是“鬭”。鬭，《说文》，遇也，从门斲声，都豆切；《广韵》，都豆切，鬭競，《说文》遇也。《集韵》共有两处收录“鬭”，一个是侯韵，当侯切，交争也；一个是候韵，丁候切，《说文》遇也。犁市土话“□꜀tia”的本字应该是《集韵》收录的侯韵的“鬭”，音义皆与“鬭”合。韶关土话“（牛用角）顶”普遍用这个侯韵的“鬭”，它在各点的读音如下：乳源桂头꜀ei、浈江向阳꜀tɔ、马坝大村꜀tAi、仁化周田꜀tia、仁化石塘꜀tie。李冬香、庄初升（2009：211）用“□”表示。

## 十二、蝹

“赖床”说“□jia꜄床”。“□jia꜄”的本字可能是“蝹”。蝹，于候切，蚕眠也。据观察，蚕睡觉时间比较长，一般睡一次需要一二天。“赖床”与蚕眠性质相同，而且“□jia꜄”与“蝹”音也相合。犁市土话用蚕眠来比喻赖床，生动形象。

## 十三、篕

“（用木头、竹子等制作而成的）碗”说“□$\text{jia}_{\supseteq}$”。“□$\text{jia}_{\supseteq}$”的本字可能是“篕”。篕，《集韵》，乌侯切，竹器，吴人以息小貌。今读阳入来源于清声母字的小称变调。“□$\text{jia}_{\supseteq}$”与“篕”声韵调皆合，意义相近。

## 十四、瀌

“撒（尿）”说“□$\text{pio}^{\supseteq}$”。“□$\text{pio}^{\supseteq}$”本字可能是“瀌”。瀌，《说文》，雨雪瀌瀌，从水麃声，甫娇切；《广韵》，甫娇切，雪貌，《诗》云雨雪瀌瀌。《集韵》共有两处收录“瀌”，一个是宵韵，悲娇切，《说文》雨雪瀌瀌；另一个是笑韵，毗召切，雨雪貌。《诗·小雅·角弓》：“雨雪瀌瀌，见晛曰消。”《文选·雪赋》：“蔼蔼浮浮，瀌瀌奕奕。”“瀌”在普通话中今读宵韵，悲娇切，阴平。犁市土话“□$\text{pio}^{\supseteq}$”的本字是《集韵》收录的笑韵的“瀌”，“□$\text{pio}^{\supseteq}$”与“瀌”声韵调皆合，意义上两者形似。

## 十五、瘭

“皮肤上长的小且薄的水泡”说“□$\text{p}^{\text{h}}\text{io}^{\supset}$”。“□$\text{p}^{\text{h}}\text{io}^{\supset}$”本字是“瘭”。瘭，《广韵》，甫遥切，疽病名。《集韵》共有两处收录“瘭”，一个是萧韵，卑遥切，疽病；一个是笑韵，匹妙切，瘭疽病疡脓溃也。“瘭”在普通话中今读萧韵，卑遥切，阴平。犁市土话“□$\text{p}^{\text{h}}\text{io}^{\supset}$”与《集韵》收录的笑韵的“瘭”音义俱合。

## 十六、觩

“叉形且有长柄的捞鱼工具”叫“□$^{\subset}\text{kio}$ 嘀”，“□$^{\subset}\text{kio}$”的本字可能是“觩”。觩，《广韵》，居夭切，角长；《集韵》，举夭切，角高貌，太玄其角。“□$^{\subset}\text{kio}$”与“觩”声韵皆合，声调读上声也符合犁市土话语音的演变规律。在犁市土话中，部分来自古平声的常用名词今读上声，如“姑阿～：姑妈哥阿～蚊娘阿～：伯母爷阿～：伯父园幼儿～梨统称”，其上声很可能是由小称变调演变而来的。从意义上来看，“□$^{\subset}\text{kio}$ 嘀”的形状是叉形，呈角状，与“觩”也相符。

## 十七、眓

“发呆”说“发□$\text{buo}_{\supset}$”。“□$\text{buo}_{\supset}$”的本字是“眓”。眓，《广韵》，莫拨切，远视又不正视；《集韵》，莫葛切，目冥视，一曰久也，一曰不正视。“□$\text{buo}_{\supset}$”与“眓”音义俱合。

## 十八、睐

“瞥（一眼）”说“□luo꜅”。“□luo꜅”的本字是“睐”。睐，《说文》，目童子不正也，从目来声，洛代切；《广韵》，洛代切，傍视；《集韵》，洛代切，《说文》目童子不正也。“□luo꜅”与“睐”音义俱合。

## 十九、櫼

“（瓶）塞子”说“□ʦuo꜇”。“□ʦuo꜇”的本字当是“櫼”。櫼，宗括切，木锥。今读阳入来源于清声母字的小称变调，“□ʦuo꜇”与“櫼”语音相合，意义有所引申。“塞子”多是木头做的，而且稍尖，与木锥形似。韶关土话中还有其他土话“塞子”说“櫼”。如浈江向阳 ʦu$^{3}$ʔi$^{35}$、马坝大村 ʦʉ$^{2}$ʔʉ$^{23}$、浈江石陂 ʦui꜆。李冬香、庄初升（2009：226）写为俗字“窒”。“窒”与上述各方言的韵母不合，“窒”是质韵字，而上述各方言属于末韵字。

## 二十、疬

“淋巴结”说“□lie꜆”。“□lie꜆”的本字是“疬”。疬，《广韵》，郎击切，瘰疬；《集韵》，狼狄切，瘰疬病也。《集韵》还写为“疬”。今读阴入来源于浊声母字的小称变调。“□lie꜆”与“疬”音义皆合。“瘰疬”是中医术语，现在一般称之为“淋巴结”。

## 二十一、营

“院子”说“□꜂jie”。“□꜂jie”的本字当是“营”。营，《说文》，市居也，从宫，荧省声，余倾切。清代段玉裁注：帀居也。帀各本作市……盖由古本作帀，故有讹为市者。帀居谓围绕而居……《广韵》，余倾切，造也，度也，《说文》曰市居也。《集韵》，维倾切，《说文》市居也，一曰度也。《孟子·滕文公》：“下者为巢，上者为营窟。”《管子·霸言》：“重宫门之营，而轻四境之守。”“营”是清韵以母字，声母和韵母皆合，声调读上声也是可能的。前文指出，犁市土话中一些古平声字今读上声。意义也相通，由“围绕而居”引申为“院子”。

## 二十二、屰

“顶撞（长辈）”说“□gie꜇”。“□gie꜇”的本字是“屰”。屰，《说文》，不顺也，从干下屮，屰之也，鱼戟切；《广韵》，宜戟切，《说文》曰不顺也；《集韵》，仡戟切，《说文》不顺也。“□gie꜇”与“屰”音义俱合。“屰”现在多写作“逆”。

## 二十三、淬

“（吹）灭”说“□ʦʰoe꜅”。“□ʦʰoe꜅”的本字应是“淬”。淬，《说文》，灭火器也，从水卒声，七内切；《集韵》，取内切，灭火器也。“□ʦʰoe꜅”与“淬”声韵调皆合，意义有所演变，由“灭火器”转为指“灭”。犁市周边土话如马坝大村、浈江向阳“灭”也用“淬”，其读音分别为ʦʰoe꜅、ʦʰɔe꜅。李冬香、庄初升（2009：201）用“□”表示。

## 二十四、弥

“（水）满”说“□꜁bai”。“□꜁bai”的本字是“弥”。《广韵》，武移切，益也长也久也；《集韵》，民卑切，《说文》弛弓也，一曰益也终也。“弥”后来慢慢演变为“满”义，普通话书面语中现在还有“弥月”、“弥望”、“弥天”、“弥漫”等说法。韶关土话“满”普遍用“弥”来表示。如乳源桂头꜁bai、浈江向阳꜁bai、马坝大村꜁moe、仁化石塘꜁mai。李冬香、庄初升（2009：321）用“□”表示。

## 二十五、揙

“擦（屁股）”说“□꜂pei”。“□꜂pei”的本字可能是“揙”。揙，《说文》，抚也，从手扁声，婢沔切；《集韵》，婢典切，搏也。“□꜂pei”与“揙”声韵调皆合，意义也比较接近。韶关土话“擦（屁股）”普遍说“揙”。如乳源桂头꜂pɛn、浈江向阳꜂pɛn、浈江石陂꜂pin、马坝大村꜂pie、仁化石塘꜂piŋ、仁化周田꜂piŋ。李冬香、庄初升（2009：267）用“□”表示。

## 二十六、潎

“（水）溅”说“□pʰei꜆”。“□pʰei꜆”的本字是“潎”。潎，《说文》，于水中击絮也，从水敝声，匹蔽切；《广韵》，芳灭切，漂潎，又匹蔽切；《集韵》，匹灭切，冽流轻疾貌。“□pʰei꜆”与“潎”音义俱合。犁市土话“打水漂儿”说“□pʰi꜆水□pʰei꜇”，后一个音节“□pʰei꜇”的本字也当是“潎”，今读阳入来源于清声母字的小称变调。韶关土话中的曲江大村土话“打水漂”读音为“□pʰi꜆水□pʰi꜇”，李冬香、庄初升（2009：283）把前一个音节“□pʰi꜆”写成“劈”。“□pʰi꜆”与“劈”的文读音相同，但意义不太接近，误也，其本字当是“潎”，后一个音节“□pʰi꜇”可能是小称变调□pʰi$^{2}$ʔi$^{23}$之误 。

## 二十七、栵

犁市土话“□lei⊇树”是一种灌木类的植物，树身无刺，果实小而圆，一般是七八月成熟。“□lei⊇”本字应是“栵”。栵，《说文》，栭也，良辥切；《广韵》，良薛切，细栗，《尔雅》云栵栭，今江东呼为栭栗，楚呼为茅栗也；《集韵》，力蘖切，木名，《说文》栭也，引《诗》其灌其栵。“□lei⊇”与“栵”音义俱合。

## 二十八、懠

“生气、讨厌”说“□⊆tsʰei”。“□⊆tsʰei”的本字应是“懠”。懠，《广韵》，徂溪切，《诗》云天之方懠，懠，怒也；《集韵》，前西切，怒也；《尔雅·释言》，怒也，一曰愁也，疾也。“□⊆tsʰei”与“懠”音义俱合。

## 二十九、焎爧

“闪电”说“□tsʰei⊃□laŋ⊃”。“□tsʰei⊃□laŋ⊃”的本字当是“焎爧”。先看后一个字的本字。爧，《广韵》，郎丁切，火光貌；《集韵》，郎丁切，火光也，或从零。今读阴入来源于浊声母字的小称变调。“□laŋ⊃”与“爧”音义俱合。韶关土话中的仁化石塘土话“闪电”说“□tsʰi⊃□laŋ$^{3}$”（李冬香、庄初升，2009：181），“□laŋ$^{3}$”与“爧”音义也俱合。焎，《广韵》写作“焎”，许列切，火气。《集韵》薛韵“焎”有两个读音，一个是敕列切，火燃也；另一个是许列切，火气。“□tsʰei⊃”与《集韵》收录的前一个读音音义俱合。庄初升（2004）认为韶关土话中表示“闪电”义的本字是“掣”①，李冬香、庄初升（2009：181）也写作“掣”。掣，《广韵》，昌列切，挽也。《集韵》，尺列切，挽也。单独来看，“□tsʰei⊃”与“掣”的音义也相合，普通话现在还有“风驰电掣”的说法。不过，我们认为，此处“□tsʰei⊃”的本字为“焎”可能更为恰当，原因有三点：第一，古人把“闪电”叫做“电火”，所以，把“闪电”理解为“燃火”是很可能的。北周庾信《周大将军崔说神道碑》：“商飙猎草，电火驱霜。”元代许衡《和吴行甫雨雹韵》：“半空光冷掣电火，平地声走雷轰车。”第二，与“□tsʰei⊃”搭配的后一个语素“爧”是“火光”的意义，“火”与“燃”义搭配协调；而“掣”的基本义是“一闪而过”，与“火光”搭配比较勉强。第三，与犁市相接的乳源桂头土话“闪电”说“□⊆tsʰɛi火链”，李冬香、

① 庄初升．粤北土话音韵研究．北京：中国社会科学出版社，2004.268.

庄初升（2009：181）写作“掣火链”，仁化石塘土话说“□ʦʰi꜆□laŋ$^{3}$”（李冬香、庄初升，2009：181）。桂头的“□꜃ʦʰɛi”、石塘的“□ʦʰi꜆”均与“掫”音义俱合。

## 三十、潩

“吸留（鼻涕）”说“□sei꜄”。“□sei꜄”的本字可能是“潩”。潩，《集韵》，须绢切，饮也，一曰吮。犁市土话声韵调与“潩”相合，意义则有所变化。

## 三十一、□

“垫（高）”说“□꜀sei”。“□꜀sei”的本字应是“□”。□，《集韵》，相然切，升高也。“□꜀sei”与“□”音义俱合。

## 三十二、□

“（猪用嘴巴）拱泥”说“□bau꜅泥”。“□bau꜅”的本字可能是“□”。□，《集韵》，莫报切，触也。“□bau꜅”与“□”声韵调皆合，意义相近。

## 三十三、抄

“（乱）翻”说“□ʦʰau꜄”。“□ʦʰau꜄”的本字可能是“抄”。“抄”除了平声以外，还有去声一读。《广韵》，初教切，略取也；《集韵》，楚教切，略取也。“□ʦʰau꜄”与“抄”声韵调皆合，意义有所引申。韶关土话“（乱）翻”普遍说“抄”，李冬香、庄初升（2009：307）写作俗字“操”。操，《集韵》，七到切，持念也。“操”与“□ʦʰau꜄”音虽相合，但意义不合。

## 三十四、棹

“撑（船）”说“□ʦʰau꜅”。“□ʦʰau꜅”的本字是“棹”。棹，《广韵》，直教切，楫也；《集韵》，直教切，行舟也。“□ʦʰau꜅”与“棹”音义俱合。

## 三十五、熇

“（用蒸汽）加热”说“□hɛɯ꜇”，“烤”说“□hou꜇”。“□hɛɯ꜇”和“□hou꜇”的本字都应是“熇”。熇，《说文》，火热也，从火高声，《诗》曰“多将熇熇”，火屋切。《广韵》两处收录了“熇”字，一个是沃韵，热也，火酷切；另一个是铎韵，呵各切，热貌，又火沃切。《集韵》也有两处收录“熇”字，一个是沃韵，呼酷切，《说文》火热也，引《诗》多将熇熇；另一个是铎韵，黑各切，炽也。犁市土话表示“（用蒸汽）加热”义的“□hɛɯ⊇”和“烤”义的“□hou⊃”与“熇”皆相合。语音上，“□hɛɯ⊇”属沃韵，“□hou⊃”属铎韵，声母和韵母与“熇”皆相合，声调演变则属例外，不读阴入而读阳入。韶关土话中的仁化周田土话“烤”说“□hɛu⊃”（李冬香、庄初升2009：202），与铎韵的“熇”音义俱合，也与犁市土话读音一致。

## 三十六、穿

“狗洞”、“猫洞”分别说“狗□⊂tsʰøy”、“猫□⊂tsʰøy”，“窗户”说“皓□tsʰøy⊇”、“□⊂tsʰøy”。“□tsʰøy⊇”的本字是“穿”。穿，《说文》，通也，从牙在穴中，昌缘切；《广韵》穿，通也，孔也，昌绿切；《集韵》，昌绿切，《说文》通也，从牙在穴中，或从身。《周礼·考工记·陶人》：“甑实二鬴，厚半寸，唇寸，七穿。”《宋书·刘秀之传》：“厅事柱有一穿……”“□⊂tsʰøy”与“穿”音义俱合，“皓□tsʰøy⊇”中的“□tsʰøy⊇”今读阳入来源于清声母字的小称变调，与“穿”相合。乳源桂头、仁化石塘等土话“窗户”都说“皓□tsʰyẽ$^{3}$”，李冬香、庄初升（2009：221）把“□tsʰyẽ$^{3}$”当作“窗”的例外读音，当误也，它们的本字也是“穿”，其音义皆与“穿”合。

## 三十七、圈

“肥地”说“□ᶜhøy屎地”，“黑糊泥”说“□ᶜhøy屎泥”，此外，当地还有一种草叫“□ᶜhøy屎草”。上述词语中的“□ᶜhøy”本字可能是“圈”。圈，《说文》，养畜之闲也，从囗卷声，渠篆切。《集韵》，窘远切，畜闲也。现代汉语还有“牛圈”、“圈养”等说法。语音上，大概是误读为“圈”另一个读音即溪母平声字，声母由kʰ演变为h。溪母读如晓母的现象在犁市土话中比较常见，如“起器弃气汽开坑牵哭酷糠渴空”等字声母都为h。声调上，如前所述，犁市土话部分古平声字今读上声，该上声可能是小称变调演变而来的。因此，“ᶜhøy”与“圈”的读音相合。可能是因为“圈”是关猪、牛等牲畜的地方，犁市土话“圈”总是与“屎”一起出现。

## 三十八、隋

“山顶间的低洼处”说“岭□høy⊇”。“□høy⊇”的本字是“隋”。隋，《广韵》，胡畎切，坑也；《集韵》，胡犬切，《博雅》坑也。今读阳入来源于清声母字的小称变调，因此，“□høy⊇”与“隋”音义俱合。

## 三十九、踠

“（沙子）硌（脚）”说“□ᶜøy”。“□ᶜøy”的本字可能是“踠”。踠，《广韵》，于阮切，体屈；《集韵》，委远切，屈也，足跌也。“□꜂øy”与“踠”声韵调皆合。《文选·东都赋》：“马踠余足，士怒未泄。”《后汉书·李南传》：“向度宛陵浦里□，马踠足，是以不得速。”柳宗元《捕蛇者说》：“永州之野产异蛇……得而腊之以为饵，可以医大风、挛踠、瘘疠，去死肌，杀三虫。”沙子硌脚时，人的脚会下意识地弯曲，与“踠”比较接近。

## 四十、□

“（用篦子）梳”说“□꜀pɐn 动词”，“篦子”说“□pɐn꜇ 名词”。“□꜀pɐn 动词”、“□pɐn꜇ 名词”的本字可能是“□”。□，《广韵》，府文切，埽弃之也；《集韵》，方文切，扫除也，篦，《说文》，导也。与“□”意义相近的还有“傧摈”。傧，《说文》，导也，从人宾声，必刃切。《集韵》，必仞切，《说文》导也，通作摈。《集韵》，摈，弃也。由此看来，“导”和“弃”意义相通，在“导”的同时“弃”。因此，犁市土话用表示“弃”义的“□”来表达“篦”的意义也是有可能的。语音上，“□꜀pɐn 动词”、“□pɐn꜇ 名词”与“□”声韵调皆合，读双唇音是因为非组保留重唇音，今读阳入来源于清声母字的小称变调。

## 四十一、迍

“转（圈）”曰“□꜀tɐn”。“□꜀tɐn”的本字是“迍”。迍，《广韵》，陟纶切，迍邅，本易作屯，《易》曰如邅如；《集韵》，株伦切，邅也。我们注意到，上述两本韵书都用“邅”来解释“迍”。邅，《广韵》，张连切，迍邅，又移也。《集韵》，张连切，迍邅难行不进貌。《屈原·离骚》：“邅吾道夫昆仑。”郭璞《注》：邅，转也，楚人名转曰邅。由此看来，“迍”的基本意义就是“转”。语音上，“迍”是知组三等字。前文已指出，犁市土话保留了“古无舌上音”的特点，部分知组三等今读塞音 t。因此，“□꜀tɐn”与“迍”音义俱合。犁市周边乳源桂头土话“转（圈）”说“□꜀aŋ”（李冬香、庄初升，2009：312），其音义与“迍”皆合。要说明的是，桂头端母一般读 ø，而“迍”由于保留了“古无舌上音”的特点，因此与端母字一起声母演变为 ø。如：猪꜀au、朝早～εi$^4$、昼上～jiu$^4$、张装꜀œn、胀œn꜄、着～衣œy꜆、竹 a$^4$。马坝大村土话“转（圈）”说“□꜀tin”（李冬香、庄初升，2009：312）。“□꜀tin”的本字可能也是“迍”，其声母、声调皆与“迍”相合，只是韵母不读臻合三的 un，而读臻开三的 in。

## 四十二、埻

“木桩”说“□꜂tɐn”。“□꜂tɐn”的本字应是“埻”。埻，《说文》，射臬也，之允切；《广韵》，之尹切，射的；《集韵》，主尹切，射臬也。由此可知，

“埻”的本义是箭靶。《东观汉记·齐武王》：“（王）莽素震其名，大惧，使画伯升像于埻，旦起射之。”“木桩”与箭靶形状一样，只是用途不同，因此，“箭靶”和“木桩”之间存在语义联系。语音上，“□⊂tɐn”与“埻”声韵调皆合，声母为 t 是犁市土话“古无舌上音”特点的反映。韶关土话“木桩”普遍说“埻”。如乳源桂头⊂aŋ、浈江向阳⊂tɔn、浈江石陂⊂tɔn、马坝大村⊂tun、仁化石塘⊂tɛŋ、仁化周田⊂tan，其音义都与“埻”皆合。李冬香、庄初升（2009：197）用“□”表示。客赣方言多有此说，如湖南赣语浏阳话等。

## 四十三、填

“钉（木桩）”说“□tɐn⊃”。“□tɐn⊃”的本字应是“填”。填，《广韵》，陟刃切，定也；《集韵》，陟刃切，定也。“□tɐn⊃”与“填”音义俱合。

## 四十四、惀

“思考”说“□⊂lɐn”。“□⊂lɐn”的本字应是“惀”。惀，《集韵》，缕尹切，思求晓知谓之惀。“□⊂lɐn”与“惀”音义俱合。

## 四十五、𩪘

“白天”说“热□taŋ⊇”。“□taŋ⊇”的本字可能是“□”。□，《集韵》，得肯切，白也。“□”与“□taŋ⊇”声韵调皆合，今读阳入来源于清声母字的小称变调，韶关土话“白天”一词的说法中多用“□”。如乳源桂头“热□aŋ$^{4}$”、浈江向阳“日□ta$^{3}$ʔn$^{35}$”、马坝大村“日□tA$^{2}$ʔn$^{23}$”、仁化周田“日□tiaŋ$^{12}$”，其音义与“□”皆合。李冬香、庄初升（2009：192）用“□”表示。要注意的是，此处前一个语素有的土话用“日”，如马坝大村；有的土话用“热”，如犁市、乳源桂头；有的土话则由于“热”与“日”同音，李冬香、庄初升（2009：192）写作“日”，如浈江向阳、仁化周田。“□”的前一个语素到底是“热”还是“日”，看来还得进一步研究。另外，从语序上来看，我们前文指出，犁市土话部分词语与普通话的相反，如：天热（热天）、伏初（初伏）、伏中（中伏）、伏尾（末伏）、砖碎（碎砖）、瓦碎（碎瓦）。因此，其“白天”的语序与普通话的相反也是很可能的。

## 四十六、铴

“用烫子把石灰抹在墙上，使其平整”说“□tʰaŋ⊃”。“□tʰaŋ⊃”的本字是“铴”。铴，《广韵》，他浪切，工人治木器；《集韵》，他浪切，治木器，或从宕。“□tʰaŋ⊃”与“铴”声韵调皆合，意义有所引申，由“治木器”引申为处置其他东西，但两者目的一样，都是使处置对象平整。

### 四十七、𪒿

“（烧）煳（了）”说“□꜀lɛŋ”。“□꜀lɛŋ”的本字可能是“𪒿”。𪒿，《广韵》，女容切，镛𪒿；《集韵》，尼容切，𪒿𪒿黑甚。“□꜀lɛŋ”与“𪒿”意义相合，语音上，声调不读阳平，而读阴平。次浊平读阴平的现象在犁市土话中比较常见，前文已述，此处不赘。

### 四十八、堫

“捶”、“筑”说“□꜀ʦɛŋ”。“□꜀ʦɛŋ”的本字可能是“堫”。堫，《说文》，种也，一曰内其中也，子红切；《广韵》，子红切，种也；《集韵》，祖丛切，《说文》种也，一曰内其中也，一曰不耕而种。“□꜀ʦɛŋ”与“堫”音义皆合。

### 四十九、搑

“推”说“□hɛŋ꜄”。“□hɛŋ꜄”的本字当是“搑”。搑，《集韵》，去仲切，捺也。捺，《集韵》，手重按也，《字林》搦捎也。“□hɛŋ꜄”与“搑”音义俱合。

### 五十、断

“拗（断）”说“□꜂toŋ”。“□꜂toŋ”的本字可能是“断”。断，《说文》，截也，徒玩切；《广韵》，断绝，徒管切。《集韵》上声收录“断”的两个读音，一个是杜管切，绝也；另一个是睹缓切，截也。“□꜂toŋ”可能是《集韵》收录的清声母的“断”，“□꜂toŋ”与其音义俱合。

### 五十一、纂

“集中”说“□꜂ʦoŋ”。“□꜂ʦoŋ”的本字是“纂”。纂，《说文》，似组而赤，从糸算声，作管切；《广韵》，作管切，集也；《集韵》，祖管切，《说文》似组而赤，一曰集也。“□꜂ʦoŋ”与“纂”音义俱合。普通话“纂”今多用于书面语，意义为“编辑”，如：编纂。

### 五十二、仰

“打开（已折叠的衣服和被子等）”说“□꜁gioŋ”。“□꜁gioŋ”的本字当是“仰”。仰，举也，从人从卬，鱼两切；《广韵》，偃仰也，《说文》举也，鱼两切；《集韵》，语两切，《说文》举也。“打开（已折叠的衣服和被子等）”时，一般是把它们向上举起来后再用力甩开，与“仰”意义相合。不过，这个说法可能是从周边的客家话借过来的，客赣方言多有此说。由于周边客家话上声字一般为降调，梨市土话借过来时，为保持调型，便读为本方言的阳平。这种借用现象在韶关土话区时有发现，李冬香、庄初升（2009：451）对此有专门的讨论。

上文考证了梨市土话52条词语的本字。李如龙（2004）指出：弄清楚方言词的本字不但可以了解方言词的流变，也可以补充方言语音演变的例证。……不仅如此，弄清楚方言词的本字还有助于我们去了解方言和不同时代古汉语的关系及方言间的亲疏远近的关系。① 梨市土话归属未明，考证其本字尤其具有重要的意义。一方面，可以为古代汉语某些语音特点和词的用法在汉语方言中的保留提供更多的材料。如“迍、埻”本字的考证补充了“古无舌上音”这一语音现象的方言例证。“穿、迍、过阴平、营、纂”等词的意义明显是古汉语词义的保留或引申，而这些意义在普通话中已经基本不用。有些意义普通话虽然还保留，但一般只用于书面语或特定场合，如上文考证的“弥、侔、疠、淬”等词的意义。另一方面，对于认识其与周边的方言（语言）的关系也有重要的意义，如上文考证的梨市土话中的“木桩”说“埻”、“打开（已折叠的衣服和被子等）”说“仰”等现象在周边客赣方言中普遍存在，表明梨市土话与周边客赣方言存在密切的联系；而“白天”说“（热/日）□”的现象在周边方言中暂时还未发现，显然是另有来源。此外，梨市土话本字的考证，也有助于我们了解《集韵》等韵书所收录的异读。如“漉、瘭”等普通话今只有阴平一读，梨市土话则读《集韵》所收录的去声；而“荚”则保留了《集韵》收录的敉列切的读音和意义。

## 第三节　梨市土话基本词汇表

说明：

1．本词汇表收集的梨市方言词汇按意义分为29类。词语的分类和排序基本依照中国社会科学院语言研究所研究室资料室编制的《汉语方言词语调查条目表》（《方言》2003年第1期）。所收词条主要来自《汉语方言词语调查条目表》、“岭南濒危方言研究”和“岭南方言资源监测及资源库”项目材料，此外，还根据实际情况补充了部分词条。

2．每条词先写汉字，后用国际音标注音。难理解的词条在标音后面加以解

① 李如龙．从闽语的“汝”和“你”说开去．方言，2004（1）：5.

释。对同音词或多义词进行解释时，不同的义项用圆圈数码①②③表示。

3. 同义词排在一起，第一条顶格，其他各条退格排列。

4. 释义中“（）”里的“老”、“新”、“面”、“背”、“贬”分别表示“老派”、“新派”、“面称”、“背称”、“贬义”等。

5. 词条中“（）”里的字词表示可有可无。

6. “/”表示“或者”。

## 一、天文

### (一) 日、月、星

天 t$^{h}$ei$^{21}$

天哩 t$^{h}$ei$^{21}$lai$^{3}$ 天上

热头 gei$^{3}$tia$^{5}$ 太阳

落山 lou$^{3}$sa$^{21}$（太阳）下山

云暗天 jɐn$^{53}$ a$^{55}$ t$^{h}$ei$^{21}$ 多云时稀疏的阳光

当热头 taŋ$^{21}$gei$^{3}$tia$^{5}$ 向阳

背热头 puo$^{55}$gei$^{3}$tia$^{5}$ 背阴

□阴 jioŋ$^{35}$jɐn$^{21}$ 因物体挡住而形成的阴影

阴影 jɐn$^{21}$jiɛ$^{3}$ 影子

  影子 jie$^{35}$ʦɿ$^{35}$

倒西热 tau$^{35}$sei$^{21}$gei$^{5}$ 西晒

熝晒 luo$^{5}$sa$^{55}$ 暴晒

天狗食日 t$^{h}$ei$^{21}$kia$^{35}$sei$^{3}$gi$^{5}$ 日食

热头担枷 gei$^{3}$tia$^{5}$ta$^{21}$kou$^{21}$ 日晕

月皓 gøy$^{5}$hau$^{33}$ 月亮

月牙齿 gøy$^{5}$gou$^{53}$ʦɿ$^{35}$ 月牙

月皓圆 gøy$^{5}$hau$^{33}$jøy$^{53}$ 月圆

天狗食月 t$^{h}$ei$^{21}$kia$^{35}$sei$^{3}$gøy$^{5}$ 月食

月皓担枷 gøy$^{5}$hau$^{33}$ta$^{21}$kou$^{21}$ 月晕

天星 t$^{h}$ei$^{21}$sie$^{3}$ 星星

天河 t$^{h}$ei$^{21}$hou$^{53}$ 银河

扫把星 sau$^{55}$pou$^{35}$sie$^{3}$ 彗星

启明星 hi$^{35}$baŋ$^{53}$sie$^{3}$

北斗星 pai$^{5}$tia$^{35}$sie$^{3}$

牛郎星 giu$^{53}$laŋ$^{53}$sie$^{3}$

织女星 ʦai$^{5}$loe$^{55}$sie$^{3}$

恒星 hɐn$^{53}$sie$^{3}$

光线 kuaŋ$^{21}$sei$^{55}$

照人 ʦio$^{55}$gi$^{3}$（光线）照射进来

照皓 ʦio$^{55}$hau$^{33}$ 照亮

发光 fo$^{5}$kuaŋ$^{21}$ 发亮

闪光 sei$^{35}$kuaŋ$^{21}$

反光 foŋ$^{35}$kuaŋ$^{21}$

### (二) 风、云、雷、雨

风 fɛŋ$^{21}$

风大 fɛŋ$^{21}$tuo$^{33}$ 大风

风细 fɛŋ$^{21}$soe$^{55}$ 小风

微风 bai$^{53}$fɛŋ$^{21}$

台风 tuo$^{53}$fɛŋ$^{21}$

□牙风 ʦiu$^{55}$gou$^{53}$fɛŋ$^{21}$ 旋风

顺风 sɐn$^{33}$fɛŋ$^{21}$

背风 puo$^{55}$fɛŋ$^{21}$ 逆风

冻风 tɛŋ$^{55}$fɛŋ$^{21}$ 寒风

东风 tɛŋ$^{55}$fɛŋ$^{21}$

南风　la$^{53}$fɛŋ$^{21}$

西风　sei$^{21}$fɛŋ$^{21}$

北风　pai$^{5}$fɛŋ$^{21}$

起风　hi$^{35}$fɛŋ$^{21}$

反风　foŋ$^{35}$fɛŋ$^{21}$ 刮风

风吹跌东西　fɛŋ$^{21}$ʦ$^{h}$y$^{21}$tei$^{5}$tɛŋ$^{21}$sei$^{3}$ 风卷物

风吹　fɛŋ$^{21}$ʦ$^{h}$y$^{21}$

风停□了　fɛŋ$^{21}$taŋ$^{53}$hei$^{5}$la$^{21}$ 风停了

云　jɐn$^{53}$

乌云　vu$^{21}$jɐn$^{53}$ 黑云

白云　pie$^{3}$jɐn$^{53}$

彩云　ʦ$^{h}$uo$^{35}$jɐn$^{53}$

散云　soŋ$^{55}$jɐn$^{53}$ 云散

天脚红　t$^{h}$ei$^{21}$kio$^{5}$hɛŋ$^{21}$ 朝霞

热头送山　gei$^{3}$tia$^{5}$sɛŋ$^{55}$sa$^{21}$ 晚霞

雷公　loe$^{53}$kɛŋ$^{21}$ 雷

响雷公　hioŋ$^{35}$loe$^{53}$kɛŋ$^{21}$ 打雷

雷公打　lei$^{53}$kɛŋ$^{21}$tou$^{35}$ 雷击

大雷公　tuo$^{33}$lei$^{53}$kɛŋ$^{21}$ 响雷

掞爉　ʦ$^{h}$ei$^{5}$laŋ$^{5}$ 闪电

水　sy$^{35}$ 雨

落水　lou$^{3}$sy$^{35}$ 下雨

狗毛水　kia$^{35}$bau$^{53}$sy$^{35}$ 毛毛雨

微水仔　bai$^{21}$sy$^{35}$ʨuo$^{3}$ 小雨

大水　tuo$^{33}$sy$^{35}$ 大雨

中水　ʦɛŋ$^{21}$sy$^{35}$ 中雨

暴水　pau$^{55}$sy$^{35}$ 暴雨

雷公大水　loe$^{53}$kɛŋ$^{21}$tuo$^{33}$sy$^{35}$ 雷阵雨

沤水　jia$^{55}$sy$^{35}$ 连阴雨

春水　ʦ$^{h}$ɐn$^{21}$sy$^{35}$ 春雨

雪水　søy$^{5}$sy$^{35}$ 冻雨

热头水　gei$^{3}$tia$^{5}$sy$^{35}$ 太阳雨

潵风水　p$^{h}$ei$^{5}$fɛŋ$^{21}$sy$^{35}$ 斜风雨

又风又水　jiu$^{33}$fɛŋ$^{21}$jiu$^{33}$sy$^{35}$ 风雨交加

洒水　sa$^{35}$sy$^{35}$ 淋雨

背水　pai$^{33}$sy$^{35}$ 避雨

水冇落了　sy$^{35}$bau$^{55}$lou$^{3}$la$^{21}$ 雨停了

虹　kɛŋ$^{35}$

**（三）冰、雪、霜、露**

硬构　gie$^{33}$kau$^{55}$ 冰

雪条　søy$^{5}$tio$^{5}$ 冰锥

结硬构　kei$^{5}$gie$^{33}$kau$^{55}$ 结冰

　打硬构　tou$^{35}$gie$^{33}$kau$^{55}$

雹　pou$^{5}$ 冰雹

落雪　lou$^{3}$søy$^{5}$ 下雪

棉花雪　bei$^{53}$fou$^{21}$søy$^{5}$

大眼雪　tuo$^{332}$ga$^{53}$søy$^{5}$ 粒雪

又风又雪　jiu$^{33}$fɛŋ$^{21}$jiu$^{33}$søy$^{5}$ 雨夹雪

融　jɛŋ$^{53}$（冰）化（了），（雪）融（了）

雾　bu$^{33}$ 露

打雾　tou$^{35}$bu$^{33}$ 下露

雾水　bu$^{33}$sy$^{35}$ 露水

朝雾　tio$^{21}$bu$^{33}$ 晨露

夜雾　jia$^{33}$bu$^{33}$ 夜露

霜　saŋ$^{21}$

打霜　tou$^{35}$saŋ$^{21}$ 下霜

白头霜　pie$^{3}$tia$^{53}$saŋ$^{21}$ 白霜

豆芽霜　tia$^{33}$gou$^{5}$saŋ$^{21}$ 芽霜

雺纱　bɛŋ$^{53}$sou$^{21}$ 雾

落雺纱　lou$^{3}$bɛŋ$^{53}$sou$^{21}$ 下雾

大雺纱 tuo$^{33}$bɛŋ$^{53}$sou$^{21}$ 大雾

散雺纱 soŋ$^{55}$bɛŋ$^{53}$sou$^{21}$ 雾散

**（四）气候**

气候 hi$^{55}$hia$^{33}$

天气 t$^{h}$ei$^{21}$hi$^{55}$

好天 hau$^{35}$t$^{h}$ei$^{21}$ 晴天

阴暗天 jɐn$^{21}$a$^{55}$t$^{h}$ei$^{21}$ 阴天

落水天 lou$^{3}$sy$^{35}$t$^{h}$ei$^{21}$ 雨天

有云了 bau$^{55}$ jɐn$^{53}$ la$^{21}$（雨后云散）转晴

好天了 hau$^{35}$t$^{h}$ei$^{21}$la$^{21}$

天变了 t$^{h}$ei$^{21}$pei$^{55}$la$^{21}$ 变天

热 gei$^{3}$

□热 ou$^{35}$gei$^{3}$ 闷热

暖 loŋ$^{55}$ 暖和

凉爽 lioŋ$^{53}$saŋ$^{35}$ 凉快

冻 tɛŋ$^{55}$ 冷

天旱 t$^{h}$ei$^{21}$hm$^{55}$

发大水 fo$^{5}$tuo$^{33}$sy$^{35}$ 涨洪水

空气 hɛŋ$^{21}$hi$^{55}$

水汽 sy$^{35}$hi$^{55}$

湿气 sɿ$^{5}$hi$^{55}$

受潮 siu$^{33}$ʦ$^{h}$io$^{53}$

回潮 fai$^{53}$ʦ$^{h}$io$^{53}$

## 二、地理

**（一）地**

风景 fɛŋ$^{21}$kaŋ$^{35}$

环境 va$^{53}$kaŋ$^{35}$

地震 tai$^{33}$ʦɐn$^{55}$

地形 tai$^{33}$haŋ$^{53}$ 地势

田地 tei$^{53}$tai$^{53}$

旱地 hm$^{55}$tai$^{33}$

坝地 pou$^{55}$tai$^{33}$ 旱地

沙地 sou$^{3}$tai$^{33}$ 泥巴里含有沙子的旱地

港地 haŋ$^{5}$tai$^{33}$ 洼地

岭头地 lie$^{55}$tia$^{53}$tai$^{33}$ 山地

沙泥地 sou$^{3}$la$^{53}$tai$^{33}$ 沙土地

平地 pie$^{53}$tai$^{33}$

半岭地 poŋ$^{55}$lie$^{55}$tai$^{33}$ 坡地

滩头地 t$^{h}$oŋ$^{21}$tia$^{53}$tai$^{33}$ 滩地

□影地 jioŋ$^{35}$jie$^{3}$tai$^{33}$ 背阴地

瘦泥地 sia$^{55}$la$^{53}$tai$^{33}$ 瘦地

圈屎地 høy$^{35}$sɿ$^{35}$tai$^{33}$ 肥地

荒坪 faŋ$^{21}$pie$^{5}$ 荒地

草坪 ʦ$^{h}$au$^{35}$pie$^{5}$ 草地

菜地 ʦ$^{h}$uo$^{55}$tai$^{33}$

蔗地 ʦie$^{3}$tai$^{33}$ 甘蔗园

果园 kou$^{35}$jøy$^{53}$

菜园 ʦ$^{h}$uo$^{55}$voŋ$^{5}$

田垌 tei$^{53}$tɛŋ$^{33}$（开阔的）田野

水田 sy$^{35}$tei$^{53}$

干田 kuoŋ$^{21}$tei$^{53}$ 旱田

垪田 pa$^{33}$tei$^{53}$（山间的）烂泥田

乱垪田 loŋ$^{33}$pa$^{33}$tei$^{53}$ 沼泽田

托田 t$^{h}$ou$^{3}$tei$^{5}$ 梯田

试验田 sɿ$^{33}$gei$^{33}$tei$^{53}$

流水田 liu$^{53}$sy$^{35}$tei$^{53}$ 活水田

过水田 ku$^{55}$sy$^{35}$tei$^{53}$

禾田 vu$^{53}$tei$^{53}$ 稻田

烟田 jei$^{21}$tei$^{53}$

秧田 jioŋ$^{21}$tei$^{53}$

田塍 tei$^{53}$saŋ$^{5}$ 田埂
　田基 tei$^{53}$ki$^{21}$
塘 taŋ$^{5}$ 池塘
山塘 sa$^{21}$taŋ$^{53}$ 水库
鱼塘 ŋi$^{5}$taŋ$^{5}$
莲藕塘 lei$^{53}$ŋia$^{55}$taŋ$^{5}$ 藕塘

**（二）山**

山区 sa$^{21}$k$^{h}$y$^{21}$
岭头 lie$^{55}$tia$^{53}$ 山
岭顶 lie$^{55}$tie$^{35}$ 山峰
半岭哩 poŋ$^{55}$lie$^{55}$lai$^{3}$ 山腰
岭腰 lie$^{55}$jio$^{21}$ 山坡
徛坡 k$^{h}$i$^{21}$pou$^{21}$ 陡坡
悬崖 høy$^{53}$ŋa$^{53}$
岭坳 lie$^{55}$au$^{55}$ 山坳
岭陷lie$^{55}$høy$^{3}$ 山顶间的低洼处
岭□ lie$^{55}$kɛŋ$^{55}$ 山岭上起伏不平之处
山冲 sa$^{21}$ʦ$^{h}$ɛŋ$^{3}$
岭脚下 lie$^{55}$kio$^{5}$hou$^{3}$ 山脚
山□ sa$^{21}$høy$^{3}$ 山中的溪水
山圳 sa$^{21}$ʦɐn$^{3}$ 山中较深的溪水
山洞 sa$^{21}$tɛŋ$^{33}$
洞口 tɛŋ$^{33}$k$^{h}$ia$^{35}$
壕沟 hau$^{53}$kia$^{21}$
　战沟 ʦei$^{55}$kia$^{21}$
窝 vou$^{35}$
岭□ lie$^{55}$p$^{h}$au$^{55}$ 小山
大岭头 tuo$^{33}$lie$^{55}$tia$^{53}$ 大山
山林 sa$^{21}$lɐn$^{5}$
竹林 ʦɛɯ$^{3}$lɐn$^{5}$
荒岭 faŋ$^{21}$lie$^{55}$ 荒山
柴岭 ʦ$^{h}$a$^{53}$lie$^{55}$ 柴山
茅岭 bau$^{53}$lie$^{55}$ 茅草山
茅林哩 bau$^{53}$lɐn$^{5}$lai$^{3}$ 茅草里
□山岭 jioŋ$^{35}$sa$^{21}$lie$^{55}$ 背阳山
火烧岭 fu$^{35}$siu$^{21}$lie$^{55}$ 火烧山
柴 ʦ$^{h}$a$^{53}$
茅柴 bau$^{53}$ʦ$^{h}$a$^{53}$
火 fu$^{35}$ 火苗
火种 fu$^{35}$ʦɛŋ$^{35}$
火星 fu$^{35}$sie$^{3}$
鬼火 kuai$^{35}$fu$^{35}$ 磷火
山火 sa$^{21}$fu$^{35}$
野火 jia$^{55}$fu$^{35}$
灶头火 ʦau$^{55}$tia$^{5}$fu$^{35}$ 灶火
柴火 ʦ$^{h}$a$^{53}$fu$^{35}$
煤火 buo$^{53}$fu$^{35}$
火大 fu$^{35}$tuo$^{33}$ 大火
猛火 bie$^{55}$fu$^{35}$ 猛烈的火
细火 soe$^{55}$fu$^{35}$ 小火
火路 fu$^{35}$lu$^{5}$
火灾 fu$^{35}$ʦuo$^{21}$
烟 jci$^{21}$
火灰 f u$^{35}$fo$^{21}$ 灰烬
回音 fai$^{53}$jɐn$^{21}$ 回声

**（三）江、河、湖、海、水**

水边 sy$^{35}$pei$^{21}$ 河岸
　岸边 ŋa$^{33}$pei$^{21}$
滩头 to$^{h}$ŋ$^{21}$tia$^{53}$ 河滩
水底 sy$^{35}$ta$^{35}$ 河底
大水 tuo$^{33}$sy$^{35}$ ①大河；②洪水
小水 sio$^{35}$sy$^{35}$ 小溪

圳 ʦɐn$^{3}$ 较大的水渠

湖 fu$^{53}$ 较浅且较大的水潭

井楼 ʦie$^{35}$lia$^{53}$ 较深且较小的水潭

坑 hie$^{21}$

氹 tɛŋ$^{35}$ 水坑

水沟 sy$^{35}$kia$^{21}$

堤 tai$^{53}$ 大河中拦水的建筑物

　河堤 hou$^{53}$tai$^{53}$

陂头 pai$^{21}$tia$^{53}$ 小河中拦水的建筑物

沙坝 sou$^{3}$pou$^{55}$ 沙滩

洲 ʦiu$^{21}$

大洲 tuo$^{33}$ʦiu$^{21}$

细洲 søy$^{55}$ʦiu$^{21}$

海 huo$^{35}$

水 sy$^{35}$

水浪 sy$^{35}$laŋ$^{33}$ 波浪

水漩 sy$^{35}$ʦʰøy$^{33}$（深水中的）漩涡

　水窝 sy$^{35}$vou$^{21}$

水泡 sy$^{35}$pʰau$^{3}$

冻水 tɛŋ$^{55}$sy$^{35}$ 凉水

泉水 ʦʰa$^{53}$sy$^{35}$

井水 ʦie$^{35}$sy$^{35}$

汤波 tʰaŋ$^{21}$pou$^{21}$ 温泉

滚水 kuɐn$^{35}$sy$^{35}$ 热水

暖水 loŋ$^{55}$sy$^{35}$ 温水

开心水 huo$^{21}$sɐn$^{21}$sy$^{35}$ 沸水

清水 ʦʰie$^{21}$sy$^{35}$

浊水 ʦʰou$^{3}$sy$^{35}$ 浑水

邋遢水 la$^{3}$ta$^{5}$sy$^{35}$ 脏水

流动水 liu$^{53}$tɛŋ$^{33}$sy$^{53}$ 活水

死水 sai$^{35}$sy$^{35}$

瓦檐水 gou$^{55}$jie$^{5}$sy$^{35}$ 屋檐水

冻开水 tɛŋ$^{55}$huo$^{21}$sy$^{35}$ 凉开水

洗米水 sei$^{35}$buo$^{55}$sy$^{35}$ 淘米水

潲水 sau$^{55}$sy$^{35}$ 泔水

碱水 ka$^{35}$sy$^{35}$

水色 sy$^{35}$sai$^{3}$ 水质

**（四）石沙、土块、矿物**

石牯 sie$^{3}$ku$^{35}$ 石头

岩石 ga$^{53}$sie$^{5}$

麻石 bou$^{53}$sie$^{5}$

青石 ʦʰie$^{21}$sie$^{5}$

细石牯 soe$^{55}$sie$^{3}$ku$^{35}$ 小石块

　细石头 soe$^{55}$sie$^{3}$tia$^{5}$

水石头 sy$^{35}$sie$^{3}$tia$^{5}$ 鹅卵石

石板 sie$^{3}$poŋ$^{35}$

孔 kʰɛŋ$^{35}$ 窟窿

石眼孔 sie$^{3}$ga$^{55}$kʰɛŋ$^{35}$ 岩洞

石壁 sie$^{3}$pie$^{5}$

石裂 sie$^{3}$lei$^{5}$ 石缝

沙 sou$^{3}$

粗沙 ʦʰu$^{21}$sou$^{3}$

嫩沙 lɐn$^{33}$sou$^{3}$ 细沙

泥肉 la$^{53}$lɛɯ$^{5}$ 泥土的统称

硬泥皮 gie$^{33}$la$^{53}$pai$^{53}$ 硬泥土

沙泥 sou$^{3}$la$^{53}$ 沙泥土

烂泥 loŋ$^{33}$la$^{53}$

泥埘 la$^{53}$pa$^{33}$ 泥浆

黄泥 vaŋ$^{53}$la$^{53}$

圈屎泥 høy$^{35}$sɿ$^{35}$la$^{53}$ 黑糊泥

塘泥 taŋ$^{5}$la$^{53}$

金子 kɐn$^{21}$ʦɿ$^{35}$ 黄金

银　gɐn$^{5}$ 白银

铜　tɛŋ$^{53}$

铁　t$^{h}$ei$^{5}$

烙铁　lou$^{3}$t$^{h}$ei$^{5}$

生铁　sie$^{21}$t$^{h}$ei$^{5}$

熟铁　sɛɯ$^{3}$t$^{h}$ei$^{5}$

死铁　sai$^{35}$t$^{h}$ei$^{5}$ 生锈的铁

铁渣　t$^{h}$ei$^{5}$ʦou$^{21}$

铁水　t$^{h}$ei$^{5}$sy$^{35}$

鑪　lu$^{21}$ 铁锈

锡　sie$^{5}$

铝　loe$^{5}$

玉　jɛɯ$^{3}$

钢筋　kaŋ$^{3}$kɐn$^{21}$

炭　t$^{h}$oŋ$^{3}$ 木炭

炭碎　t$^{h}$oŋ$^{3}$soe$^{55}$ 炭屑

硝　sio$^{21}$

玻璃　pou$^{21}$lai$^{53}$

硫磺　liu$^{53}$vaŋ$^{53}$

滑石粉　va$^{3}$sie$^{5}$fɐn$^{35}$

碱　ka$^{35}$

生碱　sie$^{21}$ka$^{35}$

熟碱　sɛɯ$^{3}$ka$^{35}$

煤　buo$^{53}$

蜜蜂煤　bai$^{3}$fɛŋ$^{21}$buo$^{53}$ 蜂窝煤

煤饼　buo$^{53}$pie$^{35}$

煤渣　buo$^{53}$ʦou$^{21}$

煤灰　buo$^{53}$fo$^{21}$

水火油　sy$^{35}$fu$^{35}$jiu$^{53}$ 煤油

汽油　hi$^{55}$jiu$^{53}$

柴油　ʦ$^{h}$a$^{53}$jiu$^{53}$

石灰　sie$^{3}$fo$^{21}$

石灰浆　sie$^{3}$fo$^{21}$ʦioŋ$^{21}$

红毛泥　hɛŋ$^{53}$bau$^{53}$la$^{53}$ 水泥

纸浆　ʦɿ$^{35}$ʦioŋ$^{21}$

桐油　tɛŋ$^{53}$jiu$^{53}$ 无色的油漆

漆油　ʦ$^{h}$ai$^{5}$jiu$^{53}$ 有色的油漆

磁铁　ʦ$^{h}$ɿ$^{53}$t$^{h}$ei$^{5}$ 磁石

粉　fɐn$^{35}$ 粉末

渣　ʦou$^{21}$

泥尘　la$^{53}$ʦ$^{h}$an$^{53}$ 灰尘

□□　la$^{3}$sa$^{5}$ 垃圾

颜色　ga$^{53}$sai$^{3}$

颜料　ga$^{53}$lio$^{33}$

**（五）城乡处所**

地球　tai$^{33}$k$^{h}$iu$^{53}$

世界　sɿ$^{55}$ka$^{55}$

子午线　ʦɿ$^{35}$m$^{3}$sei$^{55}$ 经线

　经线　kie$^{21}$sei$^{55}$

地方　tai$^{33}$faŋ$^{21}$

界线　ka$^{55}$sei$^{55}$ 界限

　界志　ka$^{55}$ʦɿ$^{55}$

地界线　tai$^{33}$ka$^{55}$sei$^{55}$ 地界

界碑　ka$^{55}$pai$^{21}$

记认　ki$^{55}$gɐn$^{33}$ 记号

县城　jøy$^{33}$sie$^{53}$

　县府　jøy$^{33}$fu$^{35}$

城哩　sie$^{53}$lai$^{3}$ 城里

农村　lɛŋ$^{53}$ʦ$^{h}$ɐn$^{21}$ 乡下

山寨　sa$^{21}$ʦ$^{h}$a$^{33}$

老家　lau$^{55}$kou$^{21}$ 故乡

街巷　ka$^{21}$haŋ$^{33}$ 街道

地皮 tai$^{33}$pai$^{53}$ 供建筑等用的土地，大小不确定

地段 tai$^{33}$toŋ$^{33}$ 地面上的一段或一定区域，面积较大

地盘 tai$^{33}$poŋ$^{5}$ 建筑物的地基，面积较小

地名 tai$^{33}$bie$^{5}$

国家 kuai$^{3}$kou$^{21}$

省 saŋ$^{35}$

县 jøy$^{33}$

公社 kɛŋ$^{21}$sie$^{55}$（老）乡镇

乡 hioŋ$^{21}$

镇 ʦɐn$^{55}$（新）

村 ʦ$^{h}$ɐn$^{21}$

大队 tuo$^{33}$toe$^{3}$（老）村委会

管理区 kuoŋ$^{35}$lai$^{55}$k$^{h}$y$^{21}$

村委会 ʦ$^{h}$ɐn$^{21}$vai$^{35}$fai$^{33}$（新）

生产队 sie$^{21}$ʦ$^{h}$a$^{35}$toe$^{3}$（老）自然村

自然村 sɿ$^{33}$jei$^{53}$ʦ$^{h}$ɐn$^{21}$（新）

合作社 huo$^{3}$ʦou$^{5}$sie$^{55}$

南洋 la$^{53}$jioŋ$^{53}$

广东 kuaŋ$^{35}$tɛŋ$^{21}$

韶关 sio$^{53}$kua$^{21}$

西水 sei$^{21}$sy$^{35}$ 武江

东水 tɛŋ$^{21}$sy$^{35}$ 浈江

曲江 k$^{h}$ɛɯ$^{5}$kaŋ$^{21}$ 韶关市下属的一个县级区，犁市以前属于曲江区

马坝 buo$^{55}$pou$^{55}$ ①曲江区的一个镇名，也是曲江区政府所在地；②曲江区的别名

犁市 la$^{53}$sɿ$^{55}$ 镇名，今属浈江区，2004年前属曲江区

沙园 sou$^{3}$voŋ$^{53}$ 村名，属犁市镇管辖

厢廊 sio$^{21}$laŋ$^{53}$ 村名，属犁市镇管辖

横江坝 vie$^{53}$kaŋ$^{21}$pou$^{55}$ 村名，属犁市镇管辖

莲塘 lei$^{53}$taŋ$^{5}$ 村名，属犁市镇管辖

黄塘 vaŋ$^{33}$taŋ$^{53}$ 村名，属犁市镇管辖

水口 sy$^{35}$k$^{h}$ia$^{35}$ 村名，属犁市镇管辖

南岸 la$^{53}$voŋ$^{33}$ 村名，属犁市镇管辖

大路边山 tuo$^{33}$lu$^{33}$pei$^{21}$sa$^{3}$ 山名，属沙园村

大山 tuo$^{33}$sa$^{21}$ 山名，属沙园村

石岭 sie$^{3}$lie$^{55}$ 山名，属沙园村

塘冲 taŋ$^{53}$ʦ$^{h}$ɛŋ$^{21}$ 山名，属沙园村

五垌桥 m$^{55}$tɛŋ$^{33}$k$^{h}$io$^{53}$ 地名，属沙园村

灶头垌 ʦau$^{55}$tia$^{5}$tɛŋ$^{33}$ 地名，属沙园村

寮脚垌 lio$^{5}$kio$^{3}$tɛŋ$^{33}$ 地名，属沙园村

## 三、时令、时间

### （一）季节

四季 sɿ$^{55}$kuai$^{55}$

春天 ʦ$^{h}$ɐn$^{21}$t$^{h}$ei$^{21}$

夏天 hou$^{33}$t$^{h}$ei$^{21}$

天冻 t$^{h}$ei$^{21}$tɛŋ$^{55}$ 冷天

天热 t$^{h}$ei$^{21}$ɡei$^{3}$ 热天

三伏天 sa$^{21}$fɛɯ$^{3}$t$^{h}$ei$^{21}$

水季 sy$^{35}$kuai$^{55}$ 雨季

沤水天 jia$^{55}$sy$^{35}$t$^{h}$ei$^{21}$ 梅雨天

回南天 fai$^{53}$la$^{53}$t$^{h}$ei$^{21}$ 春夏之交暖和而

潮湿的天气
沤冬 jia$^{55}$tɛŋ$^{21}$ 冬至前后常下雨
热天 gei$^{3}$t$^{h}$ei$^{21}$ 六月
伏入 fɛɯ$^{3}$gi$^{3}$ 入伏
伏初 fɛɯ$^{3}$ʦ$^{h}$ou$^{21}$ 初伏
伏中 fɛɯ$^{3}$ʦɛŋ$^{21}$ 中伏
伏尾 fɛɯ$^{3}$bai$^{3}$ 末伏
秋天 ʦ$^{h}$iu$^{21}$t$^{h}$ei$^{21}$
冻天 tɛŋ$^{55}$t$^{h}$ei$^{21}$ 冬天
立春 lai$^{3}$ʦ$^{h}$ɐn$^{21}$
雨水 jy$^{55}$sy$^{35}$
惊蛰 kaŋ$^{21}$ʦ$^{h}$ai$^{3}$
春分 ʦ$^{h}$ɐn$^{21}$fɐn$^{21}$
清明 ʦ$^{h}$ɐŋ$^{21}$ baŋ$^{53}$ 农历二十四节气之一
谷雨 kɛɯ$^{5}$jy$^{55}$
立夏 lai$^{3}$hou$^{33}$
小满 sio$^{35}$boŋ$^{55}$
芒种 baŋ$^{53}$ʦɛŋ$^{55}$
夏至 hou$^{33}$ʦɿ$^{55}$
小暑 sio$^{35}$sy$^{35}$
大暑 tuo$^{33}$sy$^{35}$
立秋 lai$^{3}$ʦ$^{h}$iu$^{21}$
处暑 ʦ$^{h}$y$^{3}$sy$^{35}$
白露 pie$^{3}$lu$^{33}$
秋分 ʦ$^{h}$iu$^{21}$fɐn$^{21}$
寒露 hɔn$^{53}$lu$^{33}$
霜降 saŋ$^{21}$kaŋ$^{55}$
立冬 lai$^{3}$tɛŋ$^{21}$
小雪 sio$^{35}$søy$^{5}$
大雪 tuo$^{33}$søy$^{5}$
过冬 ku$^{55}$tɛŋ$^{21}$ 冬至
小寒 sio$^{35}$hɔn$^{53}$
大寒 tuo$^{33}$hɔn$^{53}$

**（二）节日**

过年 ku$^{55}$lei$^{53}$ 春节
年三十日 lei$^{53}$sa$^{21}$sɿ$^{3}$gi$^{5}$ 除夕
　年三十晚 lei$^{53}$sa$^{21}$sɿ$^{3}$ba$^{5}$
　年三十晚夜 lei$^{53}$sa$^{21}$sɿ$^{3}$boŋ$^{55}$jia$^{5}$
年初一 lei$^{53}$ʦ$^{h}$ou$^{21}$ji$^{5}$ 大年初一
拜年 pa$^{55}$lei$^{53}$
过年 ku$^{55}$lei$^{53}$
过节 ku$^{55}$ʦei$^{5}$
开年宵 huo$^{21}$lei$^{53}$sio$^{21}$ 元宵节
清明 ʦ$^{h}$ɐŋ$^{21}$baŋ$^{53}$ 清明节
五月节 m$^{55}$gøy$^{3}$ʦei$^{3}$ 端午节
七月七 ʦ$^{h}$ai$^{5}$gøy$^{3}$ʦ$^{h}$ai$^{5}$ 七夕
七月半 ʦ$^{h}$ai$^{5}$gøy$^{3}$poŋ$^{3}$ 中元节
中秋节 ʦɛŋ$^{21}$ʦ$^{h}$iu$^{3}$ʦei$^{3}$
国庆节 kuai$^{3}$k$^{h}$aŋ$^{55}$ʦei$^{5}$
新历年 sɐn$^{21}$lei$^{3}$lei$^{53}$ 元旦

**（三）年**

时间 sɿ$^{53}$ka$^{21}$
今年 kɐn$^{21}$lei$^{53}$
旧年 k$^{h}$iu$^{33}$lei$^{53}$ 去年
明年 bie$^{53}$lei$^{53}$
前年 ʦ$^{h}$ei$^{53}$lei$^{53}$
大前年 tuo$^{33}$ʦ$^{h}$ei$^{53}$lei$^{53}$ 大前年
后年 hia$^{55}$lei$^{53}$
大后年 tuo$^{33}$hia$^{55}$lei$^{53}$
大年 tuo$^{33}$lei$^{53}$
小年 sio$^{35}$lei$^{53}$

闰年 jɐn$^{33}$lei$^{53}$

年初 lei$^{53}$ʦ$^{h}$ou$^{21}$

　正月初 ʦaŋ$^{21}$gøy$^{3}$ʦ$^{h}$ou$^{21}$

年底 lei$^{53}$ta$^{53}$

　年十二月 lei$^{53}$sɿ$^{3}$gi$^{33}$gøy$^{3}$

半年 poŋ$^{55}$lei$^{53}$

春头哩 ʦ$^{h}$ɐn$^{21}$tia$^{53}$lai$^{3}$ 上半年

下半年 hou$^{33}$poŋ$^{55}$lei$^{53}$

全年 ʦ$^{h}$øy$^{53}$lei$^{53}$ 整年

**（四）月**

月大 gøy$^{5}$tuo$^{33}$ 大月

月小 gøy$^{5}$sio$^{35}$ 小月

　月细 gøy$^{5}$soe$^{55}$

闰月 jɐn$^{33}$gøy$^{5}$

正月哩 ʦaŋ$^{21}$gøy$^{3}$lai$^{3}$ 正月

　元月 gøy$^{53}$gøy$^{5}$

　一月 ji$^{5}$gøy$^{3}$

二月 gi$^{3}$gøy$^{3}$

三月 sa$^{21}$gøy$^{3}$

四月 sɿ$^{55}$gøy$^{3}$

五月 m$^{55}$gøy$^{3}$

六月 lɛɯ$^{3}$gøy$^{3}$

七月 ʦ$^{h}$ai$^{5}$gøy$^{3}$

八月 pa$^{5}$gøy$^{3}$

九月 kiu$^{35}$gøy$^{3}$

十月 sɿ$^{3}$gøy$^{3}$

十一月 sɿ$^{3}$ji$^{5}$gøy$^{3}$

冬月 tɛŋ$^{21}$gøy$^{5}$ 腊月

上旬 soŋ$^{33}$sɐn$^{53}$

　月头 gøy$^{5}$tia$^{53}$

下旬 hou$^{33}$sɐn$^{53}$

　月尾 gøy$^{5}$bai$^{3}$

月初 gøy$^{5}$ʦ$^{h}$ou$^{21}$ 一个月的前5天

月底 gøy$^{5}$ta$^{35}$ 一个月的后5天

一个月 ji$^{5}$kuo$^{55}$gøy$^{5}$

半个月 poŋ$^{55}$kuo$^{55}$gøy$^{5}$

上个月 soŋ$^{33}$kuo$^{55}$gøy$^{5}$

下个月 hou$^{33}$kuo$^{55}$gøy$^{5}$

**（五）日、时**

今日 kɐn$^{21}$gi$^{5}$ 今天

今日早朝 kɐn$^{21}$gi$^{5}$ʦau$^{35}$tio$^{3}$ 今早

　今日朝 kɐn$^{21}$gi$^{5}$tio$^{21}$

　今朝 kɐn$^{21}$tio$^{21}$

今日上昼 kɐn$^{21}$gi$^{5}$soŋ$^{33}$tio$^{3}$ 今天上午

今日夜下 kɐn$^{21}$gi$^{5}$jia$^{33}$hou$^{5}$ 今天晚上

今夜 kɐn$^{21}$jia$^{5}$

明日 bie$^{53}$gi$^{5}$ 明天

明日早朝 bie$^{53}$gi$^{5}$ʦau$^{35}$tio$^{3}$ 明早

　明日朝 bie$^{53}$gi$^{5}$tio$^{21}$

明日上昼 bie$^{53}$gi$^{5}$soŋ$^{33}$tiu$^{3}$ 明天中午

明日夜下 bie$^{53}$gi$^{5}$jia$^{33}$hou$^{5}$ 明晚

　明夜 bie$^{53}$jia$^{5}$

后日 hia$^{55}$gi$^{5}$ 后天

大后日 tuo$^{33}$hia$^{55}$gi$^{5}$ 大后天

□日 ʦ$^{h}$aŋ$^{33}$gi$^{5}$ 昨天

□日早朝 ʦ$^{h}$aŋ$^{33}$gi$^{5}$ʦau$^{35}$tio$^{3}$ 昨天早上

　□朝 ʦ$^{h}$aŋ$^{33}$tio$^{21}$

□日上昼 ʦ$^{h}$aŋ$^{33}$gi$^{5}$soŋ$^{33}$tiu$^{3}$ 昨天上午

□日夜下 ʦ$^{h}$aŋ$^{33}$gi$^{5}$jia$^{33}$hou$^{5}$ 昨晚

　□夜 ʦ$^{h}$aŋ$^{33}$jia$^{5}$

前日 ʦ$^{h}$ei$^{53}$gi$^{5}$ 前天

大前日 tuo$^{33}$ʦ$^{h}$ei$^{53}$gi$^{5}$ 大前天

前几日 ʦ$^{h}$ei$^{53}$ki$^{35}$gi$^{5}$ 前几天

一日 ji$^{5}$gi$^{3}$ 整天

下日 hou$^{33}$gi$^{5}$ 改天（再来）

隔日 ki$^{5}$gi$^{3}$ 隔天

十几日 sɿ$^{3}$ki$^{35}$gi$^{3}$ 十几天

天皓 t$^{h}$ei$^{21}$hau$^{33}$ 天亮

清早 ʦ$^{h}$aŋ$^{21}$ʦau$^{35}$ 早晨

　早朝 ʦau$^{35}$tio$^{3}$

上昼 soŋ$^{33}$tiu$^{3}$ 上午

当昼 taŋ$^{55}$tiu$^{3}$ 中午

　当上昼 taŋ$^{55}$soŋ$^{33}$tiu$^{3}$

下昼 hou$^{33}$tiu$^{3}$ 下午

热瞪 gei$^{3}$taŋ$^{3}$ 白天

断黑 t$^{h}$oŋ$^{55}$hai$^{5}$ 傍晚

天暗□了 t$^{h}$ei$^{21}$m$^{55}$hei$^{5}$la$^{21}$ 天黑了

夜下 jia$^{33}$hou$^{5}$ 夜晚

半夜 poŋ$^{55}$jia$^{33}$

上半夜 soŋ$^{33}$poŋ$^{55}$jia$^{33}$

下半夜 hou$^{33}$poŋ$^{55}$jia$^{33}$

三更半夜 sa$^{21}$kie$^{21}$poŋ$^{55}$jia$^{33}$ 深更半夜

半日 poŋ$^{33}$gi$^{3}$ 半天

大半日 tuo$^{33}$poŋ$^{33}$gi$^{3}$ 大半天

一夜 ji$^{5}$jia$^{33}$ 整夜

一日一夜 ji$^{5}$gi$^{3}$ji$^{5}$jia$^{33}$

时候 sɿ$^{53}$hia$^{5}$

钟头 ʦɛŋ$^{21}$tia$^{53}$ 小时

半个钟头 poŋ$^{55}$kuo$^{55}$ʦɛŋ$^{21}$tia$^{53}$ 半个小时

钟点 ʦɛŋ$^{21}$tei$^{35}$ 点钟

分钟 fɐn$^{21}$ʦɛŋ$^{21}$

秒钟 bio$^{35}$ʦɛŋ$^{21}$

**（六）其他时间概念**

礼拜 lai$^{55}$pa$^{55}$ 星期

一个礼拜 ji$^{5}$kuo$^{55}$lai$^{55}$pa$^{55}$ 一星期

上个礼拜 soŋ$^{33}$kuo$^{55}$lai$^{55}$pa$^{55}$ 上星期

下个礼拜 hou$^{33}$kuo$^{55}$lai$^{55}$pa$^{55}$ 下星期

星期日 saŋ$^{21}$k$^{h}$i$^{53}$gi$^{5}$

　礼拜天 lai$^{55}$pa$^{55}$t$^{h}$ei$^{21}$

日子 gi$^{3}$ʦɿ$^{35}$ 日期

每年 bai$^{55}$lei$^{53}$

每月 bai$^{55}$gøy$^{5}$

每日 bai$^{55}$gi$^{3}$ 每天

每日夜下 bai$^{55}$gi$^{3}$jia$^{33}$hou$^{5}$ 每天晚上

慢几年 boŋ$^{33}$ki$^{35}$lei$^{53}$ 往年

慢几日 boŋ$^{33}$ki$^{35}$gi$^{5}$ 往日

年年 lei$^{53}$lei$^{5}$

日日 gi$^{3}$gi$^{5}$ 天天

个个 kuo$^{55}$kuo$^{55}$

几月几号 ki$^{35}$gøy$^{5}$ki$^{35}$hau$^{33}$

通书 t$^{h}$ɛŋ$^{21}$sy$^{21}$ 旧式的历书

新历 sɐn$^{21}$lei$^{3}$ 阳历

旧历 k$^{h}$iu$^{33}$lei$^{3}$ 阴历

一世 ji$^{5}$sɿ$^{55}$ 一辈子

头世 tia$^{53}$sɿ$^{55}$ 前世

今世 kɐn$^{21}$sɿ$^{55}$

第二世 tai$^{33}$gi$^{33}$sɿ$^{55}$ 来世

旧时 k$^{h}$iu$^{33}$sɿ$^{53}$ 古时候

年代 lei$^{53}$tuo$^{33}$

朝代 ʦ$^{h}$io$^{53}$tuo$^{33}$

以前 ji$^{35}$ʦ$^{h}$ei$^{53}$ 先前

慢回 boŋ$^{33}$fai$^{53}$ 曾经

□尾 la$^{5}$bai$^{3}$ 后来

□今 hi$^{21}$kɐn$^{3}$ 现在

下回 hou$^{33}$fai$^{53}$ 以后

一阵间 ji$^{5}$ʦʰɐn$^{5}$ka$^{21}$ 一会儿

时辰 sɿ$^{53}$sɐn$^{53}$

## 四、农业

### （一）农事

到地 tau$^{33}$tai$^{33}$ 下地（干活）

做功夫 ʦu$^{3}$kɛŋ$^{21}$fu$^{21}$ 干活

种禾 ʦɛŋ$^{55}$vu$^{53}$ 种水稻

春耕 ʦʰɐn$^{21}$kie$^{21}$

夏收夏种 hou$^{33}$siu$^{21}$hou$^{33}$ʦɛŋ$^{55}$

犁田 la$^{53}$tei$^{53}$

耙田 pou$^{53}$tei$^{53}$

浸种 ʦɐn$^{55}$ʦɛŋ$^{35}$

下种 hou$^{55}$ʦɛŋ$^{35}$ 播种

撒谷 suo$^{5}$kɛɯ$^{3}$ 撒谷种

　□谷 jei$^{33}$kɛɯ$^{3}$

育秧 jɛɯ$^{3}$jioŋ$^{21}$

　下秧 hou$^{55}$jioŋ$^{21}$

烂秧 loŋ$^{33}$jioŋ$^{21}$

□秧 bai$^{35}$jioŋ$^{21}$ 拔秧

　脱秧 tʰuo$^{5}$jioŋ$^{21}$

绑秧 paŋ$^{35}$jioŋ$^{21}$ 扎秧

送秧 sɛŋ$^{55}$jioŋ$^{21}$

丢秧 tiu$^{21}$jioŋ$^{21}$

抛秧 pʰau$^{21}$jioŋ$^{21}$ 一种新式的插秧方式，直接把秧苗抛在田里，比插秧更省时、更轻松

莳田 sy$^{33}$tei$^{53}$ 插秧

薅田 hau$^{21}$tei$^{53}$ 耘田

补种 pu$^{35}$ʦɛŋ$^{55}$ 补苗

减苗 ka$^{35}$bio$^{53}$

割禾 kuo$^{5}$vu$^{53}$ 割稻子

抵禾稿 ʦɿ$^{35}$vu$^{53}$kau$^{35}$ 扎稻草

堆禾稿 toe$^{21}$vu$^{53}$kau$^{35}$ 堆稻草

晒谷 sa$^{55}$kɛɯ$^{3}$

反谷 foŋ$^{35}$kɛɯ$^{3}$ 翻稻谷

打麦 tou$^{35}$bie$^{5}$ 麦子收割后在场上脱粒

打豆 tou$^{35}$tia$^{5}$ 豆子收割后在场上脱粒

入水 gi$^{3}$sy$^{35}$（引水）灌溉

　放水 faŋ$^{55}$sy$^{35}$

捉水 ʦou$^{5}$sy$^{35}$ 看水

开荒 huo$^{21}$faŋ$^{21}$

种地 ʦɛŋ$^{55}$tai$^{33}$

耙地 pou$^{53}$tai$^{33}$ 整地

整地 ʦaŋ$^{35}$tai$^{33}$ 整土

挖泥 va$^{5}$la$^{53}$ 挖土

撩泥 lio$^{21}$la$^{53}$（用工具由下往上）把泥巴甩出去

松土 sɛŋ$^{21}$tʰu$^{35}$

种菜 ʦɛŋ$^{55}$ʦʰuo$^{55}$

打孔 tou$^{35}$kʰɛŋ$^{35}$ 用小锄头挖小坑

点种 tei$^{35}$ʦɛŋ$^{35}$ 点播

俵花生种 pio$^{55}$fou$^{21}$sie$^{21}$ʦɛŋ$^{35}$ 放花生种

□菜秧 bai$^{35}$ʦʰuo$^{55}$jioŋ$^{3}$ 拔菜秧

趿薯苗 sa$^{5}$sy$^{53}$bio$^{53}$ 插红薯苗

　种薯苗 ʦɛŋ$^{55}$sy$^{53}$bio$^{53}$

钩行 kia$^{21}$haŋ$^{5}$ 起间子
　起行 hi$^{35}$haŋ$^{5}$
上土 soŋ$^{55}$t$^{h}$u$^{35}$ 盖土
挖地 va$^{5}$tai$^{33}$ 锄地
除草 ʦ$^{h}$y$^{53}$ʦ$^{h}$au$^{35}$ 锄草
□草 bai$^{35}$ʦ$^{h}$au$^{35}$ 薅草
移植 ji$^{53}$ʦ$^{h}$ai$^{3}$ 移栽
揞根 aŋ$^{21}$køy$^{21}$ 压根
淋菜 lɐn$^{53}$ʦ$^{h}$uo$^{55}$
汲水 k$^{h}$i$^{5}$sy$^{35}$
洇地 jɐn$^{55}$tai$^{55}$（引水）浇地
搣包粟 bei$^{5}$pau$^{21}$sɛɯ$^{3}$ 掰玉米
摘花生 ʦie$^{5}$fou$^{21}$sie$^{21}$
择花生 t$^{h}$ou$^{3}$fou$^{21}$sie$^{21}$ 选花生
摘棉花 ʦie$^{5}$bei$^{53}$fou$^{21}$ 采棉花
轧棉花 ʦa$^{5}$bei$^{53}$fou$^{21}$
斲蔗 tia$^{5}$ʦie$^{3}$ 砍甘蔗
挖薯 va$^{5}$sy$^{53}$ 挖红薯
榨油 ʦou$^{55}$jiu$^{53}$
捡屎 kɐn$^{35}$sɿ$^{35}$ 拾粪
洇水 jio$^{55}$sy$^{35}$ 浇水
　淋水 lɐn$^{53}$sy$^{35}$
□粪 jio$^{53}$fɐn$^{55}$ 浇粪
　淋粪 lɐn$^{53}$fɐn$^{55}$
□尿 jio$^{53}$lio$^{33}$ 浇尿
　淋尿 lɐn$^{53}$lio$^{33}$
下肥 hou$^{55}$fai$^{53}$ 施肥
撒肥 suo$^{5}$fai$^{53}$ 施化肥
催肥 ʦ$^{h}$oe$^{21}$fai$^{53}$ 追肥
喷农药 p$^{h}$ɐn$^{55}$lɛŋ$^{53}$jio$^{3}$ 打农药
　喷药 p$^{h}$ɐn$^{55}$jio$^{3}$
喷虫 p$^{h}$ɐn$^{55}$ʦ$^{h}$ɛŋ$^{5}$（老）杀虫
　射虫 sie$^{33}$ʦ$^{h}$ɛŋ$^{5}$
　打虫 tou$^{35}$ʦ$^{h}$ɛŋ$^{5}$（新）
积肥 ʦai$^{5}$fai$^{53}$
粪土 fɐn$^{55}$t$^{h}$u$^{35}$
□草皮 pei$^{21}$ʦ$^{h}$au$^{35}$pai$^{53}$ 铲草皮
烧山 siu$^{21}$sa$^{21}$
沤肥 jia$^{55}$fai$^{53}$
出猪栏 ʦ$^{h}$y$^{5}$toe$^{21}$loŋ$^{53}$ 出猪圈肥
出牛栏 ʦ$^{h}$y$^{5}$giu$^{53}$loŋ$^{53}$ 出牛圈肥
穿鼻 ʦ$^{h}$øy$^{21}$pai$^{33}$ 穿牛鼻
□牛 tie$^{5}$giu$^{53}$ 赶牛
睇牛 t$^{h}$a$^{35}$giu$^{53}$ 放牛
□猪头 tie$^{5}$toe$^{21}$tia$^{53}$ 赶公猪
寻猪菜 ʦ$^{h}$ɐn$^{53}$toe$^{21}$ʦ$^{h}$uo$^{55}$ 采猪草
煮猪潲 ʦy$^{35}$toe$^{21}$sau$^{55}$ 煮猪食
　沤猪潲 jia$^{55}$toe$^{21}$sau$^{55}$
放鸭 faŋ$^{55}$a$^{3}$ 放鸭子
□鸭 tie$^{5}$a$^{3}$ 赶鸭子
买猪仔 ba$^{55}$toe$^{21}$ʦuo$^{3}$ 买小猪
买鸡仔 bai$^{55}$kei$^{21}$ʦuo$^{3}$ 买小鸡
养鸡 jioŋ$^{55}$kei$^{21}$
养猪 jioŋ$^{55}$toe$^{21}$
㶺 hi$^{21}$（给鸡、鸭、猪、狗等家养动物）喂（食）
呼 fu$^{21}$ 唤（鸡、鸭、狗、猪等家养动物）
摎糠 lau$^{21}$haŋ$^{21}$ 拌糠
摎猪潲 lau$^{21}$toe$^{21}$sau$^{55}$ 拌猪食
撒网 suo$^{5}$baŋ$^{3}$
织网 ʦei$^{5}$baŋ$^{3}$

钓鱼 tio$^{55}$gy$^{5}$

咬起钓 gau$^{55}$hi$^{35}$tio$^{3}$（鱼儿）上钩

捉鱼 ʦou$^{5}$gy$^{5}$ 捕鱼

□鱼 tia$^{33}$gi$^{5}$ 用药毒鱼

割鱼草 kuo$^{5}$gi$^{5}$ʦ$^{h}$au$^{35}$ 打鱼草

干塘 kuoŋ$^{21}$taŋ$^{5}$ 抽干水塘

闹塘 lau$^{33}$taŋ$^{5}$ 主人抓完大鱼后，剩下的小鱼由他人抓

照泥鳅 ʦio$^{55}$la$^{53}$ʦ$^{h}$io$^{3}$ 晚上借助灯光去田里抓泥鳅

捉泥鳅 ʦou$^{5}$la$^{53}$ʦ$^{h}$io$^{3}$ 抓泥鳅

捡田螺 kɐn$^{35}$tei$^{53}$lou$^{53}$

捞沙 lau$^{53}$sou$^{3}$ 淘沙

整水库 ʦaŋ$^{35}$sy$^{35}$k$^{h}$u$^{55}$ 修水库

修水坑 siu$^{21}$sy$^{35}$hie$^{21}$ 疏沟渠

修水沟 siu$^{21}$sy$^{35}$kia$^{21}$

戽水 fu$^{55}$sy$^{35}$

吊水 tio$^{55}$sy$^{35}$ 打水

打井 tou$^{35}$ʦie$^{35}$

洗井 sei$^{35}$ʦie$^{35}$

搅米 kau$^{35}$buo$^{55}$ 碾米

筛米 søy$^{21}$buo$^{55}$

车 ʦ$^{h}$ie$^{21}$（用风车）车（米、稻谷）

簸 pou$^{55}$（用簸箕）簸

斢 tia$^{55}$ 安装

整 ʦaŋ$^{35}$ 修理

寻茅柴 ʦ$^{h}$ɐn$^{53}$bau$^{53}$ʦ$^{h}$a$^{53}$ 找柴草

打野□ tou$^{35}$jia$^{55}$hau$^{55}$ 打猎

装孔 ʦaŋ$^{21}$k$^{h}$ɛŋ$^{35}$ 设陷阱捕杀猎物

放剪 faŋ$^{55}$ʦei$^{35}$ 放夹子

放绳 faŋ$^{55}$saŋ$^{5}$ 装索套

打炮孔 tou$^{35}$p$^{h}$au$^{55}$k$^{h}$ɛŋ$^{35}$ 打炮眼

放炮 faŋ$^{55}$p$^{h}$au$^{55}$

**（二）农具**

牛轭 giu$^{53}$jie$^{5}$

牛藤 giu$^{53}$taŋ$^{53}$ 犁田用的牛绳

牛鼻锥 giu$^{53}$pai$^{33}$ʦy$^{3}$

牛嘴篓 giu$^{53}$ʦoe$^{35}$lia$^{3}$ 牛笼嘴

牛袢□ giu$^{53}$p$^{h}$oŋ$^{55}$kuo$^{21}$ 牛的颈袢绳

牛绳 giu$^{53}$saŋ$^{5}$ 牛鼻绳

牛篼 giu$^{53}$tia$^{21}$ 牛槽

□牛棍 tie$^{5}$giu$^{53}$kuɐn$^{3}$ 赶牛用的棍子

犁 la$^{53}$

犁柄 la$^{53}$pie$^{3}$ 犁镜

犁柄刀 la$^{53}$pie$^{3}$tau$^{21}$

犁头 la$^{53}$tia$^{53}$ 犁铧

犁公 la$^{53}$kɛŋ$^{3}$ 犁辕

犁婆 la$^{53}$puo$^{5}$ 犁建

犁钩 lai$^{53}$kia$^{3}$

犁手柄 lai$^{53}$siu$^{35}$pie$^{3}$ 犁梢中间的弯曲部分，转弯提起犁时可抓手

犁手尾 lai$^{53}$siu$^{3}$bai$^{3}$ 犁梢上端的尾部，犁田时可抓手

耙 pou$^{53}$

耙柄 pou$^{53}$pie$^{3}$

耙藤 pou$^{53}$taŋ$^{53}$ 耙绳

耙鼓槌 pou$^{53}$ku$^{35}$toe$^{53}$ 耙架

耙耳 pou$^{53}$gi$^{55}$ 耙的提手

耙搓手 pou$^{53}$ʦ$^{h}$a$^{21}$siu$^{35}$ 牵引架

齿筢耙 ʦɿ$^{35}$p$^{h}$ou$^{3}$pou$^{53}$ 耙的一种，用来松土，牛拉，一般 4 个齿，较宽

铁仔耙 t$^{h}$ei$^{5}$ʦuo$^{3}$pou$^{53}$ 耙的一种，用

来松土，牛拉，一般4个齿，较窄

定耙　taŋ$^{33}$pou$^{53}$ 耙的一种，用来起间子，牛拉，一般8～9个齿

大耙　tuo$^{33}$pou$^{53}$ 耙的一种，用来平整土地，牛拉，一般14～15个齿

碌碡　lɛɯ$^{3}$ʦʰɛɯ$^{3}$

打禾机　tou$^{35}$vu$^{53}$ki$^{21}$ 脱粒机

桶楻　tʰɛŋ$^{35}$vaŋ$^{53}$ 稻谷脱粒用的木桶

谷仓　kɛɯ$^{3}$ʦʰaŋ$^{21}$ 囤

汲水车　kʰi$^{5}$sy$^{35}$ʦʰie$^{21}$ 水车

　水机　sy$^{35}$ki$^{21}$

踩水车　ʦʰa$^{35}$sy$^{35}$ʦʰie$^{21}$ 踏水车

龙骨车　lɛŋ$^{53}$kuo$^{5}$ʦʰie$^{21}$ 筒车

戽□　fu$^{55}$pɛŋ$^{5}$ 戽斗

风车　fɛŋ$^{21}$ʦʰie$^{21}$

风车箱　fɛŋ$^{21}$ʦʰie$^{21}$sioŋ$^{21}$ 风车斗

风车叶　fɛŋ$^{21}$ʦʰie$^{21}$jei$^{5}$ 风车叶子

风车口　fɛŋ$^{21}$ʦʰie$^{21}$kia$^{35}$

风车脚　fɛŋ$^{21}$ʦʰie$^{21}$kio$^{5}$

石磙　sie$^{3}$kʰuɐn$^{5}$

　石碌　sie$^{3}$lɛɯ$^{5}$

砻　lɛŋ$^{53}$

磨　bou$^{5}$ 石磨

磨盘　bou$^{33}$poŋ$^{53}$ 磨扇

砻钩　lɛŋ$^{53}$kia$^{21}$ 连接磨扇和磨的拉手的钩

磨公　bou$^{33}$kɛŋ$^{3}$ 磨扇的上扇

磨婆　bou$^{33}$puo$^{5}$ 磨扇的下扇

磨手　bou$^{33}$siu$^{3}$ 磨的拉手

磨心　bou$^{33}$sɐn$^{21}$ 磨脐儿

筛　søy$^{3}$ 筛子

绢筛　køy$^{21}$søy$^{3}$

糠筛　haŋ$^{21}$søy$^{3}$

□簸　lou$^{33}$pou$^{55}$ 竹子编织的用来盛东西或簸东西的圆形器具

□斗　lou$^{33}$tia$^{3}$ 罗

碓　toe$^{3}$

踏碓　ta$^{3}$toe$^{3}$ 脚碓

水碓　sy$^{35}$toe$^{3}$

碓杵　toe$^{3}$su$^{5}$

碓身　toe$^{3}$sɐn$^{21}$

碓嘴　toe$^{3}$ʦoe$^{35}$

碓蟹　toe$^{3}$ha$^{35}$ 石臼

桨锄　ʦioŋ$^{3}$ʦʰøy$^{53}$ 镐

洋铲　jioŋ$^{53}$ʦʰa$^{35}$

锄头　ʦʰøy$^{53}$tia$^{53}$

刮　kua$^{3}$ 板锄的一种，锄地用，较窄较薄

镰刮　lei$^{53}$kua$^{3}$ 板锄的一种，锄地用，较宽较厚

猪屎刮　toe$^{21}$sɿ$^{35}$kua$^{3}$ 拾粪耙子

□头　paŋ$^{21}$tia$^{53}$ 镢头

草锹　ʦʰau$^{35}$ʦʰio$^{21}$ 小锄头，无齿，多用来挖小坑

铁锹　tʰei$^{5}$ʦʰio$^{21}$

铁耙　tʰei$^{5}$pou$^{5}$ 耙子的一种，铁制，长柄，前端有齿，用来收集柴草

推耙　tʰoe$^{21}$pou$^{5}$ 耙子的一种，用竹子和木板做成，长柄，前端有齿，用来翻晒谷物

齿耙　ʦɿ$^{35}$pʰou$^{3}$ 耙子的一种，2～7个齿，用来松土或锄草，多为铁制

茅镰 bau$^{53}$lei$^{5}$ 割茅草的镰刀

禾镰（刀） vu$^{53}$lei$^{5}$（tau$^{3}$）割稻子的镰刀

柴刀 ts$^{h}$a$^{53}$tau$^{3}$ 砍柴刀

簸箕 pou$^{55}$ki$^{21}$

粪箕 fɐn$^{55}$ki$^{3}$

□ ts$^{h}$a$^{3}$ 粪箕底

粪箕耳 fɐn$^{55}$ki$^{3}$gi$^{3}$ 粪箕的提手

框 k$^{h}$ioŋ$^{5}$（粪箕等器物的）框

篓 lia$^{5}$ 用竹篾、荆条等编制的容器

箩 lou$^{53}$

竹箩 tsɛɯ$^{3}$lou$^{53}$ 篾箩

藤箩 taŋ$^{53}$lou$^{53}$

谷箩 kɛɯ$^{3}$lou$^{53}$ 盛稻谷的箩

箩口 lou$^{53}$k$^{h}$ia$^{35}$

圆箩 jøy$^{53}$ lau$^{3}$ 滤水器具，圆形、浅帮

竹笪 tsɛɯ$^{3}$tuo$^{5}$ 竹簟

担竿 ta$^{55}$kuoŋ$^{3}$ 扁担的总称

茅担竿 bau$^{53}$ta$^{55}$kuoŋ$^{3}$ 扁担的一种，两头尖，一般用来挑茅草

扁担 pa$^{35}$ta$^{3}$ 两头扁的扁担

狗头额 kia$^{35}$tia$^{53}$ga$^{5}$ 两端有槽用以嵌入绳子的扁担

木笼头 bɛɯ$^{5}$lɛŋ$^{53}$tia$^{53}$ 钩扁担

担额 ta$^{55}$ga$^{5}$ 扁担槽，用来嵌放绳索

担钩 ta$^{21}$kia$^{3}$ 扁担钩

铁筢头 t$^{h}$ei$^{5}$pou$^{53}$tia$^{53}$ 连枷

绞嘀 kau$^{35}$ta$^{3}$

井桶 tsie$^{35}$t$^{h}$ɛŋ$^{3}$ 水桶

尿桶 lio$^{33}$t$^{h}$ɛŋ$^{35}$ 粪桶

粪勺 fɐn$^{55}$sio$^{5}$

尿勺 lio$^{33}$sio$^{3}$

杠 kaŋ$^{55}$ 抬物用的杠子

竹杠 tsɛɯ$^{3}$kaŋ$^{55}$ 竹竿，不用来晾晒衣物

茅门嘀 bau$^{53}$bɐn$^{5}$ta$^{55}$ 稻草人

□杆 lie$^{3}$kuoŋ$^{35}$（赶鸡鸭的）棍棒

水笕 sy$^{35}$køy$^{35}$ 引水的竹笕

草绳 ts$^{h}$au$^{35}$saŋ$^{5}$

黄麻绳 vaŋ$^{53}$bou$^{53}$saŋ$^{5}$

苎麻绳 t$^{h}$oe$^{3}$bou$^{53}$saŋ$^{5}$

井桶绳 tsie$^{35}$t$^{h}$ɛŋ$^{3}$saŋ$^{5}$ 井绳

篾箍 ba$^{5}$k$^{h}$u$^{21}$ 篾圈儿

布袋 pu$^{55}$tuo$^{55}$

蛇皮袋 sie$^{53}$pai$^{53}$tuo$^{55}$ 编织袋

棉花包 bei$^{53}$fou$^{21}$pau$^{3}$ 麻袋

水泥包 sy$^{35}$la$^{53}$pau$^{3}$ 水泥袋

柴堆 ts$^{h}$a$^{53}$toe$^{21}$

禾稿堆 vu$^{53}$kau$^{35}$toe$^{21}$ 稻草堆

拖拉机 t$^{h}$ou$^{21}$lou$^{21}$ki$^{21}$

抽水机 ts$^{h}$iu$^{21}$sy$^{35}$ki$^{21}$

潜水泵 ts$^{h}$an$^{53}$sy$^{35}$paŋ$^{21}$

碾米机 tsɐn$^{35}$buo$^{55}$ki$^{21}$

柴油机 ts$^{h}$a$^{53}$jiu$^{53}$ki$^{21}$

发动机 fo$^{5}$tɛŋ$^{33}$ki$^{21}$

油榨 jiu$^{53}$tsou$^{55}$ 榨油机

喷雾器 p$^{h}$ɐn$^{55}$bu$^{55}$hi$^{55}$

机油 ki$^{21}$jiu$^{53}$

钓鱼篙 tio$^{55}$gy$^{5}$k$^{h}$au$^{3}$ 钓鱼竿儿

鱼钓 gy$^{5}$tio$^{3}$ 钓鱼钩儿

浮水泡 fia$^{53}$sy$^{35}$p$^{h}$au$^{3}$ 浮沉子

鱼叉　gi$^{5}$ʦ$^{h}$ou$^{3}$

□　loe$^{35}$ 鱼篓儿

鱼笱　gy$^{53}$kia$^{3}$

网　baŋ$^{3}$（鱼）网

鯑嘀　kio$^{35}$ta$^{3}$ 捞鱼工具，叉形，有长柄

罾　ʦaŋ$^{21}$ 用木棍或竹竿做支架的方形渔网

火线　fu$^{35}$sei$^{55}$ 引线

火药线　fu$^{35}$jio$^{3}$sei$^{55}$

雷管　loe$^{53}$kuoŋ$^{35}$

炸药　ʦou$^{55}$jio$^{3}$

火药　fu$^{35}$jio$^{3}$

砂子　sou$^{21}$ʦɿ$^{3}$ 铁砂

土铳　t$^{h}$u$^{55}$ʦ$^{h}$ɛŋ$^{55}$

弓箭　kɛŋ$^{21}$ʦei$^{55}$

### （三）肥料等

肥料　fai$^{53}$lio$^{33}$

土嘀泥　t$^{h}$u$^{35}$ta$^{3}$la$^{53}$ 烧火肥

草火灰　ʦ$^{h}$au$^{35}$fu$^{35}$fo$^{21}$ 草皮灰

家栏肥　kou$^{21}$loŋ$^{53}$fai$^{53}$ 圈肥

绿肥　lɛɯ$^{3}$fai$^{53}$ ①植物发酵分解而成的肥料；②紫云英

粪肥　fɐn$^{55}$fai$^{53}$

狗屎　kia$^{35}$sɿ$^{35}$

鸡屎　kei$^{21}$sɿ$^{35}$

牛屎　giu$^{53}$sɿ$^{35}$

化学肥　fou$^{55}$hou$^{5}$fai$^{53}$ 化肥

复合肥　fɛɯ$^{5}$huo$^{3}$fai$^{53}$

肥田粉　fai$^{53}$tei$^{53}$fɐn$^{35}$ 尿素

六六粉　lɛɯ$^{3}$lɛɯ$^{3}$fɐn$^{35}$

铵水头　ɔn$^{21}$sy$^{35}$tia$^{53}$ 碳铵

农药　lɛŋ$^{53}$jio$^{3}$

敌敌畏　tei$^{5}$tei$^{5}$vai$^{33}$

乐果　lou$^{3}$kou$^{35}$

甲胺磷　ka$^{3}$ɔn$^{21}$lɐn$^{53}$

除草剂　ʦ$^{h}$y$^{53}$ʦ$^{h}$au$^{35}$ʦai$^{55}$

收成　siu$^{21}$saŋ$^{53}$

灾　ʦuo$^{21}$ ①灾荒；②灾难

## 五、植物

### （一）农作物

粮食　lioŋ$^{53}$sei$^{3}$

公粮　kɛŋ$^{21}$lioŋ$^{53}$

禾　vu$^{53}$ 稻子

谷　kɛɯ$^{3}$ 稻谷

粘谷　ʦei$^{3}$kɛɯ$^{3}$ 粳稻

糯谷　lou$^{33}$kɛɯ$^{3}$ 糯稻

上造　soŋ$^{33}$ʦ$^{h}$au$^{33}$ 早稻

中造　ʦɛŋ$^{21}$ʦ$^{h}$au$^{33}$ 中稻

下造　hou$^{33}$ʦ$^{h}$au$^{33}$ 晚稻

旱谷　hm$^{55}$kɛɯ$^{3}$ 旱稻

旧谷　k$^{h}$iu$^{33}$kɛɯ$^{3}$ 陈谷

新谷　sɐn$^{21}$kɛɯ$^{3}$

秧　jioŋ$^{21}$ 秧苗

禾线　vu$^{53}$sei$^{3}$ 稻穗

　谷串　kɛɯ$^{3}$ʦ$^{h}$øy$^{55}$

禾头　vu$^{53}$tia$^{53}$ 稻茬儿

禾稿　vu$^{53}$kau$^{35}$ 稻草

稗草　pa$^{33}$ʦ$^{h}$au$^{35}$ 稗子

谷□　kɛɯ$^{3}$p$^{h}$a$^{5}$ 空的稻谷子粒

半公仁　poŋ$^{55}$kɛŋ$^{21}$gɐn$^{5}$ 不饱满的稻谷子粒

谷壳 $k\varepsilon ɯ^{3}k^{h}ou^{3}$

米 $buo^{55}$ 大米

粘米 $ʦei^{3}buo^{55}$

糯米 $lou^{33}buo^{55}$

早米 $ʦau^{35}buo^{55}$

冬米 $t\varepsilon ŋ^{21}buo^{55}$ 晚米

糙米 $ʦ^{h}au^{55}buo^{55}$

粳米 $kie^{21}buo^{55}$

油粘米 $jiu^{53}ʦei^{21}buo^{55}$

红米 $h\varepsilon ŋ^{53}buo^{55}$

糠 $haŋ^{21}$

粗糠 $ʦ^{h}u^{21}haŋ^{21}$

嫩糠 $lɐn^{33}haŋ^{21}$ 细糠

麸 $fu^{21}$ 农作物榨过油后的渣料

油菜 $jiu^{53}ʦ^{h}uo^{3}$

油菜米 $jiu^{53}ʦ^{h}uo^{3}buo^{3}$ 油菜籽

杂粮 $ʦ^{h}a^{3}lioŋ^{53}$

小麦 $sio^{35}bie^{5}$

麦须 $bie^{5}soe^{21}$ 麦芒

麦串 $bie^{5}ʦ^{h}øy^{55}$

麦□ $bie^{5}p^{h}a^{5}$ 空的麦子子粒

麦稿 $bie^{5}kau^{35}$ 麦秸

荞麦 $k^{h}io^{53}bie^{5}$

粟 $s\varepsilon ɯ^{3}$

包粟 $pau^{21}s\varepsilon ɯ^{3}$ 玉米

包粟梗 $pau^{21}s\varepsilon ɯ^{3}kuie^{35}$ 玉米秆

包粟包 $pau^{21}s\varepsilon ɯ^{3}pau^{3}$ 玉米包

包粟须 $pau^{21}s\varepsilon ɯ^{3}soe^{21}$ 玉米须

包粟仁 $pau^{21}s\varepsilon ɯ^{3}gɐn^{5}$ 玉米的果实

高□禾 $kau^{21}lei^{53}vu^{53}$ 高粱

棉花 $bei^{53}fou^{21}$

棉坨 $bei^{53}tou^{5}$ 棉桃

棉籽 $bei^{53}ʦɿ^{3}$

棉耳 $bei^{53}gi^{3}$ 棉花蒂

棉包 $bei^{53}pau^{3}$

烟 $jei^{21}$ 烟草

烟叶 $jei^{21}jei^{5}$

烟丝 $jei^{21}sɿ^{21}$

烟皮 $jei^{21}pai^{53}$ 晒制的烟叶

黄烟 $vaŋ^{53}jei^{21}$ 烤制的烟叶

烟梗 $jei^{21}kuie^{35}$ 烟叶秆

黄麻 $vaŋ^{53}bou^{53}$

苎麻 $t^{h}oe^{3}bou^{53}$

谷皮麻 $k\varepsilon ɯ^{5}pai^{53}bou^{53}$ 麻类植物，比苎麻粗，但没有苎麻结实

热头花 $gei^{3}tia^{5}fou^{21}$ 向日葵

照月花 $ʦio^{55}gøy^{5}fou^{21}$

葵花籽 $k^{h}uai^{53}fou^{21}ʦɿ^{3}$

葵花米 $k^{h}uai^{53}fou^{21}buo^{3}$

麻嘀 $bou^{53}ta^{3}$ 芝麻

茶嘀 $ʦ^{h}a^{53}ta^{3}$ 茶油籽

番薯 $foŋ^{21}sy^{53}$ 红薯

白（心）薯 $pie^{3}(sɐn^{21})sy^{53}$ 白心红薯

黄（心）薯 $vaŋ^{53}(sɐn^{21})sy^{53}$ 黄心红薯

紫（心）薯 $ʦɿ^{35}(sɐn^{21})sy^{53}$ 紫心红薯

棍薯 $kuɐn^{3}sy^{53}$ 木薯

□薯 $ku^{3}sy^{53}$ 豆薯

□□薯 $hou^{33}la^{55}sy^{53}$ 马铃薯

**（二）豆类、菜蔬**

豆 $tia^{5}$ 豆子

黄豆 $vaŋ^{53}tia^{5}$

豆芽 $tia^{33}gou^{5}$

绿豆 lɛɯ$^{3}$tia$^{5}$

黑豆 hai$^{5}$tia$^{5}$

红豆 hɛŋ$^{53}$tia$^{5}$

饭豆 foŋ$^{33}$tia$^{5}$ 荷兰豆

豆角 tia$^{33}$kou$^{5}$ 豇豆

龙牙豆 lɛŋ$^{53}$gou$^{53}$tia$^{5}$ 四季豆

荷包豆 hou$^{53}$pau$^{21}$tia$^{5}$ 金豆

眉豆 bai$^{53}$tia$^{5}$

赤豆 ʦʰie$^{5}$tia$^{5}$

树豆 su$^{5}$tia$^{5}$ 蚕豆

□扁豆 pa$^{21}$pa$^{35}$tia$^{5}$ 刀豆

豆□ tia$^{5}$pʰa$^{5}$ 空的豆子子粒

豆稿 tia$^{5}$kau$^{35}$ 豆秸

豆角苗 tia$^{33}$kou$^{5}$bio$^{53}$ 豆藤

豆壳 tia$^{5}$kʰou$^{3}$

瓜 kou$^{3}$

簕瓜 lai$^{3}$kou$^{3}$ 表皮有刺的瓜

黄瓜 vaŋ$^{53}$kou$^{3}$

青瓜 ʦʰie$^{21}$kou$^{3}$ 皮白绿色，有的地方叫老腌瓜

香瓜 hioŋ$^{21}$kou$^{3}$

甜瓜 ta$^{53}$kou$^{3}$

□仔 ʦʰioŋ$^{53}$ʦai$^{3}$ 成熟后肉多网状纤维的丝瓜，表皮无棱

线瓜 sei$^{55}$kou$^{3}$ 表皮有棱的丝瓜

瓜须 kou$^{3}$soe$^{21}$ 丝瓜络

线瓜瓤 sei$^{55}$kou$^{3}$laŋ$^{5}$ 丝瓜瓤

苦瓜 fu$^{35}$kou$^{3}$

番瓜 foŋ$^{21}$kou$^{21}$ 南瓜，包括小南瓜

冬瓜 tɛŋ$^{21}$kou$^{21}$

毛瓜 bau$^{53}$kou$^{3}$ 嫩冬瓜，表皮有毛

节瓜 ʦie$^{5}$kou$^{3}$ 小冬瓜

牛髀瓜 giu$^{53}$pai$^{35}$kou$^{3}$ 佛手

瓠 pu$^{5}$ 瓠子

葫芦 kʰu$^{53}$lu$^{5}$ 葫芦瓜

薯菇 sy$^{53}$ku$^{3}$ 慈菇，肉白色，可做菜吃

青菜 ʦʰie$^{21}$ʦʰuo$^{55}$ 蔬菜的总称

苋菜 ha$^{33}$ʦʰuo$^{55}$

白苋菜 pie$^{3}$ha$^{33}$ʦʰuo$^{55}$

红苋菜 hɛŋ$^{53}$ha$^{33}$ʦʰuo$^{55}$

芥菜 ka$^{55}$ʦʰuo$^{55}$

角菜 kou$^{5}$ʦʰuo$^{3}$ 菠菜

白菜 pie$^{3}$ʦʰuo$^{3}$

黄芽白 vaŋ$^{53}$gou$^{53}$pie$^{3}$ 大白菜

小白菜 sio$^{35}$pie$^{3}$ʦʰuo$^{3}$

椰子菜 jia$^{53}$ʦɿ$^{35}$ʦʰuo$^{55}$ 洋白菜

□菜 sou$^{5}$ʦʰuo$^{55}$ 莙荙菜

矮脚白 a$^{35}$kio$^{5}$pie$^{3}$

三月青 sa$^{21}$gøy$^{3}$ʦʰie$^{21}$

芹菜 kʰɐn$^{53}$ʦʰuo$^{3}$

莴笋 vou$^{21}$sɐn$^{35}$

藤菜 taŋ$^{53}$ʦʰuo$^{55}$

牛蒡菜 giu$^{53}$poŋ$^{35}$ʦʰuo$^{3}$

花王菜 fou$^{21}$vaŋ$^{53}$ʦʰuo$^{55}$ 霸王花

花菜 fou$^{21}$ʦʰuo$^{55}$ 花椰菜

白花菜 pie$^{3}$fou$^{21}$ʦʰuo$^{55}$

蓝花菜 la$^{53}$fou$^{21}$ʦʰuo$^{55}$

芥蓝 ka$^{55}$la$^{53}$

大头芥蓝 tuo$^{33}$tia$^{53}$ka$^{55}$la$^{53}$ 球菜

大头菜 tuo$^{33}$tia$^{53}$ʦʰuo$^{55}$

潮菜 ʦʰio$^{53}$ʦʰuo$^{55}$

苦麦菜 fu$^{35}$bie$^{3}$ʦ$^{h}$uo$^{55}$

红麦菜 hɛŋ$^{53}$bie$^{3}$ʦ$^{h}$uo$^{55}$

黄麦菜 vaŋ$^{53}$bie$^{3}$ʦ$^{h}$uo$^{55}$ 黄菜

油麦菜 jiu$^{53}$bie$^{3}$ʦ$^{h}$uo$^{55}$

拗心菜 au$^{35}$sɐn$^{21}$ʦ$^{h}$uo$^{55}$ 油菜

蕹菜 aŋ$^{55}$ʦ$^{h}$uo$^{55}$

甜菜 ta$^{53}$ʦ$^{h}$uo$^{55}$

生菜 sie$^{21}$ʦ$^{h}$uo$^{3}$ 莴苣

西洋菜 sei$^{21}$jioŋ$^{53}$ʦ$^{h}$uo$^{55}$

茼菠菜 tɛŋ$^{53}$pou$^{21}$ʦ$^{h}$uo$^{55}$ 茼蒿

马齿苋 bou$^{33}$sɿ$^{35}$ha$^{33}$

蕨菜 køy$^{3}$ʦ$^{h}$uo$^{55}$

菜花 ʦ$^{h}$uo$^{55}$fou$^{21}$

菜心 ʦ$^{h}$uo$^{55}$sɐn$^{21}$

萝卜 lou$^{53}$pai$^{5}$

白萝卜 pie$^{3}$lou$^{53}$pai$^{5}$

红萝卜 hɛŋ$^{53}$lou$^{53}$pai$^{5}$ 胡萝卜

□心 p$^{h}$ia$^{55}$sɐn$^{21}$（萝卜）糠了

萝卜苗 lou$^{53}$pai$^{5}$bio$^{53}$ 萝卜叶

萝卜根 lou$^{53}$pai$^{5}$køy$^{21}$ 萝卜缨儿

萝卜端 lou$^{53}$pai$^{5}$tøy$^{3}$ 萝卜两头的蒂

萝卜干 lou$^{53}$pai$^{53}$kuoŋ$^{21}$

茄 k$^{h}$øy$^{5}$ 茄子

番鬼辣椒 foŋ$^{21}$kuai$^{35}$luo$^{3}$ʦio$^{3}$ 西红柿

禾笋 vu$^{53}$sɐn$^{35}$ 茭白

芋头 vu$^{21}$tia$^{53}$

芋头公 vu$^{21}$tia$^{53}$kɛŋ$^{3}$ 较大的芋头娘

芋头仔 vu$^{21}$tia$^{53}$ʦuo$^{3}$ 较小的芋头娘

香芋 hioŋ$^{21}$vu$^{21}$

魔芋 bou$^{21}$vu$^{21}$

山薯 sa$^{21}$sy$^{53}$ 山药

辣椒 luo$^{3}$ʦio$^{3}$

灯笼椒 taŋ$^{21}$lɛŋ$^{5}$ʦio$^{3}$ 柿子椒

指天椒 ʦɿ$^{35}$t$^{h}$ei$^{21}$ʦio$^{3}$ 朝天椒

五爪椒 m$^{55}$ʦau$^{35}$ʦio$^{3}$

野山椒 jia$^{55}$sa$^{21}$ʦio$^{3}$

湖南椒 fu$^{53}$la$^{53}$ʦio$^{3}$

芫荽 jei$^{53}$soe$^{3}$

田螺菜 tei$^{53}$lou$^{53}$ʦ$^{h}$uo$^{55}$ 紫苏

薄荷 pou$^{3}$hou$^{53}$

葱 ʦ$^{h}$ɛŋ$^{3}$

洋葱 jioŋ$^{53}$ʦ$^{h}$ɛŋ$^{3}$

蒜 soŋ$^{55}$ 整株的蒜

蒜头 soŋ$^{55}$tia$^{53}$

蒜蓉 soŋ$^{55}$jɛŋ$^{53}$ 蒜泥

藠头 k$^{h}$io$^{3}$tia$^{53}$ 藠

野藠头 jia$^{55}$k$^{h}$io$^{3}$tia$^{53}$ 野藠

韭菜 kiu$^{35}$ʦ$^{h}$uo$^{3}$

番鬼姜 foŋ$^{21}$kuai$^{35}$kioŋ$^{21}$ 姜

子姜 ʦɿ$^{35}$kioŋ$^{21}$

老姜 lau$^{55}$kioŋ$^{21}$

瓜棚 kou$^{3}$pɛŋ$^{53}$

**（三）树木**

树林 su$^{5}$lɐn$^{53}$

种树 ʦɛŋ$^{55}$su$^{5}$

驳接 pou$^{5}$ʦei$^{5}$ 嫁接

树种 su$^{5}$ʦɛŋ$^{35}$

树秧 su$^{5}$jioŋ$^{3}$ 树苗

树身 su$^{5}$sɐn$^{21}$ 树干

树尾 su$^{5}$bai$^{3}$ 树梢

树根 su$^{5}$køy$^{21}$

树蔸 su$^{5}$tia$^{21}$

树头 su$^{5}$tia$^{5}$ 树墩

树皮 su$^{5}$pai$^{53}$

树叶 su$^{5}$jei$^{5}$

黄叶 vaŋ$^{53}$jei$^{5}$

嫩叶 lɐn$^{33}$jei$^{5}$

落叶 lou$^{3}$jei$^{5}$

树柯 su$^{5}$k$^{h}$ou$^{35}$ 树枝

树节 su$^{5}$ʦei$^{5}$

轮圈 lɐn$^{53}$k$^{h}$øy$^{21}$ 年轮

死树 sai$^{35}$su$^{5}$ 枯树

□榫 ʦ$^{h}$a$^{55}$sɐn$^{35}$ 新枝

树木 su$^{5}$bɛɯ$^{5}$ 木头

板 poŋ$^{35}$ 木板

墩 tɐn$^{35}$ 木桩

方条 faŋ$^{21}$tio$^{5}$ 木条

木碎 bɛɯ$^{5}$soe$^{55}$ 木材碎片

刨屎 pau$^{5}$sɿ$^{35}$ 刨花

木屎 bɛɯ$^{5}$sɿ$^{35}$ 锯末

木糠 bɛɯ$^{5}$haŋ$^{21}$ 粉状的锯末

楔 ʦei$^{21}$ 楔子

樄 ʦuo$^{3}$（瓶）塞子

榫头 sɐn$^{35}$tia$^{53}$

柏树 pie$^{3}$su$^{5}$

松树 ʦ$^{h}$ɛŋ$^{53}$su$^{5}$

松毛 ʦ$^{h}$ɛŋ$^{53}$bau$^{5}$ 松针

□□□ ko$^{21}$ko$^{21}$ka$^{55}$ 松球

松光 ʦ$^{h}$ɛŋ$^{53}$kaŋ$^{21}$ 松明子

松油 ʦ$^{h}$ɛŋ$^{53}$jiu$^{53}$ 松脂

松香 ʦ$^{h}$ɛŋ$^{53}$hioŋ$^{21}$

杉树 sou$^{21}$su$^{5}$

杉毛 sou$^{21}$bau$^{5}$ 杉针

水杉 sy$^{35}$sou$^{21}$

胶树 kau$^{21}$su$^{5}$ 桉树

荷树 hou$^{53}$su$^{5}$ 木荷

杨树 jioŋ$^{53}$su$^{5}$

枫树 fɛŋ$^{21}$su$^{5}$

柳树 liu$^{55}$su$^{5}$

榕树 jioŋ$^{53}$su$^{5}$

樟树 ʦioŋ$^{21}$su$^{5}$

梧桐 fu$^{53}$tɛŋ$^{53}$

泡桐 p$^{h}$au$^{55}$tɛŋ$^{53}$

桑树 saŋ$^{3}$su$^{5}$

桑仔 saŋ$^{3}$ʦuo$^{3}$ 桑葚

椿牙树 ʦ$^{h}$ɐn$^{21}$gou$^{53}$su$^{5}$ 椿树

相思树 sioŋ$^{21}$sɿ$^{21}$su$^{5}$

苦楝树 k$^{h}$u$^{35}$la$^{5}$su$^{5}$

棕树 ʦɛŋ$^{21}$su$^{5}$

棕衣 ʦɛŋ$^{21}$ji$^{21}$ 棕毛

粽叶 ʦɛŋ$^{21}$jei$^{5}$

桐嘀树 tɛŋ$^{53}$ta$^{3}$su$^{5}$ 油桐树

桐嘀 tɛŋ$^{53}$ta$^{3}$ 桐油树的果实

茶树 ʦ$^{h}$ou$^{53}$su$^{5}$ 油茶树

乌柏仔树 vu$^{21}$kiu$^{3}$ʦuo$^{3}$su$^{5}$ 乌柏

乌柏仔 vu$^{21}$kiu$^{3}$ʦuo$^{3}$ 乌柏的种子

五指毛桃 m$^{55}$ʦɿ$^{35}$bau$^{53}$tau$^{53}$

泡泡树 p$^{h}$au$^{3}$p$^{h}$au$^{3}$su$^{5}$

茶叶树 ʦ$^{h}$ou$^{53}$jei$^{5}$su$^{5}$ 茶树

橡胶 ʦ$^{h}$ioŋ$^{33}$kau$^{21}$

黄栀 vaŋ$^{53}$ʦɿ$^{3}$ 栀子

竹 ʦɛɯ$^{3}$ 竹子

苗竹 bio$^{53}$ʦɛɯ$^{3}$ 毛竹

篙竹 toŋ$^{21}$ʦɛɯ$^{3}$ 竹子的一种，口大，

节长，内特空，一般用来编织器具

金竹 kɐn21ʦɛɯ3

苦竹 kʰu35ʦɛɯ3

木竹 bɛɯ3ʦɛɯ3

簕竹 lai3ʦɛɯ3 刺竹

黄竹 vaŋ53ʦɛɯ3

雪竹 søy5ʦɛɯ3

笋 sɐn35 竹笋

冬笋 tɛŋ21sɐn35

春笋 ʦʰɐn21sɐn35

竹壳 ʦɛɯ3kʰou3

笋壳 sɐn35kʰou3 箨

笋衣 sɐn35ji21

笋头 sɐn35tia53 笋根

笋干 sɐn35kuoŋ21 干笋

竹节 ʦɛɯ3ʦei5

竹衣 ʦɛɯ3ji3 竹膜

竹叶 ʦɛɯ3jei5

竹篾 ʦɛɯ3ba5

篾瓤 ba5laŋ5 篾黄

篾青 ba5ʦʰie3

栵树 lei3su5 灌木，树身无刺，果实小而圆，一般是七八月成熟

糖缸 taŋ53kaŋ3 灌木，有蓬，开白色花，果实呈长条形，并且有刺，一般用来泡酒

猴串蔸 hia53ʦʰøy3tia21 与柿子类似的植物，但比柿子稍小

□□簕 pʰa55pʰa55lai3 荆棘的一种，果实与梨子相似，但比梨子稍小

黑面神 hai5bei33sɐn53 一年生灌木，可以医治跌打等伤痛

**（四）瓜果**

生果 sie21kou35 水果

果实 kou35sɿ3 果子

果干 kou35kuoŋ21 干果

果皮 kou35pai53

果壳 kou35kʰou3

核 vo5 核儿

桃 tau5 桃儿

毛桃 bau53tau53

杨桃 jioŋ53tau53

沟嘴桃 kia21ʦoe35tau5

苹果 paŋ53kou35

李嘀 lai35ta3 李子

罗汉果 lou53hɔn55kou35

鸡屎果 kei21sɿ35kou35

百香果 pie5hioŋ21kou35

梨 lai35 梨的统称

青皮梨 ʦʰie21pai53lai5

黄皮梨 vaŋ53pai53lai5

沙梨 sou21lai5

枇杷 pai53pou53

黄皮仔 vaŋ53pai53ʦuo3 黄皮

冻椑 tɛŋ55pai21 柿子

柿饼 sɿ33pie35

石榴 sie3liu5

柚 jiu5 柚子

大肚柚 tuo33tu35jiu5

沙田柚 sou21tei53jiu5

白沙柚 pie$^{3}$sou$^{21}$jiu$^{5}$

柑仔 ka$^{3}$ʦuo$^{3}$ 柑子

柑橘仔 ka$^{3}$ki$^{5}$ʦuo$^{3}$ 金橘

草莓 ʦ$^{h}$au$^{35}$buo$^{55}$

山楂 sa$^{21}$ʦou$^{21}$

有花果 bau$^{55}$fou$^{21}$kou$^{35}$ 无花果

杨梅 jioŋ$^{53}$buo$^{53}$

　酸梅 soŋ$^{21}$buo$^{53}$

橙 ʦ$^{h}$ie$^{5}$ 橙子

木瓜 bɛɯ$^{3}$kou$^{3}$

龙眼 lɛŋ$^{53}$ɡa$^{55}$ 桂圆

龙眼干 lɛŋ$^{53}$ɡa$^{55}$kuoŋ$^{21}$ 干桂圆

荔枝 lai$^{33}$ʦɿ$^{21}$

芒果 baŋ$^{55}$kou$^{35}$

菠萝 pou$^{21}$lou$^{53}$

榄 la$^{35}$ 橄榄

风栗 fɛŋ$^{21}$lai$^{5}$ 栗子的一种，较小较圆

板栗 poŋ$^{35}$lai$^{5}$ 栗子的一种，较大稍扁

苦锥 fu$^{35}$ʦy$^{3}$ 苦锥栗

核桃 hai$^{5}$tau$^{53}$

西瓜 sei$^{21}$kou$^{21}$

美人瓜 bai$^{55}$ɡɐn$^{21}$kou$^{3}$ 黑美人

香蕉 hioŋ$^{21}$ʦio$^{21}$

麻荠 bou$^{5}$ʦ$^{h}$ai$^{5}$ 荸荠

枣 ʦau$^{3}$ 枣儿

红枣 hɛŋ$^{21}$ʦau$^{3}$

黑枣 hai$^{5}$ʦau$^{3}$

葡萄（子） pu$^{53}$tau$^{53}$（ʦɿ$^{3}$）

蔗 ʦie$^{3}$ 甘蔗

糖蔗 taŋ$^{53}$ʦie$^{3}$

黑蔗 hai$^{5}$ʦie$^{3}$

蔗渣 ʦie$^{3}$ʦou$^{21}$ 甘蔗渣

花生 fou$^{21}$sie$^{21}$

六月籽 lɛɯ$^{3}$ɡøy$^{3}$ʦɿ$^{3}$ 六月收割的花生

翻秋花生 foŋ$^{21}$ʦ$^{h}$iu$^{21}$fou$^{21}$sie$^{21}$

花生苗 fou$^{21}$sie$^{21}$bio$^{53}$ 花生秸

花生壳 fou$^{21}$sie$^{21}$k$^{h}$ou$^{3}$

花生仁 fou$^{21}$sie$^{21}$ɡɐn$^{5}$ 花生米

花生衣 fou$^{21}$sie$^{21}$ji$^{3}$ 花生的种皮

瓜苗 kou$^{3}$bio$^{53}$ 瓜藤

瓜花 kou$^{3}$fou$^{21}$

瓜耳 kou$^{3}$ɡi$^{3}$ 瓜蒂

瓜瓤 kou$^{3}$laŋ$^{5}$

瓜籽 kou$^{21}$ʦɿ$^{3}$

根 køy$^{21}$

梗 kuie$^{35}$ 茎

根须 køy$^{21}$soe$^{21}$

芽 ɡou$^{5}$ 芽儿

发芽 fo$^{5}$ɡou$^{5}$

爆芽 pou$^{55}$ɡou$^{5}$

生了 sie$^{21}$la$^{21}$ 成活

开蕾 huo$^{21}$loe$^{5}$ 开苞

开花 huo$^{21}$fou$^{21}$

发蔸 fo$^{5}$tia$^{21}$ 分蘖

晒花 sa$^{55}$fou$^{21}$ 扬花

传粉 ʦ$^{h}$øy$^{53}$fɐn$^{35}$ 授粉

游柯 jiu$^{53}$k$^{h}$ou$^{35}$ 爬枝

生长 sie$^{21}$ʦioŋ$^{35}$

靓 lie$^{33}$（植物）茂盛

结米 kei$^{5}$buo$^{3}$（农作物）抽穗

跌花 tei$^{5}$fou$^{21}$ 花谢

结果 kei$^{5}$kou$^{35}$ 长出果实

结籽 kei$^{5}$tsɿ$^{3}$

熟 sɛɯ$^{3}$（植物）成熟

黄□了 vaŋ$^{53}$hei$^{5}$la$^{21}$（植物）枯萎

谢□了 ts$^{h}$ie$^{33}$hei$^{5}$la$^{21}$（植物）凋谢

**（五）花草、菌类**

菊花 k$^{h}$ɛɯ$^{5}$fou$^{21}$

梅花 buo$^{53}$fou$^{21}$

四季花 sɿ$^{55}$kuai$^{55}$fou$^{21}$ 月季花

桂花 kuai$^{55}$fou$^{21}$

百合花 pie$^{5}$huo$^{3}$fou$^{21}$

莲藕花 lei$^{53}$gia$^{55}$fou$^{21}$ 荷花

水仙花 sy$^{35}$sei$^{21}$fou$^{21}$

茉莉花 bou$^{3}$lai$^{33}$fou$^{21}$

开苞花 huo$^{21}$pau$^{21}$fou$^{21}$ 牵牛花

金银花 kɐn$^{21}$gɐn$^{5}$fou$^{21}$

鸡公花 kei$^{21}$kɛŋ$^{3}$fou$^{21}$ 鸡冠花

指甲花 tsɿ$^{35}$ka$^{3}$fou$^{21}$ 凤仙花

酒醉花 tsiu$^{35}$tsoe$^{55}$fou$^{21}$ 杜鹃花

满山红 boŋ$^{55}$sa$^{21}$hɛŋ$^{53}$

仙人掌 sei$^{21}$gɐn$^{53}$tsioŋ$^{35}$

花蕾 fou$^{21}$loe$^{5}$ 蓓蕾

花柄 fou$^{21}$pie$^{3}$ 花瓣儿

花耳 fou$^{21}$gi$^{3}$ 花蒂

花粉 fou$^{21}$fɐn$^{35}$

花须 fou$^{21}$soe$^{21}$ 花蕊

菖蒲 ts$^{h}$ioŋ$^{21}$pu$^{53}$

丝茅 sɿ$^{21}$bau$^{53}$ 白茅

丝茅根 sɿ$^{21}$bau$^{53}$køy$^{21}$ 白茅根

芒竿 baŋ$^{53}$kuoŋ$^{21}$

花茅 fou$^{3}$bau$^{53}$ 草类植物，较高大，一般用来作柴火

□□头 huo$^{53}$laŋ$^{53}$tia$^{53}$ 与芋头相似的一种植物，可以入药

芦笛 lu$^{53}$tie$^{5}$ 芦苇

三月泡泡仔 sa$^{21}$gøy$^{3}$p$^{h}$au$^{3}$p$^{h}$au$^{3}$tsuo$^{3}$ 野生草莓

地帘 tai$^{33}$lei$^{33}$ 桃金娘

□□仔苋 p$^{h}$a$^{55}$p$^{h}$a$^{55}$tsuo$^{3}$tia$^{21}$ 灯笼果

竹香头 tsɛɯ$^{5}$hioŋ$^{21}$tia$^{53}$ 地龙草

火袄 fu$^{35}$au$^{35}$ 在地面铺开生长的一种草，与苦麦类似，但比苦麦小

白花□菜 pie$^{3}$fou$^{21}$kau$^{35}$ts$^{h}$uo$^{3}$ 地菜

火桶蔸 fu$^{35}$t$^{h}$ɛŋ$^{3}$tia$^{21}$ 草类植物，一般生长在山边、地边，有藤，可以医治跌打等伤痛

井凉草 tsie$^{35}$lioŋ$^{53}$ts$^{h}$au$^{35}$ 凉粉草

席草 ts$^{h}$ie$^{3}$ts$^{h}$au$^{35}$ 莎草

艾 guo$^{33}$ 艾草

猪荞尾 toe$^{21}$k$^{h}$io$^{53}$bai$^{55}$ 益母草

生□嘀 sie$^{21}$p$^{h}$ai$^{55}$ta$^{3}$ 鱼腥草

狗咬草 kia$^{35}$gau$^{55}$ts$^{h}$au$^{35}$ 狗尾草

□草 lau$^{55}$ts$^{h}$au$^{35}$ 爬地草

凤尾草 fɛŋ$^{33}$bai$^{55}$ts$^{h}$au$^{35}$

蒲勺草 pu$^{53}$sio$^{3}$ts$^{h}$au$^{35}$ 车前草

铁扫把 t$^{h}$ei$^{5}$sau$^{55}$pou$^{35}$

圈屎草 høy$^{35}$sɿ$^{35}$ts$^{h}$au$^{35}$ 与麦子类似的一种植物，但叶子比麦子硬，不能作猪食

肥地草 fai$^{53}$tai$^{33}$ts$^{h}$au$^{35}$ 草类植物，在地面铺开生长，叶子较软，开白花，

可以作猪食

荏草　gɐn$^{35}$ʦʰau$^{35}$ 白苏

酸叶草　soŋ$^{21}$jei$^{5}$ʦʰau$^{35}$

簕　lai$^{3}$ ①荆棘；②（荆棘等的）刺儿

簕棍　lai$^{3}$kuɐn$^{3}$ 荆条

　簕条　lai$^{3}$tio$^{5}$

□箕　lɛŋ$^{53}$ki$^{21}$ 蕨类植物，一般用作柴火

溜苔　liu$^{21}$tuo$^{5}$ 青苔

□草　sai$^{21}$ʦʰau$^{35}$ 一种水草，漂浮在水中，可以喂鱼

鲤鱼草　lai$^{55}$gi$^{5}$ʦʰau$^{35}$ 水藻

冬菇　tɛŋ$^{21}$kʰu$^{21}$ 香菇

菌　kʰuɐn$^{3}$ 野生蘑菇

雷公菌　loe$^{53}$kɛŋ$^{21}$kʰuɐn$^{3}$ 菌子的一种，形体较大，一般零星分布

水菌　sy$^{35}$kʰuɐn$^{3}$

夏至菌　hou$^{33}$ʦɿ$^{55}$kʰuɐn$^{3}$

皱菇菌　ʦia$^{55}$ku$^{21}$kʰuɐn$^{3}$ 菌子的一种，形体较小，一般成片分布

硬板头　gie$^{33}$poŋ$^{35}$tia$^{53}$ 土茯苓

粉葛　fɐn$^{35}$kuo$^{3}$ 葛

莲藕　lei$^{53}$gia$^{55}$ 藕

莲包　lei$^{53}$pau$^{3}$ 莲蓬

莲藕籽　lei$^{53}$gia$^{55}$ʦɿ$^{3}$ 莲子

莲藕叶　lei$^{53}$gia$^{55}$jei$^{5}$ 荷叶

菱角　lɐn$^{53}$kou$^{5}$

薸　pʰio$^{5}$ 浮萍

浮水莲　fia$^{53}$sy$^{35}$lei$^{53}$

## 六、动物

### （一）牲畜

头牲　tia$^{53}$sie$^{21}$ 牲畜

牛　giu$^{53}$

牛牯　giu$^{53}$ku$^{35}$ 较大的公牛

牛公　giu$^{53}$kɛŋ$^{3}$ 较小的公牛

牛婆　giu$^{53}$puo$^{5}$ 已产子的母牛

牛㸰　giu$^{53}$sɿ$^{5}$ 未产子的母牛

　牛种　giu$^{53}$ʦɛŋ$^{35}$

黄牛　vaŋ$^{53}$giu$^{5}$

水牛　sy$^{35}$giu$^{5}$

牛仔　giu$^{53}$ʦuo$^{3}$ 牛犊

牛角　giu$^{53}$kou$^{5}$

牛蹄　giu$^{53}$ta$^{5}$

牛筋　giu$^{53}$kɐn$^{21}$

牛鞭　giu$^{53}$pei$^{21}$

牛皮　giu$^{53}$pai$^{53}$

牛尾巴　giu$^{53}$bai$^{3}$pou$^{21}$

鬬　tia$^{21}$（牛用角）顶

鬬跤　tia$^{21}$kau$^{21}$（牛）斗架

牟　bia$^{5}$（牛）吃（草）

倒草　tau$^{55}$ʦʰau$^{35}$（牛）反刍

　倒嚼　tau$^{55}$ʦʰio$^{33}$

牛栏　giu$^{53}$loŋ$^{53}$ 牛圈

驴　loe$^{5}$

马　bou$^{55}$

马牯　bou$^{55}$ku$^{35}$ 公马

马婆　bou$^{55}$puo$^{5}$ 母马

马仔　bou$^{55}$ʦuo$^{3}$ 马驹

马须　bou$^{55}$soe$^{21}$ 马鬃

马鞍　bou$^{55}$ɔn$^{21}$

马绳 bou$^{55}$saŋ$^{5}$ 缰绳

马栏 bou$^{55}$loŋ$^{53}$ 马棚

猪 toe$^{21}$

猪牯 toe$^{21}$ku$^{35}$ 公猪

猪牯头 toe$^{21}$ku$^{35}$tia$^{53}$ 用于交配的公猪

猪婆 toe$^{21}$puo$^{5}$ 已产子的母猪

猪㹀 toe$^{21}$sɿ$^{5}$ 未产子的母猪

　猪种 toe$^{21}$ʦɛŋ$^{35}$

肉猪 lɛɯ$^{3}$toe$^{3}$

猪仔 toe$^{21}$ʦuo$^{3}$ 小猪

阉猪 jei$^{21}$toe$^{21}$ 阉猪（动宾）

起水 hi$^{35}$sy$^{35}$（猪、牛）发情

　起生 hi$^{35}$sie$^{3}$

走生 ʦia$^{35}$sie$^{3}$（牛、狗）交配

牵猪 hei$^{21}$toe$^{21}$（猪）配种

　配生 p$^{h}$ai$^{55}$sie$^{3}$

生崽 sie$^{21}$ ʦuo$^{3}$ （猪、牛、狗等）产崽

猪皮 toe$^{21}$pai$^{53}$

猪毛 toe$^{21}$bau$^{53}$

猪蹄 toe$^{21}$ta$^{5}$

猪尾巴 toe$^{21}$bai$^{3}$pou$^{21}$

□ bau$^{33}$（猪用嘴巴）拱（泥）

猪潲 toe$^{21}$sau$^{55}$ 猪食

猪栏 toe$^{21}$loŋ$^{53}$ 猪圈

猪兜 toe$^{21}$tia$^{21}$ 猪食槽

羊 jioŋ$^{5}$

羊牯 jioŋ$^{5}$ku$^{35}$ 公羊

羊婆 jioŋ$^{5}$puo$^{5}$ 母羊

羊仔 jioŋ$^{5}$ʦuo$^{3}$ 羊羔

绵羊 bei$^{53}$jioŋ$^{53}$

山羊 sa$^{21}$jioŋ$^{5}$

羊毛 jioŋ$^{5}$bau$^{53}$

狗 kia$^{35}$

狗牯 kia$^{35}$ku$^{35}$ 公狗

狗婆 kia$^{35}$puo$^{5}$ 已产子的母狗

狗㹀 kia$^{35}$sɿ$^{5}$ 未产子的母狗

狗仔 kia$^{35}$ʦuo$^{3}$ 乳狗

发横狗 fo$^{5}$vaŋ$^{53}$kia$^{35}$ 疯狗

猎狗 lei$^{3}$kia$^{35}$

睇屋狗 t$^{h}$ai$^{35}$ɛɯ$^{5}$kia$^{35}$ 看家狗

吠 puo$^{33}$（狗）叫

□ ʦia$^{5}$（狗）咬

狗窦 kia$^{35}$tia$^{3}$ 狗窝

狗穿 kia$^{35}$ʦ$^{h}$øy$^{21}$ 狗洞

猫咪 bau$^{53}$bai$^{5}$ 猫

猫咪牯 bau$^{53}$bai$^{5}$ku$^{35}$ 公猫

猫咪婆 bau$^{53}$bai$^{5}$puo$^{5}$ 母猫

猫咪穿 bau$^{53}$bai$^{5}$ʦ$^{h}$øy$^{21}$ 猫洞

鸡 kei$^{21}$

生鸡公 sie$^{21}$ kei$^{21}$ kɛŋ$^{3}$ 未阉的成年公鸡

鸡□仔 kei$^{21}$saŋ$^{3}$ʦuo$^{3}$ 鸡角

鸡婆 kei$^{21}$puo$^{5}$ 已下蛋的母鸡

鸡□ kei$^{21}$loŋ$^{5}$ 未下蛋的小母鸡

鸡仔 kei$^{21}$ʦuo$^{3}$ 小鸡儿

赖踎婆 luo$^{33}$pia$^{33}$puo$^{5}$ 抱窝母鸡

阉鸡 jei$^{21}$kei$^{21}$ 阉鸡（动宾）

阉鸡 jei$^{21}$kei$^{21}$ 阉鸡（偏正）

　线鸡 sei$^{55}$kei$^{21}$

麻鸡 bou$^{53}$kei$^{21}$

黄鸡婆 vaŋ$^{53}$kei$^{21}$puo$^{5}$ 黄母鸡

白鸡婆 pie$^{3}$kei$^{21}$puo$^{5}$ 白母鸡
乌鸡婆 vu$^{21}$kei$^{21}$puo$^{5}$ 黑母鸡
鸡□冠 kei$^{21}$ki$^{55}$kuoŋ$^{21}$ 鸡冠
鸡□ kei$^{21}$kʰɐn$^{3}$ 鸡胗
鸡杂 kei$^{21}$ʦʰa$^{3}$ 鸡的内脏
鸡髀 kei$^{21}$pai$^{35}$ 鸡腿
鸡爪 kei$^{21}$ʦau$^{35}$
鸡脚趾 kei$^{21}$kio$^{5}$ʦɿ$^{3}$
鸡□ kei$^{21}$kuo$^{21}$ 鸡嗉子
生春 sie$^{21}$ʦʰɐn$^{3}$ 下蛋
跖 pia$^{33}$ 孵
□ ʦioŋ$^{21}$（鸡）啄（食）
啼 ta$^{53}$（鸡）啼
□ fou$^{55}$（鸡）翻（食物）
骑 kʰi$^{53}$（鸡）交配
　鸡踩水 kei$^{21}$ʦʰa$^{35}$sy$^{35}$
鸡窦 kei$^{21}$tia$^{3}$ 鸡窝
鸡□ kei$^{21}$ʦai$^{3}$ 鸡舍
鸡笼 kei$^{21}$lɛŋ$^{5}$
鸡罩 kei$^{21}$ʦau$^{55}$
鸡篼 kei$^{21}$tia$^{21}$ 鸡食盆
瘟鸡 vɐn$^{21}$kei$^{21}$ 鸡瘟
鸭 a$^{3}$
鸭公头 a$^{3}$kɛŋ$^{21}$tia$^{53}$ 公鸭
鸭婆 a$^{3}$puo$^{5}$ 母鸭
鸭仔 a$^{3}$ʦuo$^{3}$ 小鸭子
干鸭 kuoŋ$^{21}$a$^{3}$ 旱鸭
水鸭 sy$^{35}$a$^{3}$
鸭爪 a$^{3}$ʦau$^{35}$ 脚蹼
鹅 gou$^{5}$
食 sai$^{5}$（鸡、鸭、鱼等动物）的食物

## （二）鸟兽

野□ jia$^{55}$hau$^{55}$ 野兽
象 ʦʰioŋ$^{33}$ 大象
狮子 sɿ$^{21}$ʦɿ$^{35}$
老虎 lau$^{55}$fu$^{35}$
老虎牯 lau$^{55}$fu$^{35}$ku$^{35}$ 公老虎
老虎婆 lau$^{55}$fu$^{35}$puo$^{5}$ 母老虎
熊 hɛŋ$^{53}$
熊猫 hɛŋ$^{53}$bau$^{53}$
豹虎 pau$^{55}$fu$^{35}$ 豹
野猪 jia$^{55}$toe$^{21}$ 山猪
箭猪 ʦei$^{55}$toe$^{21}$ 豪猪
鹿 lɛɯ$^{5}$
野狗 jia$^{55}$kia$^{35}$
狼狗 laŋ$^{53}$kia$^{35}$ 豺狗
野兔 jia$^{55}$tʰu$^{3}$
兔 tʰu$^{3}$ 兔子
猴嘀 hia$^{5}$ta$^{55}$ 猴子
狐狸 vu$^{53}$loe$^{5}$
狼 laŋ$^{53}$
黄鼠狸 vaŋ$^{53}$sy$^{35}$loe$^{53}$ 黄鼠狼
刺猬 ʦʰɿ$^{55}$vai$^{53}$
水□ sy$^{35}$tsʰa$^{3}$ 水獭
雀 ʦio$^{3}$ 鸟儿
雀仔 ʦio$^{3}$ʦuo$^{3}$ 小鸟
老鸦 lau$^{55}$ou$^{21}$ 乌鸦
百老□ pie$^{3}$lau$^{55}$ʦie$^{35}$ 喜鹊
禾雀 vu$^{53}$ʦio$^{3}$ 麻雀
燕仔 jei$^{3}$ʦuo$^{3}$ 燕子
大雁 tuo$^{33}$jei$^{3}$ 雁
□鸠 pɛɯ$^{3}$kia$^{3}$ 斑鸠

水鸭 sy$^{35}$a$^{3}$ 水鸟

天鹅 t$^{h}$ei$^{21}$ɡou$^{53}$

白鸽 pie$^{3}$kou$^{3}$ 鸽子

□鸡 ʦ$^{h}$ɿ$^{55}$kei$^{21}$ 野鸡

野鸭 jia$^{55}$a$^{3}$

鹧鸪 ʦia$^{55}$ku$^{3}$

鹩哥 lio$^{33}$kou$^{3}$ 八哥儿

白鹤 pie$^{3}$hou$^{5}$ 鹤

□鹰 gau$^{53}$jaŋ$^{21}$ 老鹰

猫头雀 bau$^{5}$tia$^{53}$ʦio$^{3}$ 猫头鹰

黄猄 vaŋ$^{53}$kaŋ$^{55}$

爬田角 pou$^{53}$tei$^{53}$kou$^{5}$ 布谷鸟

□虫雀 tioŋ$^{21}$ʦ$^{h}$ɛŋ$^{5}$ʦio$^{3}$ 啄木鸟

孔雀 k$^{h}$ɛŋ$^{35}$ʦio$^{3}$

鹦鹉 jaŋ$^{21}$bu$^{55}$

□膀 ki$^{3}$paŋ$^{35}$ 翅膀

嘴甲 ʦoe$^{35}$ka$^{3}$ 鸟类的嘴

雀窦 ʦio$^{3}$tia$^{3}$ 鸟窝

□窦 ta$^{21}$tia$^{3}$（鸟）筑巢

唱歌 ʦ$^{h}$ioŋ$^{55}$kou$^{21}$（小鸟）叫

绒毛 jɛŋ$^{5}$bau$^{53}$

羽毛 jy$^{55}$bau$^{53}$

胎 t$^{h}$uo$^{3}$ 牲畜的胎

**（三）虫类**

□□ la$^{53}$k$^{h}$au$^{5}$ 蜘蛛

□□网 la$^{53}$k$^{h}$au$^{5}$baŋ$^{35}$ 蜘蛛网

蚁公 ɡi$^{35}$kɛŋ$^{21}$ 蚂蚁

白蚁 pie$^{3}$ɡi$^{35}$

蚁公窦 ɡi$^{35}$kɛŋ$^{21}$tia$^{3}$ 蚂蚁窝

□蛄 la$^{53}$ku$^{3}$ 蝼蛄

蠔公 høy$^{35}$kɛŋ$^{21}$ 蚯蚓

涎螺 jei$^{53}$lou$^{53}$ 蜗牛

混屎公 k$^{h}$uɐn$^{33}$sɿ$^{35}$kɛŋ$^{21}$ 屎壳郎

蝎子 hei$^{5}$ʦɿ$^{3}$

蜈蚣虫 ɡou$^{53}$kɛŋ$^{21}$ʦ$^{h}$ɛŋ$^{53}$ 蜈蚣

山湖猋 sa$^{21}$fu$^{53}$pio$^{21}$ 壁虎

黄□ vaŋ$^{53}$ʦ$^{h}$a$^{3}$ 蟋蟀

灶鸡 ʦau$^{55}$kei$^{3}$ 灶蟋蟀

□□ k$^{h}$u$^{53}$ʦ$^{h}$uo$^{5}$ 蟑螂的一种，体形较大

□□ k$^{h}$u$^{53}$ pai$^{5}$ 蟑螂的一种，体形较小

□ bie$^{35}$ 蝗虫

鬼□ kuai$^{35}$bie$^{35}$ 螳螂

蝴蝶 fu$^{53}$tei$^{5}$

□□子 pie$^{35}$lɛŋ$^{33}$ʦɿ$^{35}$ 蜻蜓

水蚊 sy$^{35}$bɐn$^{35}$ 飞蛾

□□虫 ʦi$^{55}$ʦɿ$^{55}$ʦ$^{h}$ɛŋ$^{5}$ 蝉

蚕虫 ʦ$^{h}$a$^{53}$ʦ$^{h}$ɛŋ$^{5}$ 蚕

蚕包 ʦ$^{h}$a$^{53}$pau$^{3}$ 蚕蛹

蚕丝 ʦ$^{h}$a$^{53}$sɿ$^{21}$

扯丝 ʦ$^{h}$ie$^{35}$sɿ$^{21}$ ①（蚕）吐丝；②（蜘蛛）结网

结包 kei$^{5}$pau$^{3}$（蚕）吐丝成包

蜜嘀 bai$^{3}$ta$^{3}$ ①蜜蜂；②工蜂

黄蜂 vaŋ$^{53}$fɛŋ$^{21}$

蜜蜂头 bai$^{3}$fɛŋ$^{21}$tia$^{5}$ 蜂王

蜂箱 fɛŋ$^{21}$sioŋ$^{3}$

蜜蜂窦 bai$^{3}$fɛŋ$^{21}$tia$^{3}$ 蜂窝

蜜采糖 bai$^{3}$ʦ$^{h}$oe$^{35}$taŋ$^{53}$ 蜜蜂采蜜

针 ʦɐn$^{21}$（蜂）蛰（人）

乌蝇 vu$^{21}$jaŋ$^{5}$ 苍蝇

蚊嘀 bɐn$^{35}$ta$^{3}$ 蚊子
咬 gau$^{55}$（苍蝇、蚊子等）叮
蚊虫 bɐn$^{35}$ʦʰɛŋ$^{5}$ 孑孓
虱婆 søy$^{5}$puo$^{5}$ 虱子
虱婆春 søy$^{5}$puo$^{5}$ʦʰɐn$^{3}$ 虱子卵
枯榫 ku$^{21}$pai$^{21}$ 臭虫
臭榫 ʦʰiu$^{55}$pai$^{21}$ 椿象
狗虱 kia$^{35}$søy$^{5}$ 跳蚤
□霸 tʰei$^{5}$pou$^{55}$ 牛虻
香火石 hioŋ$^{21}$fu$^{35}$sie$^{5}$ 萤火虫
□□虫 jie$^{21}$ʦai$^{55}$ʦʰɛŋ$^{5}$ 金龟子
硬壳虫 gie$^{33}$kʰou$^{3}$ʦʰɛŋ$^{5}$ 米虫
卷叶虫 køy$^{35}$jei$^{5}$ʦʰɛŋ$^{5}$
钻心虫 ʦoŋ$^{55}$sɐn$^{21}$ʦʰɛŋ$^{5}$
□ ʦai$^{21}$ 黑色小虫，有翅膀，多长在树上
鸡□ kei$^{21}$ʦai$^{21}$ 长在家禽身上极细小的虫儿
□□虫 luo$^{53}$luo$^{53}$ʦʰɛŋ$^{5}$ 小虫，形体像毛毛虫，尖嘴，蛰人
伢□ ga$^{53}$gou$^{55}$ 黑色虫子，有两只长角，身上有斑点，一般长在苦楝树上
毛毛虫 bau$^{53}$bau$^{53}$ʦʰɛŋ$^{53}$ 毛虫
蠓虫 bɛŋ$^{35}$ʦʰɛŋ$^{5}$
蛀虫 ʦy$^{55}$ʦʰɛŋ$^{5}$
蛇 sie$^{53}$
毒蛇 tɛɯ$^{3}$sie$^{53}$
蟒蛇 baŋ$^{35}$sie$^{53}$
青鼠蛇 ʦʰie$^{21}$sy$^{35}$sie$^{5}$ 眼镜蛇
白断牯 pie$^{3}$tʰoŋ$^{55}$ku$^{35}$ 银环蛇
水融蛇 sy$^{35}$jɛŋ$^{53}$sie$^{53}$ 水蛇
花仔蛇 fou$^{21}$ʦuo$^{3}$sie$^{53}$ 菜花蛇
青竹蛇 ʦʰie$^{21}$ʦɛɯ$^{3}$sie$^{53}$ 竹叶青
蛇皮 sie$^{53}$pai$^{53}$
七寸 ʦʰai$^{5}$ʦʰɐn$^{55}$ 一般指蛇的心脏，因为其距离头部约七寸而得名
蛇胆 sie$^{53}$ta$^{35}$
缩□ sɛɯ$^{5}$buo$^{53}$（蛇）绞缠
沿 jøy$^{53}$（蛇）爬
蜕皮 tʰoe$^{55}$pai$^{53}$ ①（蝉）脱壳；②（蛇）蜕皮
蛇孔 sie$^{53}$kʰɛŋ$^{35}$ 蛇洞
老鼠 lau$^{55}$sy$^{35}$
飞鼠 fai$^{21}$sy$^{3}$ 蝙蝠
田老鼠 tʰei$^{53}$lau$^{55}$sy$^{35}$ 田鼠
四脚蛇 sɿ$^{55}$kio$^{5}$sie$^{5}$ 蜥蜴
鲢鲤 lei$^{53}$lai$^{5}$ 穿山甲

**（四）鱼虾类**

鱼 gy$^{5}$
鲤鱼 lai$^{55}$gy$^{5}$
鲫鱼 ʦai$^{5}$gy$^{5}$
草鱼 ʦʰau$^{35}$gy$^{53}$
黄角 vaŋ$^{53}$kou$^{3}$ 黄颡鱼
乌贼鱼 vu$^{21}$ʦʰai$^{3}$gy$^{5}$ 墨鱼
鱿鱼 jiu$^{53}$gy$^{5}$
人头鲢 tuo$^{33}$tia$^{53}$lei$^{53}$ 胖头鱼
鱼鳞 gy$^{5}$lɐn$^{53}$
鱼骨头 gy$^{5}$kuo$^{3}$tia$^{5}$ 鱼刺
鱼泡 gy$^{5}$pʰau$^{3}$ 鱼鳔
鱼翼 gi$^{5}$jei$^{3}$ 鱼鳍
鱼□腮 gy$^{5}$luo$^{53}$soe$^{21}$ 鱼鳃
鱼春 gy$^{5}$ʦʰɐn$^{3}$ 鱼卵

鱼花 gy$^{5}$fou$^{21}$ 鱼苗儿

泥鳅 la$^{53}$ʦ$^{h}$iu$^{3}$

黄鳝 vaŋ$^{53}$sei$^{55}$

虾公 hou$^{21}$kɛŋ$^{21}$ 虾

乌龟 vu$^{21}$kuai$^{21}$

龟壳 kuai$^{21}$k$^{h}$ou$^{3}$

脚鱼 kio$^{5}$gy$^{5}$ 鳖

老蟹 lau$^{55}$ha$^{35}$ 螃蟹

老蟹脚 lau$^{55}$ha$^{35}$kio$^{5}$ 螃蟹腿

蛤婆 kia$^{5}$puo$^{5}$ 较大的青蛙

田鸡 tei$^{53}$kei$^{21}$

蛤嘀 kua$^{35}$ta$^{3}$ 较小的青蛙

大肚蛤 tuo$^{33}$tu$^{35}$kua$^{35}$ 蝌蚪

石蛤 sie$^{3}$kia$^{5}$ 石蛙

□蜍婆 kia$^{21}$sy$^{53}$pou$^{53}$ 蟾蜍

蜞□ k$^{h}$i$^{53}$tau$^{53}$ 蚂蟥

田螺 tei$^{53}$lou$^{53}$

水螺 sy$^{35}$luo$^{5}$ 石螺

蚌 p$^{h}$aŋ$^{35}$

## 七、房舍

### （一）房子

村牌 ʦ$^{h}$ɐn$^{21}$pa$^{5}$ 村子的牌坊

屋牌 ɛɯ$^{5}$pa$^{5}$ 房屋的牌坊

屋 ɛɯ$^{5}$ 房子，一般指整座

老屋 lau$^{55}$ɛɯ$^{5}$

新屋 sɐn$^{21}$ɛɯ$^{5}$

瓦房 gou$^{55}$faŋ$^{5}$ 平房

楼房 lia$^{53}$faŋ$^{5}$

房 faŋ$^{5}$ 房间

房间 faŋ$^{53}$ka$^{21}$ 卧室

私厅 sɿ$^{21}$t$^{h}$ie$^{3}$ 正厅

老厅 lau$^{55}$t$^{h}$ie$^{21}$ 先人留下来的大厅

凉亭 lioŋ$^{53}$tie$^{5}$ 亭子

灶脚 ʦau$^{55}$kio$^{3}$ 厨房

洗身房 sei$^{35}$sɐn$^{21}$faŋ$^{5}$ 洗澡房

屎湖 sɿ$^{35}$fu$^{53}$ 厕所

闲屋 ha$^{53}$ɛɯ$^{5}$ 杂屋

茅寮 bau$^{53}$lio$^{5}$ 茅草房

柴寮 ʦ$^{h}$a$^{53}$lio$^{5}$ 柴房

碓寮 toe$^{3}$lio$^{5}$ 碓房

磨寮 bou$^{5}$lio$^{5}$ 磨房

### （二）房屋结构

天井 t$^{h}$ei$^{21}$ʦie$^{35}$

楼梯间 lia$^{53}$t$^{h}$a$^{21}$ka$^{21}$

围杆 vai$^{53}$kuoŋ$^{21}$ 栏杆

跳楼 t$^{h}$io$^{55}$lia$^{53}$ 阳台

楼坪 lia$^{53}$pie$^{53}$ 晒台

栋梁 tɛŋ$^{55}$lioŋ$^{53}$ 房脊

瓦檐口 gou$^{55}$jei$^{5}$k$^{h}$ia$^{35}$ 房檐儿

二坑楼 gi$^{55}$hie$^{21}$lia$^{53}$ 两座墙之间用来拉力的最上方的横梁

楼枕 lia$^{53}$ʦɐn$^{35}$ 中梁，楼板下的横梁

水行 sy$^{35}$hie$^{5}$ 檩

天花板 t$^{h}$ei$^{21}$fou$^{21}$poŋ$^{35}$

楼板 lia$^{53}$poŋ$^{35}$

瓦桷 gou$^{55}$kou$^{3}$ 椽子

滴水 tei$^{5}$sy$^{35}$

狗牙砖 kia$^{35}$gou$^{53}$ʦøy$^{21}$ 房顶上四周向外突出的红砖

挑 t$^{h}$io$^{3}$ 房檐下伸出去的条状木头

柱头 t$^{h}$oe$^{33}$tia$^{53}$ 柱子

柱头墩　t$^{h}$oe$^{33}$tia$^{53}$tɐn$^{21}$ 柱下石

石脚　sie$^{3}$kio$^{5}$ 地基

大脚　tuo$^{33}$kio$^{3}$ 地基下端较大的部分

码头　bou$^{55}$tia$^{53}$ 台阶儿

□　t$^{h}$ou$^{5}$ 量词，级，用于台阶：上～

门　boŋ$^{5}$

中间门　ʦɛŋ$^{21}$ka$^{3}$boŋ$^{5}$ 正门

后门　hia$^{33}$boŋ$^{5}$

边门　pei$^{21}$boŋ$^{5}$ 侧门

单门　toŋ$^{21}$boŋ$^{5}$ 单扇门

双门　saŋ$^{21}$boŋ$^{5}$ 双扇门

皓穿　hau$^{33}$ʦ$^{h}$øy$^{3}$ 窗户

皓穿头　hau$^{33}$ʦ$^{h}$øy$^{3}$tia$^{53}$ 窗台

皓穿圈　hau$^{33}$ʦ$^{h}$øy$^{3}$k$^{h}$øy$^{3}$ 窗户框

瓦檐底　gou$^{55}$jei$^{5}$ta$^{35}$ 走廊

火眼　fu$^{35}$ga$^{55}$ 过道

**（三）其他设施**

地板　tai$^{33}$poŋ$^{35}$

壁　pie$^{5}$ 墙

板墙　poŋ$^{35}$ʦ$^{h}$ioŋ$^{53}$

　□板　sei$^{35}$poŋ$^{35}$

埁墙　ʦɛŋ$^{21}$ʦ$^{h}$ioŋ$^{53}$ 土墙的总称

泥埁墙　la$^{53}$ʦɛŋ$^{21}$ʦ$^{h}$ioŋ$^{53}$ 用泥巴筑成的墙

灰沙埁墙　fo$^{21}$sou$^{3}$ʦɛŋ$^{21}$ʦ$^{h}$ioŋ$^{53}$ 用石灰、沙子筑成的墙

泥砖壁　la$^{53}$ʦøy$^{21}$pie$^{5}$ 土砖墙

火砖壁　fu$^{35}$ʦøy$^{21}$pie$^{5}$ 红砖墙

竹墙　ʦɛɯ$^{3}$ʦ$^{h}$ioŋ$^{53}$

楼梯　lia$^{53}$t$^{h}$a$^{21}$

门板　boŋ$^{5}$poŋ$^{35}$

门口　boŋ$^{53}$k$^{h}$ia$^{3}$

门铲　boŋ$^{53}$ʦ$^{h}$a$^{35}$ 门槛儿

门闩　boŋ$^{53}$soŋ$^{3}$

门窦　boŋ$^{53}$tia$^{3}$ 门臼

门架　boŋ$^{5}$kou$^{55}$ 门框

铁牛牯　t$^{h}$ei$^{5}$giu$^{53}$ku$^{35}$ 钌铞儿

门墩　boŋ$^{53}$tɐn$^{21}$ 安放在大门两边用来坐人的石墩或木墩

井　ʦie$^{35}$ 水井

手摇井　siu$^{35}$jio$^{53}$ʦie$^{35}$ 摇井

灶头　ʦau$^{55}$tia$^{5}$ ①灶；②灶台

灶孔　ʦau$^{55}$k$^{h}$ɛŋ$^{35}$ 灶眼

灶肚　ʦau$^{55}$tu$^{35}$ 灶膛

灶门　ʦau$^{55}$boŋ$^{5}$

灶门口　ʦau$^{55}$boŋ$^{5}$k$^{h}$ia$^{3}$

灶头边　ʦau$^{55}$tia$^{5}$pei$^{21}$ 灶背

烟通　jei$^{21}$t$^{h}$ɛŋ$^{21}$ 烟囱

谷仓　kɛɯ$^{3}$ʦ$^{h}$aŋ$^{21}$ 粮仓

围墙　vai$^{53}$ʦ$^{h}$ioŋ$^{53}$

篱守　lai$^{53}$siu$^{35}$ 篱笆

棚　pɛŋ$^{53}$

粪缸　fɐn$^{55}$kaŋ$^{21}$ 粪池

　粪湖　fɐn$^{55}$fu$^{53}$

门口坪　boŋ$^{53}$k$^{h}$io$^{3}$pie$^{5}$ 门前的平地

营　jie$^{35}$ 院子

禾坪　vu$^{53}$pie$^{5}$ 晒谷场

暗沟　a$^{55}$kia$^{21}$ 阴沟

砖　ʦøy$^{21}$

青砖　ʦ$^{h}$ie$^{21}$ʦøy$^{21}$

红砖　hɛŋ$^{53}$ʦøy$^{21}$

砖碎　ʦøy$^{21}$soe$^{55}$ 碎砖

砖婆 tsøy$^{21}$p$^{h}$ou$^{3}$ 砖坯

子泥 tsɿ$^{35}$la$^{5}$ 制砖的泥浆

泥砖 la$^{53}$tsøy$^{21}$ 泥制的干砖

火砖 fu$^{35}$tsøy$^{21}$ 烧好的红砖

瓦 gou$^{55}$

瓦碎 gou$^{55}$soe$^{55}$ 碎瓦

黑瓦 hai$^{5}$gou$^{55}$ 青瓦

石棉瓦 sie$^{3}$bei$^{53}$gou$^{55}$

琉璃瓦 liu$^{53}$lai$^{53}$gou$^{55}$

皓□ hau$^{33}$lia$^{5}$ 明瓦

窑 jio$^{53}$

砖窑 tsøy$^{21}$jio$^{53}$

瓦窑 gou$^{55}$jio$^{53}$

起屋 hi$^{35}$ɛɯ$^{5}$ 盖房子

打火砖 tou$^{35}$fu$^{35}$tsøy$^{21}$ 打红砖

打泥砖 tou$^{35}$la$^{53}$tsøy$^{21}$ 打土砖

烧砖 siu$^{21}$tsøy$^{21}$

打瓦 tou$^{35}$gou$^{55}$

烧窑 siu$^{21}$jio$^{53}$

结壁 kei$^{5}$pie$^{5}$ 砌墙

倒琮墙 tau$^{35}$tsɛŋ$^{21}$ts$^{h}$ioŋ$^{53}$ 筑土墙

扶门 pu$^{53}$boŋ$^{5}$ 建房时安装门框

放梁 faŋ$^{55}$lioŋ$^{53}$ 安梁

盖瓦 kuo$^{55}$gou$^{55}$

封檐 fɛŋ$^{21}$jei$^{5}$ 封顶

捡漏 kɐn$^{35}$lia$^{33}$

剌锡 p$^{h}$a$^{21}$t$^{h}$aŋ$^{55}$ 用烫子把混合砂浆抹在墙上，使其平整

刷墙 suo$^{5}$ts$^{h}$ioŋ$^{53}$

刮塑 kua$^{5}$sou$^{5}$ 油漆前为使器物表面平整而涂抹腻子

## 八、器具用品

### （一）一般家具

东西 tɛŋ$^{21}$sei$^{3}$ 物品

　东□ tɛŋ$^{21}$k$^{h}$ei$^{3}$

家私 kou$^{21}$sɿ$^{21}$ 家具

柜 k$^{h}$uai$^{33}$ 柜子

矮柜 a$^{35}$k$^{h}$uai$^{33}$ 橱子

碗柜 voŋ$^{35}$k$^{h}$uai$^{33}$

　餐柜 ts$^{h}$oŋ$^{21}$k$^{h}$uai$^{33}$

高柜 kau$^{21}$k$^{h}$uai$^{33}$ 衣橱

两门柜 lioŋ$^{55}$ boŋ$^{5}$k$^{h}$uai$^{33}$ 两扇门的衣橱

三门柜 sa$^{21}$boŋ$^{5}$k$^{h}$uai$^{33}$ 三扇门的衣橱

四门柜 sɿ$^{55}$boŋ$^{5}$k$^{h}$uai$^{33}$ 四扇门的衣橱

柜门 k$^{h}$uai$^{33}$boŋ$^{5}$

隔板 kie$^{5}$poŋ$^{35}$

箱 sioŋ$^{21}$ 箱子

木箱 bɛɯ$^{5}$sioŋ$^{21}$

皮箱 pai$^{53}$sioŋ$^{21}$ 较大的皮箱

皮□ pai$^{53}$ki$^{5}$ 较小的皮箱

柜桶 k$^{h}$uai$^{5}$t$^{h}$ɛŋ$^{35}$ 抽屉

拉手 luo$^{21}$siu$^{35}$ 门环子

桌 tsou$^{3}$ 桌子

圆桌 jøy$^{53}$tsou$^{3}$

大方桌 tuo$^{33}$faŋ$^{21}$tsou$^{3}$

四方桌 sɿ$^{55}$faŋ$^{21}$tsou$^{3}$

饭桌 foŋ$^{33}$tsou$^{3}$

梳妆桌 søy$^{21}$tsaŋ$^{21}$tsou$^{3}$ 梳妆台

凳 taŋ$^{3}$

长凳 ts$^{h}$oŋ$^{53}$taŋ$^{3}$ 条形凳子，一般坐

两三个人

骑凳 k$^{h}$i$^{53}$taŋ$^{55}$ 条形凳子，可以坐多个人，最多可达十多人

木凳 bɛɯ$^{5}$taŋ$^{3}$ 条形凳子，较高，一般坐一个人

板凳 poŋ$^{35}$taŋ$^{3}$ 方形凳子

墩凳 tɐn$^{21}$taŋ$^{3}$ 圆形小凳

矮凳 a$^{35}$taŋ$^{3}$ 小板凳儿

菜凳 ʦ$^{h}$uo$^{55}$taŋ$^{3}$ 条案

劏架 t$^{h}$aŋ$^{21}$kou$^{55}$ 屠案

椅凳 ji$^{35}$taŋ$^{3}$ 椅子、凳子的统称

凭背椅 paŋ$^{33}$puo$^{55}$ji$^{35}$ 椅子

凭背 paŋ$^{33}$puo$^{55}$ 靠背

睡椅 soe$^{55}$ji$^{35}$ 躺椅

藤椅 taŋ$^{53}$ji$^{35}$

横梁 vie$^{53}$lioŋ$^{5}$ 椅子撑儿

　横撑 vie$^{53}$ʦ$^{h}$ie$^{55}$

沙发 sou$^{21}$fo$^{5}$

皮沙发 pai$^{53}$sou$^{21}$fo$^{5}$

木沙发 bɛɯ$^{5}$sou$^{21}$fo$^{5}$

坐轿 ʦ$^{h}$ou$^{55}$k$^{h}$io$^{5}$ 类似轿子的凳子，四周围起来，专供不会走路的小孩儿坐

学行车 hou$^{3}$hie$^{53}$ʦ$^{h}$ie$^{21}$ 学步车

坐包 ʦ$^{h}$ou$^{55}$pau$^{3}$ 自行车等的坐垫

跪墩 k$^{h}$uai$^{33}$tɐn$^{21}$ 蒲团

禾稿□ vu$^{53}$kau$^{35}$p$^{h}$ie$^{21}$ 草垫子

**（二）卧室用具**

床窦 ʦ$^{h}$aŋ$^{53}$tia$^{3}$ 床

床板 ʦ$^{h}$aŋ$^{53}$poŋ$^{35}$

蚊帐架 boŋ$^{35}$ʦioŋ$^{3}$kou$^{55}$ 床架

棕床 ʦ$^{h}$ɛŋ$^{21}$ʦ$^{h}$aŋ$^{53}$

竹床 ʦɛɯ$^{3}$ʦ$^{h}$aŋ$^{53}$ 单人睡的竹床

垫床草 t$^{h}$a$^{55}$ʦ$^{h}$aŋ$^{53}$ʦ$^{h}$au$^{35}$

蚊帐 bɐn$^{35}$ʦioŋ$^{3}$

圆蚊帐 jøy$^{53}$baŋ$^{35}$ʦioŋ$^{3}$

方蚊帐 foŋ$^{21}$baŋ$^{35}$ʦioŋ$^{3}$

蚊帐钩 bɐn$^{35}$ʦioŋ$^{3}$kia$^{3}$ 帐钩

蚊帐边 baŋ$^{35}$ʦioŋ$^{3}$pei$^{21}$ 帐檐儿

被 p$^{h}$ai$^{55}$ 被子

单被 toŋ$^{21}$p$^{h}$ai$^{55}$

棉被 bei$^{53}$p$^{h}$ai$^{55}$ ①被套；②棉花胎

被面 p$^{h}$ai$^{55}$bei$^{33}$

被内□ p$^{h}$ai$^{55}$loe$^{33}$t$^{h}$oe$^{3}$ 被里

空心被 hɛŋ$^{21}$sɐn$^{21}$p$^{h}$ai$^{55}$

实心被 si$^{3}$sɐn$^{21}$p$^{h}$ai$^{55}$

被底 p$^{h}$ai$^{55}$ta$^{35}$ 被窝儿

垫嘀 t$^{h}$a$^{55}$ta$^{3}$ 床单

毡 ʦei$^{21}$ 毯子

夹被 ka$^{5}$p$^{h}$ai$^{3}$ 褥子

睡宝 soe$^{55}$pau$^{35}$ 席梦思

席 ʦ$^{h}$ie$^{3}$ 席子

扁草席 pa$^{35}$ʦ$^{h}$au$^{35}$ʦ$^{h}$ie$^{3}$ 草席

竹席 ʦɛɯ$^{3}$ʦ$^{h}$ie$^{3}$

枕头 ʦɐn$^{35}$tia$^{53}$

单人枕 toŋ$^{21}$gɐn$^{53}$ʦɐn$^{35}$

双人枕 saŋ$^{21}$gɐn$^{53}$ʦɐn$^{35}$

枕巾 ʦɐn$^{35}$kɐn$^{21}$

枕头芯 ʦɐn$^{35}$tia$^{53}$sɐn$^{21}$

枕头套 ʦɐn$^{35}$tia$^{53}$t$^{h}$au$^{55}$ 枕套

竹枕 ʦɛɯ$^{3}$ʦɐn$^{35}$

木枕 bɛɯ$^{5}$ʦɐn$^{35}$

陶器枕 tau$^{53}$hi$^{55}$ʦɐn$^{35}$ 瓷枕

火柜 fu$^{35}$k$^{h}$uai$^{33}$ 柜形取暖工具，一般放在床边

暖水袋 loŋ$^{55}$sy$^{35}$tuo$^{33}$ 汤壶

**（三）炊事用具**

边炉 pei$^{21}$lu$^{53}$ 在地面上用石头等围成的火炉

煤炉 buo$^{53}$lu$^{53}$

电炉 tei$^{33}$lu$^{53}$

风箱 fɛŋ$^{21}$sioŋ$^{21}$

火锥 fu$^{35}$ʦy$^{3}$ 通条

炉桥 lu$^{53}$k$^{h}$io$^{53}$

火钳 fu$^{35}$k$^{h}$ei$^{5}$

火筒 fu$^{35}$tɛŋ$^{5}$ 吹火筒

火圈 fu$^{35}$k$^{h}$øy$^{21}$ 火塘

洋火 jioŋ$^{53}$fu$^{35}$ 火柴

　火柴 fu$^{35}$ʦ$^{h}$a$^{53}$

出灰刮 ʦ$^{h}$y$^{5}$fo$^{21}$kua$^{3}$ 清除煤灰的工具

火机 fu$^{35}$kei$^{21}$ 打火机

火石 fu$^{35}$sie$^{5}$

火把 fu$^{35}$pou$^{35}$

火镰 fu$^{35}$lei$^{5}$ 取火工具，较小

火刀 fu$^{35}$tau$^{3}$ 取火工具，较大

纸引 ʦɿ$^{35}$jɐn$^{3}$ 纸煤儿

镬头 vou$^{3}$tia$^{53}$ 锅

铁镬 t$^{h}$ei$^{5}$vou$^{3}$ 铁锅

铜镬 tɛŋ$^{53}$vou$^{5}$ 铜锅

瓦镬 gou$^{55}$vou$^{5}$ 砂锅

锑煲 t$^{h}$ai$^{55}$pou$^{21}$ 锅具，锑制，壁较陡直

铜煲 tɛŋ$^{53}$pou$^{21}$ 锅具，铜制，壁较陡直

瓦煲 gou$^{55}$pou$^{21}$ 锅具，陶土烧制，壁较陡直

高压煲 kau$^{21}$a$^{5}$pou$^{21}$ 高压锅

炆鼎 vɐn$^{53}$tie$^{35}$ 鼎锅

锑钵 t$^{h}$ai$^{55}$puo$^{3}$ 铝钵

镬耳 vou$^{5}$gi$^{3}$ 锅耳

镬盖 vou$^{3}$kuo$^{3}$ 锅盖

扁盖 pa$^{35}$kuo$^{3}$ 扁形锅盖

铲匙 ʦ$^{h}$a$^{35}$sɿ$^{5}$ 锅铲

镬扫 vou$^{3}$sau$^{55}$ 炊帚

洗碗布 sei$^{35}$voŋ$^{35}$pu$^{3}$ ①丝瓜成熟后里面的网状物，一般用来洗碗；②用来洗碗的布块

水瓮 sy$^{35}$ɛŋ$^{3}$ 水缸

水桶 sy$^{35}$t$^{h}$ɛŋ$^{35}$

铁桶 t$^{h}$ei$^{5}$t$^{h}$ɛŋ$^{35}$

木桶 bɛɯ$^{5}$t$^{h}$ɛŋ$^{35}$

铝桶 loe$^{5}$t$^{h}$ɛŋ$^{35}$

塑料桶 sou$^{5}$lio$^{33}$t$^{h}$ɛŋ$^{35}$

潲桶 sau$^{55}$t$^{h}$ɛŋ$^{35}$ 泔水桶

　潲水桶 sau$^{55}$sy$^{35}$t$^{h}$ɛŋ$^{35}$

桶箍 t$^{h}$ɛŋ$^{35}$k$^{h}$u$^{3}$

桶耳 t$^{h}$ɛŋ$^{35}$gi$^{3}$ 桶的提手

壶 fu$^{53}$

水壶 sy$^{35}$fu$^{53}$

茶壶 ʦ$^{h}$ou$^{53}$fu$^{53}$

茶托 ʦ$^{h}$ou$^{53}$t$^{h}$ou$^{5}$ 茶盘

暖壶 loŋ$^{55}$fu$^{53}$ 暖水瓶

碗 voŋ$^{35}$

墩碗 tɐn$^{21}$voŋ$^{35}$ 海碗

瓦碗 gou$^{55}$voŋ$^{35}$ 瓷碗
篕 jia$^{3}$ 碗的一种，一般用木头、竹子制作而成
盘 poŋ$^{5}$ 盘子
碟 tei$^{5}$ 碟子
勺嘀 sio$^{3}$ta$^{3}$ 勺子
汤勺 t$^{h}$aŋ$^{21}$sio$^{3}$
饭勺 foŋ$^{33}$sio$^{3}$
调和 tio$^{53}$hou$^{53}$ 调羹
筷子 k$^{h}$ua$^{55}$ʦɿ$^{35}$
筷子筒 k$^{h}$ua$^{55}$ʦɿ$^{35}$tɛŋ$^{5}$ 筷笼
竹筒 ʦɛɯ$^{5}$tɛŋ$^{5}$
牙签 gou$^{53}$ʦ$^{h}$ei$^{21}$
盅 ʦɛŋ$^{3}$ 杯子
茶盅 ʦ$^{h}$ou$^{53}$ʦɛŋ$^{3}$ 小茶杯
茶杯 ʦ$^{h}$ou$^{53}$pai$^{21}$ 盖碗儿
酒盅 ʦiu$^{35}$ʦɛŋ$^{3}$ 酒杯
樽 ʦɐn$^{21}$ 圆形的瓶子
樽盖 ʦɐn$^{21}$kuo$^{3}$ 瓶盖儿
樽欂 ʦɐn$^{21}$ʦuo$^{3}$ 瓶塞
酒樽 ʦiu$^{35}$ʦɐn$^{21}$ 酒瓶
　酒瓶 ʦiu$^{35}$paŋ$^{53}$
酱油樽 ʦioŋ$^{55}$jiu$^{53}$ʦɐn$^{21}$ 酱油瓶
水火油樽 sy$^{35}$fu$^{35}$jiu$^{53}$ʦɐn$^{21}$ 煤油瓶
酒埕 ʦiu$^{35}$taŋ$^{53}$ 酒坛子
缸 kaŋ$^{21}$ 坛子
糖缸 taŋ$^{53}$kaŋ$^{21}$
油缸 jiu$^{53}$kaŋ$^{21}$
盐缸 jei$^{53}$kaŋ$^{21}$
米缸 buo$^{55}$kaŋ$^{21}$
潲水缸 sau$^{55}$sy$^{35}$kaŋ$^{21}$ 泔水缸
□塔 ji$^{21}$t$^{h}$a$^{3}$ 腌菜的坛子，用泥土烧制而成，中间圆，上面有槽
筒 tɛŋ$^{5}$ 罐子
勺婆 sio$^{3}$puo$^{5}$ 瓢
笊□ ʦau$^{21}$loe$^{5}$ 笊篱
漏碗 lia$^{33}$voŋ$^{35}$ 漏斗
箩簸 lou$^{53}$pou$^{55}$ 筲箕
礤 ʦ$^{h}$uo$^{3}$ 礤床
刀 tau$^{3}$
菜刀 ʦ$^{h}$uo$^{55}$tau$^{3}$
刀鞘 tau$^{3}$sio$^{55}$ 刀架
刀背 tau$^{3}$puo$^{55}$
刀口 tau$^{3}$k$^{h}$ia$^{35}$ 刀刃
抓手 ʦou$^{21}$siu$^{35}$ 把儿
搂镰石 lou$^{53}$lei$^{5}$sie$^{5}$ 磨刀石
砧板 tɐn$^{21}$poŋ$^{35}$
须刨 soe$^{21}$pau$^{5}$ 丝刨
碾船 gei$^{35}$søy$^{5}$ 研船
擂钵 loe$^{53}$puo$^{3}$ 研磨辣椒的钵头
钵头 puo$^{3}$tia$^{53}$ 钵子
酒透 ʦiu$^{35}$t$^{h}$ia$^{55}$ 酒笕
酒□ ʦiu$^{35}$pɛŋ$^{3}$ 酒提
酒甑 ʦiu$^{35}$ʦaŋ$^{21}$
饭甑 foŋ$^{33}$ʦaŋ$^{3}$
饭甑箅 foŋ$^{33}$ʦaŋ$^{3}$pai$^{55}$ 放在饭甑里蒸饭用的箅子
蒸笼 ʦaŋ$^{21}$lɛŋ$^{5}$
米瓮 buo$^{55}$ɛŋ$^{3}$ 米桶
米□ buo$^{55}$sie$^{35}$ 量米的量杯

**（四）工匠用具**

用具 jɛŋ$^{33}$k$^{h}$y$^{33}$ 工具

刨 pau$^{5}$ 推刨

斧头 pu$^{35}$tia$^{5}$ 斧子

锯 ky$^{3}$

锯刀 ky$^{3}$tau$^{3}$ 锉刀

凿 ʦʰou$^{5}$ 凿子

车钻 ʦʰie$^{21}$ʦoŋ$^{3}$ 打眼儿的钻，手摇

角尺 kou$^{5}$ʦʰie$^{3}$ 曲尺

钢尺 kaŋ$^{3}$ʦʰie$^{3}$ 钢卷尺

墨盘 bai$^{5}$poŋ$^{5}$ 墨斗

墨线 bai$^{5}$sei$^{55}$ 墨斗线

钉 tie$^{3}$ 钉子

钉仔 tie$^{3}$ʦuo$^{3}$ 小钉子

寸二钉 ʦʰɐn$^{55}$ ɡi$^{33}$ tie$^{3}$ 一寸二长的钉子

瓦桷钉 ɡou$^{55}$kou$^{5}$tie$^{3}$ 钉椽子的钉子

水泥钉 sy$^{35}$la$^{53}$tie$^{3}$ 钉水泥板的钉子

天花板钉 tʰei$^{21}$ fou$^{21}$ poŋ$^{35}$ tie$^{3}$ 钉天花板的钉子

楼板钉 lia$^{53}$poŋ$^{35}$tie$^{3}$ 钉楼板的钉子

螺丝 lou$^{53}$sɿ$^{21}$

螺丝□ lou$^{53}$sɿ$^{21}$pa$^{21}$ 螺丝刀

扳手 poŋ$^{35}$siu$^{35}$

钳 kʰei$^{5}$ ①小钳子；②镊子

铁钳 tʰei$^{5}$kʰei$^{53}$

老虎钳 lau$^{55}$fu$^{35}$kʰei$^{53}$

榔锤 laŋ$^{53}$toe$^{5}$ 大铁锤

铁锤 tʰei$^{5}$toe$^{5}$ 钉锤

细铁锤 soe$^{55}$tʰei$^{5}$toe$^{5}$

铁墩头 tʰei$^{5}$tɐn$^{21}$tia$^{53}$ 砧子

书锥 sy$^{21}$ʦy$^{3}$ 锥子

合页 fo$^{3}$jei$^{5}$

泥刀 la$^{53}$tau$^{3}$ 瓦刀

砖刀 ʦøy$^{21}$tau$^{3}$

砖格 ʦøy$^{21}$kie$^{3}$ 砖模，较小

砖模 ʦøy$^{21}$bu$^{5}$ 砖模，较大

瓦格 ɡou$^{55}$kie$^{3}$ 瓦模，较小

瓦模 ɡou$^{55}$bu$^{5}$ 瓦模，较大

抹刀 buo$^{5}$tau$^{3}$

篾刀 ba$^{5}$tau$^{3}$

劏猪刀 tʰaŋ$^{21}$toe$^{21}$tau$^{3}$ 杀猪刀

烫匙 tʰaŋ$^{55}$sɿ$^{5}$ 抹子

石凿 sie$^{3}$ʦʰou$^{5}$ 錾子

泥巴掌 la$^{53}$pou$^{21}$ʦioŋ$^{35}$ 平整地面的器具，掌状，一般用木头做成

灰桶 fo$^{21}$tʰɛŋ$^{35}$

线壶 sei$^{55}$ fu$^{53}$ 工匠用来画直线的工具，与墨斗类似，壶里多装石灰

剃刀 tʰa$^{55}$tau$^{3}$

飞剪 fai$^{21}$ʦei$^{35}$ 推子

搒刀 paŋ$^{21}$tau$^{3}$ 鐾刀

搒皮 paŋ$^{21}$pai$^{53}$ 鐾刀布

刮刀 kua$^{5}$tau$^{3}$ 剃须刀

耳屎钩 ɡi$^{55}$sɿ$^{35}$kia$^{3}$ 耳挖子

衣车 ji$^{21}$ʦʰie$^{21}$ 缝纫机

鞋车 ha$^{53}$ʦʰie$^{21}$ 补鞋用的手摇机器

铰剪 kau$^{55}$ʦie$^{35}$ 剪子

　剪刀 ʦie$^{35}$tau$^{3}$

大剪刀 tuo$^{33}$ʦei$^{35}$tau$^{3}$

细剪刀 soe$^{55}$ʦei$^{35}$tau$^{3}$ 小剪刀

平头剪 pie$^{53}$tia$^{53}$ʦei$^{35}$

尖嘴剪 ʦei$^{21}$ʦoe$^{35}$ʦei$^{35}$

甲钳 ka$^{3}$kʰei$^{5}$ 指甲剪

烫斗　t$^{h}$aŋ$^{55}$tia$^{35}$ 熨斗

战弓　ʦei$^{55}$kɛŋ$^{21}$ 弓子

纱丝车　sou$^{21}$sɿ$^{21}$ʦ$^{h}$ie$^{21}$ 纺车

织布车　ʦai$^{5}$pu$^{55}$ʦ$^{h}$ie$^{21}$ 旧式织布机

梭　søy$^{3}$ 梭子

镖枪　pio$^{21}$ʦ$^{h}$ioŋ$^{21}$ 长矛

**（五）其他生活用品**

梳嘀　søy$^{21}$ta$^{3}$ 梳子

笙　pɐn$^{3}$ 篦子

镜　kie$^{55}$ 镜子

擦　ʦ$^{h}$uo$^{3}$ 刷子的总称

盆　pɐn$^{5}$

洗身盆　sei$^{35}$sɐn$^{21}$pɐn$^{5}$ 澡盆

脚盆　kio$^{5}$pɐn$^{5}$ 洗脚盆

面盆　bei$^{33}$pɐn$^{5}$ 脸盆

面巾架　bei$^{33}$kɐn$^{21}$kou$^{55}$ 脸盆架

面帕　bei$^{33}$p$^{h}$ou$^{3}$ 毛巾

擦脚帕　ʦ$^{h}$uo$^{5}$kio$^{5}$p$^{h}$ou$^{3}$ 擦脚布

　抹脚帕　buo$^{5}$kio$^{5}$p$^{h}$ou$^{3}$

牙擦　gou$^{53}$ʦ$^{h}$uo$^{3}$ 牙刷

尿桶　lio$^{33}$t$^{h}$ɛŋ$^{35}$ 马桶

尿壶　lio$^{33}$fu$^{53}$ 夜壶

三斤煲　sa$^{21}$kɐn$^{21}$pou$^{21}$ 熬药的陶器，圆形，两边有提手，有嘴，一般约装三斤水

药煲　jio$^{3}$pou$^{21}$ 药罐子

桌布　ʦou$^{3}$pu$^{55}$

抹布　buo$^{55}$pu$^{55}$

地拖　tai$^{33}$t$^{h}$ou$^{21}$ 拖把

扫把　sau$^{55}$pou$^{35}$ 扫帚的总称

竹扫把　ʦɛɯ$^{3}$sau$^{55}$pou$^{35}$ 竹扫帚

松毛扫　ʦ$^{h}$ɛɯ$^{53}$bau$^{5}$sau$^{55}$

芒花扫　baŋ$^{53}$fou$^{21}$sau$^{3}$

高粱禾扫　kau$^{21}$lɛŋ$^{53}$vu$^{53}$sau$^{55}$ 笤帚

茅扫　bau$^{53}$sau$^{55}$ 鸡毛掸子

□□铲　la$^{3}$sa$^{5}$ʦ$^{h}$a$^{35}$ 垃圾铲

洗衣板　sei$^{35}$ji$^{21}$poŋ$^{35}$

板格　poŋ$^{35}$kie$^{3}$ 搓衣板

洗衣台　sei$^{35}$ji$^{21}$tuo$^{53}$

衣裳擦　ji$^{21}$soŋ$^{5}$ʦ$^{h}$uo$^{3}$ 衣刷

洗衣槌　sei$^{35}$ji$^{21}$toe$^{5}$

香碱　hioŋ$^{21}$ka$^{35}$ 香皂

番鬼碱　foŋ$^{21}$kuai$^{35}$ka$^{35}$ 肥皂

洗衣粉　sei$^{35}$ji$^{21}$fɐn$^{35}$

洗洁精　sei$^{35}$ki$^{5}$ʦɐn$^{21}$

吊架　tio$^{55}$kou$^{55}$ 吊放物品的架子

窗帘　ʦ$^{h}$oŋ$^{21}$lei$^{53}$

衣架　ji$^{21}$kou$^{55}$

扇　søy$^{3}$ 扇子

葵扇　k$^{h}$uai$^{53}$søy$^{3}$ 蒲扇

风扇　fɛŋ$^{21}$søy$^{3}$

吊扇　tio$^{55}$søy$^{3}$

台扇　tuo$^{53}$søy$^{3}$

电灯　tei$^{33}$taŋ$^{21}$

吊灯　tio$^{55}$taŋ$^{21}$

灯泡　taŋ$^{21}$p$^{h}$au$^{3}$

光管　kuaŋ$^{21}$kuoŋ$^{35}$

汽灯　hi$^{55}$taŋ$^{21}$

马灯　bou$^{55}$taŋ$^{21}$

灯盏　taŋ$^{21}$ʦa$^{35}$ 小煤油灯

灯笼　taŋ$^{21}$lɛŋ$^{5}$

火星　fu$^{35}$sie$^{3}$ ①灯花；②火花

棉芯 bei$^{53}$sɐn$^{3}$ 灯芯

锁头 sou$^{35}$tia$^{53}$ 锁

锁匙 sou$^{35}$sɿ$^{5}$ 钥匙

袋 tuo$^{33}$ ①袋子；②（衣服）口袋

网袋 baŋ$^{3}$tuo$^{33}$

干粮袋 kuoŋ$^{21}$lioŋ$^{53}$tuo$^{33}$ 帆布袋

篮 la$^{5}$ 篮子的总称

背篮 pai$^{55}$la$^{5}$

背带 pai$^{21}$tuo$^{3}$

背□ pai$^{21}$loe$^{35}$ 背篓

捉鱼□ ʦou$^{5}$gi$^{5}$loe$^{35}$ 挂篓

土笼 t$^{h}$u$^{35}$lɛŋ$^{5}$ 提篓

绳 saŋ$^{5}$ 绳子

带 tuo$^{3}$ 带子

针 ʦɐn$^{21}$

渔网针 gi$^{5}$baŋ$^{3}$ʦɐn$^{21}$ 织网针

针眼 ʦɐn$^{21}$ga$^{3}$ 针鼻儿

针嘴 ʦɐn$^{21}$ʦoe$^{35}$ 针尖

针脚 ʦɐn$^{21}$kio$^{3}$

顶指 taŋ$^{35}$ʦɿ$^{3}$ 顶针儿

线 sei$^{55}$

棉线 bei$^{53}$sei$^{55}$

丝线 sɿ$^{21}$sei$^{3}$

尼龙线 la$^{53}$lɛŋ$^{53}$sei$^{55}$

白线 pie$^{3}$sei$^{55}$

乌线 vu$^{21}$sei$^{55}$

黄线 vaŋ$^{53}$sei$^{55}$

红线 hɛŋ$^{53}$sei$^{55}$

线辘 sei$^{55}$lɛɯ$^{5}$ 线轴儿

结头 kei$^{3}$tia$^{5}$ 结儿

死结 sai$^{35}$kei$^{3}$

活结 fo$^{3}$kei$^{3}$

驳头 pou$^{5}$tia$^{5}$ 接头

盒 huo$^{5}$ 盒子

尺 ʦ$^{h}$ie$^{3}$ 尺子

臭丸 ʦ$^{h}$iu$^{55}$jøy$^{5}$ 樟脑丸

蚊香 bɐn$^{35}$hioŋ$^{21}$

火桶 fu$^{35}$t$^{h}$ɛŋ$^{3}$ 手炉

拐 kua$^{35}$ 拐杖

棍 kuɐn$^{3}$ 棍子

叉 ʦ$^{h}$ou$^{3}$ 叉子

钩 kia$^{3}$ 钩子

竹篙 ʦɛɯ$^{5}$k$^{h}$au$^{3}$ 竹竿儿，一般用来晾晒衣物

竹纸 ʦɛɯ$^{5}$ʦɿ$^{35}$ 揩屁股用的纸，较粗糙

刮屎棍 kua$^{5}$sɿ$^{35}$kuɐn$^{3}$ 揩屁股用的小棍子

揙屎草 pei$^{35}$sɿ$^{35}$ʦ$^{h}$au$^{35}$ 揩屁股用的草，较柔软

卫生纸 vai$^{33}$sie$^{21}$ʦɿ$^{35}$

电线 tei$^{33}$sei$^{55}$

铁线 t$^{h}$ei$^{5}$sei$^{3}$ 铁丝

钢线 kaŋ$^{3}$sei$^{3}$ 钢丝

水管 sy$^{35}$kuoŋ$^{35}$

水龙头 sy$^{35}$lɛŋ$^{53}$tia$^{53}$ 龙头

开关 huo$^{21}$kua$^{21}$

电筒 tei$^{33}$tɛŋ$^{5}$ 手电筒

电油 tei$^{33}$jiu$^{53}$ 电池

牛膏烛 giu$^{53}$kau$^{21}$ʦɛɯ$^{5}$ 照明用的蜡烛

电视机 tei$^{33}$sɿ$^{33}$ki$^{21}$

电话 tei$^{33}$vou$^{5}$

收音机 siu$^{21}$jɐn$^{21}$ki$^{21}$

录音机 lɛɯ$^{5}$jɐn$^{21}$ki$^{21}$

手机 siu$^{35}$ki$^{21}$

电脑 tei$^{33}$lau$^{55}$

冰箱 paŋ$^{21}$sioŋ$^{21}$

洗衣机 sei$^{35}$ji$^{21}$ki$^{21}$

银包 gɐn$^{5}$pau$^{3}$ 钱包

皮包 pai$^{53}$pau$^{21}$ 手提包

章 ʦaŋ$^{21}$ 印章

私章 sɿ$^{21}$ʦaŋ$^{21}$

公章 kɛŋ$^{21}$ʦaŋ$^{21}$

搅羹 kau$^{35}$kie$^{21}$ 浆糊

　浆糊 ʦioŋ$^{21}$fu$^{53}$

钟 ʦɛŋ$^{21}$

路 lu$^{33}$（器物）的痕迹

暴裂 pau$^{33}$lei$^{5}$（家具）开裂

边 pei$^{21}$（器物的）边缘

□ tɛɯ$^{5}$（器物的）底部

## 九、称谓

### （一）一般称谓

男子佬 la$^{53}$ʦɿ$^{35}$lau$^{35}$ 男人

夫娘嘀 fu$^{21}$lioŋ$^{5}$ta$^{55}$ 女人

老大人 lau$^{55}$tuo$^{33}$gɐn$^{5}$ 老人

老公嘀 lau$^{55}$kɛŋ$^{3}$ta$^{55}$ 老头儿

　老鬼公 lau$^{55}$kuai$^{35}$kɛŋ$^{3}$（贬）

老婆嘀 lau$^{55}$pou$^{5}$ta$^{55}$ 老太太

　老鬼婆 lau$^{55}$kuai$^{35}$pou$^{5}$（贬）

后生 hia$^{55}$sie$^{3}$ 年轻人

□条嘀 lu$^{53}$tio$^{5}$ta$^{55}$ 小伙子

妹条嘀 buo$^{33}$tio$^{5}$ta$^{55}$ 姑娘

细嘀 sei$^{55}$ta$^{3}$ 小孩儿

□嘀 lu$^{53}$ta$^{3}$ 男孩儿

妹嘀 buo$^{33}$ta$^{3}$ 女孩儿

孩毛仔 ha$^{53}$bau$^{5}$ʦuo$^{3}$ 婴儿

　□□仔 ga$^{21}$ga$^{35}$ʦuo$^{3}$

城市佬 sie$^{53}$sɿ$^{55}$lau$^{35}$ 城里人

农村佬 lɛŋ$^{53}$ʦʰɐn$^{21}$lau$^{35}$ 乡下人

山寇 sa$^{21}$kʰia$^{55}$ 山里人（贬）

外来人 guo$^{33}$luo$^{53}$gɐn$^{53}$

本地人 pɐn$^{35}$tai$^{33}$gɐn$^{53}$

番鬼佬 foŋ$^{21}$kuai$^{35}$lau$^{35}$ 外国人

屋哩人 ɛɯ$^{5}$lai$^{3}$gɐn$^{53}$ 自己人

外人 guo$^{33}$gɐn$^{53}$ 与“屋哩人（自己人）”相对

客 kʰie$^{5}$ ①客人；②顾客

老华 lau$^{55}$fou$^{53}$ 同姓人

老同 lau$^{55}$tɛŋ$^{53}$ 同庚，一般限于同性人之间使用

同号 tɛŋ$^{53}$hau$^{33}$ 同名同姓的人

同学 tɛŋ$^{53}$hou$^{5}$

同事 tɛŋ$^{53}$sɿ$^{33}$

隔壁 kie$^{5}$pie$^{3}$ 邻居

　隔篱 kie$^{5}$lai$^{5}$

寡公 kou$^{35}$kɛŋ$^{3}$ ①单身汉；②鳏夫

单身公 toŋ$^{21}$sɐn$^{21}$kɛŋ$^{3}$ 单身汉

老姑婆 lau$^{55}$ku$^{21}$pou$^{5}$ 老姑娘

和尚婆 vu$^{53}$saŋ$^{5}$pou$^{5}$ ①从未结过婚的女人；②尼姑

养妹嘀 jioŋ$^{55}$buo$^{33}$ta$^{3}$ 童养媳

翻头婆 foŋ$^{21}$tia$^{53}$pou$^{5}$ 填房

寡婆 kou$^{35}$puo$^{5}$ 寡妇

□婆 hau$^{55}$pou$^{5}$ 婊子

老举婆 lau$^{55}$ky$^{35}$pou$^{5}$ 妓女

嫖色公 pio$^{53}$sie$^{5}$kɛŋ$^{3}$ 男妓

野佬公 jia$^{55}$lau$^{35}$kɛŋ$^{3}$ 情夫

佮野佬 ka$^{5}$jia$^{55}$lau$^{35}$ 找情夫

野佬婆 jia$^{55}$lau$^{35}$pou$^{5}$ 情妇

寻野佬婆 ʦʰɐn$^{53}$jia$^{55}$lau$^{35}$pou$^{5}$ 找情妇

孤儿 ku$^{21}$jy$^{53}$

野崽 jia$^{55}$ʦuo$^{35}$ 私生子

小气种 sio$^{35}$hi$^{55}$ʦɛŋ$^{35}$ 吝啬鬼

败家仔 pa$^{55}$kou$^{21}$ʦuo$^{3}$ 败家子

花家仔 fou$^{21}$kou$^{21}$ʦuo$^{3}$

靠食鬼 kʰau$^{55}$sei$^{3}$kuai$^{35}$ 好吃鬼

酒鬼 ʦiu$^{35}$kuai$^{35}$

大炮鬼 tuo$^{33}$ pʰau$^{55}$ kuai$^{35}$ 讲大话的男人

大炮婆 tuo$^{33}$pʰau$^{55}$pou$^{5}$ 讲大话的女人

讨食佬 tʰau$^{35}$sei$^{3}$lau$^{35}$ 乞丐

走四方 ʦia$^{35}$sɿ$^{55}$faŋ$^{21}$ 走江湖的人

骗子 pʰei$^{55}$ʦɿ$^{35}$

流氓 liu$^{53}$baŋ$^{53}$

恶霸 ou$^{5}$pou$^{55}$ 恶棍

山贼 sa$^{21}$ʦʰai$^{3}$ 土匪

强盗 kʰioŋ$^{53}$tau$^{33}$

贼佬 ʦʰai$^{3}$lau$^{35}$（老）贼

扒手 pou$^{53}$siu$^{35}$（新）

长工（佬） ʦʰioŋ$^{53}$kɛŋ$^{21}$（lau$^{35}$）

临工 lɐn$^{53}$kɛŋ$^{21}$ 短工

内行 loe$^{33}$haŋ$^{53}$

外行 guo$^{33}$haŋ$^{53}$

生疏人 sie$^{21}$sou$^{21}$gɐn$^{53}$ 生人

熟人 sɛɯ$^{3}$gɐn$^{53}$

屋哩佬 ɛɯ$^{5}$lai$^{3}$lau$^{35}$ 老乡

朋友 pɛŋ$^{53}$jiu$^{3}$

□ ʦʰɐn$^{33}$ 伴儿

富子 fu$^{55}$ʦɿ$^{35}$ 富人

穷鬼 kʰɛŋ$^{53}$kuai$^{35}$（贬）穷人

好人 hau$^{35}$gɐn$^{53}$

坏人 fa$^{33}$gɐn$^{53}$

高佬 kau$^{21}$lau$^{35}$ 高子，用于成年男性

高婆 kau$^{21}$pou$^{5}$ 高子，用于成年女性

矮鬼 a$^{35}$kuai$^{35}$ 矮子，用于成年男性

矮牯 a$^{35}$ku$^{35}$

矮婆（屎） a$^{35}$ pou$^{5}$ （sɿ$^{35}$） 矮子，用于成年女性

矮仔 a$^{35}$ʦuo$^{3}$ 矮子，用于年轻人和小孩

肥牯 fai$^{53}$ku$^{35}$ 胖子，用于成年男性

肥婆 fai$^{53}$pou$^{53}$ 胖子，用于成年女性

肥仔 fai$^{53}$ʦuo$^{3}$ 胖子，用于年轻人和小孩

瘦鬼 sia$^{55}$kuai$^{35}$ 瘦子，用于成年男性

瘦婆 sia$^{55}$pou$^{5}$ 瘦子，用于成年女性

□鬼 sɛŋ$^{53}$ kuai$^{35}$ 丑八怪，用于成年男性

□婆 sɛŋ$^{53}$ pou$^{5}$ 丑八怪，用于成年女性

□仔 sɛŋ$^{53}$ʦuo$^{3}$ 丑八怪，用于年轻人和小孩

半公卵 poŋ$^{55}$kɛŋ$^{3}$loŋ$^{5}$ 阴阳人

跛脚佬 pa$^{21}$kio$^{5}$lau$^{35}$ 瘸子，用于成年

男性

跛脚婆 pa$^{21}$kio$^{5}$pou$^{5}$ 瘸子，用于成年女性

跛脚仔 pa$^{21}$kio$^{5}$ʦuo$^{3}$ 瘸子，用于年轻人和小孩

驼背佬 tou$^{53}$puo$^{3}$lau$^{35}$ 罗锅儿，用于成年男性

驼背婆 tou$^{53}$puo$^{3}$pou$^{5}$ 罗锅儿，用于成年女性

驼背仔 tou$^{53}$puo$^{3}$ʦuo$^{3}$ 罗锅儿，用于年轻人和小孩

聋鬼 lɛŋ$^{53}$kuai$^{35}$ 聋子，用于成年男性

　聋牯 lɛŋ$^{53}$ku$^{35}$

聋婆 lɛŋ$^{53}$pou$^{5}$ 聋子，用于成年女性

聋仔 lɛŋ$^{53}$ʦuo$^{3}$ 聋子，用于年轻人和小孩

哑鬼 ou$^{35}$kuai$^{35}$ 哑巴，用于成年男性

哑婆 ou$^{35}$pou$^{5}$ 哑巴，用于成年女性

哑仔 ou$^{35}$ʦuo$^{3}$ 哑巴，用于年轻人和小孩

啰舌鬼 lou$^{21}$sei$^{5}$kuai$^{35}$ 结巴，用于成年男性

啰舌婆 lou$^{21}$sei$^{5}$pou$^{5}$ 结巴，用于成年女性

啰舌仔 lou$^{21}$sei$^{5}$ʦuo$^{3}$ 结巴，用于年轻人和小孩

盲鬼 bie$^{53}$kuai$^{35}$ 瞎子，用于成年男性

盲婆 bie$^{53}$pou$^{5}$ 瞎子，用于成年女性

盲仔 bie$^{53}$ʦuo$^{3}$ 瞎子，用于年轻人和小孩

癫鬼 tei$^{21}$kuai$^{35}$ 疯子，用于成年男性

癫婆 tei$^{21}$pou$^{5}$ 疯子，用于成年女性

癫仔 tei$^{21}$ʦuo$^{3}$ 疯子，用于年轻人和小孩

废鬼 fai$^{55}$kuai$^{35}$ 傻子，用于成年男性

废婆 fai$^{55}$pou$^{5}$ 傻子，用于成年女性

废仔 fai$^{55}$ʦuo$^{3}$ 傻子，用于年轻人和小孩

跛手鬼 pa$^{21}$siu$^{35}$kuai$^{35}$ 拽子，用于成年男性

跛手婆 pa$^{21}$siu$^{35}$pou$^{5}$ 拽子，用于成年女性

跛手仔 pa$^{21}$siu$^{35}$ʦuo$^{3}$ 拽子，用于年轻人和小孩

光头佬 kuaŋ$^{21}$tia$^{53}$lau$^{35}$ 秃子，用于成年男性

光头婆 kuaŋ$^{21}$tia$^{53}$pou$^{5}$ 秃子，用于成年女性

光头仔 kuaŋ$^{21}$tia$^{53}$ʦuo$^{3}$ 秃子，用于年轻人和小孩

麻牯 bou$^{53}$ku$^{35}$ 麻子，用于成年男性

　麻鬼 bou$^{55}$kuai$^{35}$

麻婆 bou$^{53}$pou$^{5}$ 麻子，用于成年女性

麻仔 bou$^{53}$ʦuo$^{3}$ 麻子，用于年轻人和小孩

巴指佬 pou$^{21}$ʦʅ$^{3}$lau$^{35}$ 六指儿，用于成年男性

巴指婆 pou$^{21}$ʦʅ$^{3}$pou$^{5}$ 六指儿，用于成年女性

巴指仔 pou$^{21}$ʦʅ$^{3}$ʦuo$^{3}$ 六指儿，用于年轻人和小孩

左跛公 ʦou$^{35}$pa$^{21}$kɛŋ$^{21}$ 左撇子

软鬼 gøy$^{55}$kuai$^{35}$ 因患小儿麻痹症而不能行走者，用于成年男性

软婆 gøy$^{55}$pou$^{5}$ 因患小儿麻痹症而不能行走者，用于成年女性

软仔 gøy$^{55}$ʦuo$^{3}$ 因患小儿麻痹症而不能行走者，用于年轻人和小孩

色鬼 sai$^{3}$kuai$^{35}$

妖怪 jio$^{21}$kua$^{55}$ 妖精

官 kuoŋ$^{21}$

乡长 hioŋ$^{21}$ʦioŋ$^{35}$

村长 ʦ$^{h}$ɐn$^{21}$ʦioŋ$^{35}$

队长 toe$^{3}$ʦioŋ$^{35}$

组长 ʦu$^{35}$ʦioŋ$^{35}$

书记 sy$^{21}$ki$^{55}$

处长 ʦ$^{h}$u$^{3}$ʦioŋ$^{35}$

科长 k$^{h}$ou$^{21}$ʦioŋ$^{35}$

汉族 hɔn$^{55}$ʦ$^{h}$ɛɯ$^{3}$

瑶族 jio$^{53}$ʦ$^{h}$ɛɯ$^{3}$

姓 sie$^{55}$

名字 bie$^{5}$sɿ$^{33}$

野名 jia$^{55}$bie$^{5}$ 绰号

花名 fou$^{21}$bie$^{5}$

学名 hou$^{5}$bie$^{5}$

**（二）职业称谓**

耕田佬 kie$^{21}$tei$^{53}$lau$^{35}$ 农民

工人 kɛŋ$^{21}$gɐn$^{53}$

生意佬 sie$^{21}$ji$^{55}$lau$^{35}$ 生意人

船佬 søy$^{5}$lau$^{35}$ 撑船的男人

船婆 søy$^{5}$pou$^{5}$ 撑船的女人

扛轿工 kaŋ$^{21}$k$^{h}$io$^{5}$kɛŋ$^{21}$ 轿夫

赶车工 kuoŋ$^{35}$ʦ$^{h}$ie$^{21}$kɛŋ$^{21}$ 车夫

牛贩 giu$^{53}$foŋ$^{3}$ / p$^{h}$oŋ$^{3}$

箩行 lou$^{53}$haŋ$^{53}$ 货郎担

老板 lau$^{55}$poŋ$^{35}$

老板娘 lau$^{55}$poŋ$^{35}$lioŋ$^{53}$

伙计佬 fu$^{35}$ki$^{55}$lau$^{35}$ 店员

东道佬 tɛŋ$^{21}$tau$^{33}$lau$^{35}$ 房东

主人 ʦy$^{35}$gɐn$^{53}$ 东家

师傅 sɿ$^{21}$fu$^{21}$

徒弟 tu$^{53}$tai$^{5}$

贩仔 fa$^{55}$ʦuo$^{3}$ 小贩

先生 sei$^{21}$sie$^{3}$ 私塾先生

老师 lau$^{55}$sɿ$^{21}$

学生 hou$^{3}$sie$^{3}$

医生 ji$^{21}$sie$^{21}$

赤脚医生 ʦ$^{h}$ie$^{5}$kio$^{5}$ji$^{21}$sie$^{21}$

　土医生 t$^{h}$u$^{35}$ji$^{21}$sie$^{21}$

司机 sɿ$^{21}$ki$^{21}$

鼓手 ku$^{35}$siu$^{35}$

锣手 lou$^{5}$siu$^{35}$ 敲锣的人

艄公 sau$^{21}$kɛŋ$^{21}$

木工佬 bɛɯ$^{5}$kɛŋ$^{21}$lau$^{35}$（老）木匠

　木工师傅 bɛɯ$^{5}$kɛŋ$^{21}$sɿ$^{21}$fu$^{21}$（新）

泥水佬 la$^{53}$sy$^{35}$lau$^{35}$ 泥水匠

做瓦师傅 ʦu$^{3}$gou$^{55}$sɿ$^{21}$fu$^{21}$ 瓦匠

做石师傅 ʦu$^{3}$sie$^{5}$sɿ$^{21}$fu$^{21}$ 石匠

做砖师傅 ʦu$^{3}$ʦøy$^{21}$sɿ$^{21}$fu$^{21}$ 砖匠

弹棉被师傅 toŋ$^{53}$ bei$^{53}$ p$^{h}$ai$^{55}$ sɿ$^{21}$ fu$^{21}$ 弹匠

打铁佬 tou$^{35}$t$^{h}$ei$^{5}$lau$^{35}$（老）铁匠

　打铁师傅 tou$^{35}$t$^{h}$ei$^{5}$sɿ$^{21}$fu$^{21}$（新）

补镬师傅 pu$^{35}$vou$^{5}$sɿ$^{21}$fu$^{21}$ 补锅匠

补鞋佬 pu$^{35}$ha$^{53}$lau$^{35}$（老）鞋匠

　做鞋师傅 ʦu$^{3}$ha$^{53}$sɿ$^{21}$fu$^{21}$（新）

　补鞋师傅 pu$^{35}$ha$^{53}$sɿ$^{21}$fu$^{21}$（新）

裁缝师傅 ʦ$^{h}$uo$^{53}$fɛŋ$^{53}$sɿ$^{21}$fu$^{21}$

剃头佬 t$^{h}$a$^{55}$tia$^{53}$lau$^{53}$（老）理发师

　剃头师傅 t$^{h}$a$^{55}$tia$^{53}$sɿ$^{21}$fu$^{21}$（新）

猎人 lei$^{3}$gɐn$^{53}$

劏猪佬 t$^{h}$aŋ$^{21}$toe$^{21}$lau$^{35}$（老）屠夫

　劏猪师傅 t$^{h}$aŋ$^{21}$toe$^{21}$sɿ$^{21}$fu$^{21}$（新）

理事人 lai$^{55}$sɿ$^{33}$gɐn$^{53}$ 管家

中人 ʦɛŋ$^{21}$gɐn$^{53}$ 调解人

　公证人 kɛŋ$^{21}$ʦaŋ$^{55}$gɐn$^{53}$

手下 siu$^{35}$hou$^{3}$ 下属

炒手 ʦ$^{h}$au$^{35}$siu$^{35}$ 厨师

帮厨 paŋ$^{21}$ʦ$^{h}$y$^{53}$ 在厨房里帮忙的人

保姆 pau$^{35}$bu$^{55}$

接生婆 ʦei$^{5}$sie$^{21}$pou$^{5}$

赌钱鬼 tu$^{35}$ʦ$^{h}$ei$^{5}$kuai$^{35}$ 赌棍

睇相佬 t$^{h}$a$^{35}$sioŋ$^{55}$lau$^{35}$ 看相的人，用于成年男性

睇相婆 t$^{h}$a$^{35}$sioŋ$^{55}$pou$^{5}$ 看相的人，用于成年女性

地理牯 tai$^{33}$lai$^{55}$ku$^{35}$（老）风水先生

　风水先生 fɛŋ$^{21}$sy$^{35}$sei$^{21}$sie$^{21}$（新）

算命先生 soŋ$^{55}$bie$^{33}$sei$^{21}$sie$^{21}$

睇庙公 t$^{h}$a$^{35}$bio$^{33}$kɛŋ$^{3}$ 寺庙里的主持

和尚 vu$^{53}$soŋ$^{5}$

问香佬 bɐn$^{33}$hioŋ$^{21}$lau$^{35}$ 神汉

问香婆 bɐn$^{33}$hioŋ$^{21}$pou$^{5}$ 巫婆

问神婆 bɐn$^{33}$sɐn$^{53}$pou$^{5}$ 寺庙里帮他人求神拜佛的女人

师公 sɿ$^{21}$kɛŋ$^{21}$ 道士组织的负责人

师爷佬 sɿ$^{21}$jia$^{53}$lau$^{35}$ 道士

八音佬 pa$^{5}$jɐn$^{21}$lau$^{35}$ 办红白大事时请来奏乐的人

戏子 hi$^{55}$ʦɿ$^{35}$（老）演员

　演员 jie$^{35}$jøy$^{53}$（新）

兵 paŋ$^{21}$

## 十、亲属

### （一）长辈

前辈 ʦ$^{h}$ei$^{53}$puo$^{55}$ 长辈

白公 pie$^{5}$kɛŋ$^{21}$ 曾祖父

阿白 a$^{21}$pie$^{5}$ 曾祖母

阿公 a$^{21}$kɛŋ$^{21}$ 祖父

阿奶 a$^{21}$lai$^{35}$ 祖母

姼公 tou$^{21}$kɛŋ$^{3}$ 外祖父

姼婆 tou$^{21}$puo$^{5}$ 外祖母

阿爸 a$^{21}$pa$^{55}$（面）父亲

　阿叔 a$^{21}$sau$^{35}$

　老子 lau$^{55}$ʦɿ$^{35}$（背）

阿娒 a$^{21}$bei$^{55}$（面）母亲

　老母 lau$^{55}$bu$^{55}$（背）

老子老母 lau$^{55}$ʦɿ$^{35}$lau$^{55}$bu$^{55}$ 父母

丈人公 t$^{h}$io$^{55}$gɐn$^{53}$kɛŋ$^{3}$（背）岳父

丈人婆 t$^{h}$io$^{55}$gɐn$^{53}$puo$^{5}$（背）岳母

大人公 tuo$^{33}$gɐn$^{53}$kɛŋ$^{3}$（背）公公

堂前 taŋ$^{53}$ʦ$^{h}$ei$^{53}$（背）婆婆

养父 jioŋ$^{55}$fu$^{33}$ 继父

养母 jioŋ$^{55}$bu$^{55}$ 继母

契爷 k$^{h}$ei$^{55}$jia$^{5}$ 干爹

契母 k$^{h}$ei$^{55}$bu$^{55}$ 干妈

阿爷 a$^{21}$jia$^{35}$ 伯父

阿娘 a$^{21}$lioŋ$^{35}$ 伯母

阿叔仔 a$^{21}$sau$^{35}$ʦuo$^{3}$ 叔父

阿婶 a$^{21}$sɐn$^{35}$ 叔母

舅爷 kʰiu$^{55}$jia$^{53}$ 舅父

大舅爷 tuo$^{33}$kʰiu$^{55}$jia$^{53}$ 大舅

细舅爷 soe$^{55}$kʰiu$^{55}$jia$^{53}$ 小舅

舅娘 kʰiu$^{55}$lioŋ$^{53}$ 舅母

大舅娘 tuo$^{33}$kʰiu$^{55}$lioŋ$^{53}$ 大舅母

细舅娘 soe$^{55}$kʰiu$^{55}$lioŋ$^{53}$ 小舅母

姑爷 ku$^{21}$jia$^{53}$ 姑夫

大姑 tuo$^{33}$ku$^{21}$ 姑母，比父大

阿姑 a$^{21}$ku$^{35}$ 姑母，比父小

姨爷 ji$^{53}$jia$^{53}$ 姨夫

大姨 tuo$^{33}$ji$^{53}$ 姨母，比母大

细姨 soe$^{55}$ji$^{5}$ 姨母，比母小

姑婆 ku$^{21}$pou$^{53}$ 姑奶奶

姑公 ku$^{21}$kɛŋ$^{21}$ 姑爷爷

姨婆 ji$^{53}$pou$^{53}$ 姨奶奶

姨公 ji$^{53}$kɛŋ$^{21}$ 姨爷爷

**（二）平辈**

同辈 tɛŋ$^{53}$puo$^{55}$ 平辈

公婆 kɛŋ$^{21}$puo$^{5}$ 夫妻

老公 lau$^{35}$kɛŋ$^{21}$ 丈夫

夫娘 fu$^{21}$lioŋ$^{5}$ 妻子

大夫娘 tuo$^{33}$fu$^{21}$lioŋ$^{5}$ 大老婆

　大婆 tuo$^{33}$puo$^{5}$

小夫娘 sio$^{35}$fu$^{21}$lioŋ$^{5}$ 小老婆

　小婆 sio$^{35}$puo$^{5}$

前妻 ʦʰei$^{53}$ʦʰai$^{21}$

后妻 hia$^{33}$ʦʰai$^{21}$

前夫 ʦʰei$^{53}$fu$^{21}$

后夫 hia$^{33}$fu$^{21}$

大伯 tuo$^{33}$pie$^{5}$ 大伯子

小叔 sio$^{35}$sɛɯ$^{3}$ 小叔子

大姑姊 tuo$^{33}$ku$^{21}$ʦai$^{35}$ 大姑子

小姑 sio$^{35}$ku$^{3}$ 小姑子

大舅 tuo$^{33}$kʰiu$^{55}$ 大舅子

阿舅仔 a$^{21}$kʰiu$^{3}$ʦuo$^{3}$ 小舅子

大姨嘀 tuo$^{33}$ji$^{53}$ta$^{3}$ 大姨子

阿姨嘀 a$^{21}$ji$^{5}$ta$^{3}$ 小姨子

阿哥 a$^{21}$kou$^{35}$ 哥哥

大嫂 tuo$^{33}$sau$^{3}$ 嫂子

阿弟 a$^{21}$tʰei$^{55}$ 弟弟

小婶 sio$^{35}$sɐn$^{3}$ 弟媳

阿姊 a$^{21}$ʦei$^{35}$ 姐姐

姐夫 ʦai$^{35}$fu$^{21}$

阿妹 a$^{21}$boe$^{35}$ 妹妹

妹夫 buo$^{33}$fu$^{21}$

叔伯阿哥 sɛɯ$^{3}$pie$^{3}$a$^{21}$kou$^{35}$ 堂兄

　叔伯兄 sɛɯ$^{3}$pie$^{3}$hɛŋ$^{21}$

叔伯阿弟 sɛɯ$^{3}$pie$^{3}$a$^{21}$tʰei$^{55}$ 堂弟

　叔伯弟 sɛɯ$^{3}$pie$^{3}$tʰei$^{55}$

叔伯阿姊 sɛɯ$^{3}$pie$^{3}$a$^{21}$ʦei$^{35}$ 堂姐

叔伯阿妹 sɛɯ$^{3}$pie$^{3}$a$^{21}$boe$^{35}$ 堂妹

老表 lau$^{55}$pio$^{35}$

表哥 pio$^{35}$kou$^{35}$

表嫂 pio$^{35}$sau$^{35}$

表弟 pio$^{35}$tai$^{33}$

表姐 pio$^{35}$ʦai$^{35}$

表妹 pio$^{35}$buo$^{5}$

**（三）晚辈**

后代 hia$^{33}$tuo$^{33}$

崽女 ʦuo$^{35}$loe$^{55}$ 子女

子孙 ʦɿ$^{35}$sɐn$^{21}$

崽嘀 ʦuo$^{35}$ta$^{3}$ 儿子

长崽 ʦioŋ$^{35}$ʦuo$^{35}$ 大儿子

　长子 ʦioŋ$^{35}$ʦɿ$^{35}$

二崽 gi$^{33}$ʦuo$^{35}$ 次子

　二子 gi$^{33}$ʦɿ$^{35}$

晚崽（子） boŋ$^{55}$ʦuo$^{35}$（ʦɿ$^{35}$） 小儿子

　细崽（子） soe$^{55}$ʦuo$^{35}$（ʦɿ$^{35}$）

独崽 tɛɯ$^{3}$ʦuo$^{35}$ 独子

接崽 ʦei$^{5}$ʦuo$^{35}$ 养子

契崽 kʰei$^{55}$ʦuo$^{35}$ 干儿子

新妇 sɐn$^{21}$pʰu$^{55}$ 儿媳妇

女 loe$^{55}$ 女儿

大女 tuo$^{33}$loe$^{55}$ 大女儿

二女 gi$^{33}$loe$^{55}$ 次女

细女 soe$^{55}$loe$^{55}$ 小女儿

　晚女 boŋ$^{55}$loe$^{3}$

女婿 loe$^{55}$sei$^{55}$

侄嘀 ʦʰɿ$^{5}$ta$^{55}$ 侄子

侄女 ʦʰɿ$^{5}$loe$^{3}$

孙嘀 sɐn$^{21}$ta$^{3}$ 孙子

孙新妇 sɐn$^{21}$sɐn$^{21}$pʰu$^{55}$ 孙媳妇

孙女 sɐn$^{21}$loe$^{3}$

孙婿郎 sɐn$^{21}$sei$^{55}$laŋ$^{53}$ 孙女婿

外甥 guo$^{33}$sie$^{21}$ ①外孙；②外甥

外甥女 guo$^{33}$sie$^{21}$loe$^{55}$ ①外孙女；②外甥女

息嘀 sai$^{3}$ta$^{3}$ 重孙

息女 sai$^{3}$loe$^{3}$ 重孙女

**（四）其他**

祖公 ʦu$^{35}$kɛŋ$^{21}$ 祖宗

老姐妹 lau$^{55}$ʦai$^{35}$buo$^{5}$ 连襟

　老襟 lau$^{55}$kʰɐn$^{21}$

亲家 ʦʰɐn$^{55}$kou$^{21}$

亲家婆 ʦʰɐn$^{55}$kou$^{21}$pou$^{5}$ 亲家母

亲家公 ʦʰɐn$^{55}$kou$^{21}$kɛŋ$^{3}$

亲戚 ʦʰɐn$^{21}$ʦʰai$^{5}$

两公婆 lioŋ$^{55}$kɛŋ$^{21}$puo$^{5}$ 夫妻俩

两崽娘 lioŋ$^{55}$ʦuo$^{35}$lioŋ$^{5}$ ①娘儿俩；②母女俩

两崽爷 lioŋ$^{55}$ʦuo$^{35}$jia$^{5}$ ①爷儿俩；②父女俩

姊嫂 ʦɿ$^{35}$sau$^{35}$ 妯娌

两姊堂前 lioŋ$^{55}$ʦɿ$^{35}$taŋ$^{53}$ʦʰei$^{53}$ 婆媳俩

两姊大人公 lioŋ$^{55}$ʦɿ$^{35}$tuo$^{33}$gɐn$^{53}$kɛŋ$^{3}$ 公媳俩

兄弟 hɛŋ$^{21}$tai$^{33}$ ①兄弟；②弟兄

两兄弟 lioŋ$^{55}$hɛŋ$^{21}$tai$^{33}$ 兄弟俩

姐妹 ʦai$^{35}$buo$^{5}$ ①姐妹；②姑嫂

两姐妹 lioŋ$^{55}$ʦai$^{35}$buo$^{5}$ ①姐妹俩；②姑嫂俩

外家 guo$^{33}$kou$^{21}$ 娘家

我屋哩 guo$^{55}$ɛɯ$^{5}$lai$^{3}$ 婆家

字辈 sɿ$^{5}$pʰai$^{55}$ 辈分

排 pa$^{53}$ 排行

## 十一、身体

### （一）五官

身体 $sɐn^{21}t^{h}ai^{35}$

年纪 $lei^{53}ki^{35}$ 年龄

身高 $sɐn^{21}kau^{21}$

个子 $kuo^{55}ʦɿ^{35}$

面相 $bei^{33}sioŋ^{55}$ 相貌

体质 $t^{h}ai^{35}ʦɿ^{5}$

力水 $lai^{3}sy^{35}$ 力气

全身 $ʦ^{h}øy^{53}sɐn^{21}$

上身 $soŋ^{33}sɐn^{21}$

下身 $hou^{33}sɐn^{3}$

头□ $tia^{53}la^{53}$ 头

头□顶 $tia^{53}la^{53}tie^{35}$ 头顶

脑盖 $lau^{55}kuo^{3}$

头毛 $tia^{53}bau^{53}$ 头发

白头毛 $pie^{3}tia^{53}bau^{53}$ 白发

旋 $ʦ^{h}øy^{33}$（头发）旋儿

双旋 $saŋ^{21}ʦ^{h}øy^{33}$

秃头 $t^{h}u^{5}tia^{53}$

光头 $kuaŋ^{21}tia^{53}$

编 $pei^{3}$ 辫子

髻 $kei^{3}$

刘缨 $liu^{53}jaŋ^{21}$ 刘海儿

后脑枕 $hia^{33}lau^{55}ʦɐn^{35}$ 后脑勺儿

脑汁 $lau^{55}ʦɿ^{5}$ 脑髓

云睛 $jɐn^{53}ʦie^{21}$ 太阳穴

颈柄 $kie^{35}pie^{3}$ 脖子

栋梁檐 $tɛŋ^{55}lioŋ^{53}jei^{5}$ 后脑窝子

栋梁骨 $tɛŋ^{55}lioŋ^{53}kuo^{5}$ 后脑骨

眉头 $bai^{53}tia^{53}$ 额头

脑门鼠 $lau^{55}boŋ^{5}sy^{35}$ 囟门

额角 $ga^{3}kou^{5}$ 鬓角

面 $bei^{33}$ 脸

面色 $bei^{33}sai^{3}$ 脸色

面□ $bei^{33}tuo^{3}$ 脸颊

酒靥 $ʦiu^{35}jei^{5}$ 酒窝

眼眉毛 $ga^{55}bai^{53}bau^{53}$ 眉毛

眼毛 $ga^{55}bau^{53}$ 眼睫毛

眼睛 $ga^{55}ʦie^{3}$

眼□ $ga^{55}pau^{5}$ 眼睑

眼睛仁 $ga^{55}ʦie^{3}gɐn^{5}$ 眼珠儿

白仁 $pie^{3}gɐn^{53}$ 白眼珠儿

眼球 $ga^{55}k^{h}iu^{53}$ 黑眼珠儿

阿公头 $ou^{21}kɛŋ^{3}tia^{53}$ 瞳仁儿

眼角 $ga^{55}kou^{5}$

眼水 $ga^{55}sy^{35}$ 眼泪

眼屎 $ga^{55}sɿ^{35}$ 眼眵

眼皮 $ga^{55}pai^{53}$

双眼皮 $saŋ^{21}ga^{55}pai^{53}$

单眼皮 $toŋ^{21}ga^{55}pai^{53}$

眼利 $ga^{55}lai^{33}$ 眼尖

鼻头 $pai^{33}tia^{53}$ 鼻子

鼻水 $pai^{33}sy^{35}$ 鼻涕

鼻屎痂 $pai^{33}sɿ^{35}kou^{21}$ 鼻垢

鼻孔 $pai^{33}k^{h}ɛŋ^{35}$

高鼻头 $kau^{21}pai^{33}tia^{53}$ 鼻子尖

人中 $gɐn^{53}ʦɛŋ^{21}$

嘴管 $ʦoe^{35}kuoŋ^{35}$ 嘴

嘴唇皮 $ʦoe^{35}sɐn^{53}pai^{53}$ 嘴唇儿

口水 $k^{h}ia^{35}sy^{35}$ 唾液

口水花 $k^{h}ia^{35}sy^{35}fou^{21}$ 唾沫星儿

口□ k$^{h}$ia$^{35}$ʦ$^{h}$ioŋ$^{53}$ 痰

舌 sei$^{3}$

舌头 sei$^{3}$tia$^{53}$

舌身 sei$^{3}$sɐn$^{21}$ 舌苔

牙齿 gou$^{53}$ʦɿ$^{35}$

当面牙 taŋ$^{21}$bei$^{5}$gou$^{53}$ 门牙

大牙 tuo$^{33}$gou$^{53}$ 臼齿

龙牙 lɛŋ$^{53}$gou$^{53}$ 虎牙

暴牙 pou$^{55}$gou$^{53}$ 未暴露在嘴唇外的龅牙

晒牙 sa$^{55}$gou$^{53}$ 暴露在嘴唇外的龅牙

牙黄 gou$^{53}$vaŋ$^{5}$ 牙垢

牙肉 gou$^{53}$lɛɯ$^{5}$ 牙床

虫蛀牙 ʦ$^{h}$ɛŋ$^{53}$ʦy$^{55}$gou$^{55}$ 虫牙

假牙齿 kou$^{35}$gou$^{53}$ʦɿ$^{35}$

耳朵 gi$^{55}$tou$^{35}$

耳□ gi$^{55}$tou$^{5}$ 耳垂

耳屎 gi$^{55}$sɿ$^{35}$ 耳垢

耳灵 gi$^{55}$lie$^{53}$ 耳尖

耳聋 gi$^{55}$lɛŋ$^{53}$ 耳背

信风耳 sɐn$^{55}$fɛŋ$^{21}$gi$^{3}$ 耳朵软

下□ hou$^{33}$pa$^{5}$ 下巴

喉咙 høy$^{53}$lɛŋ$^{5}$

算盘子 soŋ$^{55}$poŋ$^{5}$ʦɿ$^{3}$ 喉结

须口 søy$^{21}$k$^{h}$ia$^{35}$ 胡子

　胡须 fu$^{53}$søy$^{21}$

大胡帘 tuo$^{33}$fu$^{53}$lei$^{5}$ 络腮胡子

**（二）手、脚、胸、背等**

手臂 siu$^{35}$pai$^{35}$ 胳膊

手筒 siu$^{35}$tɛŋ$^{5}$ 手腕以下的部分

手头踭 siu$^{35}$tia$^{53}$ʦie$^{21}$ 胳膊肘儿

夹底 ka$^{5}$ta$^{35}$ 腋窝

手 siu$^{35}$

左手 ʦou$^{35}$siu$^{35}$

右手 jiu$^{33}$siu$^{35}$

手指 siu$^{35}$ʦɿ$^{3}$

趼 køy$^{35}$ 手茧子

手指公 siu$^{35}$ʦɿ$^{3}$kɛŋ$^{21}$ 大拇指

第二手指 tai$^{33}$gi$^{33}$siu$^{35}$ʦɿ$^{3}$ 食指

中间手指 ʦɛŋ$^{21}$ka$^{3}$siu$^{35}$ʦɿ$^{3}$ 中指

手指尾 siu$^{35}$ʦɿ$^{3}$bai$^{3}$ 小拇指

手指裂 siu$^{35}$ʦɿ$^{3}$lei$^{5}$ 手指缝儿

手指甲 siu$^{35}$ʦɿ$^{3}$ka$^{3}$ 指甲

锉□ ʦ$^{h}$ou$^{55}$k$^{h}$u$^{21}$ 指甲下的倒刺

虎口 fu$^{35}$k$^{h}$ia$^{35}$

手窝 siu$^{35}$ou$^{21}$ 手指窝

拳牯 k$^{h}$øy$^{53}$ku$^{35}$ 拳头

　拳头 k$^{h}$øy$^{53}$tia$^{53}$

手掌 siu$^{35}$ʦioŋ$^{35}$

手碗 siu$^{35}$voŋ$^{35}$ 手心

手背 siu$^{35}$puo$^{55}$

手臼 siu$^{35}$kau$^{55}$ 手腕

腡 lou$^{53}$ 斗形指纹

□ ʦ$^{h}$a$^{3}$ 箕形指纹

胫骨 kaŋ$^{21}$kuo$^{5}$

膝头牯 ʦ$^{h}$ai$^{5}$tia$^{53}$ku$^{35}$ 膝盖

裤裆底 k$^{h}$u$^{55}$taŋ$^{21}$ta$^{35}$ 胯裆

脚 kio$^{5}$

赤脚 ʦ$^{h}$ie$^{5}$kio$^{5}$

脚髀 kio$^{5}$pai$^{35}$ 大腿

脚筒 kio$^{5}$tɛŋ$^{5}$ 小腿

脚腩肚 kio$^{5}$laŋ$^{53}$tu$^{35}$ 腿肚子

脚眼珠 kio55ga55tsy3 踝子骨

脚盘 kio5poŋ5 脚背

脚底 kio5ta35 脚掌

脚坳 kio5au3 脚心

脚腕节 kio5voŋ35tsei5 脚腕子

脚趾头 kio5tsɿ3tia5 脚趾

脚趾甲 kio5tsɿ3ka3

脚踭 kio5tsie21 脚后跟

脚迹 kio5tsie5 脚印儿

脚步 kio5pu33

肩头 ka21tia53 肩膀

肩骨 ka21kuo5 肩胛骨

赤□ tsʰie5lie5 赤膊

胸口檐 hɛŋ21kʰia35jei5 心口儿

胸口 hɛŋ21kʰia35 胸脯

胸脯 hɛŋ21pʰu3

□□骨 jei35kei21kuo5 肋骨

奶 la5 乳房

奶水 la5sy35 奶汁

肚箩 tu35lou5 肚子

肚脐 tu35tsʰai5

肚脐□ tʰu55tsʰai5poŋ55 脐带

背脊 puo55tsie5

背脯骨 puo55laŋ5kuo5 脊梁骨

背□心 puo55lau53sɐn21 背的中间部分

腰 jio21

腰嘀 jio3ta55 肾

肺 fai55

胃 vai33

胆 ta35

肠 tsʰaŋ33

**（三）其他**

屎窟 sɿ35fo3 屁股

屎窟孔 sɿ35fo3kʰɛŋ35 肛门

屎窟背 sɿ35fo3puo55 屁股蛋儿

屎窟墩 sɿ35fo3tɐn21 屁股蛋的中间

膀胱 paŋ53kuaŋ21

阴部 jɐn21pʰu3

卵 loŋ3 男阴

鸟鸟 tiau55tiau55 鸡鸡，用于小男孩

卵脬 loŋ3pʰau21 阴囊

卵子 loŋ3tsɿ3 睾丸

卵□ loŋ3jei53 精液

柴屄 tsɿ21pei5 女阴

柴毛 tsɿ21bau53 阴毛

鸟 tia35 交合

毛牯 bau53ku3 寒毛

毛孔 bau53kʰɛŋ35 寒毛眼儿

筋 kɐn21

血管 høy5kuoŋ35

脉 bie3

痣 tsɿ55

汗 hm33

汗□ hm33saŋ3 汗垢

皱纹 tsia55bɐn53

油泥 jiu53la53（身体上的）污垢

胎记 tʰuo21ki55

## 十二、疾病医疗

**（一）一般用语**

病 pie33

生病 sie21pie33

医院　ji$^{21}$jøy$^{35}$

睇病　tʰa$^{35}$pie$^{33}$ 看病

医病　ji$^{21}$pie$^{33}$ 治病

打脉　tou$^{35}$bie$^{3}$

住院　toe$^{33}$jøy$^{35}$

出院　ʦʰy$^{5}$jøy$^{35}$

药　jio$^{3}$

开单　huo$^{21}$toŋ$^{3}$ 开药方子

茶　ʦʰou$^{53}$ 汤药，因避讳而得名

捡茶　kɐn$^{35}$ʦʰou$^{53}$ 抓中药

　捡药　kɐn$^{35}$jio$^{3}$

煲药　pou$^{21}$jio$^{3}$ 熬药

买药　ba$^{55}$jio$^{3}$ 买西药

药片　jio$^{3}$pʰei$^{55}$

药丸　jio$^{3}$jøy$^{5}$

药粉　jio$^{3}$fɐn$^{35}$ 药面儿

引药　jɐn$^{55}$jio$^{3}$ 药引子

药尾　jio$^{3}$bai$^{5}$ 尾药

头趟药　tia$^{53}$tʰaŋ$^{55}$jio$^{3}$ 头次药

药渣　jio$^{3}$ʦou$^{21}$

药膏　jio$^{3}$kau$^{21}$

涂药膏　tu$^{53}$jio$^{3}$kau$^{21}$ 搽药膏

膏药　kau$^{21}$jio$^{5}$ 中药外用的一种

贴膏药　tʰei$^{5}$kau$^{21}$jio$^{5}$

包药　pau$^{21}$jio$^{3}$ 上药（动宾）

消毒　sio$^{21}$tɛɯ$^{3}$

口苦　kʰia$^{35}$fu$^{35}$

出汗　ʦʰy$^{5}$hm$^{33}$ 发汗

祛风　ʦʰy$^{21}$fɛŋ$^{21}$

降火　kaŋ$^{55}$fu$^{35}$ 去火

去湿　høy$^{53}$sɿ$^{5}$ 祛湿

解毒　ka$^{35}$tɛɯ$^{3}$ 去毒

针灸　ʦɐn$^{21}$kiu$^{55}$

□角筒　bai$^{35}$kou$^{5}$tɛŋ$^{5}$ 拔火罐子

打火针　tou$^{35}$fu$^{35}$ʦɐn$^{21}$ 用烧红的针迅速刺入穴内，是治疗疾病的一种方法

□牙齿　bai$^{35}$gou$^{53}$ʦɿ$^{35}$ 拔牙

过敏　ku$^{55}$bɐn$^{35}$

打针　tou$^{35}$ʦɐn$^{21}$

验血　gei$^{33}$høy$^{5}$

打吊针　tou$^{35}$tio$^{55}$ʦɐn$^{21}$ 打点滴

脚气　kio$^{5}$hi$^{55}$

臭脚　ʦʰiu$^{55}$kio$^{5}$ 香港脚

头晕　tia$^{53}$fɐn$^{53}$

贫血　pɐn$^{53}$høy$^{5}$

月假　gøy$^{5}$kou$^{55}$ 月经

痛　tʰɛŋ$^{55}$

痒　jioŋ$^{55}$

胀　tioŋ$^{55}$

肿　ʦɛŋ$^{35}$

伤　sioŋ$^{21}$

蒙　bɛŋ$^{21}$（眼睛）花

痹　pai$^{55}$（手脚）麻

□　loŋ$^{21}$（手脚）疼痛

惹　ɡie$^{55}$ 传染

酒精　ʦiu$^{35}$ʦɐn$^{21}$

草药　ʦʰau$^{35}$jio$^{3}$

蛇药　sie$^{53}$jio$^{3}$

凉药　lioŋ$^{53}$jio$^{3}$

补药　pu$^{35}$jio$^{5}$

麻醉药　bou$^{53}$ʦoe$^{55}$jio$^{3}$

毒药　tɛɯ$^{3}$jio$^{3}$

□打药 t$^{h}$ei$^{5}$tou$^{35}$jio$^{5}$ 跌打药

泻药 sie$^{55}$jio$^{5}$

打药 tou$^{35}$jio$^{5}$

药酒 jio$^{3}$ʦiu$^{35}$

凉茶 lioŋ$^{53}$ʦ$^{h}$ou$^{53}$

清凉油 ʦ$^{h}$aŋ$^{21}$lioŋ$^{53}$jiu$^{53}$

万金油 boŋ$^{33}$kɐn$^{21}$jiu$^{53}$

退热散 t$^{h}$oe$^{55}$gøy$^{3}$soŋ$^{55}$

祛风油 ʦ$^{h}$y$^{21}$fɛŋ$^{21}$jiu$^{53}$

感冒通 ka$^{35}$bau$^{33}$t$^{h}$ɛŋ$^{21}$

保济丸 pau$^{35}$ʦai$^{55}$jøy$^{5}$

胶布 kau$^{21}$pu$^{55}$

三七 sa$^{21}$ʦ$^{h}$ai$^{5}$

白术 pie$^{3}$søy$^{3}$

见功 kei$^{55}$kɛŋ$^{21}$ 见效

较好了 kau$^{55}$hau$^{35}$la$^{21}$（病）轻了

□唔好 gɛŋ$^{33}$m$^{21}$hau$^{35}$（病）总不好

**（二）内科**

冻着了 tɛŋ$^{55}$ʦ$^{h}$io$^{3}$la$^{21}$ ①着凉；②感冒

打硬震 tou$^{35}$gaŋ$^{33}$ʦɐn$^{3}$ 打冷战

发热 fo$^{5}$gei$^{3}$ 发烧

发冻 fo$^{5}$tɛŋ$^{55}$ 发冷

屙肚 ou$^{21}$tu$^{35}$ 泻肚

打哈□ tou$^{35}$ha$^{5}$ʦ$^{h}$iu$^{53}$ 打喷嚏

咳 hou$^{21}$ 咳嗽

热晕 gei$^{3}$fɐn$^{53}$ 中暑

　发痧 fo$^{5}$sou$^{21}$

钳痧 k$^{h}$ei$^{53}$sou$^{21}$ 抓痧

刮痧 kua$^{5}$sou$^{21}$

假火上头 kou$^{35}$fu$^{35}$soŋ$^{55}$tia$^{53}$ 上火

胀肚 tioŋ$^{55}$tu$^{35}$ 积滞

□心 lie$^{3}$sɐn$^{21}$ 恶心

　作□ ʦou$^{5}$boŋ$^{33}$

呕 jia$^{35}$ 呕吐

发惊 fo$^{5}$kie$^{21}$ 惊风

喊老童 k$^{h}$a$^{55}$lau$^{55}$tɛŋ$^{53}$ 受惊

发羊倜 fo$^{5}$jioŋ$^{53}$tio$^{55}$ 癫痫

□咳□ bai$^{35}$hou$^{5}$lai$^{5}$ 哮喘

屙屎唔出 ou$^{21}$sɿ$^{35}$m$^{21}$ʦ$^{h}$y$^{5}$ 便秘

小肠气 sio$^{35}$ʦ$^{h}$aŋ$^{33}$hi$^{55}$ 疝气

脱茄 t$^{h}$uo$^{5}$k$^{h}$øy$^{5}$ 脱肛

打摆子 tou$^{35}$pa$^{35}$ʦɿ$^{35}$ 疟疾

出麻嘀 ʦ$^{h}$y$^{5}$bou$^{53}$ta$^{3}$ 出麻疹

盲肠炎 bie$^{53}$ʦ$^{h}$aŋ$^{33}$jei$^{53}$ 阑尾炎

蛔虫 fai$^{53}$ʦ$^{h}$ɛŋ$^{53}$

出水痘 ʦ$^{h}$y$^{5}$sy$^{35}$tia$^{5}$

出天花 ʦ$^{h}$y$^{5}$t$^{h}$ei$^{21}$fou$^{21}$ 天花

种痘 ʦɛŋ$^{55}$tia$^{5}$

伤寒病 soŋ$^{21}$hɔn$^{53}$pie$^{33}$

麻风病 bou$^{53}$fɛŋ$^{21}$pie$^{33}$

黄疸 vaŋ$^{53}$ta$^{35}$

肝炎病 kuoŋ$^{21}$jei$^{53}$pie$^{33}$

痨病 lau$^{53}$pie$^{33}$

癌症 ga$^{53}$ʦaŋ$^{55}$

发人瘟 fo$^{5}$gɐn$^{53}$vɐn$^{21}$ 霍乱

鸡毛锥 kei$^{21}$bau$^{53}$ʦy$^{3}$ 鸡皮疙瘩

发剪筋 fo$^{5}$ʦei$^{35}$kɐn$^{21}$ 抽筋

　抽筋 ʦ$^{h}$iu$^{21}$kɐn$^{21}$

麦癞 bie$^{5}$luo$^{33}$ 疡子

疬 lie$^{5}$ 淋巴结

大赤眼 tuo$^{33}$ʦ$^{h}$ie$^{5}$ga$^{55}$ 睑腺炎

风湿 fɛŋ$^{21}$sɿ$^{5}$

**（三）外科**

开刀　huo$^{21}$tau$^{3}$

伤口　sioŋ$^{21}$k$^{h}$ia$^{35}$

出血　ʦ$^{h}$y$^{5}$høy$^{5}$

积血　ʦai$^{5}$høy$^{5}$　瘀血

贡脓　kɛŋ$^{55}$lɛŋ$^{53}$ 化脓

发炎　fo$^{5}$jei$^{53}$

疤　pou$^{3}$　疮口或伤口愈合后留下的痕迹

起痂　hi$^{35}$kou$^{21}$ 结痂

□　pɛɯ$^{3}$ 水泡，大而厚

瘭　p$^{h}$io$^{55}$ 水泡，小而薄

生牙□　sie$^{21}$gou$^{53}$k$^{h}$i$^{53}$ 腮腺炎

□　ʦ$^{h}$uo$^{5}$　疮

黑头疔　hai$^{5}$tia$^{53}$tie$^{21}$ 较大的疮

萝卜仔　lou$^{53}$pai$^{5}$ʦuo$^{3}$　冻疮

痔疮　ʦɿ$^{55}$ʦ$^{h}$aŋ$^{21}$

调茄　tio$^{33}$k$^{h}$øy$^{5}$　长在肛门外的痔疮

老鼠沿粪缸　lau$^{55}$sy$^{35}$jøy$^{53}$fɐn$^{55}$kaŋ$^{21}$ 疥疮

炎癣　jei$^{53}$sei$^{35}$ 癣

热□　gei$^{3}$k$^{h}$io$^{3}$　痱子

酒钻　ʦiu$^{35}$ʦoŋ$^{3}$　粉刺

□□　ʦ$^{h}$ou$^{53}$lɐn$^{53}$ 雀斑

乌蝇屎　vu$^{21}$jaŋ$^{5}$sɿ$^{35}$ 长在脸上的黑色斑点

麻　bou$^{53}$ 麻子

狐狸臊　vu$^{53}$loe$^{5}$sau$^{21}$ 狐臭

口臭　k$^{h}$ia$^{35}$ʦ$^{h}$iu$^{55}$

跌□皮　tei$^{5}$lu$^{5}$pai$^{53}$ 蹭破皮儿

手冻　siu$^{35}$tɛŋ$^{55}$ 冻手

暴裂　pau$^{55}$lei$^{5}$（手脚以外的皮肤）开裂

暴皲　pau$^{55}$køy$^{21}$（手脚）皲裂

扤伤　vu$^{5}$sioŋ$^{21}$ 扭伤

跌伤　tei$^{5}$sioŋ$^{21}$

脱臼　t$^{h}$uo$^{5}$kau$^{55}$

**（四）残疾等**

盲　bie$^{53}$ 瞎

聋　lɛŋ$^{53}$

跛　pa$^{21}$ 瘸

废　fai$^{55}$ 痴呆

癫　tei$^{21}$ 疯

大□　tuo$^{33}$kuo$^{21}$ 大脖子

调蛤　tio$^{33}$kia$^{5}$　囔鼻儿

哑　ou$^{35}$（嗓子）嘶哑

鸭公声　a$^{3}$kɛŋ$^{21}$sie$^{21}$ 公鸭嗓儿

发鸡盲　fo$^{5}$kei$^{21}$bie$^{53}$ 夜盲

沙眼　sou$^{21}$ga$^{55}$

红眼病　hɛŋ$^{53}$ga$^{55}$pie$^{33}$

单眼龙　toŋ$^{21}$ga$^{55}$lɛŋ$^{53}$ 一只眼

胀眼仁　tioŋ$^{55}$ga$^{55}$gɐn$^{5}$　金鱼眼

□眼　sai$^{21}$ga$^{55}$ 斗鸡眼

倒睁眼　tau$^{55}$ʦiɛ$^{21}$ga$^{55}$ 对眼

眯缝　bai$^{3}$fɛŋ$^{33}$ 眯缝眼

啰舌　lou$^{21}$sei$^{5}$　结巴

癞痢头　luo$^{33}$lai$^{5}$tia$^{53}$

驼背　tou$^{53}$puo$^{3}$

中风　ʦɛŋ$^{55}$fɛŋ$^{21}$

瘫痪　t$^{h}$oŋ$^{21}$hm$^{33}$

残废　ʦ$^{h}$a$^{53}$fai$^{55}$

□头　gau$^{53}$tia$^{53}$ 歪脖子

□嘴　paŋ$^{35}$ʦoe$^{35}$ 豁唇子

□牙齿 paŋ$^{35}$gou$^{53}$tsɿ$^{35}$ 豁牙

八字脚 pa$^{5}$sɿ$^{5}$kio$^{5}$ 罗圈腿

**十三、衣服穿戴**

**（一）服装**

穿着 tsʰøy$^{21}$tsio$^{5}$ 衣着

衣裳 ji$^{21}$soŋ$^{5}$ ①衣服；②上衣

长衫 tsʰioŋ$^{53}$sa$^{21}$

棉袄 bei$^{53}$au$^{35}$ 棉衣

皮草 pai$^{53}$tsʰau$^{35}$（老）皮袄

皮袄 pai$^{53}$au$^{35}$（新）

外套 guo$^{33}$tʰau$^{55}$

□衫 laŋ$^{55}$saŋ$^{55}$ 毛衣

单衫 toŋ$^{21}$sa$^{3}$ 外衣

恤衫 søy$^{5}$sa$^{21}$ 衬衫

瞓衣 foŋ$^{55}$ji$^{21}$ ①内衣；②睡衣

垫瞓衣 tʰa$^{55}$foŋ$^{55}$ji$^{21}$

夹袄 ka$^{5}$au$^{35}$ 夹衣

马骝褂 bou$^{55}$liu$^{5}$kou$^{55}$ 马褂儿

背心 puo$^{55}$sɐn$^{21}$

汗背心 hm$^{33}$puo$^{55}$sɐn$^{21}$

棉背心 bei$^{53}$puo$^{55}$sɐn$^{21}$

线背心 sei$^{55}$puo$^{55}$sɐn$^{21}$

毛背心 bau$^{53}$puo$^{55}$sɐn$^{21}$

下摆 hou$^{33}$pa$^{35}$

里布 lai$^{55}$pu$^{55}$ 里子

面 bei$^{5}$ 面子

衫领 sa$^{21}$lie$^{3}$ 领子

衫袖 sa$^{21}$tsʰiu$^{33}$ 袖子

长袖 tsʰioŋ$^{53}$tsʰiu$^{33}$

短袖 toŋ$^{35}$tsʰiu$^{33}$

贴边 tʰei$^{5}$pei$^{21}$ 衣襟儿

反贴 foŋ$^{35}$tʰei$^{5}$ 反过来缝制的衣襟儿

裤 kʰu$^{55}$ 裤子

缩带裤 sɛɯ$^{5}$tuo$^{3}$kʰu$^{55}$ 松紧裤

背带裤 pai$^{21}$tuo$^{3}$kʰu$^{55}$

牛仔裤 giu$^{53}$tsuo$^{3}$kʰu$^{55}$

内裤 loe$^{33}$kʰu$^{55}$ 裤衩儿

牛头裤 giu$^{53}$tia$^{53}$kʰu$^{55}$ 短裤

漏裆裤 lia$^{33}$taŋ$^{21}$kʰu$^{55}$ 开裆裤

□裆裤 buo$^{53}$taŋ$^{21}$kʰu$^{55}$ 连裆裤

裤裆 kʰu$^{55}$taŋ$^{21}$

裤头 kʰu$^{55}$tia$^{53}$ 裤腰

裤头带 kʰu$^{55}$tia$^{53}$tuo$^{3}$ 裤带

裤耳 kʰu$^{55}$gi$^{3}$ 裤襻

裤筒脚 kʰu$^{55}$tɛŋ$^{5}$kio$^{5}$ 裤腿儿

裙 kʰuɐn$^{5}$ 裙子

桶裙 tʰɛŋ$^{35}$kʰuɐn$^{5}$

连衣裙 lei$^{53}$ji$^{21}$kʰuɐn$^{5}$

缆山裙 la$^{33}$sa$^{21}$kʰuɐn$^{5}$ 短围裙，只能围到腰部

围裙 vai$^{53}$kʰuɐn$^{53}$ 长围裙，能围全身

扣嘀 kʰia$^{55}$ta$^{3}$ 纽扣

扣耳 kʰia$^{55}$gi$^{3}$ 扣襻

扣孔 kʰia$^{55}$kʰɛŋ$^{35}$ 扣眼儿

□□扣 pou$^{5}$pou$^{5}$kʰia$^{55}$ 子母扣

乌扣 vu$^{21}$kʰia$^{55}$ 黑扣子

白扣 pie$^{3}$kʰia$^{55}$

布扣 pu$^{55}$kʰia$^{55}$

塑料扣 sou$^{5}$lio$^{33}$kʰia$^{55}$

骨扣 kuo$^{5}$kʰia$^{55}$

拉链 luo$^{21}$lei$^{5}$

款式 $k^{h}a^{35}sai^{3}$

西装 $sei^{21}ʦaŋ^{21}$

套装 $t^{h}au^{55}ʦaŋ^{21}$

唐装 $taŋ^{53}ʦaŋ^{21}$ 对襟儿

中山装 $ʦɛŋ^{21}sa^{21}ʦaŋ^{21}$

青年装 $ʦ^{h}ie^{21}lei^{53}ʦaŋ^{21}$

单扇门 $toŋ^{21}sei^{55}boŋ^{5}$ 大襟衫

布 $pu^{55}$

布头 $pu^{55}tia^{5}$

布尾 $pu^{55}bai^{3}$

花布 $fou^{21}pu^{55}$

棉布 $bei^{53}pu^{55}$

土布 $t^{h}u^{35}pu^{55}$

的确良 $tai^{5}k^{h}ou^{5}lioŋ^{53}$

尼龙 $la^{53}lɛŋ^{53}$

绸仔 $ʦ^{h}iu^{53}ʦuo^{3}$ 绸缎

灯芯绒 $taŋ^{21}sɐn^{21}jɛŋ^{5}$

皱纱 $ʦia^{55}sou^{21}$ 呢子

丝 $sɿ^{21}$

纱 $sou^{21}$

□ $laŋ^{55}$ 毛线

**（二）鞋帽**

鞋 $ha^{53}$

拖板 $t^{h}ou^{21}poŋ^{35}$ 拖鞋

　拖鞋 $t^{h}ou^{21}ha^{53}$

棉鞋 $bei^{53}ha^{53}$

皮鞋 $pai^{53}ha^{53}$

布鞋 $pu^{55}ha^{53}$

胶鞋 $kau^{21}ha^{53}$

松紧鞋 $sɛŋ^{21}kɐn^{35}ha^{53}$

凉鞋 $lioŋ^{53}ha^{53}$

解放鞋 $ka^{35}faŋ^{55}ha^{53}$

草鞋 $ʦ^{h}au^{35}ha^{5}$

靴筒 $høy^{21}tɛŋ^{5}$ 靴子

　靴鞋 $høy^{21}ha^{53}$

水鞋 $sy^{35}ha^{53}$ 雨鞋

高踭鞋 $kau^{21}ʦie^{21}ha^{53}$ 高跟鞋

矮踭鞋 $a^{35}ʦie^{21}ha^{53}$ 平跟鞋

花鞋 $fou^{21}ha^{53}$ 绣花鞋

屐 $k^{h}ie^{5}$ 木屐

鞋面 $ha^{53}bei^{5}$

鞋底 $ha^{53}ta^{35}$

胶底 $kau^{21}ta^{35}$

鞋踭 $ha^{53}ʦie^{21}$ 鞋跟

鞋带 $ha^{53}tuo^{3}$

鞋模 $ha^{53}bu^{5}$ 楦子

鞋样 $ha^{53}jioŋ^{5}$

鞋擦 $ha^{53}ʦ^{h}uo^{3}$ 鞋刷子

鞋垫 $ha^{53}t^{h}a^{55}$

鞋架 $ha^{53}kou^{55}$

码 $bou^{3}$ 鞋的长度单位

袜 $buo^{3}$ 袜子

筒袜 $tɛŋ^{5}buo^{3}$ 长袜

短袜 $toŋ^{35}buo^{3}$

棉袜 $bei^{53}buo^{3}$

丝袜 $sɿ^{21}buo^{3}$

裹脚 $kou^{35}kio^{3}$

帽 $bau^{5}$ 帽子

帽□ $bau^{5}ki^{5}$ 帽檐儿

棉帽 $bei^{53}bau^{5}$

□帽 $laŋ^{55}bau^{5}$ 毛线帽

草帽 $ʦ^{h}au^{35}bau^{33}$

笠帽 $lai^{3}bau^{5}$ 斗笠

通帽 $t^{h}ɛŋ^{21}bau^{5}$ 帽子的一种，无帽檐、圆形，似头盔

鞋帽 $ha^{53}bau^{5}$ 鞋状帽子，一般是小孩戴

瓜皮帽 $kou^{3}pai^{53}bau^{5}$ 布面花纹似瓜皮的帽子

礼帽 $lai^{55}bau^{5}$

军帽 $kuɐn^{21}bau^{5}$

**（三）装饰品**

手镯 $siu^{35}ʦ^{h}ou^{3}$

戒指 $ka^{55}ʦɿ^{3}$

颈链 $kie^{35}lei^{5}$ 项链

扣针 $k^{h}ia^{55}ʦɐn^{21}$ 别针儿

扁扎 $pa^{35}ʦa^{3}$ 簪子

头毛钳 $tia^{53}bau^{53}k^{h}ei^{5}$ 头发夹

耳饰 $gi^{55}sai^{3}$ 耳环

色粉 $sai^{3}fɐn^{35}$ 胭脂

面油 $bei^{33}jiu^{53}$ 涂脸的粉霜

雪花膏 $søy^{5}fou^{21}kau^{21}$

蚌壳油 $p^{h}aŋ^{35}k^{h}ou^{3}jiu^{53}$

口红 $k^{h}ia^{35}hɛŋ^{53}$

花露水 $fou^{21}lu^{33}sy^{35}$

**（四）其他穿戴用品**

蓑衣 $sou^{21}ji^{21}$

水衣 $sy^{35}ji^{21}$ 新式雨衣

假袖 $kou^{35}ʦ^{h}iu^{33}$ 袖套

加披 $ka^{21}p^{h}ai^{21}$ 坎肩

涎□褂 $jei^{53}ʦ^{h}ioŋ^{53}kou^{21}$ 围嘴儿

头帕 $tia^{5}p^{h}ou^{3}$ 头巾

围巾 $vai^{53}kɐn^{21}$ 长围巾

颈围 $kie^{35}vai^{53}$ 短围巾，一般较短

被嘀 $p^{h}ai^{55}ta^{3}$ 布巾，一般用于包裹小孩

渣巾 $ʦou^{21}kɐn^{21}$ 手绢

手袜 $siu^{35}buo^{3}$ 手套

尿片 $lio^{33}p^{h}ei^{35}$ 尿布

　尿片 $sɿ^{35}p^{h}ei^{35}$

大头针 $tuo^{33}tia^{53}ʦɐn^{21}$

缩筋 $sɛɯ^{5}kɐn^{21}$ 松紧带

箍胶 $k^{h}u^{21}kau^{21}$ 用来扎头发的橡皮筋

伞 $soŋ^{55}$

油纸伞 $jiu^{53}ʦɿ^{35}soŋ^{55}$

布伞 $pu^{55}soŋ^{55}$

铁伞棍 $t^{h}ei^{5}soŋ^{55}kuɐn^{3}$ 伞骨

伞柄 $soŋ^{55}pie^{3}$ 伞把

塑料布 $sou^{5}lio^{33}pu^{55}$

手表 $siu^{35}pio^{21}$

表带 $pio^{21}tuo^{3}$

眼镜 $ga^{55}kie^{55}$

## 十四、饮食

**（一）伙食**

伙食 $fu^{35}sei^{3}$

饭 $foŋ^{33}$ 米饭

白饭 $pie^{3}foŋ^{33}$

硬饭 $gie^{33}foŋ^{33}$

烂饭 $loŋ^{33}foŋ^{33}$

生死饭 $sie^{21}sai^{35}foŋ^{33}$ 夹生饭

生饭 $sie^{21}foŋ^{33}$

饭糍粑 $foŋ^{33}ʦ^{h}ai^{53}pa^{21}$ 饭团

饭焦 $foŋ^{33}ʦio^{21}$ 锅巴

饭痢 foŋ$^{33}$la$^{3}$
粥 tsɛɯ$^{5}$
清粥 tsʰie$^{21}$tsɛɯ$^{5}$ 稀粥
□粥 kʰøy$^{3}$tsɛɯ$^{5}$ 稠粥
粥水 tsɛɯ$^{5}$sy$^{35}$ 米汤
旧饭 kʰiu$^{33}$foŋ$^{33}$ 剩饭（偏正）
早朝 tsau$^{35}$tio$^{3}$ 早饭
上昼 soŋ$^{33}$tiu$^{3}$ 午饭
夜下 jia$^{33}$hou$^{5}$ 晚饭
半餐 poŋ$^{55}$tsʰoŋ$^{21}$ 茶点
夜宵 jia$^{33}$sio$^{21}$
小口 sio$^{35}$kʰia$^{35}$ 零食

**（二）米食**

羹 kie$^{21}$ 米糊
米糕 buo$^{55}$kau$^{21}$ 条形米粉
米粉 buo$^{55}$fɐn$^{35}$ 粉状米粉
鹅肠粉 gou$^{5}$tsʰaŋ$^{33}$fɐn$^{35}$ 河粉
河粉 hou$^{53}$fɐn$^{35}$
番薯粉 foŋ$^{21}$sy$^{35}$fɐn$^{35}$ 红薯粉
味片 bai$^{33}$pʰei$^{3}$ 年糕，用晒干的米浆制作而成
糖枣 taŋ$^{53}$tsau$^{3}$ 油炸品，先把糖和糯米粉混在一起搅匀，然后做成条形油炸
角仔 kou$^{5}$tsuo$^{3}$ 油炸饺子，因状如三角形而得名
油耳朵 jiu$^{53}$gi$^{55}$tou$^{35}$ 油炸品的一种，先把糖和糯米粉混在一起搅匀，然后做成片状油炸
糖环 taŋ$^{53}$va$^{53}$ 油炸品的一种，先把糖和糯米粉混在一起搅匀，然后做成环形油炸
□ pʰai$^{3}$ 爆米花
谷花 kɛɯ$^{5}$fou$^{21}$
□□ pʰai$^{3}$tsʰie$^{5}$ 与沙琪玛类似的食品，主要原料是糖和爆米花
春糕 tsʰɐn$^{3}$kau$^{21}$ 蛋糕
粽糍 tsɛŋ$^{3}$tsʰai$^{53}$ 粽子
糍粑 tsʰai$^{53}$pa$^{21}$
铜盘糍 tɛŋ$^{5}$poŋ$^{5}$tsʰai$^{53}$ 用铜盘蒸的糍粑
油糍 jiu$^{53}$tsʰai$^{53}$ 油炸的糍粑
糖麻叶 taŋ$^{53}$bou$^{53}$jei$^{5}$ 糍粑的一种，先把糖和糯米粉混在一起搅匀，然后用竹叶包好放在锅里蒸
青巾板 tsʰie$^{21}$kɐn$^{21}$poŋ$^{35}$ 糍粑的一种，多用粘米做成，蒸时外层需用蕉叶包裹
对半糍 toe$^{33}$poŋ$^{33}$tsʰai$^{53}$ 糍粑的一种，原料为一半糯米、一半粘米
棕糍 tsɛŋ$^{21}$tsʰai$^{53}$ 把糯米饭捣碎做成的糍粑
盖瓦糍 kuo$^{55}$gou$^{55}$tsʰai$^{53}$ 建房盖瓦时做的糍粑
灰水糍 fo$^{21}$sy$^{35}$tsʰai$^{53}$ 用山草灰过滤的水做成的糍粑
艾糍 guo$^{33}$tsʰai$^{53}$ 用艾草做成的糍粑，一般是清明节做
镬头糍 vou$^{3}$tia$^{53}$tsʰai$^{53}$ 用锅煎的糍粑
芋头糍 vu$^{21}$tia$^{53}$tsʰai$^{53}$
蕉叶糍 tsio$^{21}$jei$^{5}$tsʰai$^{53}$ 又叫粘米糍，一般是六月初六尝新节做

**（三）面食**

面粉 bei$^{33}$fɐn$^{35}$

面饼 bei$^{33}$bie$^{35}$

面 bei$^{33}$ 面条儿

　面条 bei$^{33}$tio$^{5}$

面糊 bei$^{33}$vu$^{53}$ 较稀的面糊

面羹 bei$^{33}$kie$^{21}$ 较稠的面糊

馒头 boŋ$^{33}$tia$^{53}$

包子 pau$^{21}$ʦɿ$^{35}$

油条 jiu$^{53}$tio$^{5}$

麻花 bou$^{53}$fou$^{21}$

花圈 fou$^{21}$kʰøy$^{3}$ 花卷儿

　花卷 fou$^{21}$køy$^{35}$

饺子 kio$^{35}$ʦɿ$^{35}$

馄饨 vɐn$^{53}$tʰɐn$^{21}$

水肉狗 sy$^{35}$lɛɯ$^{5}$kia$^{35}$ 汤圆

馅 ha$^{5}$ 馅儿

**（四）肉、蛋等**

猪手 toe$^{21}$siu$^{35}$ 猪的前腿

猪脚 toe$^{21}$kio$^{5}$ 猪的后腿

猪肚 toe$^{21}$tʰu$^{3}$

猪蹄□ toe$^{21}$ta$^{5}$lou$^{5}$ 猪蹄儿

蹄筋头 ta$^{5}$kɐn$^{21}$tia$^{53}$ 蹄筋

猪脷 toe$^{21}$lai$^{33}$ 猪舌头

猪耳朵 toe$^{21}$ɡi$^{55}$tou$^{35}$

猪血 toe$^{21}$høy$^{5}$

　猪红 toe$^{21}$hɛŋ$^{53}$

猪肺 toe$^{21}$fai$^{55}$ 猪的胰脏

猪肝 toe$^{21}$kuoŋ$^{21}$

猪腰 toe$^{21}$jio$^{3}$

大肠 tuo$^{33}$ʦʰaŋ$^{33}$ 一般专指猪的大肠

小肠 sio$^{35}$ʦʰaŋ$^{33}$ 一般专指猪的小肠

猪心 toe$^{21}$sɐn$^{21}$

腊肠 la$^{3}$ʦʰaŋ$^{33}$ 香肠的一种，先腌制后晒干或风干

　风肠 fɛŋ$^{21}$ʦʰaŋ$^{33}$

肉皮 lɛɯ$^{3}$pai$^{53}$

精肉 ʦie$^{21}$lɛɯ$^{3}$ 瘦肉

肥肉 fai$^{53}$lɛɯ$^{3}$

扣肉 kʰia$^{55}$lɛɯ$^{3}$

肉丁 lɛɯ$^{3}$taŋ$^{21}$

肉丝 lɛɯ$^{3}$sɿ$^{21}$

肉片 lɛɯ$^{3}$pʰei$^{55}$

肉丸 lɛɯ$^{3}$jøy$^{5}$

五花肉 m$^{55}$fou$^{21}$lɛɯ$^{3}$

雪肉 søy$^{5}$lɛɯ$^{3}$ 冻肉

排骨 pa$^{53}$kuo$^{5}$ 一般专指猪的排骨

杂 ʦʰa$^{3}$ 牲畜、家禽等的内脏

　下水 hou$^{33}$sy$^{35}$

板鸭 poŋ$^{35}$a$^{3}$

春 ʦʰɐn$^{3}$ 蛋

皮春 pai$^{53}$ʦʰɐn$^{3}$ 松花蛋

咸春 ha$^{53}$ʦʰɐn$^{3}$ 咸鸭蛋

茶叶春 ʦʰou$^{53}$jei$^{5}$ʦʰɐn$^{3}$ 茶叶蛋

荷包春 hou$^{53}$pau$^{21}$ʦʰɐn$^{3}$ 荷包蛋

煎春 ʦei$^{21}$ʦʰɐn$^{3}$ 煎蛋（偏正）

炒春 ʦʰau$^{35}$ʦʰɐn$^{3}$ 炒蛋（偏正）

春花 ʦʰɐn$^{3}$fou$^{21}$ 蛋羹

□春 vaŋ$^{21}$ʦʰɐn$^{3}$ 寡蛋

□头春 vu$^{5}$tia$^{53}$ ʦʰɐn$^{3}$ 孵化未成功的蛋

臭春 ʦʰiu$^{55}$ʦʰɐn$^{3}$ 臭蛋

春黄　ʦʰɐn$^{3}$vaŋ$^{5}$　蛋黄

春白　ʦʰɐn$^{3}$pie$^{3}$　蛋白

春壳　ʦʰɐn$^{3}$kʰou$^{3}$　蛋壳

**（五）菜**

菜　ʦʰuo$^{55}$

斋菜　ʦa$^{21}$ʦʰuo$^{55}$ 素菜

荤菜　fɐn$^{21}$ʦʰuo$^{55}$ 多种菜放在一起煲出来的菜

白镬菜　pie$^{3}$vou$^{5}$ʦʰuo$^{55}$ 没放油的菜

咸菜　ha$^{53}$ʦʰuo$^{55}$

榨菜　ʦou$^{55}$ʦʰuo$^{55}$

菜干　ʦʰuo$^{55}$kuoŋ$^{21}$ 干菜

腌菜　jei$^{5}$ʦʰuo$^{55}$ 把蔬菜晾干后腌制而成的菜

酸菜　soŋ$^{21}$ʦʰuo$^{55}$

□菜　vu$^{5}$ʦʰuo$^{55}$ ①在开水里焯后放置两三天吃的菜；②晾干后放在坛子里密封而成的菜

辣椒干　luo$^{3}$ʦio$^{3}$kuoŋ$^{21}$ 干辣椒

酸辣椒　soŋ$^{21}$luo$^{3}$ʦio$^{3}$

汤　tʰaŋ$^{21}$

菜汤　ʦʰuo$^{55}$tʰaŋ$^{21}$

肉汤　lɛɯ$^{3}$tʰaŋ$^{21}$

春汤　ʦʰɐn$^{3}$tʰaŋ$^{21}$ 蛋汤

酸汤　soŋ$^{21}$tʰoŋ$^{21}$

豆腐　tia$^{33}$fu$^{33}$

豆浆　tia$^{5}$ʦioŋ$^{21}$

豆腐脑　tia$^{33}$fu$^{33}$lau$^{3}$　豆腐花儿

水豆腐　sy$^{35}$tia$^{33}$fu$^{33}$ 白豆腐

豆腐干　tia$^{33}$fu$^{33}$kuoŋ$^{21}$

酿豆腐　ɳioŋ$^{33}$tia$^{33}$fu$^{33}$

油豆腐　jiu$^{53}$tia$^{33}$fu$^{33}$

豆腐乳　tia$^{33}$fu$^{33}$jy$^{55}$

豆瓣酱　tia$^{5}$pa$^{3}$ʦioŋ$^{55}$

豆腐渣　tia$^{33}$fu$^{33}$ʦou$^{21}$

腐竹　fu$^{33}$ʦɛɯ$^{3}$　豆皮

西粉　sei$^{21}$fɐn$^{35}$ 绿豆粉做的粉丝

薯片　sy$^{53}$pʰei$^{3}$　红薯片

薯丝　sy$^{53}$sɿ$^{21}$ 红薯丝

薯粉　sy$^{35}$fɐn$^{35}$ 红薯粉

莲藕粉　lei$^{53}$ɡia$^{55}$fɐn$^{35}$

木耳　bɛɯ$^{3}$ɡi$^{55}$

雪耳　søy$^{5}$ɡi$^{55}$ 银耳

针金菜　ʦɐn$^{21}$kɐn$^{21}$ʦʰuo$^{55}$ 金针菜

海带　huo$^{35}$tuo$^{55}$

虾公肉　hou$^{21}$kɛŋ$^{21}$lɛɯ$^{3}$　虾仁儿

干虾公　kuoŋ$^{21}$hou$^{21}$kɛŋ$^{21}$ 虾米

老蟹肉　lau$^{55}$ha$^{35}$lɛɯ$^{3}$　蟹黄

鱼干　ɡy$^{5}$kuoŋ$^{21}$ 鲞

咸鱼　ha$^{53}$ɡy$^{5}$

新鲜鱼　sɐn$^{21}$sei$^{21}$ɡy$^{5}$　鲜鱼

海参　huo$^{35}$sie$^{21}$

海味　huo$^{35}$bai$^{33}$ 腌制的水产品

**（六）油盐作料**

油　jiu$^{53}$

猪油　toe$^{21}$jiu$^{53}$

大油　tuo$^{33}$jiu$^{53}$ 板油

猪膏油　toe$^{21}$kau$^{21}$jiu$^{53}$

牛油　ɡiu$^{53}$jiu$^{53}$

鸡油　kei$^{21}$jiu$^{53}$

油渣　jiu$^{53}$ʦou$^{21}$

花生油　fou$^{21}$sie$^{21}$jiu$^{53}$

豆油 tia$^{5}$jiu$^{53}$

茶嘀油 ʦʰou$^{53}$ta$^{3}$jiu$^{53}$ 茶油

菜油 ʦʰuo$^{55}$jiu$^{53}$ 菜籽油

麻嘀油 bou$^{53}$ta$^{3}$jiu$^{53}$ 芝麻油

盐 jei$^{53}$

生盐 sie$^{21}$jei$^{53}$ 块状盐

熟盐 sɛɯ$^{3}$jei$^{53}$ 化学盐

盐粉 jei$^{53}$fɐn$^{35}$ 粉盐

盐卤 jei$^{53}$lu$^{55}$

酱油 ʦioŋ$^{55}$jiu$^{53}$

脚 kio$^{3}$（油、菜、茶等的）残汁

生粉 sie$^{21}$fɐn$^{35}$ 芡粉

麻荠生粉 bou$^{53}$ʦʰai$^{5}$sie$^{21}$fɐn$^{35}$ 荸荠做的生粉

石膏 sie$^{3}$kau$^{21}$

熟石膏 sɛɯ$^{3}$sie$^{3}$kau$^{21}$

生石膏 sie$^{21}$sie$^{3}$kau$^{21}$

配料 pʰai$^{55}$lio$^{33}$ 作料

豆豉 tia$^{33}$sɿ$^{33}$

辣椒酱 luo$^{3}$ʦio$^{3}$ʦioŋ$^{55}$

酸醋 soŋ$^{21}$ʦʰu$^{55}$ 醋

料酒 lio$^{33}$ʦiu$^{35}$

味精 bai$^{33}$ʦaŋ$^{21}$

八角 pa$^{5}$kou$^{5}$

陈皮 ʦʰɐn$^{53}$pai$^{53}$

桂皮 kuai$^{55}$pai$^{53}$

大茴 tuo$^{33}$fai$^{53}$

小茴 sio$^{35}$fai$^{53}$

花椒 fou$^{21}$ʦio$^{21}$

胡椒 fu$^{53}$ʦio$^{21}$

**（七）烟、茶、酒等**

烟仔 jei$^{21}$ʦuo$^{3}$ 香烟

烟筒 jei$^{21}$tɛŋ$^{5}$ 烟斗

尖嘴烟 ʦei$^{21}$ʦoe$^{35}$jei$^{21}$ 喇叭烟

水烟筒 sy$^{35}$jei$^{21}$tɛŋ$^{5}$ 水烟袋

鸦片烟 a$^{21}$pʰei$^{55}$jei$^{21}$ 鸦片

烟盒 jei$^{21}$huo$^{5}$

烟油 jei$^{21}$jiu$^{53}$ 烟油子

烟灰 jei$^{21}$fo$^{21}$

烟头 jei$^{21}$tia$^{53}$

茶叶 ʦʰou$^{53}$jei$^{5}$

绿茶 lɛɯ$^{3}$ʦʰou$^{53}$

红茶 hɛŋ$^{53}$ʦʰou$^{53}$

甜茶 ta$^{53}$ʦʰou$^{53}$

老茶 lau$^{55}$ʦʰou$^{53}$

新茶 sɐn$^{21}$ʦʰou$^{53}$

粗茶 ʦʰu$^{21}$ʦʰou$^{53}$

细茶 soe$^{55}$ʦʰou$^{53}$

清明茶 ʦʰaŋ$^{21}$baŋ$^{53}$ʦʰou$^{53}$ 清明时采的茶叶

茶水 ʦʰou$^{53}$sy$^{35}$ 沏好的茶

酒 ʦiu$^{35}$

酒娘 ʦiu$^{35}$lioŋ$^{5}$

酒糟 ʦiu$^{35}$ʦau$^{21}$

酒饼 ʦiu$^{35}$pie$^{3}$ 酒曲

烧酒 sio$^{21}$ʦiu$^{35}$ 白酒

甜酒 ta$^{53}$ʦiu$^{35}$

黄酒 vaŋ$^{53}$ʦiu$^{35}$ 江米酒

散酒 soŋ$^{35}$ʦiu$^{35}$ 散装酒

支装酒 ʦɿ$^{21}$ʦaŋ$^{21}$ʦiu$^{35}$ 瓶装酒

啤酒 pai$^{21}$ʦiu$^{35}$

汽水 hi$^{55}$sy$^{35}$
饮料 jɐn$^{35}$lio$^{33}$
雪条 søy$^{3}$tio$^{5}$ 冰棍儿
糖 taŋ$^{5}$
黄糖 vaŋ$^{53}$taŋ$^{53}$ 红糖
白糖 pie$^{3}$taŋ$^{5}$
冰糖 pɐn$^{21}$taŋ$^{5}$
砂糖 sou$^{21}$taŋ$^{53}$
白砂糖 pie$^{3}$sou$^{21}$taŋ$^{53}$
麻嘀糖 bou$^{5}$ta$^{3}$taŋ$^{53}$ 麻糖
蜜糖 bai$^{3}$taŋ$^{53}$ 蜂蜜
麦芽糖 bie$^{5}$gou$^{53}$taŋ$^{53}$
棉花糖 bei$^{53}$fou$^{21}$taŋ$^{53}$
花生糖 fou$^{21}$sie$^{21}$taŋ$^{53}$
鸡髀糖 kei$^{21}$pai$^{35}$taŋ$^{53}$ 棒棒糖
中秋饼 ʦɛŋ$^{21}$ʦ$^{h}$iu$^{21}$pie$^{35}$ 月饼
　月饼 gøy$^{5}$pie$^{35}$
豆沙饼 tia$^{5}$sou$^{21}$pie$^{35}$
豆蓉饼 tia$^{5}$jɛŋ$^{53}$pie$^{35}$
五仁饼 m$^{55}$gɐn$^{53}$pie$^{35}$
莲蓉饼 lei$^{53}$jɛŋ$^{53}$pie$^{35}$
双黄饼 saŋ$^{21}$vaŋ$^{5}$pie$^{35}$

## 十五、红白大事

### （一）婚姻、生育

媒人 buo$^{53}$gɐn$^{53}$
媒人公 buo$^{53}$gɐn$^{53}$kɛŋ$^{3}$ 男媒人
媒人婆 buo$^{53}$gɐn$^{53}$pou$^{5}$ 女媒人
做媒人 ʦu$^{3}$buo$^{53}$gɐn$^{53}$ 做媒
睇亲 t$^{h}$a$^{35}$ʦ$^{h}$ɐn$^{21}$ 相亲
谈婚 ta$^{53}$fɐn$^{21}$ 恋爱
男朋友 la$^{53}$pɛŋ$^{53}$jiu$^{3}$
女朋友 loe$^{55}$pɛŋ$^{53}$jiu$^{3}$
分手 fɐn$^{21}$siu$^{35}$
八字 pa$^{5}$sɿ$^{5}$
合八字 huo$^{3}$pa$^{5}$sɿ$^{5}$ 八字相合
八字唔合 pa$^{5}$sɿ$^{5}$m$^{21}$huo$^{3}$ 八字相克
订婚 tie$^{33}$fɐn$^{21}$
登记 taŋ$^{21}$ki$^{55}$ 男女双方去民政部门办理结婚手续
选日子 søy$^{35}$gi$^{3}$ʦɿ$^{35}$ 挑选吉日
　睇日子 t$^{h}$a$^{35}$gi$^{3}$ʦɿ$^{35}$
结婚 kei$^{5}$fɐn$^{21}$
新嫁银 sɐn$^{21}$kou$^{55}$gɐn$^{5}$ 聘礼
　财礼 ʦ$^{h}$uo$^{53}$lai$^{55}$
妆嫁 ʦaŋ$^{21}$kou$^{55}$ 嫁妆
花轿 fou$^{21}$k$^{h}$io$^{5}$
讨夫娘 t$^{h}$au$^{35}$fu$^{21}$lioŋ$^{5}$ 娶亲
嫁老公 kou$^{55}$lau$^{35}$kɛŋ$^{21}$ 出嫁
送嫁 sɛŋ$^{55}$kou$^{55}$
送六亲 sɛŋ$^{55}$lɛɯ$^{3}$ʦ$^{h}$ɐn$^{21}$ 送亲，一般由六个男孩护送
接新妇 ʦei$^{5}$sɐn$^{21}$p$^{h}$ai$^{3}$ 接新娘
过门 ku$^{55}$boŋ$^{5}$
拜堂 pa$^{55}$taŋ$^{53}$
交酒 kau$^{21}$ʦiu$^{35}$ 交杯酒
打发 tou$^{35}$fo$^{5}$ 回门
新娘公 sɐn$^{21}$lioŋ$^{53}$kɛŋ$^{3}$ 新郎
新妇 sɐn$^{21}$p$^{h}$ai$^{3}$ 新娘
伴郎 p$^{h}$oŋ$^{55}$laŋ$^{53}$
伴娘 p$^{h}$oŋ$^{55}$lioŋ$^{53}$
离婚 lai$^{53}$fɐn$^{21}$

守寡 siu$^{35}$kou$^{35}$

嫁二到 kou$^{55}$gi$^{33}$tau$^{55}$ 再醮

翻讨 foŋ$^{21}$tʰau$^{35}$ 续弦

招入门 ʦio$^{21}$gi$^{3}$boŋ$^{5}$ 入赘

顶房 taŋ$^{35}$faŋ$^{53}$ 过继

□肚 pʰa$^{55}$tu$^{35}$ 怀孕

沤崽 jia$^{55}$ʦuo$^{35}$ 害喜

□肚婆 pʰa$^{55}$tu$^{35}$pou$^{5}$ 孕妇

做□月 ʦu$^{3}$pʰia$^{55}$gøy$^{5}$ 小产

生细嘀 sie$^{21}$sei$^{55}$ta$^{3}$ 生孩子

接生 ʦei$^{5}$sie$^{3}$

胞衣 pau$^{21}$ji$^{21}$ 胎盘

做月 ʦu$^{3}$gøy$^{5}$ 坐月子

够月 kia$^{55}$gøy$^{5}$ 满月

安名 ɔn$^{21}$bie$^{5}$ 取名

开八字 huo$^{21}$pa$^{5}$sɿ$^{5}$ 小孩满月后根据其出生年、月、日、时为其算命

点灯 tei$^{35}$taŋ$^{21}$ 民间的一种风俗，生男孩后父母在祠堂大门口吊灯，次年的大年初十到十五每天点燃这些灯，“灯”谐“丁”。

第一胎 tai$^{33}$ji$^{21}$tʰuo$^{21}$

双生 saŋ$^{21}$sie$^{3}$ 双胞胎

孖崽 ba$^{21}$ʦuo$^{35}$

龙凤胎 lɛŋ$^{53}$fɛŋ$^{33}$tʰuo$^{21}$

双龙胎 saŋ$^{21}$lɛŋ$^{53}$tʰuo$^{21}$ 两个都是男孩的双胞胎

双凤胎 saŋ$^{21}$fɛŋ$^{33}$tʰuo$^{21}$ 两个都是女孩的双胞胎

打胎 tou$^{35}$tʰuo$^{21}$

带环 tuo$^{55}$va$^{53}$ 上环

结扎 kei$^{5}$ʦa$^{5}$

喂细嘀 vai$^{33}$sei$^{55}$ta$^{3}$ 喂养孩子

养 jioŋ$^{55}$ ①抚养（小孩）；②赡养（老人）

饮奶 jɐn$^{35}$la$^{5}$ 吃奶

奶头 la$^{5}$tia$^{53}$

假奶嘴 kou$^{35}$la$^{5}$ʦoe$^{35}$ 奶嘴儿

□尿 luo$^{53}$lio$^{33}$ 尿床

三朝 sa$^{21}$tio$^{3}$ 婴儿出生后的第三天

对岁 toe$^{55}$soe$^{3}$ 周岁

**（二）寿辰、丧葬**

生日 sie$^{21}$gi$^{5}$

做生日 ʦu$^{3}$sie$^{21}$gi$^{5}$

寿命 siu$^{33}$bie$^{33}$

走□了 ʦia$^{35}$hei$^{5}$la$^{21}$ “去世”的委婉说法

落气 lou$^{3}$hi$^{55}$ 断气

自尽 sɿ$^{33}$ʦʰɐn$^{33}$ 自杀

投河 tia$^{53}$hou$^{53}$ 投水（自尽）

浸死 ʦɐn$^{55}$sai$^{35}$ 溺死

吊颈 tio$^{55}$kie$^{35}$ 上吊

□药 tia$^{33}$jio$^{3}$ 下毒药

□死 tia$^{33}$sai$^{35}$ 毒死

死尸 sai$^{35}$sɿ$^{21}$ 尸体

广人 kuaŋ$^{35}$gɐn$^{53}$ 报丧

送终 sɛŋ$^{55}$ʦɛŋ$^{21}$

厅下 tʰie$^{21}$hou$^{3}$ 灵堂

金缸 kɐn$^{21}$kaŋ$^{3}$ 骨殖坛子

棺材 kuoŋ$^{21}$ʦʰuo$^{53}$

寿□ siu$^{33}$faŋ$^{3}$ 生前预制的寿材

寿衣 siu$^{33}$ji$^{21}$

妆 ʦaŋ$^{21}$ 为死者整理衣服，修饰面容

收敛 siu$^{21}$lei$^{33}$ 入殓

封棺 fɛŋ$^{21}$ kuoŋ$^{21}$ 用油漆等把棺材密封起来

守夜 siu$^{35}$jia$^{33}$ 守灵

应七 jaŋ$^{55}$ʦʰai$^{5}$ 做七

出丧 ʦʰy$^{5}$saŋ$^{55}$ 出殡

送山 sɛŋ$^{55}$sa$^{21}$ 送葬

土公佬 tʰu$^{35}$kɛŋ$^{21}$lau$^{35}$ 抬棺人

爬孝棍 pou$^{53}$hau$^{55}$kuɐn$^{3}$ 哭丧棒

白衫 pie$^{3}$sa$^{21}$ 孝服

披麻戴孝 pʰai$^{21}$bou$^{53}$tuo$^{55}$hau$^{55}$

挽联 ba$^{5}$lei$^{53}$

花圈 fou$^{21}$kʰøy$^{3}$

□钱 kʰei$^{21}$ʦʰei$^{53}$ 纸钱，较小，一般不烧掉

银宝 gɐn$^{53}$ pau$^{35}$ 纸钱，较大，一般烧掉

坟塘 fɐn$^{53}$taŋ$^{5}$ 坟地

坟头 fɐn$^{53}$tia$^{53}$ 坟墓

坟孔 fɐn$^{53}$kʰɛŋ$^{35}$ 墓穴

碑记 pai$^{21}$ki$^{55}$ 墓碑

挂纸 kou$^{55}$ʦɿ$^{35}$ 上坟

烧钱 sio$^{21}$ʦʰei$^{53}$ 烧纸钱

**（三）宗教等**

老厅 lau$^{55}$tʰei$^{21}$ 祠堂

神主牌 sɐn$^{53}$ky$^{35}$pa$^{5}$ 灵牌

老天爷 lau$^{55}$tʰei$^{21}$jia$^{5}$

龙王 lɛŋ$^{53}$vaŋ$^{53}$

灶君 ʦau$^{55}$kuɐn$^{21}$ 灶王爷

神仙 sɐn$^{53}$sei$^{21}$

拜神 pa$^{55}$sɐn$^{53}$

起神 hi$^{35}$sɐn$^{53}$ 许愿

还神 va$^{53}$sɐn$^{53}$ 还愿

菩萨 pou$^{53}$sa$^{5}$

魂魄 fɐn$^{53}$pie$^{3}$ 灵魂

鬼 kuai$^{35}$

观音菩萨 kuoŋ$^{21}$jɐn$^{21}$pou$^{53}$sa$^{5}$

土地白公 tʰu$^{35}$tai$^{33}$pie$^{5}$kɛŋ$^{3}$ 土地公公

拜菩萨 pa$^{55}$pou$^{53}$sa$^{5}$

唱□ ʦʰioŋ$^{55}$jie$^{55}$ 作揖

庙 bio$^{33}$

社□ sie$^{55}$ta$^{3}$ 土地庙

神庙 sɐn$^{53}$bio$^{33}$ 关帝庙

阎罗王 jei$^{53}$lou$^{53}$vaŋ$^{53}$ 阎王

佛 fu$^{5}$

神位 sɐn$^{53}$vai$^{5}$ ①佛龛；②神台

神桌 sɐn$^{53}$ʦou$^{3}$ 香案

神凳 sɐn$^{53}$ taŋ$^{3}$ 条案，狭长，用做神案

敬样 kaŋ$^{55}$jioŋ$^{33}$ 上供

香炉钵 hioŋ$^{21}$lu$^{5}$puo$^{3}$ 烛台

蜡烛 la$^{3}$ʦɛɯ$^{5}$ 敬神用的蜡烛

大蜡烛 tuo$^{33}$la$^{3}$ʦɛɯ$^{5}$

细蜡烛 soe$^{55}$la$^{3}$ʦɛɯ$^{5}$

香 hioŋ$^{21}$ 线香

香炉 hioŋ$^{21}$lu$^{5}$

点香 tei$^{35}$hioŋ$^{21}$ 烧香（动宾）

签 ʦʰei$^{21}$

求签 kʰiu$^{53}$ʦʰei$^{21}$

上上签 soŋ$^{33}$soŋ$^{33}$ʦʰei$^{21}$

上签 soŋ$^{33}$ʦʰei$^{21}$

下签 hou$^{33}$ʦ$^{h}$ei$^{21}$

解签 ka$^{35}$ʦ$^{h}$ei$^{21}$

占卦 ʦei$^{21}$kou$^{55}$ 算卦

阴珓 jɐn$^{21}$k$^{h}$au$^{55}$ 两片皆俯

圣珓 saŋ$^{55}$k$^{h}$au$^{55}$ 两片皆仰

阴阳珓 jɐn$^{21}$ jioŋ$^{53}$ k$^{h}$au$^{55}$ 两片一俯一仰

打醮 tou$^{35}$ʦio$^{55}$ 庙会

变法 pei$^{55}$fa$^{3}$ 法术

法事 fa$^{5}$sɿ$^{33}$ 道场

做法事 ʦu$^{3}$fa$^{5}$sɿ$^{33}$

念经 lei$^{33}$kaŋ$^{21}$

信洋 sɐn$^{55}$jioŋ$^{53}$ 信教

开字 huo$^{21}$sɿ$^{5}$ 测字

睇风水 t$^{h}$a$^{35}$fɛŋ$^{21}$sy$^{35}$ 看风水

罗盘 lou$^{53}$poŋ$^{53}$ 用于看风水的罗盘针

开罗盘 huo$^{21}$lou$^{53}$poŋ$^{53}$ 用罗盘针来观测风水

命 bie$^{33}$ 命运

福 fɛɯ$^{5}$

祸 vou$^{33}$

危险 guo$^{53}$hei$^{35}$

算命 soŋ$^{55}$bie$^{33}$

命书 bie$^{33}$sy$^{21}$ 用于算命的书籍

## 十六、日常生活

### (一) 衣

穿衣裳 ʦ$^{h}$øy$^{21}$ji$^{21}$soŋ$^{5}$ 穿衣服

脱衣裳 t$^{h}$uo$^{5}$ji$^{21}$soŋ$^{5}$ 脱衣服

扣扣嘀 k$^{h}$ia$^{55}$k$^{h}$ia$^{55}$ta$^{3}$ 扣扣子

拉拉链 luo$^{21}$luo$^{21}$lei$^{5}$

脱鞋 t$^{h}$uo$^{5}$ha$^{53}$

□鞋踭 va$^{35}$ha$^{53}$ʦie$^{21}$ 穿（鞋跟）

踩鞋踭 ʦ$^{h}$a$^{35}$ha$^{53}$ʦie$^{21}$ 踩鞋跟

换洗 hm$^{33}$sei$^{35}$

洗衣裳 sei$^{35}$ji$^{21}$soŋ$^{5}$ 洗衣服

过水 ku$^{55}$sy$^{35}$

　洗水 sei$^{35}$sy$^{35}$

晒衣裳 sa$^{55}$ji$^{21}$soŋ$^{5}$

晾衣裳 laŋ$^{33}$ji$^{21}$soŋ$^{5}$ 晾衣服

浆衣裳 ʦioŋ$^{21}$ji$^{21}$soŋ$^{5}$

烫衣裳 t$^{h}$aŋ$^{55}$ji$^{21}$soŋ$^{5}$

熇 hou$^{5}$ 烤（尿布）

剪 ʦei$^{35}$

缩水 sɛɯ$^{5}$sy$^{35}$ 纺织品、纤维等下水后收缩

染 gei$^{55}$

补 pu$^{35}$

裁 ʦ$^{h}$uo$^{53}$

织 ʦai$^{5}$

戴 tuo$^{55}$

萦 jie$^{21}$ 绕（毛线）

铺棉花 p$^{h}$u$^{21}$bei$^{53}$fou$^{21}$ 做棉袄时把棉花铺在布面上

披边 p$^{h}$ai$^{21}$pei$^{21}$ 布沿毛边破损

脱边 t$^{h}$uo$^{5}$pei$^{21}$ 布沿毛边脱落

脱色 t$^{h}$uo$^{5}$sai$^{3}$ 褪色

　褪色 t$^{h}$oe$^{55}$sai$^{3}$

针线活 ʦɐn$^{21}$sei$^{55}$fou$^{3}$

穿针 ʦ$^{h}$øy$^{21}$ʦɐn$^{21}$

联 løy$^{53}$ ①绗；②缝

锁边 sou$^{35}$pei$^{21}$

钉扣嘀　tie$^{55}$k$^{h}$ia$^{55}$ta$^{3}$　钉扣子

联扣耳　løy$^{53}$k$^{h}$ia$^{55}$gi$^{3}$　锁扣眼

绣花　siu$^{55}$fou$^{3}$

打底　tou$^{35}$ta$^{35}$

联面　løy$^{53}$bei$^{5}$　绗鞋面

切边　ʦ$^{h}$ei$^{5}$pei$^{21}$

打草鞋　tou$^{35}$ʦ$^{h}$au$^{35}$ha$^{5}$

补丁　pu$^{35}$tie$^{3}$

画条　fou$^{35}$tio$^{5}$　裁缝用来画线的粉条

## （二）食

家务　kou$^{21}$bu$^{33}$

劏鱼　t$^{h}$aŋ$^{21}$gy$^{5}$　剖鱼

　破鱼　p$^{h}$ou$^{55}$gy$^{5}$

刮鳞　kua$^{5}$lɐn$^{53}$　去鳞

劏鸡　t$^{h}$aŋ$^{21}$kei$^{21}$　杀鸡

挦鸡毛　ʦ$^{h}$ei$^{53}$kei$^{21}$bau$^{53}$　拔鸡毛

劏猪　t$^{h}$aŋ$^{21}$toe$^{21}$　杀猪

刨猪毛　pau$^{53}$toe$^{21}$bau$^{53}$

刮猪皮　kua$^{5}$toe$^{21}$pai$^{53}$

反肠　foŋ$^{35}$ʦ$^{h}$aŋ$^{33}$　翻肠

斫柴　tia$^{5}$ʦ$^{h}$a$^{53}$　砍柴

打煤饼　tou$^{35}$buo$^{53}$pie$^{35}$　做煤饼

印煤饼　jɐn$^{55}$buo$^{53}$pie$^{35}$　踩蜂窝煤

起火　hi$^{35}$fu$^{35}$　生火

　动火　tɛŋ$^{55}$fu$^{35}$

火乌　fu$^{35}$vu$^{21}$　锅烟子

烟□　jei$^{21}$jai$^{5}$　炒菜时锅里冒出来的油烟

出灰　ʦ$^{h}$y$^{5}$fo$^{21}$　清除煤炉里的煤灰

煮饭　ʦy$^{35}$foŋ$^{33}$　做饭的总称，包括做菜

洗米　sei$^{35}$buo$^{55}$　淘米

滗　pai$^{55}$　滤（米汤）

煲饭　pou$^{21}$foŋ$^{33}$　煮饭

焗饭　kɛɯ$^{5}$foŋ$^{33}$　用小火慢慢煮饭

压饭　a$^{5}$foŋ$^{33}$　焖饭

煲粥　pou$^{21}$ʦɛɯ$^{5}$　熬粥

摘菜　ʦie$^{5}$ʦ$^{h}$uo$^{55}$

拣菜　ka$^{35}$ʦ$^{h}$uo$^{55}$　择菜

　择菜　t$^{h}$ou$^{3}$ʦ$^{h}$uo$^{55}$

断菜　toŋ$^{35}$ʦ$^{h}$uo$^{55}$　拗菜

洗菜　sei$^{35}$ʦ$^{h}$uo$^{55}$

剁　tou$^{55}$

□水　ʦ$^{h}$ai$^{3}$sy$^{35}$　过滤

切菜　ʦ$^{h}$ei$^{5}$ʦ$^{h}$uo$^{55}$

切成块　ʦ$^{h}$ei$^{5}$sie$^{53}$k$^{h}$ua$^{35}$

切成丝　ʦ$^{h}$ei$^{5}$sie$^{53}$sɿ$^{21}$

切成丁　ʦ$^{h}$ei$^{5}$sie$^{53}$taŋ$^{21}$

煮菜　ʦy$^{35}$ʦ$^{h}$uo$^{55}$　做菜

焯　ʦ$^{h}$ou$^{5}$

过热河　ku$^{55}$gei$^{3}$hou$^{53}$　在热水里焯

过冻河　ku$^{55}$tɛŋ$^{55}$hou$^{53}$　在冷水里焯

淋油　lɐn$^{53}$jiu$^{53}$　①炒菜前在锅里放油；②焌油

炒　ʦ$^{h}$au$^{35}$

煮　ʦy$^{35}$

煎　ʦei$^{21}$

焖　bɐn$^{55}$

炆　vɐn$^{53}$

沤　jia$^{55}$（长时间）煮

煨　vo$^{21}$

蒸　ʦaŋ$^{21}$

焗 kɛɯ$^{5}$ 小火慢慢煮
熇 hɛɯ$^{5}$（用蒸汽）加热
焙 puo$^{33}$
爆 pau$^{55}$
炸 ʦou$^{55}$
舀 jio$^{35}$
□ loe$^{35}$ 蘸（酱油等）
腌 jei$^{5}$
□ vu$^{5}$ ①做酸菜的一种方法，先把蔬菜阴干，然后装入坛子，再把坛子密封起来放置一段时间 ②做酸菜的一种方法，把新鲜蔬菜在开水里焯后，放置几天
放盐 faŋ$^{55}$jei$^{53}$
炒白镬 ʦ$^{h}$au$^{35}$pie$^{3}$vou$^{5}$ 炒白锅
煲汤 pou$^{21}$t$^{h}$aŋ$^{21}$
打汤 tou$^{35}$t$^{h}$aŋ$^{21}$ 氽汤
□匀 lia$^{5}$jɐn$^{53}$ 搅拌（鸡蛋等）
煮春 ʦy$^{35}$ʦ$^{h}$ɐn$^{3}$ 煮蛋
搂面 lou$^{53}$bei$^{33}$ 揉面
搓面条 ʦ$^{h}$a$^{21}$bei$^{33}$tio$^{5}$ 擀面条
蒸馒头 ʦaŋ$^{21}$boŋ$^{33}$tia$^{53}$
包粽糍 pau$^{21}$ʦɛŋ$^{3}$ʦ$^{h}$ai$^{53}$ 裹粽子
整豆腐 ʦaŋ$^{35}$tia$^{33}$fu$^{33}$ 做豆腐
放筷子 faŋ$^{55}$k$^{h}$ua$^{55}$ʦɿ$^{35}$ 摆筷子
食饭 sei$^{3}$foŋ$^{33}$ 吃饭
食早朝 sei$^{3}$ʦau$^{35}$tio$^{3}$ 吃早饭
食上昼 sei$^{3}$soŋ$^{33}$tiu$^{3}$ 吃午饭
食夜 sei$^{3}$jia$^{33}$ 吃晚饭
打半餐 tou$^{35}$poŋ$^{55}$ʦ$^{h}$oŋ$^{21}$ 吃茶点
食斋 sei$^{3}$ʦa$^{21}$ 吃素
舀饭 jio$^{35}$foŋ$^{33}$ 盛饭
　兜饭 tia$^{21}$foŋ$^{33}$
扛碗 kaŋ$^{21}$voŋ$^{35}$ 端碗
使筷子 sɿ$^{35}$k$^{h}$ua$^{55}$ʦɿ$^{35}$ 用筷子
摎饭 lau$^{21}$foŋ$^{33}$（用汤）泡饭
减 ka$^{35}$ 拨（饭菜）
泼饭 p$^{h}$uo$^{5}$foŋ$^{33}$ 用筷子拨饭入口
挟菜 ka$^{5}$ʦ$^{h}$uo$^{55}$
舀汤 jio$^{35}$t$^{h}$aŋ$^{21}$
餸饭 sɛŋ$^{55}$foŋ$^{33}$ 下饭
哽颈 kaŋ$^{21}$kie$^{35}$（吃饭）噎住（了）
哽 kaŋ$^{21}$（刺）卡（在喉咙里）
紧颈食 kɐn$^{35}$kie$^{35}$sei$^{3}$ 吃抢食
收碗筷 siu$^{21}$voŋ$^{35}$k$^{h}$ua$^{55}$ 收拾桌子
洗碗 sei$^{35}$voŋ$^{35}$
打唠 tou$^{35}$øy$^{3}$ 打嗝儿
胀紧 tioŋ$^{55}$ kɐn$^{35}$（吃太多）撑着（了）
食小口 sei$^{3}$sio$^{35}$k$^{h}$ia$^{35}$ 吃零食
□冻 jia$^{55}$tɛŋ$^{55}$（把开水）摊凉
泡茶 p$^{h}$au$^{55}$ʦ$^{h}$ou$^{53}$ 沏茶（动宾）
饮茶 jɐn$^{35}$ʦ$^{h}$ou$^{53}$ 喝茶
食烟 sei$^{3}$jei$^{21}$ 抽烟
俵 pio$^{55}$ 散（烟）
饮酒 jɐn$^{35}$ʦiu$^{35}$ 喝酒
逼酒 pai$^{5}$ʦiu$^{35}$ 酿酒
淬 ʦ$^{h}$oe$^{33}$（火）灭（了）
　乌 vu$^{21}$
生毛 sie$^{21}$bau$^{53}$ 发霉
□冻 k$^{h}$aŋ$^{53}$tɛŋ$^{3}$（油）冻结
味道 bai$^{33}$tau$^{33}$

气色 hi$^{55}$sai$^{3}$ 气味

口味 kʰia$^{35}$bai$^{33}$

禁口 kɐn$^{55}$kʰia$^{35}$ 戒口

（三）住

入伙 gi$^{3}$fu$^{35}$ 乔迁新居

　□火 so$^{35}$fu$^{35}$

搬家 poŋ$^{21}$kou$^{21}$

分火 fɐn$^{21}$fu$^{35}$ 分家

睇屋 tʰa$^{35}$ɛɯ$^{5}$ 看家

扫地 sau$^{55}$tai$^{33}$

开门 huo$^{21}$boŋ$^{5}$

闩门 soŋ$^{21}$boŋ$^{5}$ 关门

住夜 toe$^{33}$jia$^{33}$ 住宿

点灯 tei$^{35}$taŋ$^{21}$ 点煤油灯

开灯 huo$^{21}$taŋ$^{21}$ 开电灯

熄灯 sai$^{5}$taŋ$^{21}$ 关电灯

打淬火 tou$^{35}$ʦʰoe$^{33}$fu$^{35}$ 扑灭煤油灯

吹淬火 ʦʰy$^{21}$ʦʰoe$^{33}$fu$^{35}$ 吹灭煤油灯

起头 hi$^{35}$tia$^{53}$ 起床

洗面 sei$^{35}$bei$^{33}$ 洗脸

哴口 laŋ$^{55}$kʰia$^{35}$ 漱口

漱嘴 su$^{55}$ʦoe$^{35}$ 刷牙

梳头 søy$^{21}$tia$^{53}$

□编 pɐn$^{55}$pei$^{3}$ 结辫子

坌 pɐn$^{21}$（用篦子）梳

脱头毛 tʰuo$^{5}$tia$^{53}$bau$^{53}$ 掉头发

剃头 tʰa$^{55}$tia$^{53}$ 理发

矮脚头 a$^{35}$kio$^{5}$tia$^{53}$ 平圆头

高脚头 kau$^{21}$kio$^{5}$tia$^{53}$ 平头

运动装 jen$^{33}$tɛŋ$^{33}$ʦaŋ$^{21}$ 运动头

化妆 fou$^{55}$ʦaŋ$^{21}$

涂油 tu$^{53}$jiu$^{53}$ 抹粉

刮胡须 kua$^{5}$vu$^{53}$soe$^{21}$ 刮胡子

剪指甲 ʦei$^{35}$ʦɿ$^{35}$ka$^{3}$

擤鼻 sɐn$^{55}$pai$^{33}$ 擤鼻涕

[illegible] sei$^{55}$ 吸留（鼻涕）

洗身 sei$^{35}$sɐn$^{21}$ 洗澡

抹身 buo$^{5}$sɐn$^{21}$ 擦澡

洗脚 sei$^{35}$kio$^{5}$

尿 lio$^{33}$

屙尿 ou$^{21}$lio$^{33}$ 小便

滮尿 pio$^{33}$lio$^{33}$ 撒尿

屎 sɿ$^{35}$

屙屎 ou$^{21}$sɿ$^{35}$ 大便

揙屎窟 pei$^{35}$sɿ$^{35}$fo$^{3}$ 擦屁股

屁 pʰai$^{55}$

打春 tou$^{35}$ʦʰɐn$^{3}$ 放屁

□尿 tou$^{5}$lio$^{33}$ 把尿

歇凉 hei$^{5}$lioŋ$^{53}$ 乘凉

晒热头 sa$^{55}$gei$^{3}$tia$^{5}$ 晒太阳

炙火 ʦie$^{5}$fu$^{35}$ 烤火（取暖）

敨 tʰia$^{35}$ 休息

敨气 tʰia$^{35}$hi$^{55}$ ①喘气；②呼吸

熬夜 gau$^{53}$jia$^{33}$

打哈哈 tou$^{35}$a$^{55}$a$^{55}$ 打哈欠

眼瞓 ga$^{55}$foŋ$^{55}$（人）困（了）

□眼瞓 ʦʰɐn$^{35}$ga$^{55}$foŋ$^{55}$ 打瞌睡

瞓觉 foŋ$^{55}$kau$^{55}$ 睡觉

铺席 pʰu$^{21}$ʦʰie$^{3}$ 铺席子

检点床窦 kɐn$^{35}$tei$^{35}$ʦʰaŋ$^{53}$tia$^{3}$ 整理床铺

暖被 loŋ$^{55}$pʰai$^{55}$ 暖被窝

睏下去 foŋ$^{55}$hou$^{33}$høy$^{53}$ 躺下

睏着了 foŋ$^{55}$ʦ$^{h}$io$^{3}$la$^{21}$ 睡着了

睏唔着 foŋ$^{55}$m$^{21}$ʦ$^{h}$io$^{3}$ 睡不着

軀床 jia$^{55}$ʦ$^{h}$aŋ$^{53}$ 赖床

扯炉 ʦ$^{h}$ie$^{35}$lu$^{5}$ 打鼾

□上昼 k$^{h}$a$^{21}$soŋ$^{33}$tiu$^{3}$ 午睡

　睏当昼觉 foŋ$^{55}$taŋ$^{55}$tiu$^{3}$kau$^{55}$

仰睏 gaŋ$^{35}$foŋ$^{55}$ 仰面睡

□□侧侧睏 lai$^{3}$lai$^{3}$ʦai$^{5}$ʦai$^{5}$foŋ$^{55}$ 侧着睡

伏紧睏 pɛɯ$^{3}$kɐn$^{35}$foŋ$^{55}$ 伏着睡

□□宗睏 gioŋ$^{55}$kioŋ$^{5}$ʦɛŋ$^{21}$foŋ$^{55}$ 和衣而睡

失枕 sɿ$^{5}$ʦɐn$^{35}$ 落枕

发梦 fo$^{5}$bɛŋ$^{33}$ 做梦

讲夜话 kaŋ$^{35}$jia$^{33}$vou$^{5}$ 说梦话

夜游 jia$^{33}$jiu$^{53}$ 梦游

醒 sie$^{35}$

**（四）行**

开工 huo$^{21}$kɛŋ$^{21}$ 上工

收工 siu$^{21}$kɛŋ$^{21}$

入 gi$^{3}$ 进

去 høy$^{53}$

出 ʦ$^{h}$y$^{5}$

上 soŋ$^{55}$

下 hou$^{55}$

入来 gi$^{3}$luo$^{53}$ 进来

出外头 ʦ$^{h}$y$^{5}$guo$^{33}$tia$^{5}$ 出去

　出去 ʦ$^{h}$y$^{5}$høy$^{53}$

上来 soŋ$^{55}$luo$^{53}$

下去 hou$^{55}$høy$^{53}$

出门 ʦ$^{h}$y$^{5}$boŋ$^{5}$

落脚 lou$^{3}$kio$^{5}$ 临时停留或暂住

一日都唔落屋 ji$^{5}$gi$^{3}$tu$^{21}$m$^{21}$lou$^{3}$ɛɯ$^{5}$ 整天不在家

去归 høy$^{53}$kuai$^{21}$ 回家

顺路 sɐn$^{33}$lu$^{5}$

赶路 kuoŋ$^{35}$lu$^{5}$

行路 hie$^{53}$lu$^{5}$ 走路

行夜路 hie$^{53}$jia$^{33}$lu$^{5}$ 走夜路

行山路 hie$^{53}$sa$^{21}$lu$^{5}$ 走山路

　行岭头路 hie$^{53}$lie$^{55}$tia$^{53}$lu$^{5}$

阻路 ʦou$^{35}$lu$^{5}$ 挡路

让路 gioŋ$^{33}$lu$^{5}$

圈近路 k$^{h}$øy$^{21}$k$^{h}$øy$^{55}$lu$^{5}$ 抄近路

倒转 tau$^{55}$ʦøy$^{35}$ 返回

经过 kaŋ$^{21}$ku$^{55}$ 路过

行街 hie$^{53}$ka$^{21}$ 逛街

## 十七、讼事

头头 tia$^{53}$tia$^{5}$ 头目

　头子 tia$^{5}$ʦɿ$^{35}$

犯人 fa$^{33}$gɐn$^{53}$ 囚犯

告状 kau$^{55}$ʦ$^{h}$aŋ$^{5}$

打官司 tou$^{35}$kuoŋ$^{21}$sɿ$^{21}$

查案 ʦ$^{h}$ou$^{53}$ɔn$^{55}$

对证 toe$^{55}$ʦaŋ$^{55}$ 对质

发誓 fa$^{5}$sei$^{33}$ 赌咒

讲 kaŋ$^{35}$ 供（出同谋）

事实 sɿ$^{33}$sɿ$^{3}$ 证据

唔服得 m$^{21}$fɛɯ$^{3}$tai$^{5}$ 不服

承认 saŋ$^{53}$gɐn$^{33}$ 招供

冤枉　jøy$^{21}$vaŋ$^{35}$

反面　foŋ$^{35}$bei$^{5}$　翻脸

反口　foŋ$^{35}$k$^{h}$ia$^{35}$ 改口

犯法　fa$^{33}$fa$^{3}$

犯罪　fa$^{33}$ʦ$^{h}$oe$^{33}$

担保　ta$^{21}$pau$^{35}$ 保释

捉　ʦou$^{5}$　逮捕

送礼　sɛŋ$^{55}$lai$^{55}$ 行贿

收礼　siu$^{21}$lai$^{55}$ 受贿

罚钱　fo$^{3}$ʦ$^{h}$ei$^{5}$

斩头　ʦa$^{35}$tia$^{53}$ 斩首

枪毙　ʦ$^{h}$ioŋ$^{21}$pai$^{33}$

打屎窟　tou$^{35}$sɿ$^{35}$fo$^{3}$　打屁股，旧时的一种刑罚

手铐　siu$^{35}$k$^{h}$au$^{55}$

担枷　ta$^{21}$kou$^{21}$ 旧时囚具“枷”

关押　kua$^{21}$a$^{5}$　囚禁

坐监　ʦ$^{h}$ou$^{55}$ka$^{21}$ 坐牢

画押　fou$^{33}$a$^{5}$

打手指模　tou$^{35}$siu$^{35}$ʦɿ$^{3}$bu$^{5}$　按手印

打税　tou$^{35}$sy$^{55}$ 纳税

地契　tai$^{33}$k$^{h}$ei$^{55}$

## 十八、交际

上村　soŋ$^{55}$ʦ$^{h}$ɐn$^{21}$ 走亲戚

探望　t$^{h}$a$^{55}$baŋ$^{33}$ 看望（朋友）

拜访　pa$^{55}$faŋ$^{35}$

撞倒　ʦ$^{h}$aŋ$^{33}$tau$^{35}$ 遇见

过家　ku$^{55}$kou$^{21}$ 串门儿

应酬　jaŋ$^{55}$ʦ$^{h}$iu$^{53}$

喜事　hi$^{35}$sɿ$^{33}$

红事　hɛŋ$^{53}$sɿ$^{33}$ 红喜事

白事　pie$^{3}$sɿ$^{33}$ 白喜事

　丑事　ʦ$^{h}$iu$^{35}$sɿ$^{33}$

请客　ʦ$^{h}$ie$^{35}$k$^{h}$ie$^{5}$

名片　bie$^{5}$p$^{h}$ei$^{55}$

请帖　ʦ$^{h}$ie$^{35}$t$^{h}$ei$^{3}$

整酒　ʦaŋ$^{35}$ʦiu$^{35}$ 摆酒席

　请酒　ʦ$^{h}$ie$^{35}$ʦiu$^{35}$

结婚酒　kei$^{5}$fɐn$^{21}$ʦiu$^{35}$

入伙酒　gi$^{3}$fu$^{35}$ ʦiu$^{35}$ 乔迁新居时摆的酒席

送春　sɛŋ$^{55}$ʦ$^{h}$ɐn$^{3}$　满月酒，客人较少，一般限于亲戚

姜酒　kioŋ$^{21}$ʦiu$^{35}$ 满月酒，客人较多，除了亲戚之外，还有朋友等

恭喜　kɛŋ$^{21}$hi$^{35}$ 祝贺

去饮酒　høy$^{53}$jɐn$^{35}$ʦiu$^{35}$ 赴宴

招待　ʦio$^{21}$tuo$^{33}$

拿　la$^{35}$ 打发

接客　ʦei$^{5}$k$^{h}$ie$^{5}$　迎客

送客　sɛŋ$^{55}$k$^{h}$ie$^{5}$

男客　la$^{53}$k$^{h}$ie$^{5}$

女客　loe$^{55}$k$^{h}$ie$^{5}$

送东西　sɛŋ$^{55}$tɛŋ$^{21}$sei$^{3}$　送礼

分层安排酒席　fɐn$^{21}$ ʦ$^{h}$aŋ$^{53}$ ɔn$^{21}$ pai$^{53}$ ʦiu$^{35}$ʦ$^{h}$ai$^{5}$ 根据来宾身份安排酒席上的座次

上席　soŋ$^{55}$ʦ$^{h}$ai$^{5}$　入席

　坐桌　ʦ$^{h}$ou$^{55}$ʦou$^{3}$

上横头　soŋ$^{33}$vie$^{53}$tia$^{5}$ 酒桌面对大门的一方

新客位 $s\text{ɐ}n^{21}k^hie^5vai^5$ 酒桌背对大门的一方
陪人位 $puo^{53}g\text{ɐ}n^{53}vai^5$ 酒桌斜对大门的两方
陪客 $puo^{53}k^hie^5$
出菜 $ʦ^hy^5ʦ^huo^{55}$ 上菜
酾茶 $sa^{21}ʦ^hou^{53}$ 斟茶
酾酒 $sa^{21}ʦiu^{35}$ 斟酒
奉酒 $f\text{ɛ}ŋ^{33}ʦiu^{35}$ 劝酒
唔好客气 $m^{21}hau^{35}k^hie^5hi^{55}$ 不用客气
招呼唔到 $ʦio^{21}fu^{21}m^{21}tau^{55}$ 招待不周，主人说的客气话
唔送了 $m^{21}s\text{ɛ}ŋ^{55}la^{21}$ 不送了，主人说的客气话
多谢 $tou^{21}ʦ^hie^{33}$ ①劳驾，客套话；②感谢
矺岁钱 $ʦie^5soe^{55}ʦ^hei^5$ 压岁钱
人情 $g\text{ɐ}n^{53}ʦ^haŋ^{53}$
讲事 $kaŋ^{35}sɿ^{33}$ 说话
插嘴 $ʦ^ha^5ʦoe^{35}$
打招呼 $tou^{35}ʦio^{21}fu^{21}$
管闲事 $kuoŋ^{35}ha^{53}sɿ^{33}$
啰唆 $lou^{21}sou^{21}$ 唠叨
吩咐 $f\text{ɐ}n^{21}fu^{33}$ 嘱咐
讲笑 $kaŋ^{35}sio^{55}$ 开玩笑
　抗笑 $k^haŋ^{55}sio^3$
唔响唔气 $m^{21}hioŋ^{35}m^{21}hi^{55}$ 不作声
睬 $ʦ^huo^{35}$ 理睬
通风报信 $t^h\text{ɛ}ŋ^{21}f\text{ɛ}ŋ^{21}pau^{55}s\text{ɐ}n^3$
钻空子 $ʦoŋ^{55}k^h\text{ɛ}ŋ^{55}ʦɿ^{35}$
做鬼 $ʦu^3kuai^{35}$ 做手脚
捧大脚 $p^h\text{ɛ}ŋ^{35}tuo^{33}kio^5$ ①拍马屁；②巴结
车大炮 $ʦ^hie^{21}tuo^{33}p^hau^{55}$ 吹牛
讲假话 $kaŋ^{35}kou^{35}vou^5$ 撒谎
害人 $huo^{33}g\text{ɐ}n^{53}$
出面 $ʦ^hy^5bei^5$
做主 $ʦou^5ʦy^{35}$
□□ $au^{21}lau^{53}$ 冤枉
　誣 $vu^{35}$
拣毛病 $ka^{35}bau^{53}pie^{33}$ 挑毛病
撩火棍 $lio^{35}fu^{35}ku\text{ɐ}n^3$ 撩拨
□唔□ $lia^{53}m^{21}ga^{21}$ 合不来
作对 $ʦou^5toe^{55}$ 抬杠
死对头 $sai^{35}toe^{55}tia^{53}$
屰 $gie^3$ 顶撞（长辈）
顶颈 $taŋ^{35}kie^{35}$ 顶嘴
争 $ʦie^{21}$ ①争论；②袒护
讲口 $kaŋ^{35}k^hia^{35}$ 吵架
打跤 $tou^{35}kau^{21}$ 打架
咒 $ʦiu^{55}$ 骂
老举婆养箇 $lau^{55}ky^{35}pou^5jioŋ^{55}ka^{55}$ 婊子养的，詈语
□□□ $t^hia^{53}la^{53}ʦai^{55}$ 詈语
　□□□ $t^hiu^{21}la^{33}ma^{55}$
好话 $hau^{35}vou^5$
坏话 $fai^{33}vou^5$
口□ $k^hau^3$ 别人说过的话
欺负 $k^hi^{21}fu^{33}$
受气 $siu^{33}hi^{55}$
□ $ʦ^huo^5$ 骗
　□ $sou^{53}$

□采 lou$^{55}$ʦ$^{h}$uo$^{35}$ 敲诈

食底 sei$^{3}$ta$^{35}$ 吃亏

上当 soŋ$^{55}$taŋ$^{55}$

虚浮 hy$^{21}$fia$^{53}$ 做作

练死样 lei$^{33}$sai$^{35}$jioŋ$^{5}$ 摆架子

装癫 ʦaŋ$^{21}$tei$^{21}$ 装傻

装诈 ʦaŋ$^{21}$ʦou$^{55}$ 假装

□祸 ʦ$^{h}$a$^{35}$vou$^{5}$ 闯祸

风光 fɛŋ$^{21}$kuaŋ$^{21}$

摆大 pa$^{35}$tuo$^{33}$ 摆阔

出丑 ʦ$^{h}$y$^{5}$ʦ$^{h}$iu$^{35}$ 出洋相

面子 bei$^{5}$ʦɿ$^{35}$

丢面 tiu$^{21}$bei$^{5}$ 丢人

睇得起 t$^{h}$a$^{35}$tei$^{5}$hi$^{35}$ 看得起

睇唔起 t$^{h}$a$^{35}$m$^{21}$hi$^{35}$ 看不起

併伙计 bia$^{21}$fu$^{35}$ki$^{55}$ 合伙儿

　□份 t$^{h}$aŋ$^{55}$fɐn$^{33}$

凑钱 ʦ$^{h}$ia$^{55}$ʦ$^{h}$ei$^{5}$

答服 ta$^{5}$fɛɯ$^{5}$ 答应

唔答服 m$^{21}$ta$^{5}$fɛɯ$^{3}$ 不答应

纵容 ʦɛŋ$^{55}$jɛŋ$^{53}$ 娇惯

□ gɐn$^{21}$ 缠（人）

认差 gɐn$^{33}$ʦ$^{h}$ou$^{21}$ 认错

帮忙 paŋ$^{21}$baŋ$^{53}$

怕事 p$^{h}$ou$^{55}$sɿ$^{33}$ 胆小怕事

迁□ ʦ$^{h}$ei$^{21}$ʦ$^{h}$ia$^{33}$ 迁就

装脚 ʦaŋ$^{21}$kio$^{3}$ 小孩用哭来博得长辈的疼爱

运气 jɐn$^{33}$hi$^{55}$

行运 hie$^{53}$jɐn$^{33}$ 运气好

该衰 kuo$^{21}$soe$^{21}$ 倒霉

兴 haŋ$^{21}$ 时兴

心肠 sɐn$^{21}$ʦ$^{h}$aŋ$^{33}$

胆 ta$^{35}$ 胆量

心事 sɐn$^{21}$sɿ$^{33}$ 心思

架□ kou$^{55}$laŋ$^{55}$（人的）架子

脾气 pai$^{53}$hi$^{55}$

性格 saŋ$^{55}$kie$^{3}$

声音 sie$^{21}$jɐn$^{21}$

本事 pɐn$^{35}$sɿ$^{33}$

法子 fa$^{3}$ʦɿ$^{35}$ 办法

　办法 pa$^{33}$fa$^{3}$

风俗 fɛŋ$^{21}$ʦ$^{h}$ou$^{3}$

习惯 ʦ$^{h}$ai$^{3}$kua$^{55}$

交情 kau$^{21}$ʦ$^{h}$aŋ$^{53}$

名誉 bie$^{53}$jy$^{33}$ 名声

好处 hau$^{35}$ʦ$^{h}$y$^{3}$

坏处 fa$^{33}$ʦ$^{h}$y$^{3}$

长处 ʦ$^{h}$ioŋ$^{53}$ʦ$^{h}$y$^{3}$

短处 toŋ$^{35}$ʦ$^{h}$y$^{3}$

感情 ka$^{35}$ʦ$^{h}$aŋ$^{53}$

想作 sioŋ$^{35}$ʦou$^{5}$ 想法

心性 sɐn$^{21}$sie$^{55}$ 心情

道理 tau$^{33}$lai$^{55}$

技术 k$^{h}$i$^{55}$søy$^{3}$ 经验

秘密 bai$^{33}$bai$^{3}$

条件 tio$^{53}$k$^{h}$ei$^{33}$

关系 kua$^{21}$hia$^{33}$

印象 jɐn$^{33}$ʦ$^{h}$ioŋ$^{33}$

意见 ji$^{33}$kei$^{55}$

口气 k$^{h}$ia$^{35}$hi$^{55}$

## 十九、商业、交通

### （一）经商行业

做生意 ʦu$^{3}$sie$^{21}$ji$^{55}$

家当 kou$^{21}$taŋ$^{55}$

家底 kou$^{21}$ta$^{35}$

号字 hau$^{33}$sɿ$^{5}$ 字号

招牌 ʦio$^{21}$pa$^{53}$

广告 kuaŋ$^{35}$kau$^{55}$

铺头 p$^{h}$u$^{3}$tia$^{53}$ 商店

开铺头 huo$^{21}$p$^{h}$u$^{3}$tia$^{53}$ 开店

档口 taŋ$^{55}$k$^{h}$ia$^{35}$ 摊子

摆档 pa$^{35}$taŋ$^{55}$ 摆摊子

饭店 foŋ$^{33}$tei$^{5}$ 小饭馆

茶摊 ʦ$^{h}$ou$^{53}$t$^{h}$oŋ$^{21}$ 茶馆

旅店 loe$^{5}$tei$^{5}$ 旅馆

布铺 pu$^{55}$p$^{h}$u$^{3}$ 布店

百货铺 pie$^{3}$k$^{h}$ou$^{55}$p$^{h}$u$^{3}$ 百货店

杂货铺 ʦ$^{h}$a$^{3}$k$^{h}$ou$^{55}$p$^{h}$u$^{3}$ 杂货店

书店 sy$^{21}$tei$^{5}$

银行 gɐn$^{5}$haŋ$^{53}$

文具店 bɐn$^{53}$k$^{h}$y$^{33}$tei$^{5}$

粮站 lioŋ$^{53}$ʦ$^{h}$a$^{33}$ 粮店

缸瓦铺 kaŋ$^{3}$gou$^{3}$p$^{h}$u$^{3}$ 瓷器店

打金铺 tou$^{35}$kɐn$^{21}$p$^{h}$u$^{3}$ 金店

剃头铺 t$^{h}$a$^{55}$tia$^{53}$p$^{h}$u$^{3}$ 理发店

车衣铺 ʦ$^{h}$ie$^{21}$ji$^{21}$p$^{h}$u$^{3}$ 裁缝店

猪肉铺 toe$^{21}$lɛɯ$^{3}$p$^{h}$u$^{3}$ 肉店

茶叶店 ʦ$^{h}$ou$^{53}$jei$^{5}$tei$^{5}$

药店 jio$^{3}$tei$^{5}$

榨坊 ʦou$^{55}$faŋ$^{53}$ 油坊

老举铺 lau$^{55}$ky$^{35}$p$^{h}$u$^{3}$ 妓院

当铺 taŋ$^{55}$p$^{h}$u$^{3}$

### （二）经营、交易

钱柜 ʦ$^{h}$ei$^{5}$k$^{h}$uai$^{33}$

货桌 k$^{h}$ou$^{55}$ʦou$^{3}$ 柜台

账柜 ʦioŋ$^{55}$k$^{h}$uai$^{33}$ 账房

开张 huo$^{21}$ʦioŋ$^{21}$

关门 kua$^{21}$boŋ$^{5}$ ①停业；②倒闭

入货 gi$^{3}$k$^{h}$ou$^{55}$ 进货

墟场 hy$^{21}$ʦ$^{h}$ioŋ$^{5}$ 集市

趁墟 ʦ$^{h}$ɐn$^{55}$hy$^{21}$ 赶集

　下墟 hou$^{55}$hy$^{21}$

　下街 hou$^{55}$ka$^{21}$

收破烂 siu$^{21}$p$^{h}$ou$^{55}$loŋ$^{33}$

籴米 tie$^{3}$buo$^{55}$ 买米

粜米 t$^{h}$io$^{55}$buo$^{55}$ 卖米

价钱 kou$^{55}$ʦ$^{h}$ei$^{53}$

开价 huo$^{21}$kou$^{55}$

讨价 t$^{h}$au$^{35}$kou$^{55}$ 讲价

减价 ka$^{35}$kou$^{55}$ 压价

还价 va$^{53}$kou$^{55}$

升价 saŋ$^{21}$kou$^{55}$ 涨价

降价 kaŋ$^{55}$kou$^{55}$

便宜 pei$^{53}$gi$^{53}$

贵 kuai$^{55}$

金贵 kɐn$^{21}$kuai$^{55}$ 贵重

合 huo$^{3}$ 公道

划算 fou$^{53}$soŋ$^{55}$ 合算

扫首尾 sau$^{55}$siu$^{35}$bai$^{3}$ 包圆儿

人工 gɐn$^{53}$kɛŋ$^{21}$ 工钱

成本 sie$^{53}$pɐn$^{35}$ 本钱

赚钱 ʦ$^{h}$a$^{33}$ʦ$^{h}$ei$^{5}$

　揾钱　vɐn$^{35}$ʦʰei$^{5}$
蚀本　sei$^{3}$pɐn$^{35}$
行利　hie$^{53}$lai$^{33}$ 利息
请　ʦʰie$^{35}$ 雇
摊派　tʰoŋ$^{21}$pʰa$^{55}$
买　ba$^{55}$
卖　ba$^{33}$
□　kʰou$^{21}$ 凑（钱）
赔　puo$^{53}$
争　ʦie$^{21}$ ①欠（他三元）；②差（五角）
找钱　ʦau$^{35}$ʦʰei$^{5}$
批发　pʰa$^{21}$fo$^{5}$
零卖　lie$^{53}$ba$^{33}$ 零售
零头　lie$^{53}$tia$^{5}$
年货　lei$^{53}$kʰou$^{55}$
货存　kʰou$^{55}$ʦʰɐn$^{53}$ 存货
出租　ʦʰy$^{5}$ʦu$^{21}$
收租　siu$^{21}$ʦu$^{21}$
结账　kei$^{5}$ʦioŋ$^{55}$ 盘点

**（三）账目、度量衡**

账目　ʦioŋ$^{55}$bɛɯ$^{5}$
账本　ʦioŋ$^{55}$pɐn$^{35}$ 账簿
款项　kʰa$^{35}$haŋ$^{55}$
单据　toŋ$^{3}$ky$^{55}$ 字据
定金　tie$^{33}$kɐn$^{21}$
押金　a$^{5}$kɐn$^{21}$
开支　huo$^{21}$ʦɿ$^{21}$ 开销
欠数　kʰei$^{55}$su$^{3}$ 欠账
赊数　sie$^{21}$su$^{3}$ 赊账
收数　siu$^{21}$su$^{3}$ 收账
追数　ʦoe$^{21}$su$^{3}$ 追账
顶数　taŋ$^{35}$su$^{3}$ 抵账
赖数　luo$^{33}$su$^{3}$ 赖账
借钱　ʦie$^{55}$ʦʰei$^{5}$
还钱　va$^{53}$ʦʰei$^{5}$ 还债
　还债　va$^{53}$ʦa$^{55}$
存钱　ʦʰɐn$^{53}$ʦʰei$^{5}$ 存款（动宾）
银纸　gɐn$^{53}$ʦɿ$^{35}$ 钱
　钱　ʦʰei$^{5}$
散纸　soŋ$^{35}$ʦɿ$^{35}$ 零钱
铜钱　tɛŋ$^{53}$ʦʰei$^{5}$ 铜板儿
铝子　loe$^{5}$ʦɿ$^{3}$ 银元
　毫子　hau$^{53}$ʦɿ$^{3}$
算盘　soŋ$^{55}$poŋ$^{5}$
踢算盘　tʰie$^{5}$soŋ$^{55}$poŋ$^{5}$ 打算盘
厘戥　lai$^{55}$taŋ$^{35}$ 戥子
秤　ʦʰaŋ$^{3}$
磅秤　pʰoŋ$^{33}$ʦʰaŋ$^{3}$
秤盘　ʦʰaŋ$^{3}$poŋ$^{5}$
秤星　ʦʰaŋ$^{3}$sie$^{3}$
秤杆　ʦʰaŋ$^{3}$kuoŋ$^{21}$
秤钩　ʦʰaŋ$^{3}$kia$^{3}$
秤砣　ʦʰaŋ$^{3}$tou$^{5}$ 秤锤
秤老　ʦʰaŋ$^{3}$lau$^{55}$ 秤纽
一老　ji$^{5}$lau$^{55}$ 从秤头算起的第一个秤纽
二老　gi$^{33}$lau$^{55}$ 从秤头算起的第二个秤纽
三老　sa$^{21}$lau$^{55}$ 从秤头算起的第二个秤纽
校秤　kau$^{55}$ʦʰaŋ$^{3}$ 检查秤是否准确

过秤 ku$^{55}$ʦ$^{h}$aŋ$^{3}$ 用秤称量

起 hi$^{35}$ 称物时秤杆的秤尾翘起

平水 pie$^{53}$ sy$^{35}$ 称物时秤杆保持水平状态

慢 boŋ$^{33}$ 称物时秤杆的秤尾低垂

够秤 kia$^{55}$ʦ$^{h}$aŋ$^{3}$ 足秤

唔够秤 m$^{21}$kia$^{55}$ʦ$^{h}$aŋ$^{3}$ 不足秤

打唔起 tou$^{35}$ m$^{21}$ hi$^{35}$ 物体超出秤杆所能承受的重量

**（四）交通**

车站 ʦ$^{h}$ie$^{21}$ʦ$^{h}$a$^{33}$

飞机 fai$^{21}$ki$^{21}$

车 ʦ$^{h}$ie$^{21}$

火车 fu$^{35}$ʦ$^{h}$ie$^{21}$

客车 k$^{h}$ie$^{5}$ʦ$^{h}$ie$^{21}$

手推车 siu$^{35}$t$^{h}$oe$^{21}$ʦ$^{h}$ie$^{21}$ 平板车

乌龟车 vu$^{21}$kuai$^{21}$ʦ$^{h}$ie$^{21}$ 小轿车

摩托车 bou$^{21}$t$^{h}$ou$^{5}$ʦ$^{h}$ie$^{21}$

老人车 lau$^{55}$gɐn$^{53}$ʦ$^{h}$ie$^{21}$ 电动助力车

牛拉车 giu$^{53}$luo$^{21}$ʦ$^{h}$ie$^{21}$ 牛拉的板车

板车身 poŋ$^{35}$ʦ$^{h}$ie$^{21}$sɐn$^{21}$ 板车斗

三轮车 sa$^{21}$lɐn$^{53}$ʦ$^{h}$ie$^{21}$

黄包车 vaŋ$^{53}$pau$^{21}$ʦ$^{h}$ie$^{21}$ 人力车

单车 toŋ$^{21}$ʦ$^{h}$ie$^{21}$ 自行车

鸡公车仔 kei$^{21}$kɛŋ$^{3}$ʦ$^{h}$ie$^{21}$ʦuo$^{3}$ 鸡公车

坐车 ʦ$^{h}$ou$^{55}$ʦ$^{h}$ie$^{21}$ 乘车

开车 huo$^{21}$ʦ$^{h}$ie$^{21}$

上车 soŋ$^{55}$ʦ$^{h}$ie$^{21}$

落车 lou$^{3}$ʦ$^{h}$ie$^{21}$ 下车

下车 hou$^{55}$ʦ$^{h}$ie$^{21}$

晕车 fɐn$^{53}$ʦ$^{h}$ie$^{21}$

气筒 hi$^{55}$tɛŋ$^{5}$

轴 ʦ$^{h}$ɛɯ$^{3}$

轮牯 lɛŋ$^{53}$ku$^{35}$ 橡胶轮子

辘嘀 lɛɯ$^{5}$ta$^{3}$ 木头轮子

竹簰 ʦɛɯ$^{3}$pa$^{5}$ 竹筏

放簰 faŋ$^{55}$pa$^{5}$ 放竹筏

船 søy$^{5}$

帆布 fa$^{53}$pu$^{55}$ 帆

篷 pɛŋ$^{5}$

桅杆 vai$^{53}$kuoŋ$^{21}$

舵 tou$^{5}$

船桨 søy$^{5}$ʦioŋ$^{35}$

摇□ jio$^{53}$pa$^{21}$ 摇把

龙头 lɛŋ$^{53}$tia$^{53}$ 龙船的头部

龙身 lɛŋ$^{53}$sɐn$^{21}$ 龙船的主体部分

龙尾 lɛŋ$^{53}$bai$^{3}$ 龙船的尾部

艄 sau$^{21}$

船舱 søy$^{53}$ʦ$^{h}$aŋ$^{21}$

前舱 ʦ$^{h}$ei$^{53}$ʦ$^{h}$aŋ$^{21}$

中舱 ʦɛŋ$^{21}$ʦ$^{h}$aŋ$^{21}$

尾舱 bai$^{3}$ʦ$^{h}$aŋ$^{21}$ 后舱

船篷 søy$^{5}$pɛŋ$^{53}$

跳板 t$^{h}$io$^{55}$poŋ$^{35}$

货船 k$^{h}$ou$^{55}$søy$^{5}$ 帆船

铁船 t$^{h}$ei$^{5}$søy$^{5}$

鱼艇 gy$^{5}$t$^{h}$ie$^{3}$ 渔船

龙船 lɛŋ$^{53}$søy$^{53}$

过渡 ku$^{55}$tu$^{33}$ 摆渡

搭船 ta$^{5}$søy$^{5}$ 乘船

爬船 pou$^{53}$søy$^{5}$ 划船

棹船 ʦ$^{h}$au$^{33}$søy$^{5}$

漏水 lia$^{33}$sy$^{35}$（船）渗水

渡（船）头 tu$^{33}$（søy$^{5}$）tia$^{5}$ 渡口

路头 lu$^{5}$tia$^{53}$ 路

　路 lu$^{5}$

岔路 ʦ$^{h}$ou$^{55}$lu$^{5}$

水路 sy$^{35}$lu$^{5}$

马路 bou$^{55}$lu$^{5}$ 公路

人行道 gɐn$^{53}$hie$^{53}$tau$^{33}$ 一般指公路两边的人行道

细路 søy$^{55}$lu$^{5}$ 小路

　小路 sio$^{35}$lu$^{5}$

山路 sa$^{21}$lu$^{5}$

　岭头路 lie$^{55}$tia$^{53}$lu$^{5}$

机耕路 ki$^{21}$kie$^{21}$lu$^{5}$ 较宽、较平坦的道路，一般铺有沙子

黄泥路 vaŋ$^{53}$la$^{53}$lu$^{5}$

石间路 sie$^{3}$ka$^{3}$lu$^{5}$ 石板路

桥 k$^{h}$io$^{5}$

拱桥 kɛŋ$^{35}$k$^{h}$io$^{5}$

街巷 ka$^{21}$haŋ$^{33}$ 街道

巷 haŋ$^{5}$ 胡同

穿身巷 ʦ$^{h}$øy$^{21}$sɐn$^{21}$haŋ$^{5}$ 一般指街道边非露天的人行道

盘钱 poŋ$^{53}$ʦ$^{h}$ci$^{53}$ 路费

## 二十、文化教育

### （一）学校

文化 bɐn$^{53}$fou$^{55}$

学校 hou$^{5}$hau$^{33}$

书房 sy$^{21}$faŋ$^{5}$ ①学校；②私塾

教书 kau$^{55}$sy$^{21}$

幼儿园 jiu$^{33}$ji$^{53}$jøy$^{35}$

小学 sio$^{35}$hou$^{5}$

初中 ʦ$^{h}$ou$^{21}$ʦɛŋ$^{21}$

高中 kau$^{21}$ʦɛŋ$^{21}$

技校 k$^{h}$i$^{55}$hau$^{55}$

师范 sɿ$^{21}$faŋ$^{33}$

大专 tuo$^{33}$ʦøy$^{21}$

本科 pɐn$^{35}$k$^{h}$ou$^{21}$

学费 hou$^{5}$fai$^{55}$

破蒙 p$^{h}$ou$^{55}$bɛŋ$^{5}$ 启蒙

入书房 gi$^{3}$sy$^{21}$faŋ$^{5}$ 上学

放学 faŋ$^{55}$hou$^{5}$

上堂 soŋ$^{55}$taŋ$^{53}$ 上课

下堂 hou$^{55}$taŋ$^{53}$ 下课

偷走 t$^{h}$ia$^{21}$ʦia$^{35}$ 逃学

放假 faŋ$^{55}$kou$^{55}$

放暑假 faŋ$^{55}$sy$^{35}$kou$^{55}$

放寒假 faŋ$^{55}$hɔn$^{53}$kou$^{55}$

考试 k$^{h}$au$^{35}$sɿ$^{55}$

试卷 sɿ$^{55}$køy$^{35}$

改卷 kuo$^{35}$køy$^{35}$ 阅卷

草稿 ʦ$^{h}$au$^{35}$kau$^{35}$

差 ʦ$^{h}$ou$^{21}$叉（×）

钩 kia$^{3}$

零春 lie$^{53}$ʦ$^{h}$ɐn$^{3}$ 零分

合格 huo$^{3}$kie$^{3}$ 及格

满分 boŋ$^{55}$fɐn$^{21}$

第一名 tai$^{33}$ji$^{5}$bie$^{5}$

第尾□ tai$^{33}$bai$^{3}$jei$^{53}$ 末名

　尾名 bai$^{3}$bie$^{5}$

通知书 t$^{h}$ɛŋ$^{21}$ʦɿ$^{21}$sy$^{21}$

收业 $siu^{21}gei^{5}$ 肄业

毕业 $pai^{5}gei^{5}$

取 $ʦ^{h}oe^{35}$ 录取

冇取 $bau^{55}ʦ^{h}oe^{35}$ 落榜

徛堂 $k^{h}i^{55}taŋ^{53}$ 留堂

罚徛 $fo^{3}k^{h}i^{55}$ 罚站

罚跪 $fo^{3}k^{h}uai^{33}$

校长 $hau^{33}ʦioŋ^{35}$

班主任 $pa^{21}ʦy^{35}gɐn^{33}$

**（二）教室、文具**

课室 $k^{h}ou^{55}sai^{5}$ 教室

讲台 $kaŋ^{35}tuo^{53}$

课桌 $k^{h}ou^{55}ʦou^{3}$

黑板 $hei^{5}poŋ^{35}$

粉笔 $fɐn^{35}pai^{3}$

黑板擦 $hei^{5}poŋ^{35}ʦ^{h}uo^{3}$ 板擦儿

皮鞭 $pai^{53}pei^{21}$

书 $sy^{21}$ ①书；②课本

老书 $lau^{55}sy^{21}$ 古籍

古书 $ku^{35}sy^{21}$

新书 $sɐn^{21}sy^{21}$

旧书 $k^{h}iu^{33}sy^{21}$

簿 $p^{h}u^{3}$ 本子

大字簿 $tuo^{33}sɿ^{5}p^{h}u^{3}$ 大字本

细字簿 $soe^{55}sɿ^{5}p^{h}u^{3}$ 小字本

作文簿 $ʦou^{5}bɐn^{53}p^{h}u^{3}$ 作文本

计算簿 $kei^{55}soŋ^{55}p^{h}u^{3}$ 算术本

笔 $pai^{3}$

铅笔 $jøy^{53}pai^{3}$

刨笔盒 $pau^{53}pai^{3}huo^{5}$ 铅笔刀

水笔 $sy^{35}pai^{3}$ 钢笔

墨笔 $bai^{5}pai^{3}$ 毛笔

毛笔 $bau^{53}pai^{3}$

笔筒 $pai^{3}tɛŋ^{5}$ ①笔套；②笔帽

笔身 $pai^{3}sɐn^{21}$ 笔杆

笔嘴 $pai^{3}ʦoe^{35}$ 笔尖和笔舌的合称

皮喉 $pai^{53}hia^{53}$（钢笔）皮管

□水 $tei^{33}sy^{35}$ 墨水儿

上水 $soŋ^{55}sy^{35}$（钢笔）吸水

□笔 $pa^{33}pai^{3}$ 掭笔

蒙水 $bɛŋ^{53}sy^{35}$（墨水）洇

擦字膏 $ʦ^{h}uo^{5}sɿ^{5}kau^{21}$ 橡皮

墨 $bai^{5}$

墨盘 $bai^{5}poŋ^{5}$ 砚台

墨汁 $bai^{5}ʦɿ^{5}$

挼墨 $lou^{53}bai^{5}$ 研墨

纸 $ʦɿ^{35}$

草纸 $ʦ^{h}au^{35}ʦɿ^{35}$ 宣纸

蜡纸 $la^{3}ʦɿ^{35}$

过底纸 $ku^{55}ta^{35}ʦɿ^{35}$ 复写纸

色纸 $sai^{3}ʦɿ^{35}$ 彩纸的总称

红纸 $hɛŋ^{53}ʦɿ^{35}$

刻笔 $k^{h}ai^{5}pai^{3}$

印版 $jɐn^{55}poŋ^{35}$

印油 $jɐn^{55}jiu^{53}$

书包 $sy^{21}pau^{21}$

捻钉 $gei^{35}tie^{3}$ 图钉

刀仔 $tau^{3}ʦuo^{3}$ 小刀儿

信皮 $sɛŋ^{3}pai^{53}$ 信封

信纸 $sɛŋ^{3}ʦɿ^{35}$

**（三）读书识字**

读书箇 $tɛɯ^{3}sy^{21}ka^{55}$ 读书人

认得字箇 gɐn$^{33}$tei$^{5}$sɿ$^{5}$ka$^{55}$ 识字的

唔认得字箇 m$^{21}$gɐn$^{33}$tei$^{5}$sɿ$^{5}$ka$^{55}$ 不识字的

语文 gi$^{55}$bɐn$^{53}$

数学 su$^{55}$hou$^{3}$

阿公 ou$^{21}$kɛŋ$^{3}$ 画儿

　画 fou$^{5}$

阿公书 ou$^{21}$kɛŋ$^{3}$sy$^{21}$ 小人书

画阿公 fou$^{33}$ou$^{21}$kɛŋ$^{3}$ 画画

体育 tʰai$^{35}$jɛɯ$^{3}$

作文 ʦou$^{5}$bɐn$^{53}$

算数 soŋ$^{55}$su$^{3}$

　计数 kei$^{55}$su$^{3}$

认字 gɐn$^{33}$sɿ$^{5}$ 识字

读 tɛɯ$^{3}$

抄书 ʦʰau$^{21}$sy$^{21}$

背书 puo$^{33}$sy$^{21}$

默书 bai$^{3}$sy$^{21}$

听写 tʰie$^{55}$sie$^{35}$

加 kou$^{21}$

减 ka$^{35}$

乘 saŋ$^{53}$

除 ʦʰy$^{53}$

等于 taŋ$^{35}$jy$^{55}$

大于 tuo$^{33}$jy$^{55}$

小于 sio$^{35}$jy$^{55}$

唱歌 ʦʰioŋ$^{55}$kou$^{21}$ ①音乐课；②吟唱歌曲

**（四）写字**

字帖 sɿ$^{5}$tʰei$^{3}$

美术字 bai$^{55}$soe$^{3}$sɿ$^{5}$

蒙字 bɛŋ$^{53}$sɿ$^{5}$ 用薄纸蒙在字上摹写

描字 bio$^{53}$sɿ$^{5}$ 临帖

抄字 ʦʰau$^{21}$sɿ$^{5}$

写字 sie$^{35}$sɿ$^{5}$

差字 ʦʰou$^{21}$sɿ$^{5}$ 错别字

柳草 liu$^{35}$ʦʰau$^{35}$ 潦草

横 vaŋ$^{53}$

竖 sy$^{33}$

撇 pʰei$^{3}$

捺 luo$^{53}$

提 tai$^{53}$

钩 kia$^{3}$

结构 kei$^{5}$kia$^{55}$

## 二十一、文体活动

**（一）游戏、玩具、赌博**

搞 kau$^{35}$玩儿

编号 pʰei$^{21}$hau$^{33}$ 序号

拈阄 lei$^{21}$kiu$^{3}$ 抓阄

古仔 ku$^{35}$ʦuo$^{3}$ ①故事；②谜语

讲古仔 kaŋ$^{35}$ku$^{35}$ʦuo$^{3}$ 讲故事

猜古 ʦʰa$^{21}$ku$^{35}$ 猜谜语

笑话 sio$^{55}$vou$^{5}$

灯谜 taŋ$^{21}$bai$^{53}$

纸鹞 ʦɿ$^{35}$jio$^{5}$ 风筝

追人搞嘀 ʦøy$^{21}$gɐn$^{53}$kau$^{35}$ta$^{3}$ 捉迷藏

僻人搞嘀 pie$^{55}$gɐn$^{53}$kau$^{35}$ta$^{3}$ 藏老蒙

打燕 tou$^{35}$jei$^{3}$ 踢毽儿

捉子 ʦou$^{3}$ʦɿ$^{3}$ 抓子儿

玻子 pou$^{21}$ʦɿ$^{3}$ 弹球儿

剔玻了 tʰie$^{5}$pou$^{21}$ʦɿ$^{3}$ 弹弹球儿

□□嘀 fie$^{21}$fie$^{21}$ta$^{3}$ 玩具，用有弹力的绳子把竹片串起来，一拉一放

滶水滶 p$^{h}$ei$^{5}$sy$^{35}$p$^{h}$ei$^{3}$ 打水漂儿

跳飞机 t$^{h}$io$^{55}$fai$^{21}$ki$^{21}$ 跳房子

牵绳 hei$^{21}$saŋ$^{5}$ 翻绳

大螺 tuo$^{33}$lou$^{5}$ 陀螺

打大螺 tou$^{35}$tuo$^{33}$lou$^{5}$ 抽陀螺

箍 k$^{h}$u$^{3}$ 环

铁箍 t$^{h}$ei$^{5}$k$^{h}$u$^{3}$ 铁环

竹箍 tsɛɯ$^{3}$k$^{h}$u$^{3}$ 竹环

辘铁箍 lɛɯ$^{5}$t$^{h}$ei$^{5}$k$^{h}$u$^{3}$ 滚铁环

踏碓 ta$^{3}$toe$^{3}$ 跷跷板

猜拳 ts$^{h}$a$^{21}$k$^{h}$øy$^{53}$ 划拳

舞狮头 bu$^{55}$sɿ$^{21}$tia$^{53}$ 舞狮子

舞猴 bu$^{55}$hia$^{5}$ 耍猴

舞龙 bu$^{55}$lɛŋ$^{53}$ 舞龙灯

调□闯 tio$^{33}$ts$^{h}$in$^{35}$ts$^{h}$aŋ$^{35}$ 荡秋千

爬龙船 pou$^{53}$lɛŋ$^{53}$søy$^{53}$ 划龙舟

弄把戏 lɛŋ$^{33}$pou$^{35}$hi$^{55}$ 变戏法

打牌 tou$^{35}$pa$^{5}$ 玩牌

公牌 kɛŋ$^{3}$pa$^{5}$ 扑克

　纸牌 tsɿ$^{35}$pa$^{5}$

骨牌 kuo$^{5}$pa$^{5}$ 牌九

　天九 t$^{h}$ei$^{21}$kiu$^{35}$

出牌 ts$^{h}$y$^{5}$pa$^{5}$

抓牌 tsou$^{21}$pa$^{5}$

倒牌 tau$^{55}$pa$^{5}$ 洗牌

捡分 kɐn$^{35}$fɐn$^{21}$

麻雀 bou$^{53}$tsio$^{3}$ 麻将

打麻雀 tou$^{35}$bou$^{53}$tsio$^{3}$ 打麻将

色子 sai$^{3}$tsɿ$^{3}$

打色 tou$^{35}$sai$^{3}$ 掷色子

手气 siu$^{35}$hi$^{55}$

庄家 tsaŋ$^{21}$kou$^{21}$

对家 toe$^{55}$kou$^{21}$

做庄 tsu$^{3}$tsaŋ$^{21}$

棋子 k$^{h}$i$^{5}$tsɿ$^{3}$

棋盘 k$^{h}$i$^{5}$poŋ$^{5}$

围棋 vai$^{53}$k$^{h}$i$^{5}$

打围棋 tou$^{35}$vai$^{53}$k$^{h}$i$^{5}$ 下围棋

军棋 kuɐn$^{21}$k$^{h}$i$^{5}$

下军棋 hou$^{33}$kuɐn$^{21}$k$^{h}$i$^{5}$

跳棋 t$^{h}$io$^{55}$k$^{h}$i$^{5}$

下跳棋 hou$^{33}$t$^{h}$io$^{55}$k$^{h}$i$^{5}$

象棋 ts$^{h}$ioŋ$^{33}$k$^{h}$i$^{5}$

下象棋 hou$^{33}$ts$^{h}$ioŋ$^{33}$k$^{h}$i$^{5}$

和棋 hou$^{53}$k$^{h}$i$^{5}$

打赌 tou$^{35}$tu$^{35}$

赌钱 tu$^{5}$ts$^{h}$ei$^{5}$

赢 jie$^{53}$

输 sy$^{21}$

平过 pie$^{53}$ku$^{55}$ 打平手

□耳朵 k$^{h}$a$^{3}$ɡi$^{55}$tou$^{35}$ 夹耳朵，游戏时对输家的一种惩罚方式

□桌底 kɛŋ$^{55}$tsou$^{3}$ta$^{35}$ 钻桌底，游戏时对输家的一种惩罚方式

假面 kou$^{35}$bei$^{33}$ 面具

纸炮 tsɿ$^{35}$p$^{h}$au$^{55}$ 爆竹

　炮仗 p$^{h}$au$^{55}$tioŋ$^{33}$

打纸炮 tou$^{35}$tsɿ$^{35}$p$^{h}$au$^{55}$ 放鞭炮

烟花 jei$^{21}$fou$^{21}$

对 toe$^{3}$ 对联

横额　vie$^{53}$ɡa$^{3}$　横批

门纸　boŋ$^{5}$ʦɿ$^{35}$　门神

格子　kie$^{3}$ʦɿ$^{3}$

□章　k$^{h}$aŋ$^{21}$ʦioŋ$^{21}$　徽章

邮电局　jiu$^{53}$tei$^{33}$k$^{h}$ɛɯ$^{5}$　邮局

邮票　jiu$^{53}$p$^{h}$io$^{3}$

相机　sioŋ$^{55}$ki$^{21}$

影相　jie$^{35}$sioŋ$^{55}$　照相

相　sioŋ$^{55}$　相片

　相片　sioŋ$^{55}$p$^{h}$ei$^{55}$

相架　sioŋ$^{55}$kou$^{55}$　相框

相底　sioŋ$^{55}$ta$^{35}$　底片

晒相　sa$^{55}$sioŋ$^{55}$　洗相片

画架　fou$^{21}$kou$^{55}$　画框

寄信　ki$^{55}$sɐn$^{3}$

电报　tei$^{33}$pau$^{55}$

发电报　fo$^{5}$tei$^{33}$pau$^{55}$

　打电报　tou$^{35}$tei$^{33}$pau$^{55}$

**（二）体育**

拗手□　au$^{35}$siu$^{35}$pou$^{55}$　扳手劲

□绳　bai$^{35}$saŋ$^{5}$　拔河

缩胶　sɛɯ$^{5}$kau$^{21}$　跳绳（偏正）

跳绳　t$^{h}$io$^{55}$saŋ$^{5}$（动宾）

洗冻水身　sei$^{35}$tɛŋ$^{55}$sy$^{35}$sɐn$^{21}$　游泳

沕水　bai$^{33}$sy$^{35}$　潜水

球　k$^{h}$iu$^{53}$

打球　tou$^{35}$k$^{h}$iu$^{53}$

篮球　la$^{53}$k$^{h}$iu$^{53}$

乒乓球　pin$^{21}$paŋ$^{21}$k$^{h}$iu$^{53}$

羽毛球　jøy$^{55}$bau$^{53}$k$^{h}$iu$^{53}$

皮球　pai$^{53}$k$^{h}$iu$^{53}$

比赛　pai$^{35}$ʦ$^{h}$uo$^{55}$

犯规　fa$^{33}$k$^{h}$uai$^{21}$

裁判　ʦ$^{h}$uo$^{53}$p$^{h}$oŋ$^{55}$

　公正　kɛŋ$^{21}$ʦaŋ$^{55}$

**（三）武术、舞蹈**

比武　bai$^{35}$bu$^{55}$

打功夫　tou$^{35}$kɛŋ$^{21}$fu$^{21}$　打拳

打跟斗　tou$^{35}$kuoŋ$^{21}$tia$^{3}$　翻跟头

踩高跷　ʦ$^{h}$a$^{35}$kau$^{21}$k$^{h}$io$^{5}$

竖天礁　sy$^{55}$t$^{h}$ei$^{21}$ʦio$^{21}$　倒立

骑肩头　k$^{h}$i$^{53}$ka$^{21}$tia$^{53}$　骑脖子

跳舞　t$^{h}$io$^{55}$bu$^{55}$

**（四）戏剧**

剧院　k$^{h}$ie$^{3}$jøy$^{35}$　戏院

舞台　bu$^{55}$tuo$^{53}$

装角色　ʦaŋ$^{21}$kou$^{5}$sai$^{3}$　扮角色

唱戏　ʦ$^{h}$ioŋ$^{55}$hi$^{55}$

大戏　tuo$^{33}$hi$^{55}$

皮戏　pai$^{53}$hi$^{55}$　皮影戏

木头戏　bɛɯ$^{5}$tia$^{53}$hi$^{55}$　木偶戏

　木鬼头　bɛɯ$^{5}$kuai$^{35}$tia$^{53}$

电影　tei$^{33}$jie$^{35}$

影电影　jie$^{35}$tei$^{33}$jie$^{35}$　放电影

锣　lou$^{5}$

锣架　lou$^{5}$kou$^{55}$

南无　la$^{53}$bou$^{5}$　钹

八音笛　pa$^{5}$jɐn$^{21}$tie$^{5}$　喇叭

鼓　ku$^{35}$

大鼓　tuo$^{33}$ku$^{35}$

细鼓　soe$^{55}$ku$^{35}$　小鼓

腰鼓　jio$^{21}$ku$^{33}$

洋鼓 jioŋ$^{53}$ku$^{35}$

鼓槌 ku$^{35}$toe$^{5}$

笛 tie$^{5}$

横箫 vie$^{53}$sio$^{21}$ 箫

银鸡 gɐn$^{5}$kei$^{21}$ 哨子

打□□ tou$^{35}$siu$^{55}$siu$^{55}$ 吹口哨

琴 k$^{h}$ɐn$^{53}$

口风琴 k$^{h}$ia$^{35}$fɛŋ$^{21}$k$^{h}$ɐn$^{53}$ 口琴

钢琴 kaŋ$^{3}$k$^{h}$ɐn$^{53}$

挨二□ a$^{21}$gi$^{33}$hei$^{5}$ 拉二胡

## 二十二、动作

### （一）一般动作

抬头 tuo$^{53}$tia$^{53}$

仰头 gaŋ$^{35}$tia$^{53}$

低头 ta$^{21}$tia$^{53}$

□头 gia$^{55}$tia$^{53}$ 摇头

　调头 tio$^{33}$tia$^{53}$

□头 k$^{h}$ou$^{5}$tia$^{53}$ 点头

翻头 foŋ$^{21}$tia$^{53}$ 回头

□ lou$^{5}$ 睁（眼）

瞪 tie$^{21}$

□ lai$^{33}$ 瞥（一眼）

　睐 luo$^{33}$

瞄 bio$^{53}$（从门缝）看

歙 hei$^{5}$ 闭（眼）

睩 lɛɯ$^{5}$（眼珠）转来转去

□ k$^{h}$a$^{3}$ ①眨（眼）；②夹（在腋下）

皱 ʦia$^{55}$ 皱（眉毛）

睇 t$^{h}$a$^{35}$ 看（电视）

听 t$^{h}$ie$^{55}$

听倒 t$^{h}$ie$^{55}$tau$^{35}$ 听见

　听见 t$^{h}$ie$^{55}$kei$^{55}$

□ hia$^{3}$ 看紧（坏人）

闻 bɐn$^{53}$

丫 gou$^{21}$ 张（嘴）

抿嘴 bɐn$^{55}$ʦoe$^{35}$ 闭嘴

翘 k$^{h}$io$^{55}$ 噘（嘴）

尝 sioŋ$^{53}$

咬 gau$^{55}$ ①咬（住绳子）；②衔（在嘴里）

□ lɐn$^{21}$ ①啃（骨头）；②含（在嘴里）

含 ha$^{53}$

吞 t$^{h}$oŋ$^{21}$ ①吞（下去）；②咽（下去）

噍 ʦ$^{h}$io$^{33}$ 嚼

舐 sei$^{55}$ 舔

吐 t$^{h}$u$^{55}$

打饭铳 tou$^{35}$foŋ$^{33}$ʦ$^{h}$ɛŋ$^{55}$ 喷饭

□ ʦuo$^{5}$ 吸（饮料）

饮 jɐn$^{35}$ 喝

担 ta$^{21}$ ①叼；②挑（担子）

□ lie$^{35}$（舌头）伸出

叼 tio$^{21}$

吹 ʦ$^{h}$y$^{21}$

斟嘴 ʦɐn$^{21}$ʦoe$^{35}$ 吻

喊 k$^{h}$a$^{55}$ 叫（他），喊（一声）

哭 hɛɯ$^{5}$

出眼泪 ʦ$^{h}$y$^{5}$ga$^{55}$loe$^{5}$ 流泪

笑 sio$^{55}$

呼气 fu$^{21}$hi$^{55}$ 吸气

敨气　t$^{h}$ia$^{35}$hi$^{55}$ 吐气

举手　ky$^{35}$siu$^{35}$

□手　jio$^{3}$siu$^{35}$ 招手

伸手　sei$^{21}$siu$^{35}$

笼手　lɛŋ$^{53}$siu$^{35}$

松手　sɛŋ$^{21}$siu$^{35}$ 撒手

动手　tɛŋ$^{33}$siu$^{35}$

打巴掌　tou$^{35}$pou$^{21}$ʦioŋ$^{35}$ 拍手

背手　puo$^{33}$siu$^{35}$ 背着手

跷手　k$^{h}$au$^{21}$siu$^{35}$ 叉手

捡　kɐn$^{35}$ ①（把东西）拿（走）；②捡（起来）；③收拾（东西）

□　lei$^{55}$ 捡起（散乱的东西）

撞　ʦ$^{h}$ay$^{33}$

搬　poŋ$^{21}$

放　faŋ$^{55}$

打　tou$^{35}$ ①摔，打；②张开（手、嘴巴等）；③翻（开）

开　huo$^{21}$ ①开（门）；②打（伞）

转　ʦøy$^{35}$ 打（方向盘）

□　tie$^{5}$ ①赶；②追

指　ʦɿ$^{35}$

揪　ʦiu$^{21}$ 抓（紧）

抓　ʦou$^{21}$

□　tou$^{5}$ 搊（屁股）

扭　giu$^{35}$/liu$^{35}$ 拧（毛巾、盖子）

　撤　ʦiu$^{5}$

捻　gei$^{35}$ 拧（大腿肉）

□　p$^{h}$uo$^{5}$ 搧（扇子）

劈　p$^{h}$ie$^{5}$ 搧（耳光）

潎　p$^{h}$ei$^{5}$（水）溅

　射　sie$^{33}$

勒　la$^{3}$ ①掐（脖子）；②攥

扳　poŋ$^{21}$

拉　luo$^{21}$ ①（把铁丝）拉（直）；②拉（平板车）

抏　vu$^{5}$（把铁丝）弄（弯）

拖　t$^{h}$ou$^{21}$

拥　ɛŋ$^{35}$ 推（倒）

　搒　hɛŋ$^{55}$

　推　t$^{h}$oe$^{21}$

□　bai$^{35}$ ①（用力）拽；②拔（草）；③（把绳子）拉（直）

抹　buo$^{5}$ 擦（汗），擦（去错字）

□　k$^{h}$øy$^{5}$ 盖（上）

　盖　kuo$^{55}$

封　fɛŋ$^{21}$

摘　ʦie$^{5}$

拕　tou$^{53}$ 提（水）

捧　p$^{h}$ɛŋ$^{35}$

舀　jio$^{35}$ ①撮（一小撮盐）；②舀（水）

　兜　tia$^{21}$

搉　k$^{h}$ou$^{5}$（指关节）叩击

捞　lau$^{53}$ ①打捞；②搂（柴火）

□　kia$^{53}$ 捞

抱　p$^{h}$au$^{55}$

牵　hei$^{21}$

□　vu$^{21}$ 喂（饭）

□　tie$^{21}$ ①掷（石头）；②（用石头）砸

锯　ky$^{55}$

□ fai$^{5}$ 扔（出去）

□ fie$^{5}$ 甩（干水）

□ pʰie$^{55}$ 掸（灰尘）

塞 sai$^{5}$ ①堵塞；②掖（进去）

搜 sia$^{21}$ 掏（口袋）

□ jia$^{21}$ 捂（住眼睛）

拦 laŋ$^{53}$

抠 kʰia$^{21}$

追 tsøy$^{21}$ 挠（痒）

摵 bei$^{5}$ ①掐（脸蛋）；②撕（纸）；③掰（成两半）；④剥（橘子）

拗 au$^{35}$ 折（断树枝）

敲 kʰau$^{21}$

托 tʰou$^{5}$ 掫

□ tsʰei$^{3}$ 刮（火柴）

勬 kʰei$^{33}$ 按（图钉）

层 tsʰaŋ$^{53}$ 摞（起来）

捏 gei$^{53}$ 挽（袖子）

捋 luo$^{3}$

绑 paŋ$^{35}$ ①捆（柴火），绑（人）；②系（鞋带）

绹 tau$^{53}$ 拴

插 tsʰa$^{5}$

拆 tsʰie$^{5}$ ①拆（开）；②解（开绳子）

搂 lou$^{53}$ ①搓（绳子）；②揉（伤处）；③磨（刀）

□ gau$^{53}$ 摇（桌子）

斫 tia$^{5}$ 砍（树）

□ løy$^{3}$ 劈削（树枝）

剕 pʰa$^{21}$ 削（果皮）

剥 pou$^{5}$ 剥（果皮）

□ tsʰei$^{21}$（用尖刀）捅

割 kuo$^{5}$

撬 kʰio$^{33}$

取 tsʰoe$^{35}$ ①取（东西）；②要（东西）

剔 tʰie$^{5}$ ①掏（耳朵）；②挑（灯芯）

剢 tɛɯ$^{5}$（用针）扎

揞 aŋ$^{35}$ 按（住）

挑 tʰio$^{21}$ 挑（刺儿）

□ tsʰia$^{33}$ 顶（住门）

顶 taŋ$^{35}$ ①顶（住门）；②经受

□ laŋ$^{55}$ ①垫（高）；②踮（脚）

承 saŋ$^{53}$ 垫（高）

罡 sei$^{21}$

□ tia$^{3}$（用石头等）压（着）

砨 tsie$^{5}$

窖 kau$^{55}$ 埋（在地下）

填 tɐn$^{55}$ 钉（木桩）

摸 bou$^{35}$ 抚摩

扶 pu$^{53}$

□ tsɿ$^{35}$ 胳肢，使发痒

堆 toe$^{21}$ 堆放

折 tsei$^{5}$ 叠（衣服）

摆 pa$^{35}$

抢 tsʰioŋ$^{35}$

□ sa$^{33}$ 张开手，且五指分开

包 pau$^{21}$ 裹（严实）

□ lou$^{21}$ 贴（画）

筒 tɛŋ$^{53}$ 套（被子）

仰 gioŋ$^{53}$ 打开（折叠的衣服和被子

等）

空 $h\varepsilon\eta^{21}$（往下）倾倒

抄 $ts^{h}au^{55}$（乱）翻

挂 $kou^{55}$

行 $hie^{53}$ 走（路）

走 $tsia^{35}$ 跑（过去）

猋 $pio^{21}$ 跳（起来）

跳 $t^{h}io^{55}$

□ $p^{h}a\eta^{21}$（从高处往低处）跳

迍圈 $t\text{ɐ}n^{21}k^{h}\text{ø}y^{3}$ 转圈

翻身 $fo\eta^{21}s\text{ɐ}n^{21}$ 转身

到 $tau^{55}$

□ $bai^{55}$ 跟（着）

上 $so\eta^{55}$ ①上（来）；②爬（树）

爬 $pou^{53}$（在地上）爬

徛 $k^{h}i^{55}$ 站

踮 $pia^{33}$ 蹲

□ $la^{5}$ 跨（过去）

□ $lia^{35}$ ①涉（水）；②绊（倒）

踩 $ts^{h}a^{35}$

□ $tsau^{21}$（用力）踩

踢 $t^{h}ie^{5}$

化 $fou^{55}$ 踢（被子）

踶 $ta^{33}$ 跺（脚）

□ $bie^{5}$ 叉（开腿）

跪 $k^{h}uai^{33}$

骑 $k^{h}i^{53}$ 两腿跨坐（在牲口或自行车等上面）

跷脚 $k^{h}au^{21}kio^{5}$

瞓 $fo\eta^{55}$ 躺

跌 $tei^{5}$ ①跌（倒）；②掉（下来）

滑 $va^{3}$

□ $k\varepsilon\eta^{55}$ 钻（过去）

扛 $ka\eta^{21}$ ①抬（轿子）；②端（碗）

背 $pai^{55}$ ①扛（锄头）；②背（小孩儿）

伏 $p\varepsilon\text{ɯ}^{3}$ 趴（在桌上）

凭 $pa\eta^{33}$ 靠（在墙上）

筑 $t\varepsilon\text{ɯ}^{5}$（用棍棒等把物品）砸实

挨 $a^{21}$ ①蹭（痒）；②（刀在锅檐上）磨

□ $ts^{h}\text{ɿ}^{21}$（用磁铁）吸

挤 $tsai^{21}$

□ $t^{h}a\eta^{55}$ ①等待；②让（他去）

浮 $fia^{53}$

浸 $ts\text{ɐ}n^{55}$ 淹（死）

跌跤 $tei^{5}kau^{21}$ 摔跤

漏 $lia^{33}$

滴 $tei^{3}$

哴 $la\eta^{55}$（水）晃荡

流 $liu^{53}$

滚 $ku\text{ɐ}n^{35}$（水）沸腾/$k^{h}u\text{ɐ}n^{35}$（物体）滚动

蒙 $b\varepsilon\eta^{53}$

洇 $j\text{ɐ}n^{55}$（液体在纸或其他物体上向四周）渗透

滤 $loe^{55}$

冲 $ts^{h}\varepsilon\eta^{21}$ ①（水自上而下地）冲；②搀（水）

沉 $t\text{ɐ}n^{53}$

澄清 $ta\eta^{53}ts^{h}ic^{21}$

涌 $jɛŋ^{35}$

溢 $pɐn^{53}$ 溢（出）

潽 $p^hu^{21}$

哽 $kaŋ^{21}$（饭）呛（了气管）

碾 $gei^{35}$ 轧（死）

□ $jioŋ^{35}$ 挡（住）

□ $k^hia^{35}$

挡 $taŋ^{35}$

偋 $pie^{55}$ ①藏（东西）；②躲藏

讨 $t^hau^{35}$

碰倒 $p^hoŋ^{55}tau^{35}$ 遇到

跌□ $tei^{5}hei^{5}$ 遗失

寻 $ʦ^hɐn^{53}$

丢 $tiu^{21}$ ①扔；②抛

择 $t^hou^{3}$ 选择

选 $søy^{35}$

□ $jaŋ^{33}$ 剩（一点儿）

搅 $kau^{35}$

摎 $lau^{21}$ 混（在一起）

琮 $ʦɛŋ^{21}$ ①捶、筑；②掉

□ $t^hio^{21}$ 雕刻（图章）

箍 $ku^{21}$

装 $ʦaŋ^{21}$ ①装（袋）；②灌（开水）

辘 $lɛɯ^{5}$ 卷（席子）

堕 $tou^{33}$ 坠（下来）

□ $tɐn^{55}$ 竖（起来）

圈 $k^høy^{21}$ 绕（过去）

斢 $t^hio^{35}$ 调换

较换 $kau^{55}hm^{33}$

代 $tuo^{33}$

填 $tei^{53}$

变 $pei^{55}$

着火 $ʦ^hio^{3}fu^{35}$ ①（火）着（了）；②（灯）亮（了）

烧 $siu^{21}$

失火 $sɿ^{5}fu^{35}$ 着火

放火 $faŋ^{55}fu^{35}$

救火 $kiu^{55}fu^{35}$

耽搁 $ta^{21}kou^{5}$ 耽误

阻紧 $ʦou^{35}kɐn^{35}$ 碍（事）

阻手阻脚 $ʦou^{35}siu^{35}ʦou^{35}kio^{5}$ 碍手碍脚

留 $liu^{53}$

用 $jɛŋ^{33}$

拿 $la^{35}$ ①让（他去）；②给

俵 $pio^{55}$ 给

试 $sɿ^{55}$

窝 $vou^{21}$ 凹（下去）

□ $jei^{5}$

突 $t^hu^{5}$ 凸（出来）

□ $paŋ^{21}$ 塌

胀 $tioŋ^{55}$ ①（肚子）胀；②凸（出来）

烟 $jei^{21}$（烟）薰（了眼）

□ $ʦ^hɛɯ^{3}$（水）呛（了鼻子）

係 $hia^{33}$ 是

爱 $uo^{55}$ 要（去）

有 $jiu^{55}$

冇 $bau^{55}$ 没有

**（二）语言动作**

和 $hou^{53}$ 哄

□ $haŋ^{53}$ 呵斥

表扬　pio$^{35}$jioŋ$^{53}$

记紧　ki$^{55}$kɐn$^{35}$ 记着

记得　ki$^{55}$tai$^{5}$

忘记　baŋ$^{53}$ki$^{55}$

想起来　sioŋ$^{35}$hi$^{35}$luo$^{53}$

讲你听　kaŋ$^{35}$lai$^{55}$t$^{h}$ie$^{55}$ 告诉你

晓得　hio$^{35}$tai$^{5}$ ①知道；②懂

唔晓得　m$^{21}$hio$^{35}$tai$^{5}$ 不知道

会 vo$^{33}$ 擅长

　□ gai$^{33}$

认得　gɐn$^{33}$tai$^{5}$ 认识

以为　ji$^{35}$vai$^{53}$

惀　lɐn$^{35}$ 思考

估计　ku$^{35}$kei$^{55}$ 估量

估　ku$^{35}$ 猜测

　卜　pɛɯ$^{5}$

主张　ʦy$^{35}$ʦioŋ$^{21}$

问　bɐn$^{33}$

**（三）心理活动**

信　sɐn$^{55}$ 相信

疑糊　gi$^{53}$fu$^{53}$ 怀疑

发昒　fo$^{5}$buo$^{5}$ 发呆

冇想到　bau$^{55}$sioŋ$^{35}$tau$^{55}$ 没料到

精心　ʦaŋ$^{21}$sɐn$^{21}$ 留神

宁愿　laŋ$^{53}$gøy$^{33}$ 情愿

怕　p$^{h}$ou$^{55}$

吓　hie$^{5}$

壮胆　ʦoŋ$^{55}$ta$^{35}$

心痛　sɐn$^{21}$t$^{h}$ɛŋ$^{55}$ 伤心

后悔　hia$^{33}$fai$^{55}$

□　ʦ$^{h}$au$^{21}$ 慌张

心急　sɐn$^{21}$ki$^{5}$ 着急

得意　tai$^{5}$ji$^{55}$

痛　t$^{h}$ɛŋ$^{55}$ 疼爱（他）

中意　ʦɛŋ$^{55}$ji$^{55}$ ①爱（吃）；②喜欢

挂吊　kou$^{55}$tio$^{55}$ ①牵挂；②（心里的）疙瘩

放心　faŋ$^{55}$sɐn$^{21}$

担忧　ta$^{21}$jiu$^{21}$ 担心

想　sioŋ$^{35}$ 希望

　希望　hi$^{21}$baŋ$^{33}$

望　baŋ$^{33}$ 盼望

眼热　ga$^{55}$gei$^{5}$ 妒忌

　眼红　ga$^{55}$hɛŋ$^{53}$

□　ai$^{5}$ 操心

　操心　ʦ$^{h}$au$^{21}$sɐn$^{21}$

懠　ʦ$^{h}$ei$^{53}$ ①讨厌；②生气

□　lɛɯ$^{21}$ 讨厌

　□　lau$^{55}$

忍　gɐn$^{55}$

嫌　hei$^{53}$ 嫌弃

为难　vai$^{53}$loŋ$^{53}$

怪糊　kua$^{55}$fu$^{53}$ 抱怨

劝　k$^{h}$øy$^{55}$ 安慰

羡慕　hei$^{33}$bu$^{33}$

斗气　tia$^{55}$hi$^{55}$

急气　kai$^{5}$hi$^{55}$ 怄气

火滚　fu$^{35}$kuɐn$^{35}$ 发火，生气

屈气　vu$^{5}$hi$^{55}$ 窝火儿

暗肚　a$^{55}$tu$^{35}$ 生闷气

出气　ʦ$^{h}$y$^{5}$hi$^{55}$

赌气　tu$^{35}$hi$^{55}$

## 二十三、位置

方向 faŋ$^{21}$hioŋ$^{55}$

东 tɛŋ$^{21}$

南 la$^{53}$

西 sei$^{21}$

北 pai$^{5}$

东便 tɛŋ$^{21}$pei$^{33}$ 东边

南便 la$^{53}$pei$^{33}$ 南边

西便 sei$^{21}$pei$^{33}$ 西边

北便 pai$^{5}$pei$^{33}$ 北边

东方 tɛŋ$^{21}$faŋ$^{21}$

南方 la$^{53}$faŋ$^{21}$

西方 sei$^{21}$faŋ$^{21}$

北方 pai$^{5}$faŋ$^{21}$

东南 tɛŋ$^{21}$la$^{53}$

东北 tɛŋ$^{21}$pai$^{5}$

西南 sei$^{21}$la$^{53}$

西北 sei$^{21}$pai$^{5}$

上□ soŋ$^{33}$toŋ$^{55}$ 上面

　上便 soŋ$^{33}$pei$^{33}$

下□ hou$^{33}$toŋ$^{55}$ 下面

　下便 hou$^{33}$pei$^{33}$

底下 ta$^{35}$hou$^{3}$

地哩 tai$^{33}$lai$^{3}$ ①地上；②地下

泥底 la$^{53}$ta$^{35}$ 地下

内□ loe$^{33}$t$^{h}$oe$^{3}$ 里面

外头 guo$^{33}$tia$^{5}$ 外面

面□ bei$^{33}$ʦ$^{h}$ei$^{21}$ ①前面；②跟前儿

背嘀 puo$^{55}$ta$^{3}$ ①后面；②背面

带头 tuo$^{55}$tia$^{5}$ 前边

□尾 la$^{5}$bai$^{3}$ 末尾

对面 toe$^{55}$bei$^{5}$ ①对面；②对岸

中间 ʦɛŋ$^{21}$ka$^{3}$

侧边 ʦai$^{5}$pei$^{3}$ 旁边

角落头 kou$^{5}$lou$^{5}$tia$^{5}$ 角落

近紧 k$^{h}$øy$^{55}$kɐn$^{35}$ 附近

堂廊圈 taŋ$^{53}$laŋ$^{53}$k$^{h}$øy$^{3}$ 周围

四处 sɿ$^{55}$ʦ$^{h}$y$^{3}$ 到处

边哩 pei$^{21}$lai$^{3}$ 边儿上

左向 ʦou$^{35}$hioŋ$^{55}$ 左边

右向 jiu$^{33}$hioŋ$^{55}$ 右边

面头 bei$^{33}$tia$^{5}$ 表面

当面 taŋ$^{21}$bei$^{5}$ 正面

后面 hia$^{33}$bei$^{33}$ 反面

上游 soŋ$^{33}$jiu$^{53}$

下游 hou$^{33}$jiu$^{53}$

岭前 lie$^{55}$ʦ$^{h}$ie$^{53}$ 山前

岭背 lie$^{55}$puo$^{3}$ 山后

岭上 lie$^{55}$soŋ$^{33}$ 山上

岭下 lie$^{55}$hou$^{33}$ 山下

屋门口 ɛɯ$^{5}$boŋ$^{5}$k$^{h}$ia$^{3}$ 屋前

屋背嘀 ɛɯ$^{5}$puo$^{55}$ta$^{3}$ 屋后

路头边 lu$^{5}$tia$^{5}$pei$^{21}$ 路边

半路头 poŋ$^{55}$lu$^{5}$tia$^{53}$ 半路

街哩 ka$^{21}$lai$^{3}$ 街上

　巷哩 haŋ$^{5}$lai$^{3}$

村头 ʦ$^{h}$ɐn$^{21}$tia$^{53}$

村尾 ʦ$^{h}$ɐn$^{21}$bai$^{3}$

巷头 haŋ$^{5}$tia$^{53}$

巷尾 haŋ$^{5}$bai$^{3}$

楼哩 lia$^{53}$lai$^{3}$ 楼上

壁哩　pie$^{5}$lai$^{3}$　墙上

门哩　boŋ$^{5}$lai$^{3}$　门上

桌哩　ʦou$^{3}$lai$^{3}$　桌上

床窦哩　ʦʰaŋ$^{53}$tia$^{3}$lai$^{3}$　床上

屋顶　ɛɯ$^{5}$tie$^{35}$　屋顶上

屋面头　ɛɯ$^{5}$bei$^{33}$tia$^{5}$　房屋的瓦面上

尾巴头　bai$^{3}$pou$^{21}$tia$^{5}$　尾尖上

楼底　lia$^{53}$ta$^{35}$　楼下

床底下　ʦʰaŋ$^{53}$ta$^{35}$hou$^{3}$

脚下　kio$^{3}$hou$^{3}$

脚底下　kio$^{3}$ta$^{35}$hou$^{3}$

井底下　ʦie$^{35}$ta$^{35}$hou$^{3}$

箱底下　sioŋ$^{21}$ta$^{35}$hou$^{3}$

手哩　siu$^{35}$lai$^{3}$　手里

心哩　sɐn$^{21}$lai$^{3}$　心里

门外　boŋ$^{5}$guo$^{33}$

穿外　ʦʰøy$^{3}$guo$^{33}$　窗外

车哩　ʦʰie$^{21}$lai$^{3}$　车里

车外　ʦʰie$^{21}$guo$^{33}$

□里□走　bai$^{55}$loe$^{33}$tʰoe$^{3}$ʦia$^{35}$　往里走

□外头出　bai$^{55}$guo$^{33}$tia$^{5}$ʦʰy$^{5}$　往外走

□上便去　bai$^{33}$soŋ$^{33}$pei$^{33}$høy$^{53}$　往上走

□下便走　bai$^{33}$hou$^{33}$pei$^{33}$ʦia$^{35}$　往下走

到回头来　tau$^{55}$fai$^{53}$tia$^{53}$luo$^{53}$　往回走

□前面去　bai$^{55}$ʦʰei$^{53}$bei$^{33}$høy$^{53}$　往前走

□□尾来　bai$^{55}$la$^{5}$bai$^{3}$luo$^{53}$　往后走

……以内　ji$^{35}$lœ$^{33}$

……以外　ji$^{35}$guo$^{33}$

……以上　ji$^{35}$soŋ$^{33}$

……以下　ji$^{35}$hou$^{33}$

在……□尾　ʦʰuo$^{55}$…la$^{5}$bai$^{3}$

在……后

在……面□　ʦʰuo$^{55}$…bei$^{33}$ʦʰei$^{21}$

在……前

在……中间　ʦʰuo$^{55}$…ʦɛŋ$^{21}$ka$^{3}$

在……之间

## 二十四、代词等

我　guo$^{55}$

你　lai$^{55}$

渠　ki$^{55}$　他

我□　guo$^{55}$tu$^{5}$　我们

我□两个人　guo$^{55}$ tu$^{5}$lioŋ$^{55}$ kuo$^{55}$ gɐn$^{53}$

我俩

阿□　a$^{21}$tu$^{5}$　咱们

阿□两个人　a$^{21}$ tu$^{5}$lioŋ$^{55}$ kuo$^{55}$ gɐn$^{53}$

咱俩

你□　lai$^{55}$tu$^{5}$　你们

渠□　ki$^{55}$tu$^{5}$　他们

渠□两个人　ki$^{55}$ tu$^{5}$lioŋ$^{55}$ kuo$^{55}$ gɐn$^{53}$

他俩

我箇　guo$^{55}$ka$^{55}$　我的

你箇　lai$^{55}$ka$^{55}$　你的

渠箇　ki$^{55}$ka$^{55}$　他的

阿□箇　a$^{21}$tu$^{5}$ka$^{55}$　咱们的

我□箇　guo$^{55}$tu$^{5}$ka$^{55}$　我们的

你□箇　lai$^{55}$tu$^{5}$ka$^{55}$　你们的

渠□箇　ki$^{55}$tu$^{5}$ka$^{55}$　他们的

别人　pei$^{3}$gɐn$^{53}$

人□　gɐn$^{53}$tie$^{5}$　人家

大齐家　tuo$^{33}$ʦʰai$^{53}$kou$^{21}$　大家

　大众　tuo$^{33}$ʦɛŋ$^{55}$

大家 tuo$^{33}$kou$^{21}$

自己 sɿ$^{21}$ki$^{3}$

每人 bai$^{55}$gɐn$^{53}$

人人 gɐn$^{53}$gɐn$^{53}$

其他 k$^{h}$i$^{53}$t$^{h}$a$^{21}$

什人 sɿ$^{55}$gɐn$^{53}$ 谁

什人箇 sɿ$^{55}$gɐn$^{53}$ka$^{55}$ 谁的

□个 ki$^{55}$kuo$^{55}$ 这个

□个 haŋ$^{55}$kuo$^{55}$ 那个（中指）

□个 tai$^{3}$kuo$^{55}$ 那个（远指）

□个 ba$^{3}$kuo$^{55}$ 哪个

□次 ki$^{55}$ʦ$^{h}$ɿ$^{55}$ 这次

□次 haŋ$^{55}$ʦ$^{h}$ɿ$^{55}$ 那次（中指）

□次 tai$^{3}$ʦ$^{h}$ɿ$^{55}$ 那次（远指）

□次 ba$^{3}$ʦ$^{h}$ɿ$^{55}$ 哪次

□种 ki$^{55}$ʦɛŋ$^{35}$ 这种

□种 haŋ$^{55}$ʦɛŋ$^{35}$ 那种（中指）

□种 tai$^{3}$ʦɛŋ$^{35}$ 那种（远指）

□种 ba$^{3}$ʦɛŋ$^{35}$ 哪种

□头 ki$^{55}$tia$^{53}$ 这头

□头 haŋ$^{55}$tia$^{53}$ 那头（中指）

□头 tai$^{3}$tia$^{53}$ 那头（远指）

□头 ba$^{3}$tia$^{53}$ 哪头

□□ ki$^{55}$ʦei$^{35}$ 这些

□□ haŋ$^{55}$ʦei$^{35}$ 那些（中指）

□□ tai$^{3}$ʦei$^{35}$ 那些（远指）

□□ ba$^{3}$ʦei$^{35}$ 哪些

□角 ki$^{55}$kou$^{3}$ 这里

□角 haŋ$^{55}$kou$^{3}$ 那里（中指）

□角 tai$^{3}$kou$^{3}$ 那里（远指）

□角 ba$^{3}$kou$^{3}$ 哪里

□年 ba$^{3}$lei$^{53}$ 哪年

□日 ba$^{3}$gi$^{3}$ 哪天

□ kɐn$^{3}$ ①这么（高）；②那么（高）

□宗 kioŋ$^{5}$ʦɛŋ$^{21}$ 这样（做）

□宗 ki$^{55}$ʦɛŋ$^{21}$

□宗 haŋ$^{55}$ʦɛŋ$^{21}$ 那样（中指）

□宗 tai$^{3}$ʦɛŋ$^{21}$ 那样（远指）

□宗 ba$^{3}$ʦɛŋ$^{21}$ ①怎样（做）；②（身体）怎样

什西 sɿ$^{55}$sei$^{3}$ 什么

做什西 ʦu$^{3}$sɿ$^{55}$sei$^{3}$ 为什么

几 ki$^{35}$ 多少

几多 ki$^{35}$tou$^{21}$ 多少（钱）

几个 ki$^{35}$kuo$^{55}$ 多少个

几久 ki$^{35}$kiu$^{35}$ 多久

**二十五、形容词**

多 tou$^{21}$

少 sio$^{35}$

大 tuo$^{33}$

细 soe$^{55}$小

重 ʦ$^{h}$ɛŋ$^{55}$ ①（口味）重；②（东西）重

轻 k$^{h}$ie$^{21}$ ①（口味）淡；②（东西）轻

长 ʦ$^{h}$ioŋ$^{53}$

短 toŋ$^{35}$

多路 tou$^{21}$lu$^{5}$ 远

近 k$^{h}$øy$^{55}$

阔 k$^{h}$uo$^{5}$ 宽

阔趟 k$^{h}$uo$^{5}$t$^{h}$aŋ$^{55}$ 很宽

窄　ʦa$^{5}$

纂　ʦoŋ$^{35}$ 集中

散　soŋ$^{35}$ 分散

厚　hia$^{55}$

薄　pou$^{3}$

直　ʦ$^{h}$ai$^{3}$ ①直；②竖

横　vie$^{53}$

□　k$^{h}$ai$^{5}$ 弯曲

　□　ʦiu$^{55}$

快　k$^{h}$ua$^{55}$

慢　boŋ$^{33}$

　摸　bou$^{21}$

摸得　bou$^{35}$tai$^{5}$（动作）很慢

利　lai$^{33}$（刀）利

钝　t$^{h}$ɐn$^{55}$（刀）钝

　□　k$^{h}$u$^{21}$

弥　bai$^{53}$ 满

空　hɛŋ$^{21}$

紧　kɐn$^{33}$（绳子绑得）紧，（鞋子穿得）紧

□　kɛɯ$^{5}$（绳子等带状物拧得）紧

松　sɛŋ$^{21}$

深　sɐn$^{21}$

浅　ʦ$^{h}$ei$^{35}$

清　ʦ$^{h}$ie$^{21}$ ①（水）清；②（粥）稀

浊　ʦ$^{h}$ɛɯ$^{3}$（水）浊

　浑　fɐn$^{53}$

□　k$^{h}$øy$^{3}$（粥等）稠

生　sie$^{21}$ ①生（肉）；②（鱼）活

熟　sɛɯ$^{3}$

粗　ʦ$^{h}$u$^{21}$ 粗（沙）

嫩　lɐn$^{33}$ ①细（沙）；②（青菜）嫩；③（豆腐）嫩

高　kau$^{21}$（个子）高，（楼房）高

矮　a$^{35}$ ①（个子）矮；②（平房）低

䵜　lɛŋ$^{21}$（饭）煳（了）

密　bai$^{3}$

疏　søy$^{21}$（菜种得）稀

腻　loe$^{33}$

绵　bei$^{53}$（肉煮得）烂

爽　saŋ$^{35}$（饼干）脆

硬　ɡie$^{33}$

软　ɡøy$^{55}$

新　sɐn$^{21}$

旧　k$^{h}$iu$^{33}$

烂　loŋ$^{33}$ 破

老　lau$^{55}$ ①年龄大；②（菜）老；③（豆腐）老

皓　hau$^{33}$ 亮

暗　a$^{55}$

早　ʦau$^{35}$

晏　m$^{55}$ 迟

平　pie$^{33}$

徛　k$^{h}$i$^{55}$ 陡

笡　ʦ$^{h}$ie$^{55}$ 斜

□　ɡau$^{53}$ 歪

干　kuoŋ$^{21}$（晒）干

湿　sɿ$^{5}$

干燥　kuoŋ$^{21}$ʦ$^{h}$au$^{55}$

潮湿　ʦ$^{h}$io$^{53}$sɿ$^{5}$

转润　ʦøy$^{35}$jɐn$^{33}$（花生）潮了

伶俐　lie$^{3}$lai$^{5}$ 干净

邋遢 la$^{3}$ta$^{5}$ 肮脏

闹热 lau$^{33}$gei$^{3}$ 热闹

旺 vaŋ$^{33}$（人）多

冻静 tɛŋ$^{55}$ʦʰaŋ$^{33}$ 冷清

静 ʦʰaŋ$^{33}$ 安静

悭 kʰie$^{33}$ 节俭

浪费 laŋ$^{33}$fai$^{55}$

乌 vu$^{21}$ ①黑；②（屁股打）青（了）

红 hɛŋ$^{53}$ ①红；②（火）旺

蓝 la$^{53}$

青 ʦʰie$^{21}$ 绿

白 pie$^{3}$

灰 fo$^{21}$

黄 vaŋ$^{53}$

咸 ha$^{53}$

淡 tʰa$^{55}$ ①（菜）淡；②（酒）淡；③（茶）淡

□ lau$^{53}$ ①（茶）浓；②（酒）浓

香 hioŋ$^{21}$

臭 ʦʰiu$^{55}$

酸 soŋ$^{21}$

甜 ta$^{53}$ ①（糖）甜；②（肉汤）鲜

苦 fu$^{35}$

辣 luo$^{3}$

肚饥 tu$^{35}$ki$^{21}$ 肚子饿

　肚饿 tu$^{35}$gou$^{33}$

□渴 luo$^{53}$huo$^{5}$（肚子）很饿

饱 pau$^{35}$

颈渴 kie$^{35}$huo$^{5}$ 口渴

□ jei$^{5}$（球）扁

　扁 pa$^{35}$

圆 jøy$^{53}$

好 hau$^{35}$

坏 fa$^{33}$

□口 jei$^{53}$kʰia$^{35}$ 差

□ jei$^{53}$ 丑

靓 lie$^{33}$ ①可爱；②美

肥 fai$^{53}$ ①（动物）肥；②（人）胖；③（地）肥

瘦 sia$^{55}$ ①（人）瘦；②（地）瘦

□ kei$^{5}$（柿子）涩

伛 jy$^{35}$（衣服）皱

　□ buo$^{35}$

馊 sia$^{21}$

腥 sie$^{21}$

臊 sau$^{21}$

纯 sɐn$^{53}$

杂 ʦʰa$^{3}$

齐整 ʦʰei$^{53}$ʦie$^{35}$ 整齐

□乱 lia$^{3}$loŋ$^{33}$ 凌乱

强 kʰioŋ$^{53}$

弱 gio$^{3}$

真 ʦɐn$^{21}$

假 kou$^{35}$

得 tai$^{5}$ 行

正 ʦaŋ$^{55}$

反 foŋ$^{35}$

顺 sɐn$^{33}$

倒 tau$^{35}$

忙 baŋ$^{53}$

得闲 tai$^{5}$ha$^{53}$ 有空

　闲 ha$^{53}$

□　gia$^{55}$（桌子）晃

硬装　gie$^{33}$ʦaŋ$^{21}$（篮子）结实

刹　tɛɯ$^{5}$（毛衣觉得）扎

□　sou$^{5}$（凳子觉得）冰

　□　ʦʰie$^{5}$

　冻　tɛŋ$^{55}$

逼　pai$^{5}$（屋里觉得）闷

爊　luo$^{5}$ ①（火）烫；②（碘酒）杀

□　lɛɯ$^{3}$（水）烫

难　loŋ$^{53}$

易得　ji$^{33}$tai$^{5}$　容易

急　ki$^{5}$

醉　ʦoe$^{55}$

对　toe$^{55}$

差　ʦʰou$^{21}$ 错

精　ʦie$^{21}$ ①瘦（肉）；②（人）精明

熟悉　sɛɯ$^{3}$sai$^{5}$

生疏　sie$^{21}$sou$^{21}$ 陌生

后生　hia$^{55}$sie$^{3}$　年轻

结实　kei$^{5}$sɿ$^{3}$　强壮

欢喜　kʰuoŋ$^{21}$hi$^{35}$ 高兴

殨　kʰei$^{35}$ ①疲劳；②辛苦

□贴　jei$^{5}$tʰei$^{5}$（身体）舒服

　舒服　sy$^{21}$fɛɯ$^{5}$

安乐　m$^{21}$lou$^{3}$（过得）舒服

难过　loŋ$^{53}$ku$^{55}$ ①（心里）难过；②惭愧

怕生疏　pʰou$^{55}$sie$^{21}$sou$^{21}$ 怕生

怕丑　pʰou$^{55}$ʦʰiu$^{35}$ 害臊

听话　tʰie$^{55}$vou$^{33}$ 乖

□　ʦʰa$^{55}$ ①调皮；②倔强

造孽　ʦʰau$^{33}$gei$^{3}$　可怜

活□　fo$^{3}$tʰie$^{5}$　能干

　能够　laŋ$^{53}$kia$^{55}$

叻　lie$^{5}$　厉害

勤力　kʰɐn$^{53}$lai$^{3}$　勤快

懒　loŋ$^{55}$

精通　ʦaŋ$^{21}$tʰɛŋ$^{21}$ 聪明

蠢　ʦʰɐn$^{35}$

　木　bɛɯ$^{3}$

懵　bɛŋ$^{55}$ 糊涂

　糊涂　fu$^{53}$tu$^{53}$

明白　baŋ$^{53}$pie$^{3}$

傻　sou$^{53}$

弄虚　lɛŋ$^{33}$hy$^{21}$ 狡诈

古板　ku$^{35}$poŋ$^{35}$ 执拗

　举竿　ky$^{35}$kuoŋ$^{21}$

鄙　pei$^{35}$（脾气）坏

善　sei$^{55}$ 善良

恶　ou$^{5}$　残酷

蛮　ba$^{53}$ 蛮横

阴湿　jɐn$^{21}$sɿ$^{5}$　下流

风流　fɛŋ$^{21}$liu$^{53}$ ①（女人）风骚；②（男人）风流

□啬　lei$^{5}$sai$^{3}$　吝啬

孤寒　ku$^{21}$hɔn$^{53}$ 小气

大方　tuo$^{33}$faŋ$^{21}$

刁利　tio$^{21}$lai$^{33}$ 刻薄

阴毒　jɐn$^{21}$tɛɯ$^{3}$　阴险

摸嗦　bou$^{21}$sou$^{21}$ 磨蹭

打赖　tou$^{35}$luo$^{33}$ 耍赖

好狂　hau$^{35}$kʰaŋ$^{53}$ 显摆，故意让人看

急性 ki$^{5}$saŋ$^{55}$ 急躁
偏心 pʰei$^{21}$sɐn$^{21}$
计较 kei$^{55}$kau$^{55}$
古怪 ku$^{35}$kua$^{55}$ 狡猾
包办 pau$^{21}$pa$^{33}$ 包庇
流利 liu$^{53}$lai$^{33}$
鲜利 sei$^{21}$lai$^{33}$（做事）麻利
清楚 ʦʰaŋ$^{21}$ ʦʰu$^{35}$ ①清楚；②（为人）清白
正直 ʦaŋ$^{55}$ʦʰai$^{3}$（为人）正派
熟套 sɛɯ$^{3}$tʰau$^{55}$（做事）老练
斯文 sɿ$^{21}$bɐn$^{53}$
虚心 hy$^{21}$sɐn$^{21}$
厚面皮 hia$^{55}$bei$^{33}$pai$^{53}$ 脸皮厚
薄面皮 pou$^{3}$bei$^{33}$pai$^{53}$ 脸皮薄
老实 lau$^{55}$sɿ$^{3}$
大胆 tuo$^{35}$ta$^{35}$
拖皮 tʰou$^{21}$pai$^{53}$ 拖拉
开朗 huo$^{21}$laŋ$^{55}$
烦 fa$^{53}$ 烦躁
发慌 fo$^{5}$faŋ$^{21}$ 慌张
粗心 ʦʰu$^{21}$sɐn$^{21}$
细心 sei$^{55}$sɐn$^{21}$
安心 ɔn$^{21}$sɐn$^{21}$
显老 hei$^{35}$lau$^{55}$ 看上去比实际年龄大
显嫩 hei$^{35}$lɐn$^{33}$ 看上去比实际年龄小
顺利 sɐn$^{33}$lai$^{33}$
顺手 sɐn$^{33}$siu$^{35}$
唔顺 m$^{21}$sɐn$^{33}$ 不顺手
光荣 kuaŋ$^{21}$jaŋ$^{53}$
积极 ʦai$^{5}$kʰi$^{5}$
落后 lou$^{3}$hia$^{33}$
先进 sei$^{21}$ʦɐn$^{55}$
公平 kɛŋ$^{21}$paŋ$^{53}$
明显 baŋ$^{53}$hei$^{35}$
怪 kua$^{55}$ 奇怪
要紧 jio$^{55}$kɐn$^{35}$ 重要
　重要 ʦʰɛŋ$^{33}$jio$^{55}$
平紧 pie$^{53}$kɐn$^{35}$ 一样
可惜 kʰou$^{35}$sai$^{5}$
啱□ ga$^{21}$sei$^{55}$ 合适
方便 faŋ$^{21}$pei$^{33}$
准 ʦɐn$^{35}$
经用 kɐn$^{21}$jɛŋ$^{33}$ 耐用
□ hai$^{3}$（田地翻过后）因久未耕种而不松散
晟眼 ʦʰie$^{53}$ga$^{55}$（光线）刺眼
嘈耳 ʦʰau$^{53}$gi$^{55}$（声音）刺耳
抛 pʰau$^{21}$（坐车觉得）颠
□ aŋ$^{35}$（沙子）硌（脚）
　踠 øy$^{35}$

## 二十六、副词、介词等

冇 bau$^{55}$ 没有
唔好 m$^{21}$hau$^{35}$ 不要（去）
唔止 m$^{21}$ʦɿ$^{35}$ 不止
唔会 m$^{21}$vo$^{33}$ 不会（来）
唔得 m$^{21}$tai$^{5}$ 不能
唔使 m$^{21}$sia$^{35}$ 不必
净 ʦʰie$^{33}$ 光（吃菜）
搏命 pou$^{5}$bie$^{33}$ 拼命（跑）
较 kau$^{55}$ 比较

还较 ha$^{53}$kau$^{55}$ 更

特别 ta$^{3}$pie$^{3}$

另事 laŋ$^{33}$sɿ$^{33}$ 另外

怕 p$^{h}$ou$^{55}$ 可能

至 ʦɿ$^{55}$ 最

到底 tau$^{55}$ta$^{35}$

明明 baŋ$^{53}$baŋ$^{53}$

怪唔得 kua$^{55}$m$^{21}$tai$^{5}$ 怪不得

巴唔得 pa$^{21}$m$^{21}$tai$^{5}$ 巴不得

动不动 tɛŋ$^{33}$pu$^{55}$tɛŋ$^{33}$

随便 ʦ$^{h}$oe$^{53}$pei$^{33}$

　信天 sɐn$^{55}$t$^{h}$ei$^{21}$

降事 kaŋ$^{55}$sɿ$^{33}$ 故意

特意 tai$^{3}$ji$^{55}$ 特地

　特地 tai$^{3}$tai$^{33}$

独自 tɐɯ$^{3}$ʦ$^{h}$ai$^{5}$

该 kuo$^{21}$ 应该

有仔 jiu$^{55}$ʦai$^{3}$ 有点

争仔 ʦie$^{21}$ʦai$^{5}$ ①差点儿；②几乎

好 hau$^{35}$ 很

　十分 sɿ$^{3}$fɐn$^{21}$

差唔多 ʦ$^{h}$ou$^{21}$m$^{21}$tou$^{3}$ 差不多

通通 t$^{h}$ɛŋ$^{21}$t$^{h}$ɛŋ$^{21}$ 全部

一齐 ji$^{5}$ʦ$^{h}$ei$^{53}$ 一起

简直 ka$^{35}$ʦ$^{h}$ai$^{3}$

偏 p$^{h}$ei$^{21}$ 偏偏

　偏偏 p$^{h}$ei$^{21}$p$^{h}$ei$^{21}$

横直 vie$^{53}$ʦ$^{h}$ai$^{3}$ 反正

啱□ ga$^{21}$sei$^{55}$ 刚刚，正（好）

还□ ha$^{53}$ʦau$^{5}$ 刚才

太过 t$^{h}$ai$^{55}$ku$^{3}$ 太

　太 t$^{h}$ai$^{55}$

好话 hau$^{35}$vou$^{33}$ 难道

共□ k$^{h}$ɛŋ$^{33}$buo$^{53}$ 总共

一係 ji$^{5}$hai$^{33}$ 要么

还係 ha$^{53}$hai$^{33}$ 还是

就係 ʦ$^{h}$iu$^{33}$hia$^{33}$ 就是

□紧 bai$^{55}$kɐn$^{35}$ ①顺着；②沿着

就 ʦ$^{h}$iu$^{33}$

□□ jie$^{53}$sie$^{35}$ 免得

正当 ʦaŋ$^{55}$taŋ$^{21}$ 正在

即刻 ʦai$^{5}$k$^{h}$ei$^{5}$ 马上

　马上 bou$^{55}$sioŋ$^{5}$

一直 ji$^{5}$ʦ$^{h}$ai$^{3}$

向来 hioŋ$^{55}$luo$^{53}$

□经 hi$^{21}$kɐn$^{3}$ 已经

先 sei$^{21}$

后 hia$^{33}$

最□尾 ʦuo$^{55}$la$^{5}$bai$^{3}$ 最后

来唔□ luo$^{53}$m$^{21}$ʦ$^{h}$ei$^{5}$ 来不及

来得□ luo$^{53}$tai$^{5}$ʦ$^{h}$ei$^{5}$ 来得及

也 jia$^{33}$

再 ʦuo$^{55}$

又 jiu$^{33}$

都 tu$^{21}$

紧……紧 kɐn$^{35}$…kɐn$^{35}$ 越……越

依旧 ji$^{21}$k$^{h}$iu$^{33}$ 仍然

好得 hau$^{35}$tai$^{5}$ 幸亏

只 ʦɿ$^{35}$

还 ha$^{53}$

正 ʦaŋ$^{33}$ ①才；②再

闲时 ha$^{53}$sɿ$^{5}$ 平时

随时 ts$^{h}$oe$^{53}$sɿ$^{53}$

迟早 ts$^{h}$ɿ$^{53}$tsau$^{35}$

本来 pɐn$^{35}$luo$^{53}$

原先 ɡøy$^{53}$sei$^{21}$

临时 lɐn$^{53}$sɿ$^{53}$

总係 tsɛŋ$^{35}$hia$^{33}$ 总是

有时 jiu$^{55}$sɿ$^{53}$

弄日 lɛŋ$^{33}$ɡi$^{3}$ ①经常；②整天

周时 tsiu$^{21}$sɿ$^{53}$ 经常

当面 taŋ$^{21}$bei$^{5}$

背后 puo$^{55}$hia$^{33}$ 背地

亲□ ts$^{h}$ɐn$^{21}$pai$^{3}$ 亲自

顺手 sɐn$^{33}$siu$^{35}$ 顺便

向紧 hioŋ$^{55}$kɐn$^{35}$ 对着

约莫 jio$^{3}$bou$^{3}$ 大约

干脆 kuoŋ$^{21}$ts$^{h}$oe$^{55}$ 索性

起码 hi$^{35}$bou$^{3}$

成个 sie$^{53}$kuo$^{55}$ 整个

轮换 lɐn$^{53}$hm$^{55}$ 轮流

到 tau$^{55}$ ①在（家里）；②到（今天止）

倒 tau$^{35}$（住）倒（山上）

在 ts$^{h}$uo$^{55}$ 在（河里洗澡）

过 ku$^{21}$（送）给

将 tsioŋ$^{21}$ 把

拿 la$^{35}$ 被

　俵 pio$^{55}$

除 ts$^{h}$y$^{53}$ 除（他之外）

撂 lau$^{21}$ 和

　凑 ts$^{h}$ia$^{55}$

由 jiu$^{53}$

　随 ts$^{h}$oe$^{53}$ 由

照 tsio$^{55}$ 按照

用 jɛŋ$^{33}$

比 pai$^{35}$

帮 paŋ$^{21}$ 替

连 lei$^{53}$

向 hioŋ$^{55}$

对 toe$^{55}$

## 二十七、量词

个 kuo$^{55}$ ①（一）座（山）；②（一）个（人、箱子、西瓜）；③（一）头（牛、猪）；④（一）只（鸡、猫、碗、眼睛、手、手表）；⑤（一）头（羊）；⑥（一）口（铁锅）

栋 tɛŋ$^{55}$（一）座（房子）

郛 fu$^{21}$（一）丘（田）

团 toŋ$^{53}$（一）团（泥）

□ t$^{h}$ou$^{55}$（一）堆（沙）

皮 pai$^{53}$（一）块（砖）

间 ka$^{21}$ ①（一）家（铺子）；②（一）间（屋子）；③（一）座（庙）

□ fu$^{55}$（一）扇（门）

　扇 sei$^{55}$

幅 fɛɯ$^{5}$ ①（一）堵（墙）；②（一）幅（布）、（一）幅（画）

眼 ɡa$^{35}$（一）口（井）

家 kou$^{21}$（一）家（超市）

窦 tia$^{55}$（一）窝（蜂、小猪）

条 tio$^{53}$ ①（一）条（裤子、毛巾、路、绳子、蛇、鱼）；②（一）根（头发、棍子）；

③(一)座(桥);④(一)首(歌);
⑤(一)块(手绢)

蔸　tia$^{21}$ ①(一)棵(树);②(一)棵(菜);③(一)株(玉米)

禽　p$^{h}$ou$^{21}$ (一)株(草)

□　tsou$^{35}$ ①(一)朵(花儿);②(一)串(豆子)

串　ts$^{h}$øy$^{55}$ ①(一)串(葡萄);②(一)挂(鞭炮)

抓　tsou$^{21}$ ①(一)把(芹菜);②(一)把(米);③(一)撮(毛)

□　kɛŋ$^{35}$ (一)截(甘蔗)

把　pou$^{35}$ ①(一)捆(甘蔗);②(一)杆(秤、枪);③(一)把(锁、尺子、伞);④(一)门(大炮)

角　kou$^{5}$ ①(一)片儿(西瓜);②(一)角(钱)

□　bai$^{33}$ (一)瓣儿(橘子)

口　k$^{h}$ia$^{35}$ ①(一)支(烟);②(一)口(水、饭)

盅　tsɛŋ$^{3}$ (一)杯(茶)

剂　tsai$^{55}$ (一)服(药)

樽　tsɐn$^{21}$ (一)瓶(醋)

坛　taŋ$^{53}$ (一)坛(酒)

片　p$^{h}$ei$^{3}$ (一)片(肉)

打　ta$^{55}$ (一)打(鸡蛋)

件　k$^{h}$ei$^{35}$ (一)件(衣裳)/k$^{h}$ei$^{33}$ (一)件(事情)

身　sɐn$^{21}$ ①(一)套(衣裳);②(一)身(土);③(打一)顿

顶　tie$^{35}$ (一)顶(帽子)

床　ts$^{h}$aŋ$^{53}$ ①(一)条(被子);②(一)顶(蚊帐)

对　toe$^{55}$ ①(一)双(鞋);②(一)对(枕头、花瓶);③(一)副(眼镜)

铺　p$^{h}$u$^{21}$ ①(一)张(床);②(打一)圈(麻将)

张　tsioŋ$^{21}$ ①(一)张(桌子、沙发、钞票、纸);②(一)把(椅子、刀、锄头)

管　kuoŋ$^{35}$ (一)支(毛笔)

核　vo$^{3}$ (一)粒(黄豆)

盏　tsa$^{35}$ (一)盏(灯)

幕　bou$^{3}$ (一)台(戏)

场　ts$^{h}$ioŋ$^{53}$ ①(一)出(戏);②(一)门(亲事)

封　fɛŋ$^{21}$ (一)封(信)

行　haŋ$^{5}$ (一)行(字)

坜　lie$^{3}$ (老)(一)畦(菜地)

□　va$^{21}$ (新)

筒　tɛŋ$^{5}$ (一)刀(纸)

沓　ta$^{3}$ (一)沓(纸)

□　k$^{h}$uai$^{33}$ (一)尊(佛像)

盒　huo$^{5}$ ①(一)盒儿(火柴、药);②(一)匣子(首饰)

滴　tei$^{3}$ (一)滴(眼泪、水)

氹　tɛŋ$^{35}$ (一)滩(水)

堆　toe$^{21}$ (一)泡(尿)

江　kaŋ$^{21}$ (一)条(河)

坑　hie$^{21}$ (一)条(小溪)

枚　buo$^{53}$ (一)根(针)

块　k$^{h}$ua$^{35}$ ①(一)面(镜子);②(一)块(地、石头);③(一)幅(布)

本 pɐn$^{35}$（一）本（书）

课 k$^{h}$ou$^{55}$（一）篇（课文）

股 ku$^{35}$（一）股（味、烟）

缸 kaŋ$^{21}$（一）缸（水）

瓮 ɛŋ$^{3}$

份 fɐn$^{33}$（一）份（工作）

□ tuo$^{5}$（一）缕（头发）

门 boŋ$^{5}$（一）门（手艺）

辘 lɛɯ$^{5}$（一）轴儿（线）

架 kou$^{55}$ ①（一）台（电视机）；②（一）部（手机）；③（一）列（火车）；④（一）辆（自行车、汽车）

□ pai$^{35}$ ①（一）面（红旗）；②（一）片（叶子）

套 t$^{h}$au$^{55}$（一）套（沙发），（一）套（房子）

担 ta$^{55}$（一）担（行李）

石 ta$^{55}$（一）石（谷子）

句 ky$^{55}$（一）句（话）

匹 p$^{h}$ai$^{5}$（一）匹（马）

□ ʦ$^{h}$ei$^{33}$（一）排（人），用于包括人在内的动物

包 pau$^{3}$（一）包（糖）

节 ʦei$^{5}$（一）段（路）

层 ʦ$^{h}$aŋ$^{53}$（一）层（楼）

阵 ʦ$^{h}$ɐn$^{33}$（一）阵（雨）

□ ʦio$^{55}$（一）场（雨）

盘 poŋ$^{5}$（一）盘（棋）

餐 ʦ$^{h}$oŋ$^{21}$（一）顿（饭）

摊 t$^{h}$oŋ$^{21}$（一）档子（事）

圈 k$^{h}$øy$^{21}$（走一）趟

趟 t$^{h}$aŋ$^{55}$（玩一）回

轮 lɐn$^{53}$（看一）遍

下 hou$^{33}$（打一）下

声 sie$^{21}$（喊一）声

脚 kio$^{5}$ ①（踢一）脚；②（几）步（路）

拳 k$^{h}$øy$^{53}$（打一）拳

成 ʦ$^{h}$aŋ$^{53}$（两）成

亩 bia$^{55}$（一）亩（田）

分 fɐn$^{21}$ ①（一）分（田）；②（一）分（钱）

里 lai$^{55}$（一）里（路）

寸 ʦ$^{h}$ɐn$^{55}$（一）寸（布）

尺 ʦ$^{h}$ie$^{5}$（一）尺（布）

丈 ʦ$^{h}$ioŋ$^{33}$（一）丈（布）

米 bai$^{55}$（一）米（布）

吨 tɐn$^{21}$（一）吨（稻谷）

桶 t$^{h}$ɛŋ$^{35}$（一）斗（米）

□ sie$^{35}$（一）升（米）

斤 kɐn$^{21}$（一）斤（肉）

两 lioŋ$^{35}$（一）两（酒）

钱 ʦ$^{h}$ei$^{53}$（一）钱（黄金）

个 kuo$^{3}$（一）元（钱），一般用于一百元以下，有时也用于一百元以上

银 gɐn$^{5}$（一百）元，只能用于一百元（包括一百元）以上

□ la$^{33}$（一）拃（长）

□ ʦai$^{3}$（一）虎口（长）

□ jɐn$^{53}$（一）庹（长）

堂 taŋ$^{53}$（一）铺（路程）

## 二十八、附加成分

长□□ ʦʰioŋ$^{53}$luo$^{21}$luo$^{21}$（绳子）很长

短□□ toŋ$^{35}$kʰu$^{3}$kʰu$^{3}$（绳子）很短

大□□ tuo$^{33}$loe$^{53}$loe$^{53}$（绳子）很粗

一□嘀 ji$^{5}$ʦi$^{55}$ta$^{3}$（绳子）很细

高□条 kau$^{21}$lio$^{53}$tio$^{53}$（个子）很高

矮牯墩 a$^{35}$ku$^{35}$tɐn$^{35}$（个子）很矮

矮□□ a$^{35}$ bou$^{33}$ bou$^{33}$ ①（楼房）很低；②（个子）很矮

　矮□□ a$^{35}$tu$^{3}$tu$^{3}$

阔□□ kʰuo$^{5}$laŋ$^{33}$taŋ$^{33}$（路）很宽

窄□□ ʦa$^{5}$kʰei$^{3}$kʰei$^{3}$（路）很窄

厚□珠 hia$^{55}$ly$^{21}$ʦy$^{21}$（书）很厚

薄□□ pou$^{3}$jei$^{5}$jei$^{5}$（书）很薄

重□□ ʦʰɛŋ$^{33}$tou$^{33}$tou$^{33}$（担子）很重

笔直 pai$^{5}$ʦʰai$^{3}$

□□□ kʰai$^{5}$lɛŋ$^{21}$kɛŋ$^{21}$（路）很弯

空荡荡 hɛŋ$^{21}$taŋ$^{33}$taŋ$^{33}$（屋子）很空

松□珠 sɛŋ$^{21}$ ly$^{21}$ ʦy$^{21}$（绳子绑得）很松

　松□□ sɛŋ$^{21}$lɛŋ$^{21}$kɛŋ$^{21}$

清绿□□ ʦʰie$^{21}$ lɛɯ$^{5}$tɐn$^{33}$ tɐn$^{33}$（水）很深

清□□ ʦʰie$^{21}$kʰu$^{5}$kʰu$^{5}$（水）很清

浊□□ ʦʰou$^{3}$kʰu$^{5}$kʰu$^{5}$（水）很浊

　浊□□ ʦʰou$^{3}$lɛŋ$^{53}$lɛŋ$^{53}$

干巴巴 kuoŋ$^{21}$pa$^{21}$pa$^{21}$（晒得）很干

湿□□ sɿ$^{5}$tia$^{3}$tia$^{3}$（淋得）很湿

疏□□ søy$^{21}$lɛŋ$^{21}$kɛŋ$^{21}$（禾苗）很疏

□□□ kʰøy$^{3}$tai$^{5}$tai$^{5}$（粥）很稠

清□□ ʦʰie$^{21}$lɛŋ$^{21}$kɛŋ$^{21}$（粥）很稀

腻□□ loe$^{33}$ʦai$^{5}$ʦai$^{5}$（菜）很腻

爽脆 saŋ$^{35}$ʦʰoe$^{55}$（饼干）很脆

绷硬 pie$^{21}$gie$^{33}$（木头）很硬

软□□ gøy$^{55}$sou$^{5}$sou$^{5}$（柿子）很软

崭新 ʦa$^{35}$sɐn$^{21}$（衣服）很新

残旧 ʦʰa$^{53}$kʰiu$^{33}$（衣服）很旧

骨水潺潺 kuo$^{5}$sy$^{35}$ ʦʰa$^{53}$ ʦʰa$^{53}$（菜）很老

皓光光 hau$^{33}$ kuaŋ$^{21}$ kuaŋ$^{21}$（房间）很亮

暗摸摸 a$^{55}$bou$^{21}$bou$^{21}$（房间）很暗

红通通 hɛŋ$^{53}$tʰɛŋ$^{21}$tʰɛŋ$^{21}$ 很红

□蓝 gɛŋ$^{21}$la$^{53}$ 很蓝

绿油油 lɛɯ$^{3}$jiu$^{53}$jiu$^{53}$ 很绿

雪白 søy$^{5}$pie$^{3}$ 很白

　白雪雪 pie$^{3}$søy$^{5}$søy$^{5}$

黄□□ vaŋ$^{53}$tɛŋ$^{53}$tɛŋ$^{53}$ 很黄

　□黄 gɛŋ$^{21}$vaŋ$^{53}$

饱噎噎 pau$^{35}$jei$^{5}$jei$^{5}$ 很饱

　饱□□ pau$^{35}$tai$^{5}$tai$^{5}$

咸□□ ha$^{53}$ʦai$^{21}$ʦai$^{21}$（菜）很咸

淡□□ tʰa$^{55}$ pei$^{5}$pei$^{5}$ ①（菜）很淡；②（茶）很淡；③（酒）很淡

喷喷香 pʰɐn$^{55}$ pʰɐn$^{55}$ hioŋ$^{21}$（花儿）很香

臭□□ ʦʰiu$^{55}$ pʰɛŋ$^{21}$ pʰɛŋ$^{21}$（鸡屎）很臭

酸□□ soŋ$^{21}$lɛŋ$^{21}$kɛŋ$^{21}$（橘子）很酸

甜□□ ta$^{53}$gie$^{21}$gie$^{21}$（糖）很甜

苦□□ fu$^{35}$lɛŋ$^{21}$kɛŋ$^{21}$（药）很苦

辣□□ luo$^{3}$lɛŋ$^{21}$kɛŋ$^{21}$（辣椒）很辣

□□□ kei$^{5}$lɛŋ$^{21}$kɛŋ$^{21}$（柿子）很涩

腥□□ sie$^{21}$ɡi$^{21}$ɡi$^{21}$（鱼）很腥

臊□□ sau$^{21}$p$^{h}$ɛŋ$^{21}$p$^{h}$ɛŋ$^{21}$（尿）很臊

紧实实 kɐn$^{35}$sɿ$^{3}$sɿ$^{3}$（鞋子）很紧

冻冰冰 tɛŋ$^{55}$paŋ$^{21}$paŋ$^{21}$（凳子）很冰

逼息 pai$^{5}$sai$^{5}$（屋里）很闷

肥□□ fai$^{53}$tu$^{5}$tu$^{5}$（动物、人）很肥

瘦□□ sia$^{55}$ kua$^{35}$ la$^{53}$（动物、人）很瘦

织织密密 ʦai$^{5}$ʦai$^{5}$bai$^{3}$bai$^{3}$（禾苗）很密

融融烂烂 jɛŋ$^{53}$jɛŋ$^{53}$loŋ$^{33}$loŋ$^{33}$（肉煮得）很烂

了 la$^{21}$ 助词，表示动作的完成或已然

紧 kɐn$^{35}$ 助词，表示动作正在进行

倒 tau$^{35}$ ①助词，表示状态的持续；②助词，连接中心语和结果补语

过 ku$^{55}$ ①助词，表示动作的经历；②助词，表示动作的重行

得 tai$^{5}$ 助词，连接中心语和补语

箇 ka$^{55}$ 助词，连接修饰语和中心语

哩 lai$^{3}$ 名词后缀，如“黑板哩”

嘀 ta$^{3}$/ta$^{55}$ 名词后缀，多表小称，如“息嘀（重孙）”

仔 ʦuo$^{3}$ 名词后缀，表小称，如“牛仔（牛犊）”

子 ʦɿ$^{3}$/ʦɿ$^{35}$ 名词后缀，有时也可表小称，如“包子”

头 tia$^{53}$ 名词后缀，如“岭头”

阿 a$^{21}$ 亲属称谓前缀，如“阿爷（伯父）”

□ sɿ$^{5}$ 形容词后缀，表示程度有所减弱或适中，如“肥肥□sɿ$^{5}$”

## 二十九、数字等

数目 su$^{3}$bɛɯ$^{5}$

大佬 tuo$^{33}$lau$^{35}$ 老大

二佬 ɡi$^{33}$lau$^{35}$ 老二

小佬 sio$^{35}$lau$^{35}$ 老幺

尾仔 bai$^{3}$ʦuo$^{3}$

初一 ʦ$^{h}$ou$^{21}$ji$^{5}$

初十 ʦ$^{h}$ou$^{21}$sɿ$^{3}$

十五 sɿ$^{3}$m$^{55}$

一 ji$^{5}$ 一（斤）

第一 tai$^{33}$ji$^{5}$

两 lioŋ$^{55}$ 二（斤）

第二 tai$^{33}$ɡi$^{33}$

初一 ʦ$^{h}$ou$^{21}$ji$^{5}$

初十 ʦ$^{h}$ou$^{21}$sɿ$^{3}$

六 lɛɯ$^{3}$

七 ʦ$^{h}$ai$^{5}$

八 pa$^{5}$

九 kiu$^{35}$

十 sɿ$^{3}$

十一 sɿ$^{3}$ji$^{5}$

十二 sɿ$^{3}$ɡi$^{33}$

十五 sɿ$^{3}$m$^{55}$

十九 sɿ$^{3}$kiu$^{35}$

二十 ɡi$^{33}$sɿ$^{3}$

五十五 m$^{55}$sɿ$^{3}$m$^{55}$

六十 lɛɯ$^{3}$sɿ$^{3}$

九十 kiu$^{35}$sɿ$^{3}$

一百　ji$^{5}$pie$^{5}$

一百零一　ji$^{5}$pie$^{5}$lie$^{53}$ji$^{5}$

一百一　ji$^{5}$pie$^{5}$ji$^{5}$　一百一十

一百一十一　ji$^{5}$pie$^{5}$ji$^{5}$sɿ$^{3}$ji$^{5}$

两百五　lioŋ$^{55}$pie$^{5}$m$^{55}$ 二百五十

千　ʦ$^{h}$ei$^{21}$

万　boŋ$^{33}$

一千　ji$^{5}$ʦ$^{h}$ei$^{21}$

一万一　ji$^{5}$boŋ$^{33}$ji$^{5}$　一万一千

一万零一　ji$^{5}$boŋ$^{33}$lie$^{53}$ji$^{5}$　一万零一百

一仔　ji$^{5}$ʦai$^{3}$　一点儿

一半　ji$^{5}$poŋ$^{55}$

一半过　ji$^{5}$poŋ$^{55}$ku$^{55}$ 一大半儿

大半　tuo$^{33}$poŋ$^{55}$

个把两个　kuo$^{55}$pou$^{35}$lioŋ$^{55}$kuo$^{55}$

三四个　sa$^{21}$sɿ$^{55}$kuo$^{55}$

好几个　hau$^{35}$ki$^{35}$kuo$^{55}$

十零个　sɿ$^{3}$lie$^{5}$kuo$^{55}$ 十多个

百把来个　pie$^{5}$pou$^{35}$luo$^{53}$kuo$^{55}$

百零个　pie$^{5}$lie$^{5}$kuo$^{55}$ 一百多个

左右　ʦou$^{35}$jiu$^{33}$

万把元　boŋ$^{33}$pou$^{35}$jøy$^{53}$ 万把块钱

里把路　lai$^{55}$pou$^{35}$lu$^{5}$

天干　t$^{h}$ci$^{21}$kuoŋ$^{21}$

甲　ka$^{3}$

乙　jøy$^{3}$

丙　paŋ$^{35}$

丁　taŋ$^{21}$

戊　bia$^{33}$

己　ki$^{35}$

庚　kic$^{21}$

辛　sɐn$^{21}$

壬　gɐn$^{53}$

癸　kuai$^{55}$

地支　tai$^{33}$ʦɿ$^{21}$

子　ʦɿ$^{35}$

丑　ʦ$^{h}$iu$^{35}$

寅　gɐn$^{53}$

卯　bau$^{3}$

辰　sɐn$^{53}$

巳　ki$^{3}$

午　m$^{3}$

未　bai$^{3}$

申　sɐn$^{21}$

酉　jiu$^{55}$

戌　søy$^{3}$

亥　huo$^{33}$

属相　sɛɯ$^{5}$sioŋ$^{55}$

属鼠　sɛɯ$^{5}$sy$^{35}$

属牛　sɛɯ$^{5}$giu$^{53}$

属虎　sɛɯ$^{5}$fu$^{35}$

属兔　sɛɯ$^{5}$t$^{h}$u$^{55}$

属龙　sɛɯ$^{5}$lɛŋ$^{53}$

属蛇　sɛɯ$^{5}$sie$^{53}$

属马　sɛɯ$^{5}$bou$^{55}$

属羊　sɛɯ$^{5}$jioŋ$^{5}$

属猴　sɛɯ$^{5}$hia$^{5}$

属鸡　sɛɯ$^{5}$kei$^{21}$

属狗　sɛɯ$^{5}$kia$^{35}$

属猪　sɛɯ$^{5}$toc$^{21}$

**三十、其他**

圈圈转 k$^{h}$øy$^{21}$k$^{h}$øy$^{21}$ʦøy$^{35}$ 团团转

气喘喘 hi$^{55}$ʦ$^{h}$øy$^{35}$ʦ$^{h}$øy$^{35}$ 气冲冲

口口声声 k$^{h}$ia$^{35}$k$^{h}$ia$^{35}$sie$^{21}$sie$^{21}$

来来往往 luo$^{53}$ luo$^{53}$ vaŋ$^{55}$ vaŋ$^{55}$ 来来去去

老老实实 lau$^{55}$lau$^{55}$sɿ$^{3}$sɿ$^{3}$

原原本本 gøy$^{53}$gøy$^{53}$pɐn$^{35}$pɐn$^{35}$

三心两意 sa$^{21}$sɐn$^{21}$lioŋ$^{55}$ji$^{55}$ 三心二意

五花八门 m$^{55}$fou$^{21}$pa$^{5}$boŋ$^{5}$

一五一十 ji$^{5}$m$^{55}$ji$^{5}$sɿ$^{3}$

不三不四 pu$^{55}$sa$^{21}$pu$^{55}$sɿ$^{55}$

乱七八糟 loŋ$^{55}$ʦ$^{h}$ai$^{5}$pa$^{5}$ʦau$^{21}$

凑七凑八 ʦ$^{h}$ia$^{33}$ʦ$^{h}$ai$^{5}$ʦ$^{h}$ia$^{33}$pa$^{5}$ 杂七杂八

一清二楚 ji$^{5}$ʦ$^{h}$aŋ$^{21}$gi$^{33}$ʦ$^{h}$ou$^{35}$

一刀两断 ji$^{5}$tau$^{21}$lioŋ$^{55}$t$^{h}$oŋ$^{55}$

三番五复 sa$^{21}$foŋ$^{21}$m$^{21}$fɛɯ$^{5}$ 三番五次

三年五载 sa$^{21}$lei$^{53}$m$^{55}$ʦuo$^{55}$

三长两短 sa$^{21}$ʦ$^{h}$ioŋ$^{53}$lioŋ$^{55}$toŋ$^{35}$

四通八达 sɿ$^{55}$t$^{h}$ɛŋ$^{21}$pa$^{5}$ta$^{3}$

四面八方 sɿ$^{55}$bei$^{33}$pa$^{5}$faŋ$^{21}$

五湖四海 m$^{55}$fu$^{53}$sɿ$^{55}$huo$^{35}$

五花八门 m$^{55}$fou$^{21}$pa$^{5}$moŋ$^{5}$

七上八下 ʦ$^{h}$ai$^{5}$soŋ$^{33}$pa$^{5}$hou$^{33}$

七手八脚 ʦ$^{h}$ai$^{5}$siu$^{35}$pa$^{5}$kio$^{5}$

七口八舌 ʦ$^{h}$ai$^{5}$k$^{h}$ia$^{35}$pa$^{5}$sei$^{5}$ 七嘴八舌

千辛万苦 ʦ$^{h}$ei$^{21}$sɐn$^{21}$boŋ$^{33}$k$^{h}$u$^{35}$

# 第四章　犁市土话语法[①]

## 第一节　犁市土话的构词法和构形法

### 一、词缀

犁市土话常见的词缀有主要用于事物的“哩”、“嘀”、“头”、“仔”和“子”，主要用于动物的“牯”和“公”，主要用于人的“佬”、“鬼”、“阿”以及既可用于人也可用于动物的“婆”。上述词缀除“阿”是前缀以外，其余的都是后缀。下面分别介绍。

#### （一）哩

犁市土话中的“哩”读音为 $lai^3$，在构词的同时，还可表示方位，主要用法如下：

（1）表示“……上”。如：桌哩（桌子上）、黑板哩（黑板上）、岭哩（山上）、树哩（树上）、面哩（脸上）、壁哩（墙上）、路头哩（路上）、身哩（身上）、天哩（天上）、石头哩（岩石上）、楼哩（楼上）、门哩（门上）、床窦哩（床上）、车哩（车上）、边哩（边儿上）。有些词中的“哩”虽然可以对译为普通话的“上”，但并不真正表方位。如：街哩/巷哩（街上）、墟哩（集市上）、朝哩（早上）。

（2）表示“……里”。如：屋哩（屋子里、家里）、井哩（井里）、城哩（城里）、村哩（村里）、大水哩（河里）、书包哩（书包里）、乡哩（乡里）、柜哩（柜子里）、袋哩（袋子里）、镬头哩（锅里）、茅林哩（茅草里）、手哩（手里）、心哩（心里）、地哩（地里）。

（3）表示“……下”。如：树哩（树下）、地哩（楼下）。

不过，也有少数“哩”只用来构词，不表示方位。如：水边哩（河边）、春

---

① 本章语法例句主要来自詹伯慧主编《汉语方言及方言调查》（湖北教育出版社，2001）、“岭南濒危方言研究”和“岭南方言资源监测及资源库”项目材料，少数例句是根据实际情况补充的。

头哩（上半年）、正月哩（正月）。

**（二）嘀**

犁市土话中的“嘀”有两个读音：ta³ 和 ta⁵⁵。

（1）嘀 ta³。“嘀”读 ta³ 时，主要用于以下几个方面：

第一，用于人。如：妹嘀（女孩儿）、养妹嘀（童养媳）、大姨嘀（大姨子）、阿姨嘀（小姨子）、崽嘀（儿子）、孙嘀（孙子）、息嘀（重孙）、细嘀（小孩儿）。

第二，用于动物。如：蚊嘀（蚊子）、蜜嘀（蜜蜂）、蜂嘀（工蜂）、蛤嘀（小青蛙）。

第三，用于植物。如：麻嘀（芝麻）、桐嘀（桐油树的果实）、李嘀（李子）、栗嘀（栗子）、梨嘀（梨子）、生□pʰai⁵⁵嘀（鱼腥草）。

第四，用于其他无生命的事物。如：绞嘀（连枷）、麻嘀（麻疹）、觫嘀（捞鱼工具，叉形，有长柄）、勺嘀（饭勺）、梳嘀（梳子）、扣嘀（纽扣）、被嘀（布巾）、辘嘀（轮子）、背嘀（后面）。

（2）嘀 ta⁵⁵。“嘀”读 ta⁵⁵时，出现频率较低，我们把调查到的词语全部罗列如下：老公嘀（老头儿）、老婆嘀（老太太）、夫娘嘀（女人）、□lu⁵³条嘀（小伙子）、妹条嘀（姑娘）、侄嘀（侄子）、茅门嘀（稻草人）、腰嘀（肾）、猴嘀（猴子）。

**（三）头**

犁市土话中的“头”一般用来构词，普通话不带词缀或带“子”“儿”词缀的，犁市土话常常在其后加“头”。如：热头（太阳）、岭头（山）、滩头（滩地）、陂头（坝）、铵水头（碳铵）、锄头（锄）、□paŋ²¹头（镢头）、木笼头（钩扁担）、铁耙头（连枷）、蔃头（蔃）、硬板头（土茯苓）、柱头（柱）、码头（台阶儿）、锁头（锁）、皓穿头（窗台）、灶头（灶）、镬头（锅）、钵头（钵子）、结头（结儿）、鼻头（鼻子）、肩头（肩膀）、蹄筋头（蹄筋）、坟头（坟墓）、铺头（商店）、路头（路）、外头（外面）、角落头（角落）、面头（表面）。

“头”有时也用于动物。如：猪牯头（用于交配的公猪）、鸭公头（公鸭）、蜜蜂头（马蜂）。

**（四）仔**

“仔”读音为 tsuo³，在构词的同时还可表小称，主要用于以下几个方面：

（1）用于动物。如：牛仔（牛犊）、羊仔（羊羔）、狗仔（乳狗）、猪仔（猪崽）、鸡仔（小鸡儿）、鸭仔（小鸭子）、花仔蛇（菜花蛇）、燕仔（燕子）。

（2）用于植物。如：芋头仔（小芋头娘）、□$ts^hio\eta^{53}$仔（丝瓜）、柑仔（柑）、柑橘仔（金橘）。

（3）用于人，且一般用于小孩和年轻人。如：孩毛仔（婴儿）、败家仔/花家仔（败家子）、阿叔仔（叔父）、阿舅仔（小舅子）、跛脚仔（瘸子）、驼背仔（罗锅儿）、哑仔（哑巴）、啰舌仔（结巴）、盲仔（瞎子）、癫仔（疯子）、废仔（傻子）、跛手仔（拽子）、光头仔（秃子）、麻仔（麻子）、矮仔（矮子）、巴指仔（六指儿）。

（4）用于无生命的事物。如：微水仔（小雨）、钉仔（钉子）、萝卜仔（冻疮）、绸仔（绸子）、烟仔（烟卷儿）、鸡公车仔（鸡公车）、刀仔（小刀儿）、古仔（故事）。

除了作构词词缀以外，梨市土话中的“仔”还可以表示“一点儿”，不过，这时其读音与表小称时的读音不同，而且还有两个读音，一个读$tsai^3$，一个读$tsai^5$。读$tsai^3$的如：一仔（一点儿）、有仔（有点儿）、快仔（快点儿）；读$tsai^5$的如：争仔（差点儿）、小声仔（小声点儿）、早仔（早点儿）、小心仔（小心点儿）。

### （五）子

“子”有两个读音，一个读变调$ts\eta^3$，一个读本调$ts\eta^{35}$。

读变调$ts\eta^3$时表小称。如：椰子菜（洋白菜）、砂子（铁砂）、算盘子（喉结）、卵子（睾丸）、铝子/毫子（银元）、捉子（抓子儿，一种游戏）、玻子（弹球儿）、色子、棋子。

读本调$ts\eta^{35}$时一般只用来构词，不表小称。如：影子、日子、□$pie^{35}$□$l\varepsilon\eta^{33}$子（蜻蜓）、筷子、骗子、贩子（小贩）、法子（办法）、包子、饺子、空子、戏子（演员）。

从“子”上述两个读音出现的环境来看，“子$ts\eta^3$”一般用于生活中常见的或较早产生的事物，而“子$ts\eta^{35}$”一般用于不太常见或较晚产生的事物。

### （六）“牯”和“公”

“牯”和“公”的用法基本相同，主要有以下几种：

（1）用于动物，一般表示雄性。用“牯”的如：牛牯（大公牛）、羊牯（公羊）、狗牯（公狗）、猫咪牯（公猫）、猪牯（公猪）、老虎牯（公老虎）；用“公”的如：牛公（小公牛）、鸡公（公鸡）、鸭公头（公鸭）。

不过，有时也只用来构词，并不表示雄性。用“牯”的如：白断牯（银环蛇）；用“公”的如：蚁公（蚂蚁）、蠔公（蚯蚓）、混屎公（蜣螂）、虾公（虾）。

（2）用于成年男性，多带有贬义的色彩。用“牯”的如：麻牯（男性麻子）、肥牯（男性胖子）、地理牯（风水先生）；用“公”的如：老鬼公（老头子）、寡公（单身汉/鳏夫）、嫖色公（男妓）、野佬公（情夫）、左跛公（左撇子）。不过“公”有时也只表示男性，并不带有贬义色彩。如：媒人公（男媒人）、艄公（船夫）。

（3）用于无生命的事物。用“牯”的如：轮牯（车轮）、铁牛牯（钌铞儿）、石牯（石头）、毛牯（寒毛）；用“公”的如：雷公（雷）、犁公（犁辕）、磨公（磨扇的上扇）。

“牯”和“公”有时也用于植物和人体部位，如：芋头公（较大的芋头娘）、拳牯（拳头）、膝头牯（膝盖）、手指公（大拇指）。

**（七）“佬”和“鬼”**

“佬”和“鬼”都用于成年男性，且多带有贬义的色彩。

用“佬”的如：城市佬（城里人）、农村佬（乡下人）、番鬼佬（外国人）、野佬公/野佬婆（情夫/情妇）、讨食佬（乞丐）、贼佬（贼）、长工佬（长工）、耕田佬（种田人）、生意佬（生意人）、船佬（船夫）、东道佬（房东）、木工佬（木工）、泥水佬（泥水匠）、打铁佬（铁匠）、剃头佬（理发员）、劏猪佬（屠夫）、师爷佬（道士）、八音佬（红白大事时请来奏乐的人）、土公佬（抬棺人）、睇相佬（看相的人）、伙计佬（伙计）、问香佬（神汉）、跛脚佬（瘸子）、驼背佬（罗锅儿）、光头佬（秃子）、巴指佬（六指儿）。“佬”有时不带有贬义色彩。如：男子佬（男人）、高佬（高个儿）。

用“鬼”的如：靠食鬼（好吃鬼）、酒鬼、色鬼、赌钱鬼（赌棍）、瘦鬼（瘦子）、哑鬼（哑巴）、啰舌鬼（结巴）、盲鬼（瞎子）、癫鬼（疯子）、废鬼（傻子）、跛手鬼（拽子）、大炮鬼（大话佬）。相对于“佬”来说，“鬼”的贬义色彩更为突出。

**（八）阿**

犁市土话中的“阿”作词缀时，一般用于亲属称谓。主要有：阿白（曾祖母）、阿公（祖父）、阿奶（祖母）、阿爸/阿叔（父亲面称）、阿媄（母亲面称）、阿爷（伯父）、阿娘（伯母）、阿叔仔（叔父）、阿婶（叔母）、阿姑（姑姑）、阿舅仔（小舅子）、阿姨嘀（小姨子）、阿哥（哥哥）、阿弟（弟弟）、阿姊（姐姐)、阿妹（妹妹）。

### （九）婆

“婆”的用法主要有以下几种：

（1）用于动物，一般表示雌性。如：牛婆（大母牛）、羊婆（母羊）、狗婆（母狗）、猫咪婆（母猫）、猪婆（母猪）、鸡婆（母鸡）、鸭婆（母鸭）、老虎婆（母老虎）。

不过，有时也只用来构词，并不表示雌性。如：虱婆（虱子）、蛤婆（大青蛙）、□kia$^{21}$蜍婆（蟾蜍）。

（2）用于成年女性。如：老鬼婆（老太婆）、老姑婆（老姑娘）、翻头婆（填房）、寡婆（寡妇）、□hau$^{55}$婆（婊子）、老举婆（妓女）、接生婆、和尚婆（尼姑）、问神婆、姑婆（姑奶奶）、姨婆（姨奶奶）、亲家婆（亲家母）、媒人婆（女媒人）、□pʰa$^{55}$肚婆（孕妇）、奓婆（外婆）、丈人婆（岳母）。

（3）用于无生命的事物。如：砖婆（砖坯）、犁婆（犁建）、磨婆（磨扇的下扇）、勺婆（瓢）。

## 二、形容词的生动形式

犁市土话形容词的生动形式有重叠、前加式和后加式三种。

### （一）重叠

单音节形容词重叠后，一般要在后面加上“□sɿ$^{5}$”，表示程度有所减弱或适中。重叠的形容词要发生变调，变调规律是：前一个音节读本调，后一个音节一般读小称变调3。如：肥肥□fai$^{53}$fai$^{3}$sɿ$^{5}$、圆圆□jøy$^{53}$jøy$^{3}$sɿ$^{5}$、扁扁□pa$^{35}$pa$^{3}$sɿ$^{5}$、长长□ʦʰioŋ$^{53}$ʦʰioŋ$^{3}$sɿ$^{5}$、短短□toŋ$^{35}$toŋ$^{3}$sɿ$^{5}$、人人□tuo$^{33}$tuo$^{3}$sɿ$^{5}$、细细□soe$^{55}$soe$^{3}$sɿ$^{5}$、高高□kau$^{21}$kau$^{3}$sɿ$^{5}$、矮矮□a$^{35}$a$^{3}$sɿ$^{5}$、偷偷□tʰia$^{21}$tʰia$^{3}$sɿ$^{5}$、好好□hau$^{35}$hau$^{3}$sɿ$^{5}$、白白□pie$^{3}$pie$^{3}$sɿ$^{5}$、淡淡□tʰa$^{33}$tʰa$^{3}$sɿ$^{5}$、咸咸□ha$^{53}$ha$^{3}$sɿ$^{5}$、黑黑□hai$^{5}$hai$^{3}$sɿ$^{5}$、红红□hɛŋ$^{53}$hɛŋ$^{3}$sɿ$^{5}$、轻轻□kʰie$^{21}$kʰie$^{3}$sɿ$^{5}$、重重□ʦʰɛŋ$^{55}$ʦʰɛŋ$^{3}$sɿ$^{5}$、阔阔□kʰuo$^{5}$kʰuo$^{3}$sɿ$^{5}$、窄窄□ʦa$^{5}$ʦa$^{3}$sɿ$^{5}$。不过，有个别的形容词重叠后后一个音节读小称变调5，即：慢慢□boŋ$^{33}$boŋ$^{5}$sɿ$^{5}$。

形容词重叠后作定语时，后面要带结构助词“箇”。如：大大□sɿ$^{5}$箇苹果、窄窄□sɿ$^{5}$箇房间。作状语时后面可带“箇”，也可不带“箇”。如：偷偷□sɿ$^{5}$（箇）食、好好□sɿ$^{5}$（箇）睇。

双音节形容词重叠后一般表示程度加深，后面不加“□sɿ$^{5}$”。如：织织密密（禾苗很密）、融融烂烂（肉煮得很烂）。

### （二）前加式

犁市土话形容词表示程度较深时，可以在前面加上其他的语素。如：崭新（衣服很新）、残旧（衣服很旧）、绷硬（木头很硬）、□gɛŋ$^{21}$蓝（很蓝）、喷喷香（很香）。

### （三）后加式

犁市土话形容词表示程度较深时，还可以在后面加上其他的语素。后加的语素多数是重叠式。如：长□luo$^{21}$□luo$^{21}$（绳子很长）、大□loe$^{53}$□loe$^{53}$（绳子很粗）、矮□bou$^{33}$□bou$^{33}$（楼房很低）、窄□k$^{h}$ei$^{3}$□k$^{h}$ei$^{3}$（路很窄）、清□k$^{h}$u$^{5}$□k$^{h}$u$^{5}$（水很清）、浊□lɛŋ$^{53}$□lɛŋ$^{53}$（水很浊）、饱□tai$^{5}$□tai$^{5}$/噎噎（吃得很饱）、白雪雪（很白）、腻□tsai$^{5}$□tsai$^{5}$（菜很腻）、骨水潺潺（菜很老）、皓光光（房间很亮）、暗摸摸（房间很暗）、红通通、黄□tɛŋ$^{53}$□tɛŋ$^{53}$（很黄）、软□sou$^{5}$□sou$^{5}$（柿子很软）、淡□pei$^{5}$□pei$^{5}$（菜很淡）、臭□p$^{h}$ɛŋ$^{21}$□p$^{h}$ɛŋ$^{21}$（鸡屎很臭）、腥□gi$^{21}$□gi$^{21}$（鱼很腥）、甜□gie$^{21}$□gie$^{21}$（糖很甜）、紧实实（鞋子很紧）、冻冰冰（凳子很冰）、肥□tu$^{5}$□tu$^{5}$（动物、人等很肥）、咸□tsai$^{21}$□tsai$^{21}$（菜很咸）、干巴巴、清绿□tɐn$^{33}$□tɐn$^{33}$（水很深）、湿□tia$^{3}$□tia$^{3}$（淋得很湿）。

后加语素除了重叠式以外，也有少数非重叠的双音节。如：厚□ly$^{21}$珠（很厚的书）、瘦□kua$^{35}$□la$^{53}$（动物、人等很瘦）、矮牯墩（人很矮）。在非重叠的双音节中，"□lɛŋ$^{21}$□kɛŋ$^{21}$"出现频率比较高。如：疏□lɛŋ$^{21}$□kɛŋ$^{21}$（禾苗很疏）、清□lɛŋ$^{21}$□kɛŋ$^{21}$（粥很稀）、酸□lɛŋ$^{21}$□kɛŋ$^{21}$（橘子很酸）、苦□lɛŋ$^{21}$□kɛŋ$^{21}$（药很苦）、辣□lɛŋ$^{21}$□kɛŋ$^{21}$（辣椒很辣）、□kei$^{5}$□lɛŋ$^{21}$□kɛŋ$^{21}$（柿子很涩）。

## 第二节　犁市土话的虚词和动词的体貌

### 一、代词

#### （一）人称代词

犁市土话的人称代词单数形式分别是"你、我、渠"，三者声调均为阴去，复数形式是在单数形式后加"□tu$^{5}$"。如：

1）我去过了一趟北京我去过一次北京。

guo$^{55}$høy$^{53}$ku$^{55}$la$^{21}$ji$^{5}$tʰaŋ$^{55}$pai$^{5}$kaŋ$^{21}$.

2）渠慢回参过了军他以前当过兵。

ki$^{55}$boŋ$^{33}$fai$^{53}$ʦʰa$^{21}$ku$^{55}$la$^{21}$kuɐn$^{21}$.

3）渠买了一条鲤鱼，三斤重他买了一条三斤重的鲤鱼。

ki$^{55}$ba$^{55}$la$^{21}$ji$^{5}$tio$^{53}$lai$^{55}$gy$^{5}$，sa$^{21}$kɐn$^{21}$ʦʰɛŋ$^{55}$.

4）渠□爱在□角住几日他们会在那里住几天？

ki$^{55}$tu$^{5}$uo$^{55}$ʦʰuo$^{55}$haŋ$^{55}$kou$^{3}$toe$^{33}$ki$^{35}$gi$^{3}$?

5）你□两个佬行路行一下停一下你俩走路走一下停一下。

lai$^{55}$tu$^{5}$lioŋ$^{55}$kuo$^{55}$lau$^{35}$hie$^{53}$lu$^{5}$hie$^{53}$ji$^{5}$hou$^{33}$taŋ$^{53}$ji$^{5}$hou$^{33}$.

6）我□三个人渠年纪至大我们三个人里他年纪最大。

guo$^{55}$tu$^{5}$sa$^{21}$kuo$^{55}$gɐn$^{53}$ki$^{55}$lei$^{53}$ki$^{35}$ʦɿ$^{55}$tuo$^{33}$.

7）你□简直係打抢你们简直是抢。

lai$^{55}$tu$^{5}$ka$^{35}$ʦʰai$^{3}$hia$^{33}$tou$^{35}$ʦʰioŋ$^{35}$.

在第一人称复数形式中，犁市土话区分包括式和排除式，包括式用“我□tu$^{5}$”，排除式用“阿□tu$^{5}$”。如：

8）我□一日食两餐我们一天吃两顿。

guo$^{55}$tu$^{5}$ji$^{5}$gi$^{3}$sei$^{3}$lioŋ$^{55}$ʦʰoŋ$^{21}$.

9）阿□两个人先食咱俩先吃了。

a$^{21}$tu$^{5}$lioŋ$^{55}$kuo$^{55}$gɐn$^{5}$sei$^{21}$sei$^{3}$.

此外，当第一人称代词单数后紧跟词缀“阿”时，人称代词均变读为阳平，而“阿”或脱落，或与前面的代词合音。具体来说，“我”与“阿”同现时，“阿”脱落；“你”与“阿”同现时，“你”的韵尾 i 脱落，“阿”也脱落；“渠”与“阿”同现时，“渠”与“阿”合音为 ia。如：

10）我阿弟讲你旧年借了渠一百银冇还我弟弟说你去年借了他 100 块钱没有还。

guo$^{53}$tʰei$^{55}$kaŋ$^{35}$lai$^{55}$kʰiu$^{33}$lei$^{53}$ʦie$^{55}$la$^{21}$ki$^{55}$ji$^{5}$pie$^{5}$gɐn$^{5}$bau$^{55}$vaŋ$^{53}$.

11）渠摎/凑渠阿妹平紧□高他跟他妹妹一样高。

ki$^{55}$lau$^{21}$/ʦʰia$^{55}$kia$^{53}$boe$^{35}$pie$^{53}$kɐn$^{35}$kɐn$^{3}$kau$^{21}$.

12）你阿妹比你较像你阿姆你妹妹比你更像你妈妈。

la$^{53}$boe$^{35}$pai$^{35}$lai$^{55}$kau$^{55}$ʦʰioŋ$^{33}$la$^{53}$bei$^{55}$.

犁市土话的人称代词还有“别人”、“大齐家/大众”、“自己”等。如：

13）□个人做事摎/凑别人唔同这个人做事和别人不一样。

ki$^{55}$kuo$^{55}$gɐn$^{53}$ʦu$^{3}$sɿ$^{33}$lau$^{21}$/ʦʰia$^{55}$pei$^{3}$gɐn$^{53}$m$^{21}$tɛŋ$^{53}$.

14）大齐家/大众箇事爱我个人做大家的事要我一个人做。

tuo$^{33}$ʦʰai$^{53}$kou$^{21}$/tuo$^{33}$ʦɛŋ$^{55}$ka$^{55}$sɿ$^{33}$uo$^{55}$guo$^{55}$kuo$^{55}$gɐn$^{53}$ʦu$^{3}$.

15）我□唔靠别人，靠自己我们不靠别人，靠自己。

guo$^{55}$ tu$^{5}$ m$^{21}$ k$^{h}$au$^{55}$ pei$^{3}$ ɡɐn$^{53}$，k$^{h}$au$^{55}$ sɿ$^{21}$ ki$^{3}$.

## （二）指示代词

犁市土话指代人、事物、时间和处所的代词的基本形式有三种：□ki$^{55}$、□haŋ$^{55}$、□tai$^{3}$。如果有两个事物要指代时，“□ki$^{55}$”表近指，“□haŋ$^{55}$”表远指。如果有三个不同距离的事物要指代时，则“□ki$^{55}$”表近指，“□haŋ$^{55}$”表中指，“□tai$^{3}$”表远指。如：

16）□把蔗比□把爱重几多斤这捆甘蔗比那捆要重多少斤？

ki$^{55}$ pou$^{35}$ ʦie$^{3}$ pai$^{35}$ haŋ$^{55}$ pou$^{35}$ uo$^{55}$ ʦ$^{h}$ɛŋ$^{55}$ ki$^{35}$ tou$^{21}$ kɐn$^{21}$？

17）□样拿□个钵头装，□样拿□个钵头装，□样拿□个钵头装这样拿这个钵头装，那样拿那个钵头装，那样拿那个钵头装。

ki$^{55}$ jioŋ$^{33}$ la$^{35}$ ki$^{55}$ kuo$^{55}$ puo$^{3}$ tia$^{5}$ ʦaŋ$^{21}$，haŋ$^{55}$ jioŋ$^{33}$ la$^{35}$ haŋ$^{55}$ kuo$^{55}$ puo$^{3}$ tia$^{5}$ ʦaŋ$^{21}$，tai$^{3}$ jioŋ$^{33}$ la$^{35}$ tai$^{3}$ kuo$^{55}$ puo$^{3}$ tia$^{5}$ ʦaŋ$^{21}$.

指代人和事物时，如果是单数，一般是在基本形式后加上相应的量词。如：

18）□个桃一仔都唔甜这个桃子一点都不甜。

ki$^{55}$ kuo$^{55}$ tau$^{5}$ ji$^{5}$ ʦai$^{3}$ tu$^{21}$ m$^{21}$ ta$^{53}$.

19）□种酒好饮这种酒好喝！

ki$^{55}$ ʦɛŋ$^{35}$ ʦiu$^{35}$ hau$^{35}$ jɐn$^{35}$！

20）□样野菜可以腌倒来食那种野菜可以腌着吃。

haŋ$^{55}$ jioŋ$^{33}$ jia$^{55}$ ʦ$^{h}$uo$^{55}$ k$^{h}$ou$^{35}$ ji$^{55}$ jei$^{5}$ tau$^{35}$ luo$^{53}$ sei$^{3}$.

21）□种事爱照规定处理这种事要按规定处理。

ki$^{55}$ ʦɛŋ$^{35}$ sɿ$^{33}$ uo$^{55}$ ʦio$^{55}$ k$^{h}$uai$^{21}$ taŋ$^{33}$ ʦ$^{h}$y$^{35}$ lai$^{55}$.

22）□条岭头路又滑又徛那条山路又滑又陡。

haŋ$^{55}$ tio$^{53}$ lie$^{55}$ tia$^{53}$ lu$^{5}$ jiu$^{33}$ va$^{3}$ jiu$^{33}$ k$^{h}$i$^{55}$.

23）你唔好买□宗箇衣裳你别买这样的衣服！

lai$^{55}$ m$^{21}$ hau$^{35}$ ba$^{55}$ ki$^{55}$ ʦɛŋ$^{21}$ ka$^{55}$ ji$^{21}$ soŋ$^{5}$！

如果是复数，则一般在基本形式后加上“□ʦei$^{35}$”。如：

24）我箇□□，你箇□□我的这些，你的那些。

guo$^{55}$ ka$^{55}$ ki$^{55}$ ʦei$^{35}$，lai$^{55}$ ka$^{55}$ haŋ$^{55}$ ʦei$^{35}$.

25）□□梨嘀我 3 个，你 5 个这些梨我 3 个，你 5 个。

ki$^{55}$ ʦei$^{35}$ lai$^{3}$ ta$^{3}$ guo$^{55}$ sa$^{21}$ kuo$^{55}$，lai$^{55}$ m$^{55}$ kuo$^{55}$.

指代时间时，一般是在基本形式后面加上相应的时间词语。如：

26）□日我唔得闲，今日我也冇时间，□日得唔得那天我没空，今天我也没时间，这一天行不行？

haŋ$^{55}$ gi$^{5}$ guo$^{55}$ m$^{21}$ tai$^{5}$ ha$^{53}$，kɐn$^{21}$ gi$^{5}$ guo$^{55}$ jia$^{55}$ bau$^{55}$ sɿ$^{53}$ ka$^{21}$，ki$^{55}$ gi$^{5}$ tai$^{5}$ m$^{21}$ tai$^{5}$？

指代处所时，一般是在基本形式后面加上“角”。如：

27）渠有时来□角搞他有时来这里玩。

ki$^{55}$ jiu$^{55}$ sɿ$^{53}$ luo$^{53}$ ki$^{55}$ kou$^{3}$ kau$^{35}$.

28）□角好晒，□角好凉爽这里好晒，那里很凉快。

ki$^{55}$ kou$^{3}$ hau$^{35}$ sa$^{55}$；haŋ$^{55}$ kou$^{3}$ hau$^{35}$ lioŋ$^{53}$ saŋ$^{35}$.

29）哎呀，你也在□角唉，你也在那里！

ai$^{33}$ jia$^{33}$，lai$^{55}$ jia$^{33}$ ʦʰuo$^{55}$ tai$^{3}$ kou$^{3}$！

30）你□唔好在□角嘈，拿渠早仔瞓觉你们不要在这里说话，让他早点休息。

lai$^{55}$ tu$^{5}$ m$^{21}$ hau$^{35}$ ʦʰuo$^{55}$ ki$^{55}$ kou$^{3}$ ʦʰau$^{53}$，la$^{35}$ ki$^{55}$ ʦau$^{35}$ ʦai$^{5}$ foŋ$^{55}$ kau$^{55}$.

梨市土话指代程度、性状的指示代词不论近指还是远指都用“□kɐn$^{3}$”。如：

31）□蔸树有□座屋□高这棵树有那栋房子那么高。

ki$^{55}$ tia$^{21}$ su$^{5}$ jiu$^{55}$ haŋ$^{55}$ ʦʰou$^{33}$ ɛɯ$^{5}$ kɐn$^{3}$ kau$^{21}$.

32）慢回也落过了□大箇水以前也下过这么大的雨。

boŋ$^{33}$ fai$^{53}$ jia$^{33}$ lou$^{3}$ ku$^{55}$ la$^{21}$ kɐn$^{3}$ tuo$^{33}$ ka$^{55}$ sy$^{35}$.

33）渠冇我□高他没有我这么高。

ki$^{55}$ bau$^{55}$ guo$^{55}$ kɐn$^{3}$ kau$^{21}$.

指代方式时，如果有三个比较对象，近指一般用“□kioŋ$^{5}$ 宗”，也可用“□ki$^{55}$宗”，两者可以互换；中指一般用“□haŋ$^{55}$ 宗”；远指一般用“□tai$^{3}$ 宗”。如果只有两个相比较，则用“□haŋ$^{55}$宗”来表示远指。如：

34）□宗做唔对，□宗做也唔对，□宗做正对这样做不对，那样做也不对，那样做才对。

ki$^{55}$ ʦɛŋ$^{21}$ ʦu$^{3}$ m$^{21}$ toe$^{55}$，haŋ$^{55}$ ʦɛŋ$^{21}$ ʦu$^{3}$ jia$^{33}$ m$^{21}$ toe$^{55}$，tai$^{3}$ ʦɛŋ$^{21}$ ʦu$^{3}$ ʦaŋ$^{33}$ toe$^{55}$.

35）□宗算唔得，□宗算正得那样算不对，这样算才对。

haŋ$^{55}$ ʦɛŋ$^{21}$ soŋ$^{55}$ m$^{21}$ tai$^{5}$，ki$^{55}$ ʦɛŋ$^{21}$ soŋ$^{55}$ ʦaŋ$^{33}$ tai$^{5}$.

36）你就照渠讲箇□宗做你就照他说的那样做。

lai$^{55}$ ʦʰiu$^{33}$ ʦio$^{55}$ ki$^{55}$ kaŋ$^{35}$ ka$^{55}$ haŋ$^{55}$ ʦɛŋ$^{21}$ ʦu$^{3}$.

此外，普通话用“这个”、“那个”的地方，梨市土话有的也用指代方式的指示代词。如：

37）你连□宗都唔晓得你连那个都不会。

lai$^{55}$ lei$^{53}$ haŋ$^{55}$ ʦɛŋ$^{21}$ tu$^{21}$ m$^{21}$ hio$^{35}$ tai$^{5}$.

### （三）疑问代词

问人的疑问代词是“什人”。如：

38）什人屙屎屙到路头中间谁拉屎拉在路中间？

sɿ$^{55}$ gɐn$^{53}$ ou$^{21}$ sɿ$^{35}$ ou$^{21}$ tau$^{55}$ lu$^{5}$ tia$^{53}$ ʦɛŋ$^{21}$ ka$^{3}$？

39）什人讲我答应了渠谁说我答应他了？

sɿ$^{55}$ gɐn$^{53}$ kaŋ$^{35}$ guo$^{55}$ ta$^{5}$ jaŋ$^{33}$ la$^{21}$ ki$^{55}$？

问事物、时间、处所、原因和方式的疑问代词的基本形式是“□ba$^{3}$”，然后再根据所问的具体对象加上相应的词语。如：

40）你到底选□个你究竟选哪个？

lai$^{55}$ tau$^{55}$ ta$^{35}$ søy$^{35}$ ba$^{3}$ kuo$^{55}$？

41）村长呢？渠到□角去了村长呢？他到哪里去了？

ʦ$^{h}$ɐn$^{21}$ ʦioŋ$^{35}$ le$^{55}$？ki$^{55}$ tau$^{55}$ ba$^{3}$ kou$^{3}$ høy$^{53}$ la$^{21}$？

42）你□日来你哪天来？

lai$^{55}$ ba$^{3}$ gi$^{5}$ luo$^{53}$？

43）屋哩冇米了，□宗办家里没有米了，怎么办呢？

ɛɯ$^{5}$ lai$^{3}$ bau$^{55}$ buo$^{55}$ la$^{21}$， ba$^{3}$ ʦɛŋ$^{21}$ pa$^{55}$？

44）你中意□张凳你喜欢哪张凳？

lai$^{55}$ ʦɛŋ$^{55}$ ji$^{55}$ ba$^{3}$ ʦioŋ$^{21}$ taŋ$^{3}$？

问数量的疑问代词一般用“几”。如：

45）□江大水有几深这条河有多深？

ki$^{55}$ kaŋ$^{21}$ tuo$^{33}$ sy$^{35}$ jiu$^{55}$ ki$^{35}$ sɐn$^{21}$？

46）渠箇细嘀有几大了他的孩子多大了？

ki$^{55}$ ka$^{55}$ sei$^{55}$ ta$^{3}$ jiu$^{55}$ ki$^{35}$ tuo$^{33}$ la$^{21}$？

47）□个鸡有几多斤那只鸡有多重？

haŋ$^{55}$ kuo$^{55}$ kei$^{21}$ jiu$^{55}$ ki$^{35}$ tou$^{21}$ kɐn$^{21}$？

## 二、副词

### （一）否定副词

犁市土话的否定副词主要有“唔”和“冇”两个，下面分别介绍。

1. 唔

“唔”相当于普通话的“不”。如：

48）□件衣裳唔係我箇这件衣服不是我的。

ki$^{55}$ k$^{h}$ei$^{35}$ ji$^{21}$ soŋ$^{5}$ m$^{21}$ hia$^{33}$ guo$^{55}$ ka$^{55}$.

49）渠箇单车唔在了他的自行车不见了。

ki$^{55}$ ka$^{55}$ toŋ$^{21}$ ʦ$^{h}$ie$^{21}$ m$^{21}$ ʦ$^{h}$uo$^{55}$ la$^{21}$.

50）□个细嘀好唔听话这孩子很不听话。

ki$^{55}$kuo$^{55}$sei$^{55}$ta$^{3}$hau$^{35}$m$^{21}$t$^{h}$ie$^{55}$vou$^{33}$.

51）□种事我也唔好摎村长讲这个事我也不好跟村长说。

ki$^{55}$ʦɛŋ$^{35}$sɿ$^{33}$guo$^{55}$jia$^{33}$m$^{21}$hau$^{35}$lau$^{21}$ʦ$^{h}$ɐn$^{21}$ʦioŋ$^{35}$kaŋ$^{35}$.

52）□种萝卜炆唔烂那种萝卜煮不烂。

haŋ$^{55}$ʦɛŋ$^{35}$lou$^{53}$pai$^{5}$vɐn$^{53}$m$^{21}$loŋ$^{33}$.

"唔"还可与其他词语组合在一起，共同表达否定的意义，常见的有以下几个：

（1）唔好。"唔好"用于祈使句，主要有以下几种用法。

第一，相当于普通话的"不要"。如：

53）你唔好摎阿妹争东□你不要跟妹妹争东西。

lai$^{55}$m$^{21}$hau$^{35}$lau$^{21}$a$^{21}$boe$^{35}$ʦie$^{21}$tɛŋ$^{21}$k$^{h}$ei$^{3}$.

54）唔好嘈不要吵！

m$^{21}$hau$^{35}$ʦ$^{h}$au$^{53}$!

55）唔好□了不要再生气啦。

m$^{21}$hau$^{35}$lau$^{55}$la$^{21}$.

56）唔好惹□个癫佬不要惹那个疯子！

m$^{21}$hau$^{35}$gie$^{55}$haŋ$^{55}$kuo$^{55}$tei$^{21}$lau$^{35}$!

第二，相当于普通话的"别"。如：

57）慢慢行，唔好紧张慢慢走，别急！

boŋ$^{33}$boŋ$^{33}$hie$^{53}$，m$^{21}$hau$^{35}$kɐn$^{35}$ʦioŋ$^{21}$.

58）徛倒，唔好动站着，别动。

k$^{h}$i$^{55}$tau$^{35}$，m$^{21}$hau$^{35}$tɛŋ$^{33}$.

59）我喊渠唔好去，渠爱去我叫他别去，他非要去。

guo$^{55}$k$^{h}$a$^{55}$ki$^{55}$m$^{21}$hau$^{35}$høy$^{53}$，ki$^{55}$uo$^{55}$høy$^{53}$.

第三，相当于普通话的"不能"。如：

60）你唔好入去你不能进去！

lai$^{55}$m$^{21}$hau$^{35}$gi$^{3}$høy$^{53}$!

61）你唔好动你不能动！

lai$^{55}$m$^{21}$hau$^{35}$tɛŋ$^{33}$!

第四，相当于普通话的"不用"。如：

62）唔好理渠，拿渠去不用管他，由他去。

m$^{21}$hau$^{35}$lai$^{55}$ki$^{55}$，la$^{35}$ki$^{55}$høy$^{53}$.

63）我唔得闲，你唔好来我没空，你不用来。

guo$^{55}$m$^{21}$tai$^{5}$ha$^{53}$，lai$^{55}$m$^{21}$hau$^{35}$luo$^{53}$.

（2）唔使。“唔使”相当于普通话的“不必”。如：

64）我□爱去还係唔使去？——你爱去，我唔使去咱们是去还是不必去？——你得去，我不必去。

guo$^{55}$tu$^{5}$uo$^{55}$høy$^{53}$ha$^{53}$hia$^{33}$m$^{21}$sia$^{35}$høy$^{53}$？——lai$^{55}$uo$^{55}$høy$^{53}$，guo$^{55}$m$^{21}$sia$^{35}$høy$^{53}$.

（3）唔得。“唔得”相当于普通话的“不能”。如：

65）你去趁墟，唔得随便买东□你去赶集，不能随便买东西。

lai$^{55}$høy$^{53}$ʦ$^{h}$ɐn$^{55}$hy$^{21}$，m$^{21}$tai$^{5}$ʦ$^{h}$oe$^{53}$pei$^{33}$ba$^{55}$tɛŋ$^{21}$k$^{h}$ei$^{3}$.

66）你太细，去唔得你太小，不能去。

lai$^{55}$t$^{h}$uo$^{55}$soe$^{55}$，høy$^{53}$m$^{21}$tai$^{5}$.

2. 冇

“冇”相当于普通话的“没”、“没有”，否定谓词性成分。如：

67）你冇出世你阿姐就嫁□了你没出生你姐姐就出嫁了。

lai$^{55}$bau$^{55}$ʦ$^{h}$y$^{5}$sɿ$^{55}$la$^{53}$ʦei$^{35}$ʦ$^{h}$iu$^{33}$kou$^{55}$hei$^{5}$la$^{21}$.

68）他阿弟冇来他弟弟没来。

kia$^{53}$t$^{h}$ei$^{55}$bau$^{55}$luo$^{53}$.

69）我还冇食早朝我还没有吃早饭。

guo$^{55}$ha$^{53}$bau$^{55}$sei$^{3}$ʦau$^{35}$tio$^{3}$.

70）萝卜冇炆烂萝卜没有煮烂。

lou$^{53}$pai$^{5}$bau$^{55}$vɐn$^{53}$loŋ$^{33}$.

71）渠冇去我屋哩他没有去我家。

ki$^{55}$bau$^{55}$høy$^{53}$guo$^{55}$ɛɯ$^{5}$lai$^{3}$.

犁市土话中的“冇”还可以否定体词性成分，此时它是动词。如：

72）井哩冇水井里没有水。

ʦie$^{35}$lai$^{3}$bau$^{55}$sy$^{35}$.

73）路头哩一架车都冇路上一辆车也没有。

lu$^{5}$tia$^{53}$lai$^{3}$ji$^{5}$kou$^{55}$ʦ$^{h}$ie$^{21}$tu$^{21}$bau$^{55}$.

74）以前冇饭食以前没有饭吃。

ji$^{35}$ʦ$^{h}$ei$^{53}$bau$^{55}$foŋ$^{33}$sei$^{3}$.

75）门打开，屋哩又冇人门开着，里面没人。

boŋ$^{5}$tou$^{35}$huo$^{21}$，ɛɯ$^{5}$lai$^{3}$jiu$^{33}$bau$^{55}$gɐn$^{53}$.

不过，犁市土话否定体词性成分时，有时也用“冇得”。如：

76）渠冇得钱，好得我来了他没钱，幸亏我来了。

ki$^{55}$bau$^{55}$tai$^{5}$ʦ$^{h}$ei$^{5}$，hau$^{35}$tai$^{5}$guo$^{55}$luo$^{53}$la$^{21}$.

### （二）程度副词

梨市土话常见的程度副词有“好”、“至”、“太过”、“有仔”、“紧”、“越”等。

1. 好

“好”相当于普通话的“十分”、“很”。如：

77）今年冬天好冻今年冬天很冷。

kɐn$^{21}$lei$^{53}$tɛŋ$^{21}$t$^{h}$ei$^{21}$hau$^{35}$tɛŋ$^{55}$.

78）渠好□饮酒他很会喝酒。

ki$^{55}$hau$^{35}$gai$^{33}$jɐn$^{35}$ʦiu$^{35}$.

79）渠好欢喜他高兴极了。

ki$^{55}$hau$^{35}$k$^{h}$uoŋ$^{21}$hi$^{35}$.

80）□个细嘀好听话那个孩子很听话。

haŋ$^{55}$kuo$^{55}$sei$^{55}$ta$^{3}$hau$^{35}$t$^{h}$ie$^{55}$vou$^{33}$.

与普通话“很”不同的是，梨市土话的“好”一般不作补语。普通话作补语的“很”，梨市土话要对译为作状语的“好”，其格式是“好＋形容词＋量词”。如：

81）□件衣裳好大件这件衣服大得很。

ki$^{55}$k$^{h}$ei$^{35}$ji$^{21}$soŋ$^{5}$hau$^{35}$tuo$^{33}$k$^{h}$ei$^{35}$.

82）□个樽好细个那个杯子小得很。

haŋ$^{55}$kuo$^{55}$ʦɐn$^{3}$hau$^{35}$soe$^{55}$kuo$^{55}$.

2. 至

“至”相当于普通话的“最”。如：

83）渠屋哩係村哩至有钱箇他家是村里最富的。

ki$^{55}$ɛɯ$^{5}$lai$^{3}$hia$^{33}$ʦ$^{h}$ɐn$^{21}$lai$^{3}$ʦɿ$^{55}$jiu$^{55}$ʦ$^{h}$ei$^{5}$ka$^{55}$.

84）王麻子至中意车大炮王麻子最爱说大话。

vaŋ$^{53}$bou$^{33}$ʦɿ$^{35}$ʦɿ$^{55}$ʦɛŋ$^{55}$ji$^{55}$ʦ$^{h}$ie$^{21}$tuo$^{33}$p$^{h}$au$^{55}$.

3. 太过

“太过”相当于普通话的“太”。如：

85）太过老实总係好食底太老实总吃亏。

t$^{h}$ai$^{55}$ku$^{3}$lau$^{55}$sɿ$^{3}$ʦɛŋ$^{35}$hia$^{33}$hau$^{35}$sei$^{3}$ta$^{35}$.

86）太过少唔得太少不行。

t$^{h}$ai$^{55}$ku$^{3}$sio$^{35}$m$^{21}$tai$^{5}$.

87）太过早去还有开门太早了还没开门。

t$^{h}$ai$^{55}$ku$^{3}$ʦau$^{35}$høy$^{53}$ha$^{53}$bau$^{55}$huo$^{21}$boŋ$^{5}$.

88）两百银太过多了两百块太多了。

lioŋ$^{55}$pie$^{5}$gɐn$^{5}$t$^{h}$ai$^{55}$ku$^{3}$tou$^{21}$la$^{21}$.

89）菜太过咸，唔好食菜太咸，不好吃。

ʦ$^{h}$uo$^{55}$t$^{h}$ai$^{55}$ku$^{55}$ha$^{53}$，m$^{21}$hau$^{35}$sei$^{3}$.

4. 有仔

“有仔”相当于普通话的“有点儿”。如：

90）我箇头□有仔痛我头有点痛。

guo$^{55}$ka$^{55}$tia$^{53}$la$^{53}$jiu$^{55}$ʦai$^{3}$t$^{h}$ɛŋ$^{55}$.

91）渠有仔唔欢喜他有点不高兴。

ki$^{55}$jiu$^{55}$ʦai$^{3}$m$^{21}$k$^{h}$uoŋ$^{21}$hi$^{35}$.

5. 紧

“紧”相当于普通话的“越”，一般只用于“紧 + 动词 + 紧 + 形容词”的格式。如：

92）紧走紧快，紧讲紧多越走越快，越说越多。

kɐn$^{35}$ʦia$^{35}$kɐn$^{35}$k$^{h}$ua$^{55}$，kɐn$^{35}$kaŋ$^{35}$kɐn$^{35}$tou$^{21}$.

93）渠紧食紧快他越吃越快。

ki$^{55}$kɐn$^{35}$sei$^{5}$kɐn$^{35}$k$^{h}$ua$^{55}$.

94）水紧落紧大雨越下越大。

sy$^{35}$kɐn$^{35}$lou$^{3}$kɐn$^{35}$tuo$^{33}$.

6. 越

犁市土话副词“越”的用法与普通话基本相同。如：

95）你越咒渠，渠就越唔听你你越骂他，他就越不听你的。

lai$^{55}$jøy$^{3}$ʦiu$^{55}$ki$^{55}$，ki$^{55}$ʦ$^{h}$iu$^{33}$jøy$^{3}$m$^{21}$t$^{h}$ie$^{55}$lai$^{55}$.

96）你越食越食得你越吃越能吃。

lai$^{55}$jøy$^{3}$sei$^{3}$jøy$^{3}$sei$^{3}$tai$^{5}$.

### （三）时间、频率副词

犁市土话常见的时间、频率副词主要有“正”、“啱□sei$^{55}$”、“还□ʦau$^{5}$”、“先”、“添”、“好快”、“慢回”等。

1. 正

犁市土话中的“正”有三种用法。

（1）用于句中，相当于普通话的“才”。如：

97）□角好多路，行了三日正行到那儿很远，走了整整三天才走到。

$haŋ^{55} kou^{3} hau^{35} tou^{21} lu^{5}$，$hie^{53} lio^{55} sa^{21} gi^{3} ʦaŋ^{33} hie^{53} tau^{55}$.

98）冻椑熟透了正好食柿子成熟了才好吃。

$tɛŋ^{55} pai^{21} sɛɯ^{5} t^{h}ia^{55} la^{21} ʦaŋ^{33} hau^{35} sei^{3}$.

（2）用于句中，相当于普通话的“再”。如：

99）慢慢，敨下正走别急，歇一歇再走。

$boŋ^{33} boŋ^{5}$，$t^{h}ia^{35} hou^{33} ʦaŋ^{33} ʦia^{35}$.

100）我过一阵间正去我过一会儿再去。

$guo^{55} ku^{55} ji^{5} ʦ^{h}ɐn^{5} ka^{21} ʦaŋ^{33} høy^{53}$.

101）你□一下正来你等一下再来。

$lai^{55} t^{h}aŋ^{55} ji^{5} hou^{33} ʦaŋ^{33} luo^{53}$.

102）我做□作业正去睏觉我写完作业再去睡觉。

$guo^{55} ʦu^{3} hei^{5} ʦou^{5} gei^{5} ʦaŋ^{33} høy^{53} foŋ^{55} kau^{55}$.

（3）用于句末，相当于普通话的“……再说”。如：

103）你摎我去睇正你帮我去看看。

$lai^{55} lau^{21} guo^{55} høy^{53} t^{h}a^{35} ʦaŋ^{33}$.

104）我闻下正我闻闻。

$guo^{55} bɐn^{53} hou^{33} ʦaŋ^{33}$.

105）□渠试试正让他试试。

$t^{h}aŋ^{55} ki^{55} sɿ^{55} sɿ^{55} ʦaŋ^{33}$.

2. 啱□$sei^{55}$

“啱□$sei^{55}$”相当于普通话的“刚”、“正”。如：

106）□件衣裳，唔长唔短，啱□穿这件衣服不长不短，正合适。

$ki^{55} k^{h}ei^{35} ji^{21} soŋ^{5}$，$m^{21} ʦ^{h}ioŋ^{53} m^{21} toŋ^{35}$，$ga^{21} sei^{55} ʦ^{h}øy^{21}$.

107）我啱□想寻你我正想找你。

$guo^{55} ga^{21} sei^{55} sioŋ^{35} ʦ^{h}ɐn^{53} lai^{55}$.

108）渠啱□归屋哩来他刚刚回家来。

$ki^{55} ga^{21} sei^{55} kuai^{21} ɛɯ^{5} lai^{3} luo^{53}$.

3. 还□$ʦau^{5}$

“还□$ʦau^{5}$”相当于普通话的“刚才”。如：

109）渠还□来过了□角他刚才来过这里。

$ki^{55} ha^{53} ʦau^{5} luo^{53} ku^{55} la^{21} ki^{55} kou^{3}$.

110）我还□在街哩睇见了渠我刚刚在街上看见他。

$guo^{55} ha^{53} ʦau^{5} ʦ^{h}uo^{55} ka^{21} lai^{3} t^{h}a^{35} kei^{55} la^{21} ki^{55}$.

4. 先

与普通话的“先”不同，犁市土话的“先”一般用于动词后。如：

111）阿弟走先弟弟先走。

a$^{21}$t$^{h}$ei$^{55}$ʦia$^{35}$sei$^{21}$.

112）我食先我先吃。

guo$^{55}$sei$^{3}$sei$^{21}$.

5. 添

犁市土话中的“添”有两种用法，一种是相当于普通话的“再”。不过，普通话的“再”一般出现在动词前，而犁市土话的“添”一般用于动词后。如：

113）来啊，饮杯添来，再喝一杯！

luo$^{53}$a$^{55}$，jɐn$^{35}$pai$^{21}$t$^{h}$ei$^{21}$.

114）唔好做客，食碗添别客气，再吃一碗。

m$^{21}$hau$^{35}$ʦu$^{3}$k$^{h}$ie$^{5}$，sei$^{3}$voŋ$^{35}$t$^{h}$ei$^{21}$.

另一种是用于句末，表语气，属于语气词。如：

115）我啱□到，冇食饭添我刚到，还没吃饭。

guo$^{55}$ga$^{21}$sei$^{55}$tau$^{55}$，bau$^{55}$sei$^{3}$foŋ$^{33}$t$^{h}$ei$^{21}$.

116）我啱□归，还冇洗衣裳添我刚回来，还没洗衣服。

guo$^{55}$ga$^{21}$sei$^{55}$kuai$^{21}$，ha$^{53}$bau$^{55}$sei$^{35}$ji$^{21}$soŋ$^{5}$t$^{h}$ei$^{21}$.

6. 也

犁市土话副词“也”的用法与普通话基本相同。如：

117）我也肚饥了我也肚子饿了。

guo$^{55}$jia$^{33}$tu$^{35}$ki$^{21}$la$^{21}$.

118）你姓王，我也姓王，我□两个佬都同姓你姓王，我也姓王，咱们两个人都姓王。

lai$^{55}$sie$^{55}$vaŋ$^{53}$，guo$^{55}$jia$^{33}$sie$^{55}$vaŋ$^{53}$，guo$^{55}$tu$^{5}$lioŋ$^{55}$kuo$^{55}$lau$^{35}$tu$^{21}$tɛŋ$^{53}$sie$^{55}$.

7. 又

犁市土话副词“又”的用法与普通话基本相同。如：

119）□□鸡啱□□出去，又来了这只鸡刚刚被赶出去，又来了。

ki$^{55}$ʦei$^{35}$kei$^{21}$ga$^{21}$sei$^{55}$tie$^{5}$ʦ$^{h}$y$^{5}$høy$^{53}$，jiu$^{33}$luo$^{53}$la$^{21}$.

120）你又去做什么东西呢？

lai$^{55}$jiu$^{55}$høy$^{53}$ʦu$^{3}$sʅ$^{55}$buo$^{55}$tɛŋ$^{21}$sei$^{3}$la$^{21}$？

8. 还

犁市土话副词“还”的用法与普通话基本相同。如：

121）渠还在□角做工夫他还在做事。

ki$^{55}$ha$^{53}$ʦ$^{h}$uo$^{55}$haŋ$^{55}$kou$^{3}$ʦu$^{3}$kɛŋ$^{21}$fu$^{21}$.

122）我还爱取花生我还想要花生。

guo$^{55}$ha$^{53}$uo$^{55}$ʦ$^{h}$oe$^{35}$fou$^{21}$sie$^{21}$.

123）我□还冇食饭我们还没吃饭呢。

guo$^{55}$tu$^{5}$ha$^{53}$bau$^{55}$sei$^{3}$foŋ$^{33}$.

9. 弄日/周时

“弄日/周时”相当于普通话的“常常”。如：

124）渠弄日都来买东□他常常来买东西。

ki$^{55}$lɛŋ$^{33}$gi$^{3}$tu$^{21}$luo$^{53}$ba$^{55}$tɛŋ$^{33}$kʰei$^{3}$.

125）渠周时打赤脚他经常打赤脚。

ki$^{55}$ʦiu$^{21}$sɿ$^{53}$tou$^{35}$ʦʰie$^{5}$kio$^{5}$.

10. 总係

“总係”相当于普通话的“总是”。如：

126）我总係想食香蕉箇我总是想吃香蕉。

guo$^{55}$ʦɛŋ$^{35}$hia$^{33}$sioŋ$^{35}$sei$^{3}$sioŋ$^{21}$ʦio$^{21}$ka$^{55}$.

127）渠总係□样他总是这样。

ki$^{55}$ʦɛŋ$^{35}$hia$^{33}$ki$^{55}$jioŋ$^{33}$.

11. 好快

“好快”相当于普通话的“马上”。如：

128）你走先，我好快就来你先走，我马上来。

lai$^{55}$ʦia$^{35}$sei$^{21}$，guo$^{55}$hau$^{35}$kʰua$^{55}$ʦʰiu$^{33}$luo$^{53}$.

129）你□一下，我好快到了你等一下，我马上到了。

lai$^{55}$tʰaŋ$^{55}$ji$^{5}$hou$^{33}$，guo$^{55}$hau$^{35}$kʰua$^{55}$tau$^{55}$la$^{21}$.

12. 慢回

“慢回”相当于普通话的“曾经”、“以前”。如：

130）□角我慢回来过了这里我曾经来过。

ki$^{55}$kou$^{3}$guo$^{55}$boŋ$^{33}$fai$^{53}$luo$^{53}$ku$^{55}$la$^{21}$.

131）渠慢回参过了军他以前当过兵。

ki$^{55}$boŋ$^{33}$fai$^{53}$ʦʰa$^{21}$ku$^{55}$la$^{21}$kuɐn$^{21}$.

## （四）范围副词

梨市土话表示范围的副词主要有“都”、“就”、“只”、“净”等。

1. 都

“都”表示“总括”“全部”。如：

132）几个人都走□了几个人都走了。

ki$^{35}$kuo$^{55}$gɐn$^{53}$tu$^{21}$ʦia$^{35}$hei$^{5}$la$^{21}$.

133）渠每日都好迟来他每天很迟才来。

ki$^{55}$bai$^{55}$gi$^{3}$tu$^{21}$hau$^{35}$ʦ$^{h}$ʅ$^{53}$luo$^{53}$.

134）渠面哩、身哩都係泥他脸上、身上全是泥。

ki$^{55}$bei$^{33}$lai$^{3}$，sɐn$^{21}$lai$^{3}$tu$^{21}$hia$^{33}$la$^{53}$.

值得注意的是，普通话不用“都”的地方，犁市土话有时也要用“都”。如：

135）渠□两个都徛到一个地方他俩站在一起。

ki$^{55}$tu$^{5}$lioŋ$^{55}$kuo$^{55}$tu$^{21}$k$^{h}$i$^{55}$tau$^{55}$ji$^{5}$kuo$^{55}$tai$^{33}$faŋ$^{21}$.

136）我弄日都唔得闲我经常很忙。

guo$^{55}$lɛŋ$^{33}$gi$^{3}$tu$^{21}$m$^{21}$tai$^{5}$ha$^{53}$.

137）各家都通电了家家通了电。

kou$^{5}$kou$^{21}$tu$^{21}$t$^{h}$ɛŋ$^{21}$tei$^{33}$la$^{21}$.

138）你每日都好早起头你每天很早起床。

lai$^{55}$bai$^{55}$gi$^{3}$tu$^{21}$hau$^{35}$ʦau$^{35}$hi$^{35}$tia$^{53}$.

139）屋哩穷得什么都有□了家里穷得什么都没有了。

ɛɯ$^{5}$lai$^{3}$k$^{h}$ɛŋ$^{53}$tai$^{5}$sʅ$^{55}$buo$^{55}$tu$^{21}$bau$^{55}$hei$^{5}$la$^{21}$.

普通话用“也”、“就”等的地方，犁市土话有时也要用“都”。如：

140）我肯讨食，都唔求渠我宁愿讨饭，也不求他。

guo$^{55}$haŋ$^{35}$t$^{h}$au$^{35}$sei$^{3}$，tu$^{21}$m$^{21}$k$^{h}$iu$^{53}$ki$^{55}$.

141）我真正什么西都唔晓得我反正什么也不知道。

guo$^{55}$ʦɐn$^{21}$ʦaŋ$^{55}$sʅ$^{55}$buo$^{55}$sei$^{3}$tu$^{21}$m$^{21}$hio$^{35}$tai$^{5}$.

142）有车我都去，行路我唔去有车我就去，走路我不去。

jiu$^{55}$ʦ$^{h}$ie$^{21}$guo$^{55}$tu$^{21}$høy$^{53}$，hie$^{53}$lu$^{5}$guo$^{55}$m$^{21}$høy$^{53}$.

143）走都走，有什么了不起走就走，没什么了不起！

ʦia$^{35}$tu$^{21}$ʦia$^{35}$，bau$^{55}$sʅ$^{55}$buo$^{55}$lio$^{35}$pu$^{35}$hi$^{35}$.

值得注意的是，上述例句 140 ~ 143 中的“都”表范围的功能已经弱化，其主要的作用是表语气。

2. 就

与普通话相比，犁市土话“就”表范围的用法稍少。下面是我们调查到的例句。

144）我□村哩就你阿公 90 岁我们村子就你爷爷 90 岁。

guo$^{55}$tu$^{5}$ʦ$^{h}$ɐn$^{21}$lai$^{3}$ʦ$^{h}$iu$^{33}$la$^{53}$kɛŋ$^{21}$kiu$^{35}$sʅ$^{3}$soe$^{55}$.

145）就你一个人来了就你一个人来了。

ʦ$^{h}$iu$^{33}$lai$^{55}$ji$^{5}$kuo$^{55}$gɐn$^{53}$luo$^{53}$la$^{21}$.

3. 只

犁市土话副词“只”的用法与普通话基本相同。如：

146）只晓得讲，唔晓得做只会说，不会做。

ʦɿ$^{35}$hio$^{35}$tai$^{5}$kaŋ$^{35}$，m$^{21}$hio$^{35}$tai$^{5}$ʦu$^{3}$.

147）我只中意食□种苹果我只喜欢吃这种苹果。

guo$^{55}$ʦɿ$^{35}$ʦɛŋ$^{55}$ji$^{55}$sei$^{3}$ki$^{55}$ʦɛŋ$^{35}$paŋ$^{53}$kou$^{35}$.

148）□蔸树□宗只开花唔结果这棵树为什么只开花不结果呢？

ki$^{55}$tia$^{21}$su$^{5}$ba$^{3}$ʦɛŋ$^{21}$ʦɿ$^{35}$huo$^{21}$fou$^{21}$m$^{21}$kei$^{5}$kou$^{35}$？

4. 净

“净”相当于普通话的“光”。如：

149）你净择肉食你光选肉吃。

lai$^{55}$ʦ$^{h}$ie$^{33}$t$^{h}$ou$^{3}$lɛɯ$^{3}$sei$^{3}$.

150）我净穿□对鞋，唔穿□对鞋我光穿这双鞋，不穿那双鞋。

guo$^{55}$ʦ$^{h}$ie$^{33}$ʦ$^{h}$øy$^{21}$ki$^{55}$toe$^{55}$ha$^{53}$，m$^{21}$ʦ$^{h}$øy$^{21}$haŋ$^{55}$toe$^{55}$ha$^{53}$.

### （五）情态副词

梨市土话情态副词比较少，我们调查到的有“信天”、“降事”两个。

1. 信天

“信天”相当于普通话的“随便”。如：

151）信天洗一下随便洗一下。

sɐn$^{55}$t$^{h}$ei$^{21}$sei$^{35}$ji$^{5}$hou$^{33}$.

152）信天做箇随便做的。

sɐn$^{55}$t$^{h}$ei$^{21}$ʦu$^{3}$ka$^{55}$.

2. 降事

“降事”相当于普通话的“故意”。如：

153）我降事问渠我故意问他。

guo$^{55}$kaŋ$^{55}$sɿ$^{33}$bɐn$^{33}$ki$^{55}$.

154）渠降事害我他故意害我。

ki$^{55}$kaŋ$^{55}$sɿ$^{33}$huo$^{33}$guo$^{55}$.

### （六）语气副词

梨市土话常见的语气副词有“横直”、“好得”、“偏偏”等。

1. 横直

“横直”相当于普通话的“反正”。如：

155）唔管□宗讲，横直我都唔去不管怎么说，反正我不去。

m$^{21}$kuoŋ$^{35}$ba$^{3}$ʦɛŋ$^{21}$kaŋ$^{35}$，vie$^{53}$ʦ$^{h}$ai$^{3}$guo$^{55}$tu$^{21}$m$^{21}$høy$^{53}$.

156）我横直都唔取了我反正不要了。

guo$^{55}$vie$^{53}$ʦ$^{h}$ai$^{3}$tu$^{21}$m$^{21}$ʦ$^{h}$oe$^{35}$la$^{21}$.

2. 好得

“好得”相当于普通话的“幸亏”。如：

157）□角出事故了，好得我冇去那里发生事故了，幸亏我没去。

haŋ$^{55}$kou$^{3}$ʦ$^{h}$y$^{5}$sɿ$^{33}$ku$^{55}$la$^{21}$，hau$^{35}$tai$^{5}$guo$^{55}$bau$^{55}$høy$^{53}$.

158）好得渠帮忙，唔係我食亏了幸亏他帮忙，不然的话我就吃亏了。

hau$^{35}$tai$^{5}$ki$^{55}$paŋ$^{21}$baŋ$^{53}$，m$^{21}$hia$^{33}$guo$^{55}$sei$^{3}$k$^{h}$uai$^{21}$lai$^{21}$.

3. 偏偏

159）喊你唔好去，你偏偏爱去叫你别去，你偏偏要去。

k$^{h}$a$^{55}$lai$^{55}$m$^{21}$hau$^{35}$høy$^{53}$，lai$^{55}$p$^{h}$ei$^{21}$p$^{h}$ei$^{21}$uo$^{55}$høy$^{53}$.

160）我教渠□宗做，渠偏偏唔□宗做我教他这样做，他偏偏不这样做。

guo$^{55}$kau$^{55}$ki$^{55}$kioŋ$^{5}$ʦɛŋ$^{21}$ʦu$^{3}$，ki$^{55}$p$^{h}$ei$^{21}$p$^{h}$ei$^{21}$m$^{21}$kioŋ$^{5}$ʦɛŋ$^{21}$ʦu$^{3}$.

## 三、介词

犁市土话常用的介词有“在、到、倒、从”、“摎/凑”、“过$_{\text{阴平}}$”等，下面分别说明。

### （一）在、到、倒、从

1. 在

“在”的功能主要体现在以下两个方面：

（1）与处所词语组合，用于动词前，表示动作发生的处所，相当于普通话的“在”。如：

161）我睇见渠在路头边□车我看见他在路边等车。

guo$^{55}$t$^{h}$a$^{35}$kei$^{55}$ki$^{55}$ʦ$^{h}$uo$^{55}$lu$^{5}$tia$^{53}$pei$^{21}$t$^{h}$aŋ$^{55}$ʦ$^{h}$ie$^{21}$.

162）在大水哩洗身在河里洗澡。

ʦ$^{h}$uo$^{55}$tuo$^{33}$sy$^{35}$lai$^{3}$sei$^{35}$sɐn$^{21}$.

163）夜下在岭哩过夜晚上在山上过夜。

jia$^{33}$hou$^{5}$ʦ$^{h}$uo$^{55}$lie$^{55}$lai$^{3}$ku$^{55}$jia$^{33}$.

164）□两个人在水边哩钓鱼那两个人在河边钓鱼。

haŋ$^{55}$lioŋ$^{55}$kuo$^{55}$gɐn$^{53}$ʦ$^{h}$uo$^{55}$sy$^{35}$pei$^{21}$lai$^{3}$tio$^{55}$gy$^{5}$.

165）细嘀在外头搞小孩在外面玩。

sei$^{55}$ta$^{3}$ʦ$^{h}$uo$^{55}$guo$^{33}$tia$^{5}$kau$^{35}$.

（2）与处所词语组合，用于动词前，表示动作的起点，相当于普通话的

"从"。如：

166）啱□在树哩跞下来刚好从树上跳下来。

ɡa$^{21}$ sei$^{55}$ ʦʰuo$^{55}$ sy$^{5}$ lai$^{3}$ pio$^{21}$ hou$^{55}$ luo$^{53}$.

167）渠在屋哩来他从家里来。

ki$^{55}$ ʦʰuo$^{55}$ ɛɯ$^{5}$ lai$^{3}$ luo$^{53}$.

168）渠在书包哩拿出一张纸来他从书包里拿出一张纸来。

ki$^{55}$ ʦʰuo$^{55}$ sy$^{21}$ pau$^{21}$ lai$^{3}$ la$^{35}$ ʦʰy$^{5}$ ji$^{5}$ ʦioŋ$^{21}$ ʦɿ$^{35}$ luo$^{53}$.

2. 到

与处所词语组合，用于动词后，表示动作达到的处所。如：

169）泥水射到面哩泥水溅在脸上。

la$^{53}$ sy$^{35}$ sie$^{33}$ tau$^{55}$ bei$^{33}$ lai$^{3}$.

170）钟挂到壁哩钟挂在墙上。

ʦɛŋ$^{21}$ kou$^{55}$ tau$^{55}$ pie$^{5}$ lai$^{3}$.

171）衣裳放到柜哩衣服放在柜子里。

ji$^{21}$ soŋ$^{5}$ faŋ$^{55}$ tau$^{55}$ kʰuai$^{33}$ lai$^{3}$.

172）湿衣裳唔好穿到身哩湿衣服不要穿在身上。

sɿ$^{5}$ ji$^{21}$ soŋ$^{5}$ m$^{21}$ hau$^{35}$ ʦʰøy$^{21}$ tau$^{55}$ sɐn$^{21}$ lai$^{3}$.

173）书放到桌哩书放在桌子上。

sy$^{21}$ faŋ$^{55}$ tau$^{55}$ ʦou$^{3}$ lai$^{3}$.

3. 倒

与处所词语组合，用于动词后，表示事物所在的处所。如：

174）放倒柜哩箇□管笔係我箇放在柜子里的那只笔是我的。

faŋ$^{55}$ tau$^{35}$ kʰuai$^{33}$ lai$^{3}$ ka$^{55}$ haŋ$^{55}$ kuoŋ$^{35}$ pai$^{3}$ hia$^{33}$ ɡuo$^{55}$ ka$^{55}$.

175）挂倒壁哩箇□件衣裳係渠箇挂在墙上的那件衣服是他的。

kou$^{55}$ tau$^{35}$ pie$^{5}$ lai$^{3}$ ka$^{55}$ haŋ$^{55}$ kʰei$^{35}$ ji$^{21}$ soŋ$^{5}$ hia$^{33}$ ki$^{55}$ ka$^{55}$.

176）绹倒树哩箇□个羊係我箇拴在树下的那只羊是我的。

tau$^{53}$ tau$^{35}$ su$^{5}$ lai$^{3}$ ka$^{55}$ haŋ$^{55}$ kuo$^{55}$ jioŋ$^{5}$ hia$^{33}$ ɡuo$^{55}$ ka$^{55}$.

177）我晒倒外头箇衣裳拿风吹□了我晒在外面的衣服被风吹掉了。

ɡuo$^{55}$ sa$^{55}$ tau$^{35}$ ɡuo$^{33}$ tia$^{5}$ ka$^{55}$ ji$^{21}$ soŋ$^{5}$ la$^{35}$ fɛŋ$^{21}$ ʦʰy$^{21}$ hei$^{5}$ la$^{21}$.

值得注意的是，如果一个复句中有两个相对而言的处所词语出现在谓语动词后，那么，其中一个分句中的处所词语前用介词"倒"，另一个分句中的处所词语前用介词"到"。如：

178）我□住倒岭哩，渠□住到水边头我们住在山上，他们住在河边。

ɡuo$^{55}$ tu$^{5}$ toe$^{33}$ tau$^{35}$ lie$^{55}$ lai$^{3}$，ki$^{55}$ tu$^{5}$ toe$^{33}$ tau$^{55}$ sy$^{35}$ pei$^{21}$ tia$^{5}$.

179）我拿衣裳放倒柜哩，渠拿衣裳放到床窦哩我把衣服放在柜子里，他把衣服放在床上。

guo$^{55}$ la$^{35}$ ji$^{21}$ soŋ$^{5}$ faŋ$^{55}$ tau$^{35}$ k$^{h}$uai$^{5}$ lai$^{3}$，ki$^{55}$ la$^{35}$ ji$^{21}$ soŋ$^{5}$ faŋ$^{55}$ tau$^{55}$ ʦ$^{h}$aŋ$^{53}$ tia$^{3}$ lai$^{3}$.

上述两个例句中“倒”、“到”为何有这样的分工，原因目前还不清楚。

从上可知，在跟处所词语组合时，上述三个介词的用法是互补的。“在”组成的介宾短语用于动词前，“到”、“倒”组成的介宾短语用于动词后。“到”、“倒”用于动词后时，“到”表示动作达到的处所，“倒”表示事物所在的处所。“到”、“倒”作介词时用法上的区别与它们本身的词义有关。“到”在犁市土话中除作一般动词外，也作趋向动词，动作性很强。如：

180）唔好走，到我屋哩住别走了，住到我家里吧。

m$^{21}$ hau$^{35}$ ʦia$^{35}$，tau$^{55}$ guo$^{55}$ ɛɯ$^{5}$ lai$^{3}$ toe$^{33}$.

181）我□明日搭飞机到上海我们明天坐飞机去上海。

guo$^{55}$ tu$^{5}$ bie$^{53}$ gi$^{5}$ ta$^{5}$ fai$^{21}$ ki$^{21}$ tau$^{55}$ soŋ$^{33}$ huo$^{35}$.

182）等到九点钟正走等到九点钟才走。

taŋ$^{35}$ tau$^{55}$ kiu$^{35}$ tei$^{35}$ ʦɛŋ$^{21}$ ʦaŋ$^{33}$ ʦie$^{35}$.

183）行到火车站要半个钟头走到火车站要半个小时。

hie$^{53}$ tau$^{55}$ fu$^{35}$ ʦ$^{h}$ie$^{21}$ ʦ$^{h}$a$^{33}$ jio$^{55}$ poŋ$^{55}$ kuo$^{55}$ ʦɛŋ$^{21}$ tia$^{53}$.

“到”由于动作性较强，因此，它作介词组成介宾短语位于动词后时，表示动作到达的处所。而“倒”除了作一般动词外，还可以作动态助词，表示状态的持续（详见下文“动词的体貌”）；作结构助词，连接中心语和补语（详见下文“结构助词”），其虚化比较彻底，因此，它作介词组成介宾短语位于动词后时，表示事物所在的处所。

4. 从

与普通话相比，犁市土话中的“从”用法稍少。上述例句166～168中，普通话用“从”，而犁市土话用“在”。其他的用法与普通话基本相同。如：

184）从□角到□角有几多路从这儿到那儿有多远？

ʦ$^{h}$ɛŋ$^{53}$ ki$^{55}$ kou$^{3}$ tau$^{55}$ haŋ$^{55}$ kou$^{3}$ jiu$^{55}$ ki$^{35}$ tou$^{21}$ lu$^{5}$？

185）从早朝起，肚箩一直痛从早上起，肚子一直疼。

ʦ$^{h}$ɛŋ$^{53}$ ʦau$^{35}$ tio$^{3}$ hi$^{35}$，tu$^{35}$ lou$^{5}$ ji$^{5}$ ʦ$^{h}$ai$^{3}$ t$^{h}$ɛŋ$^{55}$.

186）□条路从头到尾都铺了石板这条路从头到尾都铺了石板。

ki$^{55}$ tio$^{53}$ lu$^{5}$ ʦ$^{h}$ɛŋ$^{53}$ tia$^{53}$ tau$^{55}$ bai$^{3}$ tu$^{21}$ p$^{h}$u$^{21}$ la$^{21}$ sie$^{3}$ poŋ$^{35}$.

187）你从□角开始挖起你从这里开始挖。

lai$^{55}$ ʦ$^{h}$ɛŋ$^{53}$ ki$^{55}$ kou$^{3}$ huo$^{21}$ ʦ$^{h}$ʅ$^{55}$ va$^{5}$ hi$^{35}$.

### （二）摎/凑

“摎/凑”的用法主要有以下几个：

（1）表示协同、共同。如：

188）我摎/凑你一下去我跟你一块儿去。

guo$^{55}$lau$^{21}$/ʦ$^{h}$ia$^{55}$lai$^{55}$ji$^{5}$hou$^{33}$høy$^{53}$.

189）我摎/凑渠都唔係广东人我和他都不是广东人。

guo$^{55}$lau$^{21}$/ʦ$^{h}$ia$^{55}$ki$^{55}$tu$^{21}$m$^{21}$hia$^{33}$kuaŋ$^{35}$tɛŋ$^{21}$gɐn$^{53}$.

（2）相当于普通话的介词“替”、“为”。如：

190）你摎/凑我买一包烟你替我买一包烟。

lai$^{55}$lau$^{21}$/ʦ$^{h}$ia$^{55}$guo$^{55}$ba$^{55}$ji$^{5}$pau$^{3}$jei$^{21}$.

191）你摎/凑我睇紧渠你给我看住他！

lai$^{55}$lau$^{21}$/ʦ$^{h}$ia$^{55}$guo$^{55}$t$^{h}$a$^{35}$kɐn$^{35}$ki$^{55}$！

192）我摎/凑别人做□好多事我为别人做了很多事儿。

guo$^{55}$lau$^{21}$ʦ$^{h}$ia$^{55}$pei$^{3}$gɐn$^{53}$ʦu$^{3}$hei$^{5}$hau$^{35}$tou$^{21}$sɿ$^{33}$.

193）冇什人摎/凑渠讲话没有人替他说话。

bau$^{55}$sɿ$^{55}$gɐn$^{53}$lau$^{21}$/ʦ$^{h}$ia$^{55}$ki$^{55}$kaŋ$^{35}$vou$^{5}$.

（3）指示与动作有关的对方。如：

194）渠摎/凑我借过了钱他向我借过钱。

ki$^{55}$lau$^{21}$/ʦ$^{h}$ia$^{55}$guo$^{55}$ʦie$^{55}$ku$^{55}$la$^{21}$ʦ$^{h}$ei$^{5}$.

195）你唔好摎/凑阿妹争东□你不要跟妹妹争东西。

lai$^{55}$m$^{21}$hau$^{35}$lau$^{21}$/ʦ$^{h}$ia$^{55}$a$^{21}$boe$^{35}$ʦie$^{21}$tɛŋ$^{21}$k$^{h}$ei$^{3}$.

（4）引进用来比较的对象。如：

196）广西摎/凑广东一样热广西像广东那样热。

kuaŋ$^{35}$sei$^{21}$lau$^{21}$/ʦ$^{h}$ia$^{55}$kuaŋ$^{35}$tɛŋ$^{21}$ji$^{5}$jioŋ$^{33}$gei$^{3}$.

197）我摎/凑渠平紧□高我跟他一样高。

guo$^{55}$lau$^{21}$/ʦ$^{h}$ia$^{55}$ki$^{55}$pie$^{53}$kɐn$^{35}$kɐn$^{3}$kau$^{21}$.

198）你摎/凑你阿弟性格唔同你和你弟弟性格不一样。

lai$^{55}$lau$^{21}$/ʦ$^{h}$ia$^{55}$la$^{53}$t$^{h}$ei$^{55}$saŋ$^{55}$kie$^{3}$m$^{21}$tɛŋ$^{53}$.

（5）与“我”连用，加强语气，表示说话人的意志。如：

199）你摎/凑我小心仔你给我小心点！

lai$^{55}$lau$^{21}$/ʦ$^{h}$ia$^{55}$guo$^{55}$sio$^{35}$sɐn$^{21}$ʦai$^{5}$！

200）你摎/凑我食□□碗饭你给我吃完这碗饭！

lai$^{55}$lau$^{21}$/ʦ$^{h}$ia$^{55}$guo$^{55}$sei$^{3}$hei$^{5}$ki$^{55}$voŋ$^{35}$faŋ$^{33}$！

需要指出的是，虽然上述例句中的“擏”基本上都可以换为“凑”，但从使用频率上来看，“擏”使用得较多，“凑”较少，“凑”来源于周边客家话。

### （三）过$_{阴平}$

介词“过$_{阴平}$”引进动作交付、传递的接受者，相当于普通话的介词“给”。如：

201）趁渠唔在屋，你送过渠趁他不在家，你给他送去。

ʦ$^{h}$ɐn$^{33}$ki$^{55}$m$^{21}$ʦ$^{h}$uo$^{33}$ɛɯ$^{5}$，lai$^{55}$sɛŋ$^{55}$ku$^{21}$ki$^{55}$.

202）□本书送过你这本书送给你。

ki$^{55}$pɐn$^{35}$sy$^{21}$sɛŋ$^{55}$ku$^{21}$lai$^{55}$.

203）讲过你听，你也听唔清讲给你听，你也听不懂。

kaŋ$^{35}$ku$^{21}$lai$^{55}$t$^{h}$ie$^{55}$，lai$^{55}$jia$^{33}$t$^{h}$ie$^{55}$m$^{21}$ʦ$^{h}$aŋ$^{21}$.

204）你箇单车借过我骑几日你把自行车借我骑几天。

lai$^{55}$ka$^{55}$toŋ$^{21}$ʦ$^{h}$ie$^{21}$ʦie$^{55}$ku$^{21}$guo$^{55}$k$^{h}$i$^{53}$ki$^{35}$gi$^{3}$.

### （四）由/随

犁市土话介词“由/随”的用法与普通话基本相同。如：

205）荔枝好便宜，一斤五角，由/随你自己择荔枝很便宜，一斤五毛，任你挑。

lai$^{33}$ʦɿ$^{21}$hau$^{35}$pei$^{53}$gi$^{53}$，ji$^{5}$kɐn$^{21}$m$^{55}$kou$^{5}$，jiu$^{53}$/ʦ$^{h}$oe$^{53}$lai$^{55}$sɿ$^{21}$ki$^{3}$t$^{h}$ou$^{3}$.

206）卖唔卖随/由你，买唔买随/由我卖不卖由你，买不买由我。

ba$^{33}$m$^{21}$ba$^{33}$ʦ$^{h}$oe$^{53}$/jiu$^{53}$lai$^{55}$，ba$^{55}$m$^{21}$ba$^{55}$ʦ$^{h}$uo$^{53}$/jiu$^{53}$guo$^{55}$.

### （五）□bai$^{55}$紧

“□bai$^{55}$紧”相当于普通话的“顺着”、“跟着”。如：

207）你□紧□条老路走你顺着这条老路走。

lai$^{55}$bai$^{55}$kɐn$^{35}$ki$^{55}$tio$^{53}$lau$^{55}$lu$^{5}$ʦia$^{35}$.

208）你□紧渠去你跟着他去。

lai$^{55}$bai$^{55}$kɐn$^{35}$ki$^{55}$høy$^{35}$.

### （六）向

犁市土话介词“向”的用法与普通话基本相同。如：

209）渠向乡哩申请了一万银他向乡里申请了1万块钱。

ki$^{55}$hioŋ$^{55}$hioŋ$^{21}$lai$^{3}$sɐn$^{21}$ʦ$^{h}$ie$^{35}$la$^{21}$ji$^{5}$boŋ$^{33}$gɐn$^{5}$.

210）我向学校交了报告我向学校提交了报告。

guo$^{55}$ hioŋ$^{55}$ hou$^{5}$ hau$^{33}$ kau$^{21}$ la$^{21}$ pau$^{55}$ kau$^{55}$.

### （七）对

梨市土话介词“对”的用法与普通话基本相同。如：

211）老板对我□好好老板对我们很好。

lau$^{55}$ poŋ$^{35}$ toe$^{55}$ guo$^{55}$ tu$^{5}$ hau$^{35}$ hau$^{35}$.

212）□件事对我打击很大这件事对我打击很大。

ki$^{55}$ kʰei$^{33}$ sɿ$^{33}$ toe$^{55}$ guo$^{55}$ tou$^{35}$ ki$^{5}$ hau$^{35}$ tuo$^{33}$.

### （八）像

梨市土话介词“像”的用法与普通话基本相同。如：

213）□种栗嘀像石头一样硬这种栗子像石头一样硬。

ki$^{55}$ ʦɛŋ$^{35}$ lai$^{3}$ ta$^{3}$ ʦʰioŋ$^{33}$ sie$^{3}$ tia$^{5}$ ji$^{5}$ jioŋ$^{33}$ gie$^{33}$.

214）渠像木头一样木他像木头一样笨。

ki$^{55}$ ʦʰioŋ$^{33}$ bɛu$^{5}$ tia$^{53}$ ji$^{5}$ jioŋ$^{33}$ bɛu$^{3}$.

### （九）连

梨市土话介词“连”的用法与普通话基本相同。如：

215）□角连食饭箇地方都冇得这里连个吃饭的地方也没有。

ki$^{55}$ kou$^{3}$ lei$^{53}$ sei$^{3}$ foŋ$^{33}$ ka$^{55}$ tai$^{33}$ foŋ$^{21}$ tu$^{21}$ bau$^{55}$ tai$^{5}$.

216）你连□宗都唔晓得你连这个都不会。

lai$^{55}$ lei$^{53}$ kioŋ$^{5}$ ʦɛŋ$^{21}$ tu$^{21}$ m$^{21}$ hio$^{35}$ tai$^{5}$.

### （十）拿

“拿”的用法主要有以下两个：

（1）相当于普通话的“用”。如：

217）拿毛笔写字比较慢用毛笔写字比较慢。

la$^{35}$ bau$^{53}$ pai$^{3}$ sie$^{35}$ sɿ$^{5}$ pai$^{35}$ kau$^{55}$ boŋ$^{33}$.

218）我拿拖拉机装东□我用拖拉机装东西。

guo$^{55}$ la$^{35}$ tʰou$^{21}$ la$^{21}$ ki$^{21}$ ʦaŋ$^{21}$ tɛŋ$^{21}$ kʰei$^{3}$.

219）我拿牛来犁田我用牛耕田。

guo$^{55}$ la$^{35}$ giu$^{53}$ luo$^{53}$ la$^{53}$ tei$^{53}$.

不过，也有个别情况梨市土话也用“用”，不用“拿”。如：

220）我□□角用马搬东□我们这里用马运东西。

guo$^{55}$ tu$^{5}$ ki$^{55}$ kou$^{3}$ jɛŋ$^{33}$ bou$^{55}$ poŋ$^{21}$ tɛŋ$^{21}$ kʰei$^{3}$.

（2）相当于普通话的“由”。如：

221）□□事拿你来做这事由你来做！

ki$^{55}$ ʦei$^{35}$ sɿ$^{33}$ la$^{35}$ lai$^{55}$ luo$^{53}$ ʦu$^{3}$！

222）□回拿我来安排这次由我来安排。

ki$^{55}$ fai$^{53}$ la$^{35}$ guo$^{55}$ luo$^{53}$ ɔn$^{21}$ pa$^{53}$.

“拿”作介词最常见的是用于被动句，引进处置的对象，这一点我们将在下文“犁市土话的句法”一节中详细介绍。犁市土话还有一个常用的介词“将”，“将”一般用于把字句中引进处置的对象，也详见下文“犁市土话的句法”一节，此处阙如。

## 四、结构助词

犁市土话常用的结构助词有“箇”、“得”、“倒”三个，其中，“箇”相当于普通话的“的”、“地”，“得”、“倒”相当于普通话的“得”。下面一一介绍。

### （一）箇

犁市土话的“箇”用法比较丰富，主要有：

（1）构成“箇”字短语修饰名词或名词性短语。如：

223）渠箇年纪第一大他的年纪最大。

ki$^{55}$ ka$^{55}$ lei$^{53}$ ki$^{55}$ tai$^{33}$ ji$^{5}$ tuo$^{33}$.

224）李麻子箇身材摎/凑我箇争唔多李麻子的个子跟我差不多。

lai$^{55}$ bou$^{53}$ ʦɿ$^{35}$ ka$^{55}$ sɐn$^{21}$ ʦʰuo$^{53}$ lau$^{21}$/ʦʰia$^{55}$ guo$^{55}$ ka$^{55}$ ʦie$^{21}$ m$^{21}$ tou$^{21}$.

225）你箇崽嘀当干部了你儿子当干部了。

lai$^{55}$ ka$^{55}$ ʦuo$^{35}$ ta$^{3}$ taŋ$^{21}$ kuoŋ$^{55}$ pʰu$^{3}$ la$^{21}$.

226）偷东西箇□个人捉倒了偷东西的那个人抓到了。

tʰia$^{21}$ tɛŋ$^{21}$ sei$^{3}$ ka$^{55}$ haŋ$^{55}$ kuo$^{55}$ gɐn$^{53}$ ʦou$^{5}$ tau$^{35}$ la$^{21}$.

227）渠住箇□间屋跌□了他住的那幢房子倒塌了。

ki$^{55}$ toe$^{33}$ ka$^{55}$ haŋ$^{55}$ ka$^{21}$ ɛɯ$^{5}$ tei$^{5}$ hei$^{5}$ la$^{21}$.

（2）构成“箇”字短语充当主语或宾语。如：

228）酸箇、咸箇、苦箇、辣箇都尝□了酸的、咸的、苦的、辣的都尝遍了。

soŋ$^{21}$ ka$^{55}$，ha$^{53}$ ka$^{55}$，fu$^{35}$ ka$^{55}$，luo$^{3}$ ka$^{55}$ tu$^{21}$ sioŋ$^{53}$ kau$^{21}$ la$^{21}$.

229）墟哩打铁箇、补镬头箇、车衣裳箇、做什么西箇都有集镇里打铁的、补锅的、缝衣的、做什么的都有。

hy$^{21}$ lai$^{3}$ tou$^{35}$ tʰei$^{5}$ ka$^{55}$，pu$^{35}$ vou$^{3}$ tia$^{53}$ ka$^{55}$，ʦʰie$^{21}$ ji$^{21}$ soŋ$^{5}$ ka$^{55}$，ʦu$^{3}$ sɿ$^{55}$ buo$^{55}$ sei$^{3}$ ka$^{55}$

tu$^{21}$jiu$^{55}$.

230）我取细个箇我要小个的。

guo$^{55}$ʦ$^{h}$oe$^{35}$soe$^{55}$kuo$^{55}$ka$^{55}$.

231）□条鱼唔係我箇这条鱼不是我的。

ki$^{55}$tio$^{53}$gy$^{53}$m$^{21}$hia$^{33}$guo$^{55}$ka$^{55}$.

232）天哩飞箇係白鹤天上飞的是白鹭。

t$^{h}$ei$^{21}$lai$^{3}$fai$^{21}$ka$^{55}$hia$^{33}$pie$^{3}$hou$^{5}$.

（3）构成“箇”字短语修饰动词，相当于普通话的“地”。如：

233）一口一口箇食一口一口地吃。

ji$^{5}$k$^{h}$ia$^{35}$ji$^{5}$k$^{h}$ia$^{35}$ka$^{55}$sei$^{3}$.

234）水□□箇流水哗哗地流。

sy$^{35}$høy$^{21}$høy$^{21}$ka$^{55}$liu$^{53}$.

235）风一阵阵箇反紧风一阵一阵地刮着。

fɛŋ$^{21}$ji$^{5}$ʦ$^{h}$ɐn$^{33}$ʦ$^{h}$ɐn$^{33}$ka$^{55}$foŋ$^{35}$kɐn$^{35}$.

236）老鼠叽叽喳喳箇咬东西老鼠咯喳咯喳在咬东西。

lau$^{55}$sy$^{35}$ʦi$^{21}$ʦi$^{21}$ʦe$^{21}$ʦe$^{21}$ka$^{55}$gau$^{55}$tɛŋ$^{21}$sei$^{3}$.

不过，状语如果是带有“□sɿ$^{5}$”的生动形式，也可以不用这个“箇”。如：

237）渠偷偷□将钱拿过别人他偷偷把钱拿给了别人。

ki$^{55}$t$^{h}$ia$^{21}$t$^{h}$ia$^{3}$sɿ$^{5}$ʦioŋ$^{21}$ʦ$^{h}$ei$^{5}$la$^{35}$ku$^{21}$pei$^{3}$gɐn$^{53}$.

238）你慢慢□放你慢慢放。

lai$^{55}$boŋ$^{33}$boŋ$^{33}$sɿ$^{5}$faŋ$^{55}$.

（4）用于动词和宾语中间，强调已发生的动作的地点。如：

239）渠在□角食箇饭？渠在我屋哩食箇饭他在哪儿吃的饭？他在我家里吃的饭。

ki$^{55}$ʦ$^{h}$uo$^{33}$ba$^{3}$kou$^{3}$sei$^{3}$ka$^{55}$foŋ$^{33}$？ki$^{55}$ʦ$^{h}$uo$^{55}$guo$^{55}$ɛɯ$^{5}$lai$^{3}$sei$^{3}$ka$^{55}$foŋ$^{33}$.

梨市土话的“箇”除了作结构助词以外，还可以作语气助词，用在句子末尾，表示一定的语气。如：

240）我係□日归屋箇我是昨天到家的。

guo$^{55}$hia$^{33}$ʦ$^{h}$oŋ$^{33}$gi$^{5}$kuai$^{21}$ɛɯ$^{5}$ka$^{55}$.

241）偷钱箇人真箇係渠偷钱的人真的是他。

t$^{h}$ia$^{21}$ʦ$^{h}$ei$^{5}$ka$^{55}$gɐn$^{53}$ʦɐn$^{21}$ka$^{55}$hia$^{33}$ki$^{55}$.

242）我舅爷係□日来箇我舅舅是昨天来的。

guo$^{55}$k$^{h}$iu$^{33}$jia$^{53}$hia$^{33}$ʦ$^{h}$aŋ$^{33}$gi$^{5}$luo$^{53}$ka$^{55}$.

243）岭哩箇□□火唔係我烧箇山上的那堆火不是我烧的。

lie$^{55}$lai$^{3}$ka$^{55}$haŋ$^{55}$t$^{h}$ou$^{55}$fu$^{35}$m$^{21}$hia$^{33}$guo$^{55}$sio$^{21}$ka$^{55}$.

244）走起来一踱一踱箇走起来一拐一拐的。

ʦia$^{35}$ hi$^{35}$ luo$^{53}$ ji$^{5}$ pa$^{21}$ ji$^{5}$ pa$^{21}$ ka$^{55}$.

## （二）得

“得”用于动词后，连接补语，用法主要有以下几个：

（1）连接表示程度的补语。如：

245）渠行路行得好快他走路走得很快。

ki$^{55}$ hie$^{53}$ lu$^{5}$ hie$^{53}$ tai$^{5}$ hau$^{35}$ k$^{h}$ua$^{55}$.

246）你讲得好好你说得很好。

lai$^{55}$ kaŋ$^{35}$ tai$^{5}$ hau$^{35}$ hau$^{35}$.

247）我冇渠来得□早我没有他来得那么早！

guo$^{55}$ bau$^{55}$ ki$^{55}$ luo$^{53}$ tai$^{5}$ kɐn$^{3}$ ʦau$^{35}$.

248）渠将桌擦得伶伶俐俐他把桌子擦得干干净净的。

ki$^{55}$ ʦioŋ$^{21}$ ʦou$^{3}$ ʦ$^{h}$uo$^{5}$ tai$^{5}$ lie$^{53}$ lie$^{53}$ lai$^{33}$ lai$^{33}$.

（2）连接表示结果的补语。如：

249）日头晒得脑盖痛太阳晒得头痛。

gi$^{3}$ tia$^{5}$ sa$^{55}$ tai$^{5}$ lau$^{55}$ kuo$^{3}$ t$^{h}$ɛŋ$^{55}$.

250）阿弟哭得声都哑□了弟弟哭得声音都嘶哑了。

a$^{21}$ t$^{h}$ei$^{55}$ hɛɯ$^{5}$ tai$^{5}$ sie$^{21}$ tu$^{21}$ ou$^{35}$ hei$^{5}$ la$^{21}$.

251）你讲得我唔敢去□角了你说得我不敢去那里了。

lai$^{55}$ kaŋ$^{35}$ tai$^{5}$ guo$^{55}$ m$^{21}$ ka$^{35}$ høy$^{53}$ haŋ$^{55}$ kou$^{3}$ la$^{21}$.

（3）连接表示可能的补语。如：

252）我食得□，渠食唔□我吃得完，他吃不完。

guo$^{55}$ sei$^{3}$ tai$^{5}$ hei$^{5}$，ki$^{55}$ sei$^{3}$ m$^{21}$ hei$^{5}$.

253）□条笋挖得出来吗这棵笋能挖出来吗？

ki$^{55}$ tio$^{53}$ sɐn$^{35}$ va$^{5}$ tai$^{5}$ ʦ$^{h}$y$^{5}$ luo$^{53}$ ba$^{55}$?

## （三）倒

“倒”用于动词后，连接结果补语。如：

254）渠忙倒饭都冇食他忙得饭都没吃。

ki$^{55}$ baŋ$^{53}$ tau$^{35}$ foŋ$^{33}$ tu$^{21}$ bau$^{55}$ sei$^{3}$.

255）我肚箩饿倒痛我肚子饿得痛。

guo$^{55}$ tu$^{35}$ lou$^{5}$ gou$^{33}$ tau$^{35}$ t$^{h}$ɛŋ$^{55}$.

256）渠肚箩痛倒哭起来了他肚子痛得哭起来了。

ki$^{55}$tu$^{35}$lou$^{5}$t$^{h}$ɛŋ$^{55}$tau$^{35}$hɛɯ$^{5}$hi$^{35}$luo$^{53}$la$^{21}$.

257）我行路行倒脚都起瘭了我走路走得脚都起泡了。

guo$^{55}$hie$^{53}$lu$^{5}$hie$^{53}$tau$^{35}$kio$^{5}$tu$^{21}$hi$^{35}$p$^{h}$io$^{55}$la$^{21}$.

258）□件事搞倒我好火滚这件事弄得我很恼火。

ki$^{55}$k$^{h}$ei$^{33}$sɿ$^{33}$kau$^{35}$tau$^{35}$guo$^{55}$hau$^{35}$fu$^{35}$kuɐn$^{35}$.

由上可知，梨市土话连接中心语和结果补语的有两个助词“得”和“倒”，两者一般可以互换。不过，与“得”相比，“倒”的使用频率更高，用得更普遍。周边曲江区大村、武江区西河镇向阳等地土话都用“倒”，因此，我们推测，梨市土话连接结果补语的助词“倒”可能是早期的，来自赣方言；而“得”可能来自周边客家话，是后起的。

## 五、动词的体貌

### （一）完成体

梨市土话完成体主要借助标记词“了”和“□hei$^{5}$”来表达，但两者的用法存在细微的区别。

#### 1. 了

梨市土话的“了”相当于普通话的“了$_{1}$”和“了$_{2}$”。

（1）“了$_{1}$”用在动词后，主要表示动作的完成。如：

259）□夜落了水昨晚下了雨。

ʦ$^{h}$aŋ$^{33}$jia$^{5}$lou$^{3}$la$^{21}$sy$^{35}$.

260）你去了渠屋哩冇？——去了你去没去他家？——去了。

lai$^{33}$høy$^{33}$la$^{21}$ki$^{55}$ɛɯ$^{5}$lai$^{3}$bau$^{55}$？——høy$^{53}$la$^{21}$.

261）细嘀大了就唔听话了孩子大了就不听话了。

sei$^{55}$ta$^{3}$tuo$^{33}$la$^{21}$ʦ$^{h}$iu$^{33}$m$^{21}$t$^{h}$ie$^{55}$vou$^{33}$la$^{21}$.

262）买了菜冇？——买了买菜了吗？——买了。

bai$^{55}$la$^{21}$ʦ$^{h}$uo$^{55}$bau$^{55}$？——bai$^{55}$la$^{21}$.

263）慢慢，食了饭正去归别急，吃了饭再回去。

boŋ$^{33}$boŋ$^{5}$，sei$^{3}$la$^{21}$foŋ$^{33}$ʦaŋ$^{33}$høy$^{53}$kuai$^{21}$.

264）我食□了上昼我吃了中饭。

guo$^{55}$sei$^{3}$hei$^{5}$la$^{21}$soŋ$^{33}$tiu$^{3}$.

（2）“了$_{2}$”用在句末，主要肯定事态出现了变化或即将出现变化。如：

265）满山红□今开了杜鹃花已经开了。

boŋ$^{55}$ sa$^{21}$ hɛŋ$^{53}$ hi$^{21}$ kɐn$^{3}$ huo$^{21}$ la$^{21}$.

266）外头□今开始落水了外面已经开始下雨了。

guo$^{33}$ tia$^{5}$ hi$^{21}$ kɐn$^{3}$ huo$^{21}$ ʦʰɿ$^{55}$ lou$^{3}$ sy$^{35}$ la$^{21}$.

267）有落水了，我□走了雨停了，我们该走了吧。

bau$^{55}$ lou$^{3}$ sy$^{35}$ la$^{21}$，guo$^{55}$ tu$^{5}$ ʦia$^{35}$ la$^{21}$.

268）两个人又讲事了两个人又说起话来了。

lioŋ$^{55}$ kuo$^{55}$ gɐn$^{53}$ jiu$^{33}$ kaŋ$^{35}$ sɿ$^{33}$ la$^{21}$.

269）渠明明差了他明明错了。

ki$^{55}$ baŋ$^{53}$ baŋ$^{53}$ ʦʰou$^{21}$ la$^{21}$.

270）渠怪糊我来晏了他埋怨我来晚了。

ki$^{55}$ kua$^{55}$ fu$^{53}$ guo$^{55}$ luo$^{53}$ m$^{55}$ la$^{21}$.

2. □hei$^{5}$

犁市土话表示动作完成的除了上述动态助词“了$_1$”以外，还有一个意义比较实在的“□hei$^{5}$”。“□hei$^{5}$”相当于普通话表示结果的“掉”、“完”。如：

271）我箇笔拿渠跌□了我的笔被他弄丢了。

guo$^{55}$ ka$^{55}$ pai$^{3}$ la$^{35}$ ki$^{55}$ tei$^{5}$ hei$^{5}$ la$^{21}$.

272）几个人都走□了几个人都走了。

ki$^{35}$ kuo$^{55}$ gɐn$^{53}$ tu$^{21}$ ʦia$^{35}$ hei$^{5}$ la$^{21}$.

273）□个雀飞□了那只鸟飞走了。

haŋ$^{55}$ kuo$^{55}$ ʦio$^{3}$ fai$^{21}$ hei$^{5}$ la$^{21}$.

274）□多菜你食唔食得□这么多菜你吃不吃得完？

kɐn$^{3}$ tou$^{21}$ ʦʰuo$^{55}$ lai$^{55}$ sei$^{3}$ m$^{21}$ sei$^{3}$ tai$^{5}$ hei$^{5}$？

275）你箇衣裳烂□了你的衣服破了。

lai$^{55}$ ka$^{55}$ ji$^{21}$ soŋ$^{5}$ loŋ$^{33}$ hei$^{5}$ la$^{21}$.

“□hei$^{5}$”有时也可以对译为普通话表示完成的“了$_1$”。如：

276）屋哩跌□两个鸡家里丢了两只鸡。

ɛɯ$^{5}$ lai$^{3}$ tei$^{5}$ hei$^{5}$ lioŋ$^{55}$ kuo$^{55}$ kei$^{21}$.

277）我食□一碗饭我吃了一碗饭。

guo$^{55}$ sei$^{3}$ hei$^{5}$ ji$^{5}$ voŋ$^{35}$ foŋ$^{33}$.

278）渠留我住□两日他留我住了两天。

ki$^{55}$ liu$^{53}$ guo$^{55}$ toe$^{33}$ hei$^{5}$ lioŋ$^{55}$ gi$^{3}$.

279）渠做□一日他做了一天。

ki$^{55}$ ʦu$^{3}$ hei$^{5}$ ji$^{5}$ gi$^{3}$.

280）渠□今病□半年了他已经病了半年了。

ki$^{55}$hi$^{21}$kɐn$^{3}$pie$^{33}$hei$^{5}$poŋ$^{55}$lei$^{53}$la$^{21}$.

虽然“□hei$^{5}$”与“了$_{1}$”都可以表示动作的完成，但两者还是存在明显的区别。

比较：

281）□ki$^{55}$本书我睇□hei$^{5}$两日这本书我看了两天。

——□ki$^{55}$本书我睇了两日这本书我看了两天了。

用“□hei$^{5}$”表示这本书已经看完，用“了$_{1}$”表示这本书可能还没看完。

再比较：

282）渠行□hei$^{5}$两日两夜他走了两天两夜。

——渠行了两日两夜他走了两天两夜了。

用“□hei$^{5}$”表示“走”的动作已完成，即已到达目的地；用“了$_{1}$”表示可能还没到达目的地，还要继续走。

此外，“□hei$^{5}$”后可以再带“了$_{2}$”，“了$_{1}$”后则不再带“了$_{2}$”。如：

283）我种箇树拿大水冲□了我栽的树被洪水冲掉了。

guo$^{55}$ʦɛŋ$^{55}$ka$^{55}$su$^{5}$la$^{35}$tuo$^{33}$sy$^{35}$ʦ$^{h}$ɛŋ$^{21}$hei$^{5}$la$^{21}$.

284）岭顶哩箇□蔸老树死□了山顶上那棵老树死掉了。

lie$^{55}$tie$^{35}$lai$^{3}$ka$^{55}$haŋ$^{55}$tia$^{21}$lau$^{55}$su$^{5}$sai$^{35}$hei$^{5}$la$^{21}$.

285）我屋哩箇□个生春箇老鸡婆死□了我家那只下蛋的老母鸡死了。

guo$^{55}$ɛɯ$^{5}$lai$^{3}$ka$^{55}$haŋ$^{55}$kuo$^{55}$sie$^{21}$ʦ$^{h}$ɐn$^{3}$ka$^{55}$lau$^{55}$kei$^{21}$puo$^{5}$sai$^{35}$hei$^{5}$la$^{21}$.

值得注意的是，犁市土话有时也用“了 lio$^{55}$”对译普通话的“了$_{1}$”。如：

286）警察罚了渠一百银警察罚了他一百块钱。

kɐn$^{35}$ʦ$^{h}$a$^{5}$fo$^{3}$lio$^{55}$ki$^{55}$ji$^{5}$pie$^{3}$gɐn$^{53}$.

“了 lio$^{55}$”与“□hei$^{5}$”的用法基本相同，应该是来自周边的客家话。

### （二）持续体

犁市土话的持续体一般用标记词“倒”，“倒”相当于普通话表示状态持续的“着”。如：

287）桌哩摆倒好多食箇东西桌子上摆着许多吃的东西。

ʦou$^{3}$lai$^{3}$pai$^{35}$tau$^{35}$hau$^{35}$tou$^{21}$sei$^{3}$ka$^{55}$tɛŋ$^{21}$sei$^{3}$.

288）石头哩徛倒一个□鹰岩石上站着一只老鹰。

sie$^{3}$tia$^{53}$lai$^{3}$k$^{h}$i$^{55}$tau$^{35}$ji$^{5}$kuo$^{55}$gau$^{53}$jaŋ$^{21}$.

289）村哩住倒汉族、壮族、瑶族村子里住着汉族、壮族、瑶族。

ʦ$^{h}$ɐn$^{21}$lai$^{3}$toe$^{33}$tau$^{35}$hɔn$^{55}$ʦ$^{h}$ɛɯ$^{3}$，ʦaŋ$^{55}$ʦ$^{h}$ɛɯ$^{3}$，jio$^{53}$ʦ$^{h}$ɛɯ$^{3}$.

290）□个人手哩捡倒一张利刀那个人手里拿着一把尖刀。

haŋ$^{55}$kuo$^{55}$gɐn$^{53}$siu$^{35}$lai$^{3}$kɐn$^{35}$tau$^{35}$ji$^{5}$ʦioŋ$^{21}$lai$^{33}$tau$^{3}$.

291）壁哩贴倒一副阿公墙上贴着一幅画。

pie$^{5}$lai$^{3}$t$^{h}$ei$^{5}$tau$^{35}$ji$^{5}$fɛɯ$^{5}$ou$^{21}$kɛŋ$^{3}$.

292）入去一睇，床窦哩瞓倒一个人进去一看，床上躺着一个人。

gi$^{3}$høy$^{53}$ji$^{5}$t$^{h}$a$^{35}$，ʦ$^{h}$aŋ$^{53}$tia$^{3}$lai$^{3}$foŋ$^{55}$tau$^{35}$ji$^{5}$kuo$^{55}$gɐn$^{53}$.

“倒”还可以用在两个动词之间构成连动式，动$_1$表示动$_2$的方式。如：

293）慢慢，坐倒来讲别急，坐着讲。

boŋ$^{33}$boŋ$^{5}$，ʦ$^{h}$ou$^{55}$tau$^{35}$luo$^{53}$kaŋ$^{35}$.

294）坐倒来食好，还係徛倒来食好坐着吃好，还是站着吃好？

ʦ$^{h}$ou$^{55}$tau$^{35}$luo$^{53}$sei$^{3}$hau$^{35}$，ha$^{53}$hia$^{33}$k$^{h}$i$^{55}$tau$^{35}$luo$^{53}$sei$^{3}$hau$^{35}$？

如果动作完成后的状态可以持续，那么，即使普通话用“了$_1$”，犁市土话一般也用“倒”。此时如果在“倒”后加上“了$_1$”，当地人也觉得可以接受。如：

295）壁哩挖倒（了$_1$）一个孔墙上挖了一个洞。

pie$^{5}$lai$^{3}$va$^{5}$tau$^{35}$（la$^{21}$）ji$^{5}$kuo$^{55}$k$^{h}$ɛŋ$^{35}$.

296）我在地哩钉倒（了$_1$）一条墩我在地里打了一个桩。

guo$^{55}$ʦ$^{h}$uo$^{33}$tai$^{33}$lai$^{3}$tie$^{21}$tau$^{35}$（la$^{21}$）ji$^{5}$tio$^{53}$tɐn$^{35}$.

不过，有的动作完成后状态不能持续，犁市土话也用“倒”，不用“了$_1$”。如：

297）正去倒一日就归了才去了一天就回来了。

ʦaŋ$^{33}$høy$^{53}$tau$^{35}$ji$^{5}$gi$^{3}$ʦ$^{h}$iu$^{33}$kuai$^{21}$la$^{21}$.

由上可知，表示完成义的“倒”是由表示动作持续的“倒”进一步演变而来的，因此，有时它既可以理解为表示动作的持续，也可以理解为表示动作的完成。如：

298）门口停倒好多车门口停着/了很多车。

boŋ$^{53}$k$^{h}$ia$^{3}$taŋ$^{53}$tau$^{35}$hau$^{35}$tou$^{21}$ʦ$^{h}$ie$^{21}$.

299）屋哩坐倒好多人屋里坐着/了很多人。

ɛɯ$^{5}$lai$^{3}$ʦ$^{h}$ou$^{55}$tau$^{35}$hau$^{35}$tou$^{21}$gɐn$^{53}$.

300）桌哩放倒一碗水桌上放着/了一碗水。

ʦou$^{3}$lai$^{3}$faŋ$^{55}$tau$^{35}$ji$^{5}$voŋ$^{35}$sy$^{35}$.

301）我穿倒你做个鞋我穿着/了你做的鞋子。

guo$^{55}$ʦ$^{h}$øy$^{21}$tau$^{35}$lai$^{55}$ʦu$^{3}$ka$^{55}$ha$^{53}$.

### （三）进行体

犁市土话的进行体一般用标记词“紧”，“紧”相当于普通话表示动作正在进行的“着”。如：

302）阿毛睇紧电视阿毛正在看电视。

a$^{21}$bau$^{53}$t$^{h}$a$^{35}$kɐn$^{35}$tei$^{33}$sɿ$^{33}$.

303）两个牛斗紧跤两头牛在顶架。

lioŋ$^{55}$kuo$^{55}$giu$^{53}$tia$^{21}$kɐn$^{35}$kau$^{21}$.

304）外头正当落（紧）大水外面正下着大雨。

guo$^{33}$tia$^{5}$ʦaŋ$^{55}$taŋ$^{21}$lou$^{3}$（kɐn$^{35}$）tuo$^{33}$sy$^{35}$.

305）阿弟在瞓（紧）觉弟弟在睡觉。

a$^{21}$t$^{h}$ei$^{55}$ʦ$^{h}$uo$^{55}$foŋ$^{55}$（kɐn$^{35}$）kau$^{55}$.

306）外头落紧水，爱带伞外头在下雨，要带伞。

guo$^{55}$tia$^{5}$lou$^{3}$kɐn$^{35}$sy$^{35}$，uo$^{55}$tuo$^{55}$soŋ$^{55}$.

此外，“紧”还可以表示动$_1$正在进行中出现动$_2$的动作。如：

307）讲紧讲紧渠就哭了说着说着他就哭起来了。

kaŋ$^{35}$kɐn$^{35}$kaŋ$^{35}$kɐn$^{35}$ki$^{55}$ʦ$^{h}$iu$^{33}$hɛɯ$^{5}$la$^{21}$.

308）行紧行紧天就落水了走着走着天就下雨了。

hie$^{53}$kɐn$^{35}$hie$^{53}$kɐn$^{35}$t$^{h}$ei$^{21}$ʦ$^{h}$iu$^{33}$lou$^{3}$sy$^{35}$la$^{21}$.

### （四）经历体

梨市土话的经历体一般用标记词“过”。经历体表肯定时，标记词“过”后一般要再带表示完成的动态助词“了”。如：

309）渠坐过了两年监他坐过两年牢。

ki$^{55}$ʦ$^{h}$ou$^{55}$ku$^{55}$la$^{21}$lioŋ$^{55}$lei$^{53}$ka$^{21}$.

310）我食过了蛇肉我吃过蛇肉。

guo$^{55}$sei$^{3}$ku$^{55}$la$^{21}$sie$^{53}$lɛɯ$^{3}$.

311）我□来过了□角我们来过这里。

guo$^{55}$tu$^{5}$luo$^{53}$ku$^{55}$la$^{21}$ki$^{55}$kou$^{3}$.

312）我晓得渠□睇过了我知道他们看过。

guo$^{55}$hio$^{35}$tai$^{5}$ki$^{55}$tu$^{5}$t$^{h}$a$^{35}$ku$^{55}$la$^{21}$.

313）□日乡长係讲过了昨天乡长是说过。

ʦ$^{h}$aŋ$^{33}$gi$^{5}$hioŋ$^{21}$ʦioŋ$^{35}$hia$^{33}$kaŋ$^{35}$ku$^{55}$la$^{21}$.

314）我好像在□角见过了□个人我好像在那里见过这个人。

guo$^{55}$hau$^{35}$ʦ$^{h}$ioŋ$^{33}$ʦ$^{h}$uo$^{55}$haŋ$^{55}$kou$^{3}$kei$^{55}$ku$^{55}$la$^{21}$ki$^{55}$kuo$^{55}$gɐn$^{53}$.

经历体表否定时，后面则不带“了”。如：

315）我冇去过北京我没有去过北京。

guo$^{55}$ bau$^{55}$ høy$^{53}$ ku$^{55}$ pai$^{5}$ kaŋ$^{21}$.

316）渠冇食过□样菜他没吃过这种菜。

ki$^{55}$ bau$^{55}$ sei$^{3}$ ku$^{55}$ ki$^{55}$ jioŋ$^{33}$ ʦ$^{h}$uo$^{55}$.

下面的句子同时包含表示肯定和否定的经历体。如：

317）渠去过了上海，我冇去过他去过上海，我没去过。

ki$^{55}$ høy$^{53}$ ku$^{55}$ la$^{21}$ soŋ$^{33}$ huo$^{35}$，guo$^{55}$ bau$^{55}$ høy$^{53}$ ku$^{55}$.

318）我慢回睇过了渠，□今冇见过渠我以前看见过他，现在没有看见他。

guo$^{55}$ boŋ$^{33}$ fai$^{53}$ t$^{h}$a$^{35}$ ku$^{55}$ la$^{21}$ ki$^{55}$，hi$^{21}$ kɐn$^{3}$ bau$^{55}$ kei$^{55}$ ku$^{55}$ ki$^{55}$.

## （五）重行体

犁市土话的重行体用标记词“过”，与经历体的标记词相同。如：

319）你冇做好，做过你没有做好，重新做。

lai$^{55}$ bau$^{55}$ ʦu$^{3}$ hau$^{35}$，ʦu$^{3}$ ku$^{55}$.

320）字太草，写过字太潦草了，重写。

sɿ$^{5}$ t$^{h}$ai$^{55}$ ʦ$^{h}$au$^{35}$，sie$^{35}$ ku$^{55}$.

321）衣裳冇洗净，洗过衣服没有洗干净，再洗一次。

ji$^{21}$ soŋ$^{5}$ bau$^{55}$ sei$^{35}$ ʦ$^{h}$ie$^{33}$，sei$^{35}$ ku$^{55}$.

## （六）将行体

犁市土话的将行体一般用能愿动词“爱”来表示。如：

322）外头就爱落水了外面就要下雨了。

guo$^{33}$ tia$^{5}$ ʦ$^{h}$iu$^{33}$ uo$^{55}$ lou$^{3}$ sy$^{35}$ la$^{21}$.

323）村长爱摎你讲一□事村长要跟你说一些事。

ʦ$^{h}$ɐn$^{21}$ ʦioŋ$^{35}$ uo$^{55}$ lau$^{21}$ lai$^{55}$ kaŋ$^{35}$ ji$^{5}$ lia$^{3}$ sɿ$^{33}$.

## （七）尝试体

犁市土话的尝试体一般用“动词＋下”的形式来表示。如：

324）你入来坐下你进来坐坐。

lai$^{55}$ gi$^{3}$ luo$^{53}$ ʦ$^{h}$ou$^{55}$ hou$^{33}$.

325）你去睇下渠来归了冇你去看看他回来了没有。

lai$^{55}$ høy$^{53}$ t$^{h}$a$^{35}$ hou$^{33}$ ki$^{55}$ luo$^{53}$ kuai$^{21}$ la$^{21}$ bau$^{55}$.

326）我有仔头晕，想去瞓下我有点头晕，想去躺躺。

guo$^{55}$ jiu$^{55}$ ʦai$^{3}$ tia$^{53}$ fɐn$^{53}$，sioŋ$^{35}$ høy$^{53}$ foŋ$^{55}$ hou$^{33}$.

327）你问下渠你问问他吧！

lai$^{55}$bɐn$^{33}$hou$^{33}$ki$^{55}$！

### （八）可能体

梨市土话的可能体用“得”来表示。如：

328）我睇得倒黑板哩箇字，渠睇唔倒我看得见黑板上的字，他看不见。

guo$^{55}$tʰa$^{35}$tai$^{5}$tau$^{35}$hei$^{5}$poŋ$^{5}$lai$^{3}$ka$^{55}$sɿ$^{5}$，ki$^{55}$tʰa$^{35}$m$^{21}$tau$^{35}$.

329）你箇话，我听得清；渠箇话，我听唔清你的话，我听得懂；他的话，我听不懂。

lai$^{55}$ka$^{55}$vou$^{5}$，guo$^{55}$tʰie$^{55}$tai$^{5}$ʦʰaŋ$^{21}$；ki$^{55}$ka$^{55}$vou$^{5}$，guo$^{55}$tʰie$^{55}$m$^{21}$ʦʰaŋ$^{21}$.

# 第三节 梨市土话的句法

## 一、句式

### （一）处置句

梨市土话的处置句一般用介词“将”引进处置的对象，而且句中的谓语动词一般不能是光杆动词。如：

330）我将鸡□出去了我把鸡赶出去了。

guo$^{55}$ʦioŋ$^{21}$kei$^{21}$tie$^{5}$ʦʰy$^{5}$høy$^{53}$la$^{21}$.

331）风将门打开了风把门吹开了。

fɛŋ$^{21}$ʦioŋ$^{21}$boŋ$^{5}$tou$^{35}$huo$^{21}$la$^{21}$.

332）渠将我箇单车搞跌了他把我的单车搞丢了。

ki$^{55}$ʦioŋ$^{21}$guo$^{55}$ka$^{55}$toŋ$^{21}$ʦʰie$^{21}$kau$^{35}$tei$^{5}$la$^{21}$.

333）你将鸡搞死了你把鸡弄死了。

lai$^{55}$ʦioŋ$^{21}$kei$^{21}$kau$^{35}$sai$^{35}$la$^{21}$.

除了用介词“将”引进处置对象以外，梨市土话也经常用一般的祈使句表达处置句的意义，不过，宾语前面一般要加“箇”。如果是肯定式的祈使句，句末则还要加代词“渠”。如：

334）闩起箇门渠把门关上！

soŋ$^{21}$hi$^{35}$ka$^{55}$boŋ$^{5}$ki$^{55}$.

335）洗□箇碗渠把碗洗了。

sei$^{35}$hei$^{5}$ka$^{55}$voŋ$^{35}$ki$^{55}$.

336）洗净箇衣裳渠把衣服洗了。

seɪ$^{35}$ʦʰɪe$^{33}$ka$^{55}$ɹɪ$^{21}$soŋ$^{5}$kɪ$^{55}$.

337）叠好箇被渠把被子叠好。

tei$^{5}$ hau$^{35}$ ka$^{55}$ p$^{h}$ai$^{55}$ ki$^{55}$.

338）扭紧箇盖渠把盖子拧紧。

liu$^{35}$ kɐn$^{35}$ ka$^{55}$ kuo$^{3}$ ki$^{55}$.

339）收衣裳入来/收□箇衣裳渠把衣服收进来。

siu$^{21}$ ji$^{21}$ soŋ$^{5}$ gi$^{3}$ luo$^{53}$/siu$^{21}$ hei$^{5}$ ka$^{55}$ ji$^{21}$ soŋ$^{5}$ ki$^{55}$.

如果是否定式的祈使句，则句末不要加代词“渠”。如：

340）唔好跌□了箇单车别把自行车弄丢了。

m$^{21}$ hau$^{35}$ tei$^{5}$ hei$^{5}$ la$^{21}$ ka$^{55}$ toŋ$^{21}$ ʦ$^{h}$ie$^{21}$.

341）唔好食□了箇生果别把水果吃掉了。

m$^{21}$ hau$^{35}$ sei$^{3}$ hei$^{5}$ la$^{21}$ ka$^{55}$ sie$^{21}$ kou$^{35}$.

在处置句的上述两种表达方式中，从周边客家话来看，我们认为，祈使句的表达形式是犁市土话固有的，而用介词“将”的表达方式来自周边客家话。

前文指出，“箇”在犁市土话中经常用作结构助词，相当于普通话的“的”、“地”，那么，上述祈使句中的“箇”是结构助词吗？明显不是，因为它的前面没有修饰成分。我们推测，这个“箇”很可能是一个有指代性的代词。当地人认为，此处的“箇”可以用“指代词+量词”来代替。如：

342）好食□箇饭渠/好食□□碗饭渠把饭吃了。

hau$^{35}$ sei$^{3}$ hei$^{5}$ ka$^{55}$ foŋ$^{33}$ ki$^{55}$/hau$^{35}$ sei$^{3}$ hei$^{5}$ ki$^{55}$ voŋ$^{35}$ foŋ$^{33}$ ki$^{55}$.

343）丢□箇书渠/丢□□本书渠把书扔了。

tiu$^{21}$ hei$^{5}$ ka$^{55}$ sy$^{21}$ ki$^{55}$/tiu$^{21}$ hei$^{5}$ ki$^{55}$ pɐn$^{35}$ sy$^{21}$ ki$^{55}$.

344）抹一下箇桌渠/抹一下□张桌渠把桌子擦一擦。

buo$^{5}$ ji$^{5}$ hou$^{33}$ ka$^{55}$ ʦou$^{3}$ ki$^{55}$/buo$^{5}$ ji$^{5}$ hou$^{33}$ ki$^{55}$ ʦioŋ$^{21}$ ʦou$^{3}$ ki$^{55}$.

### （二）被动句

犁市土话的被动句一般用介词“拿”引进动作的发出者，而且句中的谓语动词一般不能是光杆动词。如：

345）花盆拿人搬走了好几个花盆被人搬走了好几个。

fou$^{21}$ pɐn$^{5}$ la$^{35}$ gɐn$^{53}$ poŋ$^{21}$ ʦia$^{35}$ la$^{21}$ hau$^{35}$ ki$^{35}$ kuo$^{55}$.

346）拿渠估对了给他猜着了。

la$^{35}$ ki$^{55}$ ku$^{35}$ toe$^{55}$ la$^{21}$.

347）包粟拿老鼠食□了玉米被老鼠吃光了。

pau$^{21}$ sɛɯ$^{3}$ la$^{35}$ lau$^{55}$ sy$^{35}$ sei$^{3}$ hei$^{5}$ la$^{21}$.

348）渠拿人□了迷魂药他被人下了蒙汗药。

ki$^{55}$la$^{35}$gɐn$^{53}$tia$^{33}$la$^{21}$bai$^{53}$fɐn$^{53}$jio$^{3}$.

349）□个岭拿火烧□了这座山被火烧掉了。

ki$^{55}$kuo$^{55}$lie$^{55}$la$^{35}$fu$^{35}$sio$^{21}$hei$^{5}$la$^{21}$.

350）□两个细鸡仔都拿我细阿妹踩死了那两只小鸡都被我小妹妹踩死了。

ki$^{55}$lioŋ$^{55}$kuo$^{55}$soe$^{55}$kei$^{21}$ʦuo$^{3}$tu$^{21}$la$^{35}$guo$^{55}$soe$^{55}$a$^{21}$boe$^{35}$ʦ$^{h}$a$^{35}$sai$^{35}$la$^{21}$.

351）渠箇脑盖拿跌下来箇瓦块打伤了他的脑袋被掉下的瓦片砸伤了。

ki$^{55}$ka$^{55}$lau$^{55}$kuo$^{3}$la$^{35}$tei$^{5}$hou$^{55}$luo$^{53}$ka$^{55}$guo$^{55}$k$^{h}$ua$^{35}$tou$^{35}$sioŋ$^{21}$la$^{21}$.

352）三个桃拿你偷□两个来食三个桃子被你偷吃了两个。

sa$^{21}$kuo$^{55}$tau$^{5}$la$^{35}$lai$^{55}$t$^{h}$ia$^{21}$hei$^{5}$lioŋ$^{55}$kuo$^{55}$luo$^{53}$sei$^{3}$.

353）鱼拿猫咪担走了鱼被猫叼走了。

gy$^{5}$la$^{35}$bau$^{53}$bai$^{5}$ta$^{21}$ʦia$^{35}$la$^{21}$.

除了用介词“拿”以外，犁市土话有时也用“俵”来表达被动的含义。如：

354）老三今日俵人咒了老三今天挨骂了。

lau$^{55}$sa$^{21}$kɐn$^{21}$gi$^{3}$pio$^{55}$gɐn$^{53}$ʦiu$^{55}$la$^{21}$.

355）屋哩箇电视机俵人偷□了家里的电视机给偷掉了。

ɛɯ$^{5}$lai$^{3}$ka$^{55}$tei$^{33}$sɿ$^{33}$ki$^{21}$pio$^{55}$gɐn$^{53}$t$^{h}$ia$^{21}$hei$^{5}$la$^{21}$.

356）渠今日俵打了他今天挨打了。

ki$^{55}$kɐn$^{21}$gi$^{5}$pio$^{55}$tou$^{35}$la$^{21}$.

与“拿”不同的是，“俵”后可以出现宾语，也可以不出现宾语，但“拿”后一定要有宾语。“俵”可能来自周边客家话。

需要附带说明的是，“拿”除了作介词外，还可作动词。作动词时主要有三种用法：

第一，相当于普通话的动词“给”。如：

357）我拿渠一个钱我给他一块钱。

guo$^{55}$la$^{35}$ki$^{55}$ji$^{5}$kuo$^{3}$ʦ$^{h}$ei$^{5}$.

358）我拿过渠一个鸡我给了他一只鸡。

guo$^{55}$la$^{35}$ku$^{21}$ki$^{55}$ji$^{5}$kuo$^{55}$kei$^{21}$.

359）渠拿过□个讨食佬一碗饭他给了那个乞丐一碗饭。

ki$^{55}$la$^{35}$ku$^{21}$haŋ$^{55}$kuo$^{55}$t$^{h}$au$^{35}$sei$^{3}$lau$^{35}$ji$^{5}$voŋ$^{35}$foŋ$^{33}$.

第二，相当于普通话的“让”。如：

360）你唔好拿细嘀食烟你不要让小孩抽烟！

lai$^{55}$m$^{21}$hau$^{35}$la$^{35}$sei$^{55}$ta$^{3}$sei$^{3}$jei$^{21}$！

361）渠爱搭车，拿/□渠先食他要赶车，让他先吃。

ki$^{55}$uo$^{55}$ta$^{5}$ʦ$^{h}$ic$^{21}$，la$^{35}$/t$^{h}$aŋ$^{55}$ki$^{55}$sei$^{21}$sei$^{3}$.

362）唔好拿渠晓得了别让他知道了。

m$^{21}$ hau$^{35}$ la$^{35}$ ki$^{55}$ hio$^{35}$ tai$^{5}$ la$^{21}$.

363）我拿渠去卖东西我让他去卖东西。

guo$^{55}$ la$^{35}$ ki$^{55}$ høy$^{53}$ ba$^{55}$ tɛŋ$^{21}$ sei$^{3}$.

第三，相当于普通话表示祝愿的“祝”。如：

364）拿你长命百岁祝你长命百岁！

la$^{35}$ lai$^{55}$ ʦ$^{h}$ioŋ$^{53}$ bie$^{33}$ pie$^{5}$ soe$^{55}$！

365）拿你生日快乐祝你生日快乐！

la$^{35}$ lai$^{55}$ sie$^{21}$ gi$^{5}$ k$^{h}$ua$^{55}$ lou$^{3}$！

**（三）双宾语句**

犁市土话双宾语句的结构一般是“直接宾语 + 过阴平 + 间接宾语”，也可以是“过阴平 + 间接宾语 + 直接宾语”。如：

366）渠讲过我听一件事他告诉我一件事。

ki$^{55}$ kaŋ$^{35}$ ku$^{21}$ guo$^{55}$ t$^{h}$ie$^{55}$ ji$^{5}$ k$^{h}$ei$^{33}$ sɿ$^{33}$.

367）阿毛教一个好方法过我/阿毛教过我一个好方法阿毛教了我一个好办法。

a$^{21}$ bau$^{53}$ kau$^{55}$ ji$^{5}$ kuo$^{55}$ hau$^{35}$ faŋ$^{21}$ fa$^{3}$ ku$^{21}$ guo$^{55}$/a$^{21}$ bau$^{53}$ kau$^{55}$ ku$^{21}$ guo$^{55}$ ji$^{5}$ kuo$^{55}$ hau$^{35}$ faŋ$^{21}$ fa$^{3}$.

368）我借过渠一百银我借给他 100 块钱。

guo$^{55}$ ʦie$^{55}$ ku$^{21}$ ki$^{55}$ ji$^{5}$ pie$^{5}$ gɐn$^{5}$.

369）我送本书过渠/我送过渠一本书我送他一本书。

guo$^{55}$ sɛŋ$^{55}$ pɐn$^{35}$ sy$^{21}$ ku$^{21}$ ki$^{55}$/guo$^{55}$ sɛŋ$^{55}$ ku$^{21}$ ki$^{55}$ ji$^{5}$ pɐn$^{35}$ sy$^{21}$.

**（四）比较句**

表示甲、乙两个事物相同时，犁市土话一般用“甲 + 介词‘摎/凑’ + 平紧 + 指示代词‘□kɐn$^{3}$’ + 形容词”的形式。如：

370）小明摎/凑小李平紧□大小明同小李一样大。

sio$^{35}$ baŋ$^{53}$ lau$^{21}$/ʦ$^{h}$ia$^{55}$ sio$^{35}$ lai$^{55}$ pie$^{53}$ kɐn$^{35}$ kɐn$^{3}$ tuo$^{33}$.

也可用“甲 + 介词‘摎/凑’ + 乙 + 一样 + 形容词”的形式。如：

371）渠箇岁数摎/凑我箇一样大他年龄和我一样大。

ki$^{55}$ ka$^{55}$ soe$^{55}$ su$^{3}$ lau$^{21}$/ʦ$^{h}$ia$^{55}$ guo$^{55}$ ka$^{55}$ ji$^{5}$ jioŋ$^{33}$ tuo$^{33}$.

表示肯定的差比句有两种形式，句中没有数量补语时，一般用“甲 + 介词‘比’ + 乙 + 较 + 形容词/动宾短语”的形式。如：

372）我比他较高我比他高。

guo$^{55}$ pai$^{35}$ ki$^{55}$ kau$^{55}$ kau$^{21}$.

373）渠比你较熟悉他比你更加老练。

ki$^{55}$ pai$^{35}$ lai$^{55}$ kau$^{55}$ sɛɯ$^{3}$ sai$^{5}$.

374）□个比□个较大这个比那个更大。

ki$^{55}$ kuo$^{55}$ pai$^{35}$ haŋ$^{55}$ kuo$^{55}$ kau$^{55}$ tuo$^{33}$.

375）阿弟比阿哥较高弟弟比哥哥还高。

a$^{21}$ t$^{h}$ei$^{55}$ pai$^{35}$ a$^{21}$ kou$^{35}$ kau$^{55}$ kau$^{21}$.

376）做生意比种树揾钱做生意比种树赚钱。

ʦu$^{3}$ sie$^{21}$ ji$^{55}$ pai$^{35}$ ʦɛŋ$^{55}$ su$^{5}$ vɐn$^{35}$ ʦ$^{h}$ei$^{5}$.

377）渠比我较晓得讲话他比我会说话。

ki$^{55}$ pai$^{35}$ guo$^{55}$ kau$^{55}$ hio$^{35}$ tai$^{5}$ kaŋ$^{35}$ vou$^{5}$.

句中有数量补语时，一般用“甲＋形容词＋乙＋数量补语”的形式。如：

378）我大渠一岁我比他大一岁。

guo$^{55}$ tuo$^{33}$ ki$^{55}$ ji$^{5}$ soe$^{55}$.

379）我高你一个头□我高出你一个头。

guo$^{55}$ kau$^{21}$ lai$^{55}$ ji$^{5}$ kuo$^{55}$ tia$^{53}$ la$^{53}$.

表示否定的差比句一般用“甲＋冇＋乙＋指示代词‘□kɐn$^{3}$’＋形容词/动宾短语”的形式。如：

380）□个冇□个□好那个没有这个好。

haŋ$^{55}$ kuo$^{55}$ bau$^{55}$ ki$^{55}$ kuo$^{55}$ kɐn$^{3}$ hau$^{35}$.

381）渠□□角冇□角□冻他们那里没有这里冷。

ki$^{55}$ tu$^{5}$ haŋ$^{55}$ kou$^{3}$ bau$^{55}$ ki$^{55}$ kou$^{3}$ kɐn$^{3}$ tɛŋ$^{55}$.

382）我□今身体冇以前□好我现在身体不如以前了。

guo$^{55}$ hi$^{21}$ kɐn$^{3}$ sɐn$^{21}$ t$^{h}$ai$^{35}$ bau$^{55}$ ji$^{35}$ ʦ$^{h}$ei$^{53}$ kɐn$^{3}$ hau$^{35}$.

383）荔枝比龙眼贵，还冇龙眼□好食荔枝比龙眼贵，还没有龙眼好吃。

lai$^{33}$ ʦɿ$^{21}$ pai$^{35}$ lɛŋ$^{53}$ ga$^{55}$ kuai$^{55}$，ha$^{53}$ bau$^{55}$ lɛŋ$^{53}$ ga$^{55}$ kɐn$^{3}$ hau$^{35}$ sei$^{3}$.

384）我冇渠□爱饮酒我没有他那么爱喝酒。

guo$^{55}$ bau$^{55}$ ki$^{55}$ kɐn$^{3}$ uo$^{55}$ jɐn$^{35}$ ʦiu$^{35}$.

比较句还可用“甲＋（冇）＋形容词＋过＋乙”的形式。如：

385）渠冇高过我他不比我高。

ki$^{55}$ bau$^{55}$ kau$^{21}$ ku$^{55}$ guo$^{55}$.

386）你大过我你比我大。

lai$^{55}$ tuo$^{33}$ ku$^{55}$ guo$^{55}$.

### （五）兼语句

下面列举我们调查到的犁市土话的部分兼语句。如：

387）医生喊你多睏觉医生叫你多睡一睡。

ji$^{21}$ sie$^{21}$ k$^{h}$a$^{55}$ laiː$^{55}$ tou$^{21}$ foŋ$^{55}$ kau$^{55}$.

388）□个细嘀得人中意这孩子很讨人喜欢。

kiː$^{55}$ kuo$^{55}$ seiː$^{55}$ ta$^{3}$ taiː$^{5}$ gɐn$^{53}$ ʦɛŋ$^{55}$ jiː$^{55}$.

389）老李请你饮酒老李请你喝酒。

lau$^{55}$ laiː$^{55}$ ʦ$^{h}$iːe$^{35}$ laiː$^{55}$ jɐn$^{35}$ ʦiu$^{35}$.

390）我老子喊我来睇你我爸爸叫我来看您。

guo$^{55}$ lau$^{55}$ ʦɿ$^{35}$ k$^{h}$a$^{55}$ guo$^{55}$ luo$^{53}$ t$^{h}$a$^{35}$ laiː$^{55}$.

391）渠爱我去城哩寻渠他要我去城里找他。

kiː$^{55}$ uo$^{55}$ guo$^{55}$ høy$^{53}$ sie$^{53}$ laiː$^{3}$ ʦ$^{h}$ɐn$^{53}$ kiː$^{55}$.

392）有人寻你有人找你。

jiu$^{55}$ gɐn$^{53}$ ʦ$^{h}$ɐn$^{53}$ laiː$^{55}$.

### （六）连谓句

以下是我们调查到的犁市土话的部分连谓句。如：

393）渠□食了夜下去睇戏了他们吃过晚饭看戏去了。

kiː$^{55}$ tu$^{5}$ seiː$^{3}$ la$^{21}$ jia$^{33}$ hou$^{5}$ høy$^{53}$ t$^{h}$a$^{35}$ hiː$^{55}$ la$^{21}$.

394）渠饮酒饮多了他喝酒喝多了。

kiː$^{55}$ jɐn$^{35}$ ʦiu$^{35}$ jɐn$^{35}$ tou$^{21}$ la$^{21}$.

395）他阿妹上墟去了他妹妹上街去了。

kia$^{53}$ boe$^{35}$ soŋ$^{55}$ hy$^{21}$ høy$^{53}$ la$^{21}$.

396）你去喊客人来食饭你去请客人来吃饭。

laiː$^{55}$ høy$^{53}$ k$^{h}$a$^{55}$ k$^{h}$iːe$^{5}$ gɐn$^{53}$ luo$^{53}$ seiː$^{3}$ foŋ$^{33}$.

397）我来睇你□两个我来看你们两个。

guo$^{55}$ luo$^{53}$ t$^{h}$a$^{35}$ laiː$^{55}$ tu$^{5}$ lioŋ$^{55}$ kuo$^{55}$.

398）你好拿东西去荚鸡/你好去拿东西荚鸡你去给鸡喂一些食。

laiː$^{55}$ hau$^{35}$ la$^{35}$ tɛŋ$^{21}$ seiː$^{3}$ høy$^{53}$ hiː$^{21}$ keiː$^{21}$ /laiː$^{55}$ hau$^{35}$ høy$^{53}$ la$^{35}$ tɛŋ$^{21}$ seiː$^{3}$ hiː$^{21}$ keiː$^{21}$.

### （七）存现句

下面是我们调查到的犁市土话的部分存现句。如：

399）袋哩有几个苹果袋子里有几个苹果。

tuo$^{33}$ lai$^{3}$ jiu$^{55}$ ki$^{35}$ kuo$^{55}$ paŋ$^{53}$ kou$^{35}$.

400）大水哩有鱼河里有鱼。

tuo$^{33}$ sy$^{35}$ lai$^{3}$ jiu$^{55}$ gy$^{5}$.

401）岭哩有人偷树木山上有人偷砍木材。

lie$^{55}$ lai$^{3}$ jiu$^{55}$ gɐn$^{53}$ t$^{h}$ia$^{21}$ su$^{5}$ bɛɯ$^{5}$.

402）书房面□係一块空地学校前面是一块空地。

sy$^{21}$ faŋ$^{5}$ bei$^{33}$ ʦ$^{h}$ei$^{21}$ hia$^{33}$ ji$^{5}$ k$^{h}$ua$^{35}$ hɛŋ$^{21}$ tai$^{33}$.

403）街哩挤弥了人街上挤满了人。

ka$^{21}$ lai$^{3}$ ʦai$^{21}$ bai$^{53}$ la$^{21}$ gɐn$^{53}$.

404）岭头哩开弥了茶花山上开满了山茶花。

lie$^{55}$ tia$^{53}$ lai$^{3}$ huo$^{21}$ bai$^{53}$ la$^{21}$ ʦ$^{h}$ou$^{53}$ fou$^{21}$.

405）屋哩飞入来一个雀屋里飞进来一只鸟。

ɛɯ$^{5}$ lai$^{3}$ fai$^{21}$ gi$^{3}$ luo$^{53}$ ji$^{5}$ kuo$^{55}$ ʦio$^{3}$.

### （八）判断句

犁市土话判断句用判断动词"係"。如：

406）日日係番薯番瓜天天是红薯南瓜。

gi$^{3}$ gi$^{5}$ hia$^{33}$ foŋ$^{21}$ sy$^{35}$ foŋ$^{21}$ kou$^{21}$.

407）明日係你箇生日了明天是你的生日了。

bie$^{53}$ gi$^{5}$ hia$^{33}$ lai$^{55}$ ka$^{55}$ sie$^{21}$ gi$^{5}$ la$^{21}$.

408）我係汉族，你係瑶族我是汉族，你是瑶族。

guo$^{55}$ hia$^{33}$ hɔn$^{55}$ ʦ$^{h}$ɛɯ$^{3}$，lai$^{55}$ hia$^{33}$ jio$^{53}$ ʦ$^{h}$ɛɯ$^{3}$.

409）渠慢回唔係乡长，□今係乡长他以前不是乡长，现在是乡长。

ki$^{55}$ boŋ$^{33}$ fai$^{53}$ m$^{21}$ hia$^{33}$ hioŋ$^{21}$ ʦioŋ$^{35}$，hi$^{21}$ kɐn$^{3}$ hia$^{33}$ hioŋ$^{21}$ ʦioŋ$^{35}$.

410）我係咒渠，唔係咒你我是骂他，不是骂你。

guo$^{55}$ hia$^{33}$ ʦiu$^{55}$ ki$^{55}$，m$^{21}$ hia$^{33}$ ʦiu$^{55}$ lai$^{55}$.

411）係鸡将米篮□跌了是鸡把米篓弄倒了。

hia$^{33}$ kei$^{21}$ ʦioŋ$^{21}$ buo$^{55}$ la$^{5}$ ʦ$^{h}$au$^{55}$ tei$^{5}$ la$^{21}$.

412）渠就係王老五他就是王老五。

ki$^{55}$ ʦ$^{h}$iu$^{33}$ hia$^{33}$ vaŋ$^{53}$ lau$^{55}$ m$^{55}$.

413）渠还係个细嘀他还是个小孩子。

ki$^{55}$ ha$^{53}$ hia$^{33}$ kuo$^{55}$ sei$^{55}$ ta$^{3}$.

## 二、句类

下面列举犁市土话常用的句类。

## （一）陈述句

陈述句的主语为体词或体词性成分的如：

414）细嘀走□了孩子们走了。

sei$^{55}$ta$^{3}$ʦia$^{35}$hei$^{5}$la$^{21}$.

415）夜下好冻晚上很冷。

jia$^{33}$hou$^{5}$hau$^{35}$tɛŋ$^{55}$.

416）路头边□□了路边塌掉了。

lu$^{5}$tia$^{53}$pei$^{21}$paŋ$^{21}$hei$^{5}$la$^{21}$.

417）今夜箇月皓好圆今晚的月亮圆圆的。

kɐn$^{21}$jia$^{5}$ka$^{55}$gøy$^{5}$hau$^{33}$hau$^{35}$jøy$^{53}$.

418）帽、衣裳、裤、鞋通通都湿□了帽子、衣服、裤子、鞋子全湿了。

bau$^{5}$，ji$^{21}$soŋ$^{5}$，k$^{h}$u$^{55}$，ha$^{53}$t$^{h}$ɛŋ$^{21}$t$^{h}$ɛŋ$^{21}$tu$^{21}$sɿ$^{5}$hei$^{5}$la$^{21}$.

419）一桌 8 个菜、3 樽酒够食了一桌 8 个菜、3 瓶酒够吃了。

ji$^{5}$ʦou$^{3}$pa$^{5}$kuo$^{55}$ʦ$^{h}$uo$^{55}$，sa$^{21}$ʦɐn$^{21}$ʦiu$^{35}$kia$^{55}$sei$^{3}$la$^{21}$.

420）渠□今睏觉了他已经睡觉了。

ki$^{55}$hi$^{21}$kɐn$^{3}$foŋ$^{55}$kau$^{55}$la$^{21}$.

421）什么西都唔食什么都不吃。

sɿ$^{55}$buo$^{55}$sei$^{3}$tu$^{21}$m$^{21}$sei$^{3}$.

422）我□村哩 80 个人我们村子 80 口人。

guo$^{55}$tu$^{5}$ʦ$^{h}$ɐn$^{21}$lai$^{3}$pa$^{5}$sɿ$^{3}$kuo$^{55}$gɐn$^{53}$.

423）你摎我□两个人一齐去你和我两个人一起去。

lai$^{55}$lau$^{21}$guo$^{55}$tu$^{5}$lioŋ$^{55}$kuo$^{55}$gɐn$^{53}$ji$^{5}$ʦ$^{h}$ei$^{53}$høy$^{53}$.

陈述句的主语为谓词或谓词性成分的如：

424）坐倒来斫较安乐坐着砍舒服些。

ʦ$^{h}$ou$^{55}$tau$^{35}$luo$^{53}$tia$^{5}$kau$^{55}$m$^{21}$lou$^{3}$.

425）偷、抢、骗都做偷、抢、骗都干。

t$^{h}$ia$^{21}$，ʦ$^{h}$ioŋ$^{35}$，p$^{h}$ei$^{55}$tu$^{21}$ʦu$^{3}$.

426）饮醉酒好难搞喝醉酒好难受。

jɐn$^{35}$ʦoe$^{55}$ʦiu$^{35}$hau$^{35}$loŋ$^{53}$kau$^{35}$.

427）讲起来易得，做起来难说起来容易，做起来难。

kaŋ$^{35}$hi$^{35}$luo$^{53}$ji$^{3}$tai$^{5}$，ʦu$^{3}$hi$^{35}$luo$^{53}$loŋ$^{53}$.

428）到墟哩买东西好近到集市买东西很近。

tau$^{55}$hy$^{21}$lai$^{3}$ba$^{55}$tɛŋ$^{33}$sei$^{3}$hau$^{35}$k$^{h}$øy$^{55}$.

429）做一日 50 个钱做一天 50 块钱。

ʦu$^{3}$ji$^{5}$gi$^{3}$m$^{55}$sɿ$^{3}$kuo$^{3}$ʦ$^{h}$ei$^{5}$.

### （二）祈使句

梨市土话表示请求的祈使句一般在前面加“好”，而不用“请”。如：

430）渠□打起来了，好去拦住渠□他们打起来了，快去劝劝。

ki$^{55}$tu$^{5}$tou$^{35}$hi$^{35}$luo$^{53}$la$^{21}$，hau$^{35}$høy$^{53}$laŋ$^{53}$toe$^{33}$ki$^{55}$tu$^{5}$.

431）好打开皓穿请把窗户打开。

hau$^{35}$tou$^{35}$huo$^{21}$hau$^{33}$ʦ$^{h}$øy$^{3}$.

432）好帮我拿过来请帮我拿过来。

hau$^{35}$paŋ$^{21}$guo$^{55}$la$^{35}$ku$^{55}$luo$^{53}$.

433）好拿酒来请拿酒来！

hau$^{35}$la$^{35}$ʦiu$^{35}$luo$^{53}$！

434）你好拿□青草去咴牛你给牛喂一些青草。

lai$^{55}$hau$^{35}$la$^{35}$lia$^{3}$ʦ$^{h}$ie$^{21}$ʦ$^{h}$au$^{35}$høy$^{53}$hi$^{21}$giu$^{53}$.

其他的祈使句也列举部分例句。如：

435）走了，我□去饮茶，讲笑走吧，我们出去喝喝茶，聊聊天。

ʦia$^{35}$la$^{21}$，guo$^{55}$tu$^{5}$høy$^{53}$jɐn$^{35}$ʦ$^{h}$ou$^{53}$，kaŋ$^{35}$sio$^{55}$.

436）唔准斫柴禁止砍柴！

m$^{21}$ʦɐn$^{35}$tia$^{5}$ʦ$^{h}$a$^{53}$！

437）你唔好来你别来。

lai$^{55}$m$^{21}$hau$^{35}$luo$^{53}$.

438）路头哩爱小心车辆路上小心车子啊！

lu$^{5}$tia$^{53}$lai$^{3}$uo$^{55}$sio$^{35}$sɐn$^{21}$ʦ$^{h}$ie$^{21}$lioŋ$^{55}$！

439）有电啊，爱小心有电，小心！

jiu$^{55}$tei$^{33}$a$^{21}$，uo$^{55}$sio$^{35}$sɐn$^{21}$！

440）轮到你了，去了轮到你了，去啊！

lɐn$^{53}$tau$^{55}$lai$^{55}$la$^{21}$，høy$^{53}$la$^{21}$！

441）我□走，唔理渠我们走，不管他！

guo$^{55}$tu$^{5}$ʦia$^{35}$，m$^{21}$lai$^{55}$ki$^{55}$！

442）食啊，都拿过你食吃吧，都给你吃！

sei$^{3}$a$^{55}$，tu$^{21}$la$^{35}$ku$^{21}$lai$^{55}$sei$^{3}$！

443）你慢慢睇吧你慢慢看吧！

lai$^{55}$boŋ$^{33}$boŋ$^{5}$t$^{h}$a$^{35}$pa$^{33}$！

444）好好读书好好读书！

hau$^{35}$hau$^{35}$tɛɯ$^{3}$sy$^{21}$！

445）对大人爱有礼貌对大人要有礼貌！

toe$^{55}$tuo$^{33}$gɐn$^{53}$uo$^{55}$jiu$^{55}$lai$^{55}$bau$^{33}$！

446）听先生讲听老师的话！

t$^{h}$ie$^{21}$sei$^{21}$sie$^{21}$kaŋ$^{35}$！

## （三）疑问句

1. 是非问

犁市土话的是非问有两种表达方式：

第一种，用疑问语气词，疑问语气词一般用“吗”，疑问程度较弱时用“吧”。如：

447）你係问我姓□吗你是问我姓什么吗？

lai$^{55}$hia$^{33}$bɐn$^{33}$guo$^{55}$sie$^{55}$sei$^{53}$ba$^{55}$？

448）你记紧了吗你记住了吗？

lai$^{55}$ki$^{55}$kɐn$^{35}$la$^{21}$ba$^{55}$？

449）你认得村长吧你认得村长吧？

lai$^{55}$gɐn$^{53}$tai$^{5}$ʦ$^{h}$ɐn$^{21}$ʦioŋ$^{35}$pa$^{33}$？

450）渠唔认得你吗他不认识你吗？

ki$^{55}$m$^{21}$gɐn$^{53}$tai$^{5}$lai$^{55}$ba$^{55}$？

——係，渠唔认得我是呀，他不认识我。

——hia$^{33}$，ki$^{55}$m$^{21}$gɐn$^{53}$tai$^{5}$guo$^{55}$.

/唔係，渠认得我不是，他认识我。

m$^{21}$hia$^{33}$，ki$^{55}$gɐn$^{53}$tai$^{5}$guo$^{55}$.

451）我有讲你听吗我没告诉你吗？

guo$^{55}$bau$^{55}$kaŋ$^{35}$lai$^{55}$t$^{h}$ie$^{55}$ba$^{55}$？

452）渠讲渠屋哩拿人偷了，有□件事吗？——有□件事他说他家被偷了，有这事吗？——没这件事。

ki$^{55}$kaŋ$^{35}$ki$^{55}$ɛɯ$^{5}$lai$^{3}$la$^{35}$gɐn$^{53}$t$^{h}$ia$^{21}$la$^{21}$，jiu$^{55}$ki$^{55}$k$^{h}$ei$^{33}$sɿ$^{33}$ba$^{55}$？

——bau$^{55}$ki$^{55}$k$^{h}$ei$^{33}$sɿ$^{33}$.

第二种，用正反问的形式来表达。如：

453）你走唔走你走吗？

lai$^{55}$ʦia$^{35}$m$^{21}$ʦia$^{35}$？

454）你食唔食你吃吗？

lai$^{55}$ sei$^{3}$ m$^{21}$ sei$^{3}$？

455）食了饭冇吃饭了吗？

sei$^{3}$ la$^{21}$ foŋ$^{33}$ bau$^{55}$？

456）你箇钟准唔准你的表准吗？

lai$^{55}$ ka$^{55}$ ʦɛŋ$^{21}$ ʦɐn$^{35}$ m$^{21}$ ʦɐn$^{35}$？

2. 正反问

普通话“有没有”的正反问犁市土话有两种形式：

第一种，动词为“有”时，一般用“有＋冇＋宾语”的形式。如：

457）内□有冇人里边有人没有？

loe$^{33}$ t$^{h}$oe$^{3}$ jiu$^{55}$ bau$^{55}$ gɐn$^{53}$？

458）你有冇钱你有钱没有？

lai$^{55}$ jiu$^{55}$ bau$^{55}$ ʦ$^{h}$ei$^{5}$？

459）□个有冇□个□大这个有那个大没有？

ki$^{55}$ kuo$^{55}$ jiu$^{55}$ bau$^{55}$ haŋ$^{55}$ kuo$^{55}$ kɐn$^{3}$ tuo$^{33}$？

第二种，动词为其他动作动词时，一般用“动词＋（宾语）＋冇”的形式，也可用“有＋冇＋动词＋（宾语）”的形式。如：

460）外国你有冇去过/外国你去过冇外国你去过没有？

guo$^{33}$ kuai$^{3}$ lai$^{55}$ jiu$^{55}$ bau$^{55}$ høy$^{53}$ ku$^{55}$/guo$^{33}$ kuai$^{3}$ lai$^{55}$ høy$^{53}$ ku$^{55}$ bau$^{55}$？

461）你去了冇/你有冇去你去了没有？

lai$^{55}$ høy$^{53}$ la$^{21}$ bau$^{55}$/lai$^{55}$ jiu$^{55}$ bau$^{55}$ høy$^{53}$？

462）你食了饭冇/你有冇食饭你吃饭没有？

lai$^{55}$ sei$^{3}$ la$^{21}$ foŋ$^{33}$ bau$^{55}$/lai$^{55}$ jiu$^{55}$ bau$^{55}$ sei$^{3}$ foŋ$^{33}$？

普通话“能不能”的正反问犁市土话一般用“动词＋唔＋得＋（补语）”的形式。如：

463）你捡唔捡得起你拿得动拿不动？

lai$^{55}$ kɐn$^{35}$ m$^{21}$ kɐn$^{35}$ tai$^{5}$ hi$^{35}$？

464）讲唔讲得说得说不得？

kaŋ$^{35}$ m$^{21}$ kaŋ$^{35}$ tai$^{5}$？

其他的正反问一般用“动词/形容词＋唔＋动词/形容词＋（宾语/补语）”的形式。如：

465）你饮唔饮茶你喝不喝茶？

lai$^{55}$ jɐn$^{35}$ m$^{21}$ jɐn$^{35}$ ʦ$^{h}$ou$^{53}$？

466）渠讲得快唔快他说得快不快？

ki$^{55}$ kaŋ$^{35}$ tai$^{5}$ k$^{h}$ua$^{55}$ m$^{21}$ k$^{h}$ua$^{53}$？

467）渠讲唔讲得快他说不说得快？

ki$^{55}$ kaŋ$^{35}$ m$^{21}$ kaŋ$^{35}$ tai$^{5}$ kʰua$^{55}$？

468）□种人该唔该咒这种人该骂不该骂？

ki$^{55}$ ʦɛŋ$^{35}$ gɐn$^{53}$ kuo$^{21}$ m$^{21}$ kuo$^{21}$ ʦiu$^{55}$？

469）係唔係做□□□事就冇□了是不是做完这些事就没有了？

hia$^{33}$ m$^{21}$ hia$^{33}$ ʦu$^{3}$ hei$^{5}$ ki$^{55}$ lia$^{3}$ sɿ$^{33}$ ʦʰiu$^{33}$ bau$^{55}$ hei$^{5}$ la$^{21}$？

470）你带我到村长屋哩，得唔得你带我去村长家，好不好？

lai$^{55}$ tuo$^{55}$ guo$^{55}$ tau$^{55}$ ʦʰɐn$^{21}$ ʦioŋ$^{35}$ ɛɯ$^{5}$ lai$^{3}$，tai$^{5}$ m$^{21}$ tai$^{5}$？

471）我□爱唔爱□一下渠我们要不要等他一下？

guo$^{55}$ tu$^{5}$ uo$^{55}$ m$^{21}$ uo$^{55}$ tʰaŋ$^{55}$ ji$^{5}$ hou$^{33}$ ki$^{55}$？

472）渠唱歌好唔好听他唱歌好不好听？

ki$^{55}$ ʦʰoŋ$^{55}$ kou$^{21}$ hau$^{35}$ m$^{21}$ hau$^{35}$ tʰie$^{55}$？

473）□两本书送过你，取唔取？——□本取，□本唔取这两本书送给你，要不要？——这本要，那本不要。

ki$^{55}$ lioŋ$^{55}$ pɐn$^{35}$ sy$^{21}$ sɛŋ$^{55}$ ku$^{21}$ lai$^{55}$，ʦʰoe$^{35}$ m$^{21}$ ʦʰoe$^{35}$？——ki$^{55}$ pɐn$^{35}$ ʦʰoe$^{35}$，haŋ$^{55}$ pɐn$^{35}$ m$^{21}$ ʦʰoe$^{35}$.

3. 选择问

犁市土话的选择问一般是在并列的几个项目中用“……还係……”来连接，也可用语气词“呀”来连接。如：

474）先食饭还係先洗身先吃饭还是先洗澡？

sei$^{21}$ sei$^{3}$ foŋ$^{33}$ ha$^{53}$ hia$^{33}$ sei$^{21}$ sei$^{35}$ sɐn$^{21}$？

475）你係食饭，还係食面，还係食米糕你是吃饭，还是吃面，还是吃米线？

lai$^{55}$ hia$^{33}$ sei$^{3}$ foŋ$^{33}$，ha$^{53}$ hia$^{33}$ sei$^{3}$ bei$^{33}$，ha$^{53}$ hia$^{33}$ sei$^{3}$ buo$^{55}$ kau$^{21}$？

476）明日开会我去还係你去明天开会我去还是你去？

bie$^{53}$ gi$^{5}$ huo$^{21}$ fai$^{33}$ guo$^{55}$ høy$^{53}$ ha$^{53}$ hia$^{33}$ lai$^{55}$ høy$^{53}$？

477）你係来帮忙箇还係来□乱箇你是来帮忙呢，还是来捣乱呢？

lai$^{55}$ hia$^{33}$ luo$^{53}$ paŋ$^{21}$ baŋ$^{53}$ ka$^{55}$ ha$^{53}$ hia$^{33}$ luo$^{53}$ ʦʰau$^{55}$ loŋ$^{33}$ ka$^{55}$？

478）你食烟呀饮茶你是抽烟还是喝茶？

lai$^{55}$ sei$^{3}$ jei$^{21}$ jia$^{55}$ jɐn$^{35}$ ʦʰou$^{53}$？

479）你係食苹果呀食桃你是吃苹果还是吃桃子？

lai$^{55}$ hia$^{33}$ sei$^{3}$ paŋ$^{53}$ kou$^{35}$ jia$^{55}$ sei$^{3}$ tau$^{5}$？

4. 特指问

特指问一般用疑问代词来表示，下面分别说明。

问人的如：

480）什人呀谁啊？

sɿ$^{55}$gɐn$^{53}$jia$^{33}$？

481）□个係李先生哪个是李老师？

ba$^{3}$kuo$^{55}$hia$^{33}$lai$^{55}$sei$^{21}$sie$^{21}$？

问事情的如：

482）渠在做什么西他在做什么呢？

ki$^{55}$ʦ$^{h}$uo$^{55}$ʦu$^{3}$sɿ$^{55}$buo$^{55}$sei$^{3}$？

483）你寻我有什么事你找我有什么事？

lai$^{55}$ʦ$^{h}$ɐn$^{53}$guo$^{55}$jiu$^{55}$sɿ$^{55}$buo$^{55}$sɿ$^{33}$？

484）你爱取□你要什么？

lai$^{55}$uo$^{55}$ʦ$^{h}$oe$^{35}$sei$^{53}$？

485）□座屋係你屋哩哪栋房子是你家？

ba$^{3}$ʦ$^{h}$ou$^{33}$ɛɯ$^{5}$hia$^{33}$lai$^{55}$ɛɯ$^{5}$lai$^{3}$？

问处所的如：

486）你箇屋在□角你的家在哪里？

lai$^{55}$ka$^{55}$ɛɯ$^{5}$ʦ$^{h}$uo$^{55}$ba$^{3}$kou$^{3}$？

487）你□係□角人你们是哪里人？

lai$^{55}$tu$^{5}$hia$^{33}$ba$^{3}$kou$^{3}$gɐn$^{53}$？

问数量的如：

488）你想喊几多个人帮手你打算请几个人来帮忙？

lai$^{55}$sioŋ$^{35}$k$^{h}$a$^{55}$ki$^{35}$tou$^{21}$kuo$^{55}$gɐn$^{53}$paŋ$^{21}$siu$^{35}$？

489）你买几多个鸡你买几只鸡？

lai$^{55}$ba$^{55}$ki$^{35}$tou$^{21}$kuo$^{55}$kei$^{21}$？

490）你爱几多张刀你要几把刀？

lai$^{55}$uo$^{55}$ki$^{35}$tou$^{21}$ʦioŋ$^{21}$tau$^{3}$？

491）□角到□角有几多路从这儿到那儿有多远？

ki$^{55}$kou$^{3}$tau$^{55}$haŋ$^{55}$kou$^{3}$jiu$^{55}$ki$^{35}$tou$^{21}$lu$^{5}$？

问时间的如：

492）我□几时食夜下我们什么时候吃晚饭？

guo$^{55}$tu$^{5}$ki$^{35}$sɿ$^{53}$sei$^{3}$jia$^{33}$hou$^{5}$？

493）今日几多号今天几号？

kɐn$^{21}$gi$^{5}$ki$^{35}$tou$^{21}$hau$^{33}$？

问原因的如：

494）□个人□宗在□角行来行去那个人为什么在那里走来走去？

haŋ$^{55}$ kuo$^{55}$ gɐn$^{53}$ ba$^{3}$ tsɛŋ$^{21}$ tsʰuo$^{55}$ haŋ$^{55}$ kou$^{3}$ hie$^{53}$ luo$^{53}$ hie$^{53}$ høy$^{53}$？

495）渠□宗唔来他为什么不来？

ki$^{55}$ ba$^{3}$ tsɛŋ$^{21}$ m$^{21}$ luo$^{53}$？

问性状的如：

496）□蔸树有几高这棵树有多高？

ki$^{55}$ tia$^{21}$ su$^{5}$ jiu$^{55}$ ki$^{35}$ kau$^{21}$？

497）□间屋有几阔那间房子有多宽？

haŋ$^{55}$ ka$^{21}$ ɛɯ$^{5}$ jiu$^{55}$ ki$^{35}$ kʰuo$^{5}$？

498）□桶米有几重这桶米有多重？

ki$^{55}$ tʰɛŋ$^{35}$ buo$^{55}$ jiu$^{55}$ ki$^{35}$ tsʰɛŋ$^{55}$？

问方式的如：

499）"趁墟"本地话□宗讲"赶集"本地话怎么说？

"tsʰɐn$^{55}$ hy$^{21}$" pɐn$^{35}$ tai$^{33}$ vou$^{5}$ ba$^{3}$ tsɛŋ$^{21}$ kaŋ$^{35}$？

500）如果坐唔倒车，□宗办要是坐不上车呢，怎么办？

ji$^{53}$ kou$^{35}$ tsʰou$^{55}$ m$^{21}$ tau$^{35}$ tsʰie$^{21}$，ba$^{3}$ tsɛŋ$^{21}$ pa$^{55}$？

特指问有时也可省略相应的疑问代词，在词或短语后加"呢"来表示。如：

501）渠箇衣裳洗伶俐了，你箇呢他的衣服洗干净了，你的呢？

ki$^{55}$ ka$^{55}$ ji$^{21}$ soŋ$^{5}$ sei$^{35}$ lie$^{3}$ lai$^{5}$ la$^{21}$，lai$^{55}$ ka$^{55}$ le$^{55}$？

除了上述有疑而问的疑问句以外，犁市土话中还有反问句。反问句有时用"好话"来表示，"好话"相当于普通话的"难道"。如：

502）我都讲了渠听，好话渠冇记倒我已经告诉他了，难道他没记住？

guo$^{55}$ tu$^{21}$ kaŋ$^{35}$ la$^{21}$ ki$^{55}$ tʰie$^{55}$，hau$^{35}$ vou$^{33}$ ki$^{55}$ bau$^{55}$ ki$^{55}$ tau$^{35}$？

503）好话我一定爱去难道非得我去？

hau$^{35}$ vou$^{33}$ guo$^{55}$ ji$^{5}$ taŋ$^{33}$ uo$^{55}$ høy$^{53}$？

有时也可不用其他虚词，单纯用语气来表示反问的意思。如：

504）我□宗唔晓得□回事我怎么不知道这个事呢？

guo$^{55}$ ba$^{3}$ tsɛŋ$^{21}$ m$^{21}$ hio$^{35}$ tai$^{5}$ ki$^{55}$ fai$^{53}$ sɿ$^{33}$？

505）我唔去，□人去我不去，谁去呢？

guo$^{55}$ m$^{21}$ høy$^{53}$，sɿ$^{55}$ gɐn$^{53}$ høy$^{53}$？

## （四）感叹句

下面列举我们调查到的犁市土话的部分感叹句，列举时尽量照顾到各类感叹句以及所使用的各种叹词。如：

506）嘿，好大箇树啊哇，好大的树啊！

hei$^{53}$，hau$^{35}$tuo$^{33}$ka$^{55}$su$^{5}$a$^{21}$！

507）啊，岭顶哩好凉啊哇，山顶上好凉快啊！

a$^{55}$，lie$^{55}$tie$^{35}$lai$^{3}$hau$^{35}$lioŋ$^{53}$a$^{21}$！

508）欸！你箇面好肿咦！你的脸肿得好大啊！

ei$^{35}$！lai$^{55}$ka$^{55}$bei$^{33}$hau$^{35}$ʦɛŋ$^{35}$！

509）啊□！着火了啰啊！着火了！

a$^{33}$ʦai$^{35}$！ʦ$^{h}$iu$^{3}$fu$^{35}$la$^{21}$luo$^{33}$！

510）哎呀，你吓死我喔哎呀，你吓死我啦！

ai$^{33}$jia$^{33}$，lai$^{55}$hie$^{5}$sai$^{35}$guo$^{55}$uo$^{21}$！

511）啊，什么回事唉，怎么回事啊？

a$^{21}$，sɿ$^{55}$buo$^{55}$fai$^{53}$sɿ$^{33}$？

512）喂，小声仔哎，小声点！

uai$^{55}$，sio$^{35}$sie$^{21}$ʦai$^{5}$！

513）哎哟！蛇哎呀！蛇！

ai$^{33}$jio$^{13}$！sie$^{53}$！

514）天老爷呀，有鬼我的妈呀，有鬼！

t$^{h}$ei$^{21}$lau$^{55}$jia$^{5}$jia$^{21}$，jiu$^{55}$kuai$^{35}$！

515）我有钱就好了我有钱就好了！

guo$^{55}$jiu$^{55}$ʦ$^{h}$ei$^{5}$ʦ$^{h}$iu$^{33}$hau$^{35}$la$^{21}$！

516）冇办法，屋哩好穷没办法，家里穷啊！

bau$^{55}$pa$^{33}$fa$^{3}$，ɛɯ$^{5}$lai$^{3}$hau$^{35}$k$^{h}$ɛŋ$^{53}$！

517）欸，真係冇法子唉，真的没有办法呐！

ei$^{53}$，ʦɐn$^{21}$hia$^{33}$bau$^{55}$fa$^{3}$ʦɿ$^{3}$！

518）呣，今日运气唔好哎，今天运气不好！

m$^{33}$，kɐn$^{21}$gi$^{5}$jɐn$^{33}$hi$^{55}$m$^{21}$hau$^{35}$！

519）哼，有什么了不起哼，有什么了不起！

hɛŋ$^{53}$，jiu$^{55}$sɿ$^{55}$buo$^{55}$lio$^{35}$pu$^{55}$hi$^{35}$！

520）哈哈，我赢你了哈哈！我赢了你了。

ha$^{55}$ha$^{55}$，guo$^{55}$jie$^{53}$lai$^{55}$la$^{21}$.

521）喔，我懂了噢，我懂了。

uo$^{55}$，guo$^{55}$tɛŋ$^{35}$la$^{21}$.

522）呸！你□个细嘀真係冇用呸！你这小子真没出息！

p$^{h}$ai$^{55}$！lai$^{55}$ki$^{55}$kuo$^{55}$sei$^{55}$ta$^{3}$ʦɐn$^{21}$hia$^{33}$bau$^{55}$jɛŋ$^{33}$！

523）好大箇架□啊好大的架子啊！

hau$^{35}$ tuo$^{33}$ ka$^{55}$ kou$^{55}$ laŋ$^{55}$ a$^{21}$！

## 三、复句

下面按复句的类型列举我们调查到的犁市土话的复句。

### （一）并列关系

524）□个老大人边睇报，边□眼睏这个老人家一边看报，一边打瞌睡。

ki$^{55}$ kuo$^{55}$ lau$^{55}$ tuo$^{33}$ ɡɐn$^{53}$ pei$^{21}$ t$^{h}$a$^{35}$ pau$^{55}$，pei$^{21}$ ʦ$^{h}$ɐn$^{35}$ ɡa$^{55}$ foŋ$^{55}$.

525）渠一面睇电视，一面食烟他一边看电视，一边抽烟。

ki$^{55}$ ji$^{5}$ bei$^{33}$ t$^{h}$a$^{35}$ tei$^{33}$ sɿ$^{33}$，ji$^{5}$ bei$^{33}$ sei$^{3}$ jei$^{21}$.

526）妹嘀一面做事一面唱姑娘们边做事边唱歌。

buo$^{33}$ ta$^{3}$ ji$^{5}$ bei$^{33}$ ʦu$^{3}$ sɿ$^{33}$ ji$^{5}$ bei$^{33}$ ʦ$^{h}$ioŋ$^{55}$.

527）我阿弟又饮酒又食烟我弟弟又喝酒又抽烟。

guo$^{53}$ t$^{h}$ei$^{55}$ jiu$^{33}$ jɐn$^{35}$ ʦiu$^{35}$ jiu$^{33}$ sei$^{3}$ jei$^{21}$.

528）渠又当男又当女他又当爸又当妈。

ki$^{55}$ jiu$^{33}$ taŋ$^{21}$ la$^{53}$ jiu$^{33}$ taŋ$^{21}$ loe$^{55}$.

529）□对鞋好睇，又经穿这双鞋既好看，又经穿。

ki$^{55}$ toe$^{55}$ ha$^{53}$ hau$^{35}$ t$^{h}$a$^{35}$，jiu$^{33}$ kɐn$^{21}$ ʦ$^{h}$øy$^{21}$.

530）你骑马，我骑车你骑马，我骑车。

lai$^{55}$ k$^{h}$i$^{53}$ bou$^{55}$，guo$^{55}$ k$^{h}$i$^{53}$ ʦ$^{h}$ie$^{21}$.

531）你箇新，我箇旧你的新，我的旧。

lai$^{55}$ ka$^{55}$ sɐn$^{21}$，guo$^{55}$ ka$^{55}$ k$^{h}$iu$^{33}$.

532）我阿弟瞓内□□间屋，我瞓外头□间屋我弟弟睡里面那间房子，我睡外面这间房子。

guo$^{53}$ t$^{h}$ei$^{55}$ foŋ$^{55}$ loe$^{33}$ t$^{h}$oe$^{3}$ haŋ$^{55}$ ka$^{21}$ ɛɯ$^{5}$，guo$^{55}$ foŋ$^{55}$ guo$^{33}$ tia$^{5}$ ki$^{55}$ ka$^{21}$ ɛɯ$^{5}$.

533）你去寻柴，我去到地哩做工夫你去拣柴火，我下地干活。

lai$^{55}$ høy$^{53}$ ʦ$^{h}$ɐn$^{53}$ ʦ$^{h}$a$^{53}$，guo$^{55}$ høy$^{53}$ tau$^{55}$ tai$^{33}$ lai$^{3}$ ʦu$^{3}$ kɛŋ$^{21}$ fu$^{21}$.

534）瓦煲哩焗紧肉，镬头哩煮紧饭砂锅里炖着肉，铁锅里煮着饭。

guo$^{55}$ pou$^{21}$ lai$^{3}$ kɛɯ$^{5}$ kɐn$^{35}$ lɛɯ$^{3}$，vou$^{3}$ tia$^{53}$ lai$^{3}$ ʦy$^{35}$ kɐn$^{35}$ foŋ$^{33}$.

535）你唔係唔晓得，係装诈唔晓得你不是不知道，而是装作不知道。

lai$^{55}$ m$^{21}$ hia$^{33}$ m$^{21}$ hio$^{35}$ tai$^{5}$，hia$^{33}$ ʦaŋ$^{21}$ ʦou$^{55}$ m$^{21}$ hio$^{35}$ tai$^{5}$.

536）对就係对，唔对就係唔对对就是对，不对就是不对。

toe$^{55}$ ʦ$^{h}$iu$^{33}$ hia$^{33}$ toe$^{55}$，m$^{21}$ toe$^{55}$ ʦ$^{h}$iu$^{33}$ hia$^{33}$ m$^{21}$ toe$^{55}$.

537）我中意食酸箇、辣箇，唔食甜箇、苦箇我喜欢吃酸的、辣的，不吃甜的、苦的。

guo$^{55}$ʦɛŋ$^{55}$ji$^{55}$sei$^{3}$soŋ$^{21}$ka$^{55}$，luo$^{3}$ka$^{55}$，m$^{21}$sei$^{3}$ta$^{53}$ka$^{55}$，fu$^{35}$ka$^{55}$.

### （二）顺承关系

538）细嘀穿倒新衣裳，欢欢喜喜入书房孩子穿着新衣服，高高兴兴上学去了。

sei$^{55}$ta$^{3}$ʦ$^{h}$øy$^{21}$tau$^{35}$sɐn$^{21}$ji$^{21}$soŋ$^{5}$，k$^{h}$uoŋ$^{21}$k$^{h}$uoŋ$^{21}$hi$^{35}$hi$^{35}$gi$^{3}$sy$^{21}$faŋ$^{5}$.

539）渠奀饱了牛，正去到地哩做功夫他把牛喂饱了，才去地里干活。

ki$^{55}$hi$^{21}$pau$^{35}$la$^{21}$giu$^{53}$，ʦaŋ$^{33}$høy$^{53}$tau$^{55}$tai$^{33}$lai$^{3}$ʦu$^{3}$kɛŋ$^{21}$fu$^{21}$.

540）□个鸡动了几下就死□了这只鸡开始动了几下，后来就死了。

ki$^{55}$kuo$^{55}$kei$^{21}$tɛŋ$^{33}$la$^{21}$ki$^{35}$hou$^{33}$ʦ$^{h}$iu$^{33}$sai$^{35}$hei$^{5}$la$^{21}$.

541）书记一来阿□就开会支书一到，咱们就开会。

sy$^{21}$ki$^{55}$ji$^{5}$luo$^{53}$a$^{21}$tu$^{5}$ʦ$^{h}$iu$^{33}$huo$^{21}$fai$^{33}$.

### （三）解说关系

542）来饮酒箇人好多，有亲戚，有朋友，有隔篱箇来喝喜酒的人很多，有亲戚，有朋友，有邻居。

luo$^{53}$ jɐn$^{35}$ ʦiu$^{35}$ ka$^{55}$ gɐn$^{53}$ hau$^{35}$ tou$^{21}$，jiu$^{55}$ ʦ$^{h}$ɐn$^{21}$ ʦ$^{h}$ai$^{5}$，jiu$^{55}$ pɛŋ$^{53}$ jiu$^{3}$，jiu$^{55}$kie$^{5}$lai$^{5}$ka$^{55}$.

543）渠好大胆，连老子老母都敢打他太不像话了，连父母都敢打。

ki$^{55}$hau$^{35}$tuo$^{33}$ta$^{35}$，lei$^{53}$lau$^{55}$ʦɿ$^{35}$lau$^{55}$bu$^{55}$tu$^{21}$ka$^{35}$tou$^{35}$.

### （四）选择关系

544）一係食鸡，一係食鱼，你自己选要么吃鸡，要么吃鱼，你自己挑。

ji$^{5}$hia$^{33}$sei$^{3}$kei$^{21}$，ji$^{5}$hia$^{33}$sei$^{3}$gy$^{5}$，lai$^{55}$sɿ$^{21}$ki$^{3}$søy$^{35}$.

545）你屋哩係你去还係你阿弟去你们家是你去，还是你弟弟去？

lai$^{55}$ɛɯ$^{5}$lai$^{3}$hia$^{33}$lai$^{55}$høy$^{53}$ha$^{53}$hia$^{33}$la$^{53}$t$^{h}$ei$^{55}$høy$^{53}$？

546）□个唔係你做箇，就係渠做箇这个不是你干的，就是他干的。

ki$^{55}$kuo$^{55}$m$^{21}$hia$^{33}$lai$^{55}$ʦu$^{3}$ka$^{55}$，ʦ$^{h}$iu$^{33}$hia$^{33}$ki$^{55}$ʦu$^{3}$ka$^{55}$.

547）在屋哩搞，还愿出去打工闲在家里，还不如出去打工。

ʦ$^{h}$uo$^{55}$ɛɯ$^{5}$lai$^{3}$kau$^{35}$，ha$^{53}$gøy$^{33}$ʦ$^{h}$y$^{5}$høy$^{53}$tou$^{35}$kɛŋ$^{21}$.

548）有钱借过渠，不如送过别人把钱借给他，还不如送给别人。

jiu$^{55}$ʦ$^{h}$ie$^{5}$ʦie$^{55}$ku$^{21}$ki$^{55}$，pu$^{55}$jy$^{53}$sɛŋ$^{55}$ku$^{21}$pei$^{3}$gɐn$^{53}$.

### （五）递进关系

549）□个妹嘀唔单嘴会讲，并且做事好厉害这个姑娘不但嘴巴会说，而且做事也麻利。

ki$^{55}$ kuo$^{55}$ buo$^{33}$ ta$^{3}$ m$^{21}$ toŋ$^{21}$ ʦoe$^{35}$ vo$^{33}$ kaŋ$^{35}$，paŋ$^{33}$ ʦʰie$^{35}$ ʦu$^{3}$ sɿ$^{33}$ hau$^{35}$ lai$^{33}$ huo$^{33}$.

550）阿弟唔单是晓得开车，也晓得修车弟弟不但会开车，还会修车。

a$^{21}$ tʰei$^{55}$ m$^{21}$ toŋ$^{21}$ sɿ$^{33}$ hio$^{35}$ tai$^{5}$ huo$^{21}$ ʦʰie$^{21}$，jia$^{33}$ hio$^{35}$ tai$^{5}$ siu$^{21}$ ʦʰie$^{21}$.

## （六）转折关系

转折关系复句常用关联词语“唔该”。如：

551）渠虽则矮细，但气力好大他个子小，但力气很大。

ki$^{55}$ soe$^{21}$ ʦai$^{5}$ ai$^{35}$ soe$^{55}$，taŋ$^{33}$ hi$^{55}$ lai$^{3}$ hau$^{35}$ tuo$^{33}$.

552）细箇可以食，唔该有仔酸小的可以吃，只是有点酸。

soe$^{55}$ ka$^{55}$ kʰou$^{35}$ ji$^{55}$ sei$^{3}$，m$^{21}$ kuo$^{21}$ jiu$^{55}$ ʦai$^{3}$ soŋ$^{21}$.

553）我晓得骑马，唔该□今我唔想骑我会骑马，但是现在不想骑。

guo$^{55}$ hio$^{35}$ tai$^{5}$ kʰi$^{53}$ bou$^{55}$，m$^{21}$ kuo$^{21}$ hi$^{21}$ kɐn$^{3}$ guo$^{55}$ m$^{21}$ sioŋ$^{35}$ kʰi$^{53}$.

554）□□东□好係好，唔该太贵这东西好是好，可是太贵。

ki$^{55}$ ʦei$^{35}$ tɛŋ$^{21}$ kʰei$^{3}$ hau$^{35}$ hia$^{33}$ hau$^{35}$，m$^{21}$ kuo$^{21}$ tʰai$^{55}$ kuai$^{55}$.

## （七）条件关系

555）你越食咸箇、辣箇，嘴管就越干你越吃咸的、辣的，就越口干。

lai$^{55}$ jøy$^{3}$ sei$^{3}$ ha$^{53}$ ka$^{55}$，luo$^{3}$ ka$^{55}$，ʦoe$^{35}$ kuoŋ$^{35}$ ʦʰiu$^{33}$ jøy$^{3}$ kuoŋ$^{21}$.

556）你越咒渠，渠越唔听你越骂他，他越不听你的。

lai$^{55}$ jøy$^{3}$ ʦiu$^{55}$ ki$^{55}$，ki$^{55}$ jøy$^{3}$ m$^{21}$ tʰie$^{55}$.

557）我□走到□角，就到□角箇旅店住我们走到哪里，就在哪里的旅馆住。

guo$^{55}$ tu$^{5}$ ʦia$^{35}$ tau$^{55}$ ba$^{3}$ kou$^{3}$，ʦʰiu$^{33}$ tau$^{55}$ ba$^{3}$ kou$^{3}$ ka$^{55}$ loe$^{5}$ tei$^{33}$ toe$^{33}$.

558）你去，我正去你去，我才去。

lai$^{55}$ høy$^{53}$ guo$^{55}$ ʦaŋ$^{33}$ høy$^{53}$.

559）渠□宗讲，你就□宗做他怎么说，你就怎么做。

ki$^{55}$ ba$^{3}$ ʦɛŋ$^{21}$ kaŋ$^{35}$，lai$^{55}$ ʦʰiu$^{33}$ ba$^{3}$ ʦɛŋ$^{21}$ ʦu$^{3}$.

560）□□门□宗关也关唔倒这个门怎么关也关不上。

ki$^{55}$ fu$^{55}$ boŋ$^{5}$ ba$^{3}$ ʦɛŋ$^{21}$ kua$^{21}$ jia$^{33}$ kua$^{21}$ m$^{21}$ tau$^{35}$.

## （八）假设关系

561）假如你问我一下，就上唔倒渠箇当如果你问我一下，就不会上他的当了。

kou$^{35}$ jy$^{53}$ lai$^{55}$ bɐn$^{33}$ guo$^{55}$ ji$^{5}$ hou$^{33}$，ʦʰiu$^{33}$ soŋ$^{55}$ m$^{21}$ tau$^{35}$ ki$^{55}$ ka$^{55}$ taŋ$^{55}$.

562）假如我係你，就唔会放□□个贼佬如果我是你的话，就不会轻易放了那个小偷。

kou$^{35}$jy$^{53}$guo$^{55}$hia$^{33}$lai$^{55}$，ʦʰiu$^{33}$m$^{21}$vo$^{33}$faŋ$^{55}$hei$^{5}$haŋ$^{55}$kuo$^{55}$ʦʰai$^{3}$lau$^{35}$.

563）如果係别人，□件事办唔到要是别人，这事儿就办不成。

ji$^{53}$kou$^{35}$hia$^{33}$pei$^{3}$gɐn$^{53}$，ki$^{55}$kʰei$^{33}$sɿ$^{33}$pa$^{33}$m$^{21}$tau$^{55}$.

564）就係扛镬头过街，也爱送细嘀读书就是砸锅卖铁，也要供孩子读书。

ʦʰiu$^{33}$hia$^{33}$kaŋ$^{21}$vou$^{3}$tia$^{53}$ku$^{55}$ka$^{21}$，jia$^{33}$uo$^{55}$sɛŋ$^{55}$sei$^{55}$ta$^{3}$tɛɯ$^{3}$sy$^{21}$.

565）你来早一仔就见倒渠你来早一点就见到他了。

lai$^{55}$luo$^{53}$ʦau$^{35}$ji$^{5}$ʦai$^{3}$ʦʰiu$^{33}$kei$^{55}$tau$^{35}$ki$^{55}$.

566）你想食□就买□你想吃什么就买什么。

lai$^{55}$sioŋ$^{35}$sei$^{3}$sei$^{53}$ʦʰiu$^{33}$ba$^{55}$sei$^{53}$.

## （九）因果关系

567）□夜饮了冻酒，肚箩有仔唔妥当昨晚喝了冷酒，肚子有点不舒服。

ʦʰaŋ$^{33}$jia$^{5}$jɐn$^{35}$la$^{21}$tɛŋ$^{55}$ʦiu$^{35}$，tu$^{35}$lou$^{5}$jiu$^{55}$ʦai$^{3}$m$^{21}$tʰou$^{35}$taŋ$^{55}$.

568）去墟哩箇路修正了，明日我□可以趁墟了去街上的路修好了，明天我们可以上街了。

høy$^{53}$hy$^{21}$lai$^{3}$ka$^{55}$lu$^{5}$siu$^{21}$ʦie$^{55}$la$^{21}$，bie$^{53}$gi$^{5}$guo$^{55}$tu$^{5}$kʰou$^{35}$ji$^{55}$ʦʰɐn$^{55}$hy$^{21}$la$^{21}$.

569）屋哩有事，我唔去因为家里有事，我不去了。

ɛɯ$^{5}$lai$^{3}$jiu$^{55}$sɿ$^{33}$，guo$^{55}$m$^{21}$høy$^{53}$.

570）你箇病好了，可以出院了既然你的病好了，就可以出院了。

lai$^{55}$ka$^{55}$pie$^{33}$hau$^{35}$la$^{21}$，kʰou$^{35}$ji$^{55}$ʦʰy$^{5}$jøy$^{35}$la$^{21}$.

571）来了，多住几日正走既然来了，就多住几天再走吧。

luo$^{53}$la$^{21}$，tou$^{21}$toe$^{33}$ki$^{35}$gi$^{3}$ʦaŋ$^{55}$ʦia$^{35}$.

572）渠行岭头路□角睇□角望，综渠下沟哩他走山路也东看西看，结果掉到坑里了。

ki$^{55}$hie$^{53}$lie$^{55}$tia$^{53}$lu$^{5}$ki$^{55}$kou$^{3}$tʰa$^{35}$haŋ$^{55}$kou$^{3}$baŋ$^{33}$，ʦɛŋ$^{21}$ki$^{55}$hou$^{55}$kia$^{21}$lai$^{3}$.

## （十）目的关系

573）为了身体快仔好，你爱好好□食药为了病早点好起来，你要好好吃药。

vai$^{33}$lio$^{55}$sɐn$^{21}$tʰai$^{35}$kʰua$^{55}$ʦai$^{3}$hau$^{35}$，lai$^{55}$uo$^{55}$hau$^{35}$hau$^{3}$sɿ$^{5}$sei$^{3}$jio$^{3}$.

574）早仔食饭，□□我迟到早点吃饭，免得我迟到。

ʦau$^{35}$ʦai$^{5}$sei$^{3}$foŋ$^{33}$，jie$^{53}$sie$^{35}$guo$^{55}$ʦʰɿ$^{53}$tau$^{55}$.

575）你讲我□听放倒在□角，□□我□间间寻你告诉我们放在哪里，免得我们一间一间地找。

lai$^{55}$kaŋ$^{35}$guo$^{55}$tu$^{5}$tʰie$^{55}$faŋ$^{55}$tau$^{35}$ʦʰuo$^{55}$ba$^{3}$kou$^{3}$，jie$^{53}$sie$^{35}$guo$^{55}$tu$^{5}$ka$^{21}$ka$^{21}$ʦʰɐn$^{53}$.

## 四、语序

### （一）状语的顺序

普通话中，动词后有数量短语时，形容词一般用在动词前作状语；而犁市土话则是形容词多用于动词后作补语。如：

576）渠拿多了一个他多拿了一个。

ki$^{55}$la$^{35}$tou$^{21}$la$^{21}$ji$^{5}$kuo$^{55}$.

577）我买多了三个我多买了三个。

guo$^{55}$ba$^{55}$tou$^{21}$la$^{21}$sa$^{21}$kuo$^{55}$.

578）你写少了一个数字你少写了一个数字。

lai$^{55}$sie$^{35}$sio$^{35}$la$^{21}$ji$^{5}$kuo$^{55}$su$^{3}$sɿ$^{5}$.

此外，普通话时间副词“先”一般位于动词前，而犁市土话则一般位于动词后。如：

579）你去先，我一阵间正去你先去，我等一下就去。

lai$^{55}$høy$^{53}$sei$^{21}$，guo$^{55}$ji$^{5}$ʦ$^{h}$ɐn$^{5}$ka$^{21}$ʦaŋ$^{33}$høy$^{53}$.

另外，普通话“不能”作状语时，一般出现在动词或动词短语前；而犁市土话“唔得”作状语时，可以出现在动词短语后，也可以出现在动词短语的中间。如：

580）渠有病，饮酒唔得/饮唔得酒他病了，不能喝酒。

ki$^{55}$jiu$^{55}$pie$^{33}$，jɐn$^{35}$ʦiu$^{35}$m$^{21}$tai$^{5}$/jɐn$^{35}$m$^{21}$tai$^{5}$ʦiu$^{35}$.

581）渠腰痛，坐久唔得/坐唔得久他腰不好，不能久坐。

ki$^{55}$jio$^{21}$t$^{h}$ɛŋ$^{55}$，ʦ$^{h}$ou$^{55}$kiu$^{35}$m$^{21}$tai$^{5}$/ʦ$^{h}$ou$^{55}$m$^{21}$tai$^{5}$kiu$^{35}$.

### （二）可能补语和受事宾语

犁市土话可能补语和受事宾语的顺序比较自由，可能补语既可以出现在受事宾语的前面，也可以出现在受事宾语的后面，不过，以出现在受事宾语后面为常。如：

582）喊渠唔听/喊唔听渠叫不动他。

k$^{h}$a$^{55}$ki$^{55}$m$^{21}$t$^{h}$ie$^{55}$/k$^{h}$a$^{55}$m$^{21}$t$^{h}$ie$^{55}$ki$^{55}$.

583）骗我唔倒/骗唔倒我骗不了我。

p$^{h}$ei$^{55}$guo$^{55}$m$^{21}$tau$^{35}$/p$^{h}$ei$^{55}$m$^{21}$tau$^{35}$guo$^{55}$.

584）今日冇心性，食饭唔下心情不好，吃不下饭。

kɐn$^{21}$gi$^{5}$bau$^{55}$sɐn$^{21}$sie$^{55}$，sei$^{3}$foŋ$^{33}$m$^{21}$hou$^{55}$.

585）我对得渠住，渠对我唔住我对得起他，他对不起我。

guo$^{55}$ toe$^{55}$ tai$^{5}$ ki$^{5}$ toe$^{33}$，ki$^{55}$ toe$^{55}$ guo$^{55}$ m$^{21}$ toe$^{33}$.

586）饮酒我饮我阿弟唔赢，村哩有人饮得渠赢喝酒我喝不过我弟弟，村子里谁都喝不过他。

jɐn$^{35}$ ʦiu$^{35}$ guo$^{55}$ jɐn$^{35}$ guo$^{53}$ t$^{h}$ei$^{55}$ m$^{21}$ jie$^{53}$，ʦ$^{h}$ɐn$^{21}$ lai$^{3}$ bau$^{55}$ gɐn$^{53}$ jɐn$^{35}$ tai$^{5}$ ki$^{55}$ jie$^{53}$.

587）我食得□一斤米/我食得一斤米□我能吃一斤米。

guo$^{55}$ sei$^{3}$ tai$^{5}$ hei$^{5}$ ji$^{21}$ kɐn$^{21}$ buo$^{55}$/guo$^{55}$ sei$^{3}$ tai$^{5}$ ji$^{21}$ kɐn$^{21}$ buo$^{55}$ hei$^{5}$.

588）渠一餐食得□20 个糍粑/渠一餐食得 20 个糍粑□他一餐能吃 20 个糍粑。

ki$^{55}$ ji$^{5}$ ʦ$^{h}$oŋ$^{21}$ sei$^{3}$ tai$^{5}$ hei$^{5}$ gi$^{33}$ sɿ$^{3}$ kuo$^{55}$ ʦ$^{h}$ai$^{53}$ pa$^{21}$/ki$^{55}$ ji$^{5}$ ʦ$^{h}$oŋ$^{21}$ sei$^{3}$ tai$^{5}$ gi$^{33}$ sɿ$^{3}$ kuo$^{55}$ ʦ$^{h}$ai$^{53}$ pa$^{21}$ hei$^{5}$.

589）他饮得□两斤酒/他饮得两斤酒□他能喝两斤酒。

ki$^{55}$ jɐn$^{35}$ tai$^{5}$ hei$^{5}$ lioŋ$^{55}$ kɐn$^{21}$ ʦiu$^{35}$/ki$^{55}$ jɐn$^{35}$ tai$^{5}$ lioŋ$^{55}$ kɐn$^{21}$ ʦiu$^{35}$ hei$^{5}$.

# 第五章 犁市土话标音举例

## 一、sou$^{3}$ voŋ$^{53}$ kou$^{21}$ jio$^{53}$<br>沙园歌谣

“sou$^{3}$ voŋ$^{53}$ kɛŋ$^{21}$ fu$^{21}$ hau$^{35}$ ʦu$^{3}$, tu$^{33}$ søy$^{5}$ loŋ$^{53}$ ku$^{55}$. vaŋ$^{53}$ tia$^{5}$ hau$^{35}$
“沙园功夫好做，渡船难过。黄豆好

bou$^{33}$, fou$^{21}$ sie$^{21}$ hau$^{35}$ søy$^{21}$, loŋ$^{53}$ ta$^{21}$ kei$^{21}$, kei$^{21}$ ta$^{53}$ poŋ$^{55}$ jia$^{33}$.” ji$^{55}$
磨，花生好筛，难担鸡，鸡啼半夜。”意

sɿ$^{55}$ hia$^{33}$ sou$^{3}$ voŋ$^{53}$ hia$^{33}$ kuo$^{55}$ hau$^{35}$ tai$^{33}$ faŋ$^{21}$, tei$^{53}$ tai$^{33}$ hau$^{35}$ hau$^{35}$,
思係沙园係个好地方，田地好好，

sy$^{35}$ fai$^{53}$ hau$^{35}$ ʦɛɯ$^{5}$, hia$^{33}$ fou$^{21}$ sie$^{21}$ vaŋ$^{53}$ tia$^{5}$ ʦʰy$^{5}$ ʦʰa$^{35}$ ka$^{55}$ tai$^{33}$
水肥好足，係花生黄豆出产箇地

faŋ$^{21}$, fou$^{21}$ sie$^{21}$ voŋ$^{53}$ tia$^{5}$ tu$^{21}$ ba$^{33}$ ku$^{21}$ kou$^{5}$ tai$^{33}$. toŋ$^{33}$ hia$^{33}$ tu$^{33}$
方，花生黄豆都卖过各地。但係渡

søy$^{5}$ hau$^{35}$ loŋ$^{53}$ ku$^{55}$, ɡi$^{3}$ ɡi$^{5}$ ʦu$^{3}$ kɛŋ$^{21}$ fu$^{21}$ tu$^{21}$ uo$^{55}$ ʦʰioŋ$^{35}$ tu$^{33}$.
船好难过，日日做功夫都爱抢渡。

hi$^{35}$ ʦau$^{35}$ bou$^{35}$ hai$^{5}$ ta$^{21}$ kei$^{21}$ ta$^{21}$ a$^{3}$, sɿ$^{5}$ fɐn$^{21}$ ka$^{21}$ loŋ$^{53}$, jiu$^{55}$
起 早 摸 黑 担 鸡 担 鸭， 十 分 艰 难， 有

sɿ$^{53}$ sa$^{21}$ kie$^{21}$ poŋ$^{55}$ jia$^{33}$ ʦaŋ$^{33}$ kuai$^{21}$.
时 三 更 半 夜 正 归。

## 二、沙园龙船
sou$^{3}$ voŋ$^{53}$ lɛŋ$^{53}$ søy$^{53}$

sɿ$^{21}$ ku$^{35}$ ji$^{35}$ luo$^{53}$, sou$^{3}$ voŋ$^{53}$ lɛŋ$^{53}$ ʦiu$^{21}$ hau$^{35}$ ʦʰy$^{5}$ bie$^{5}$. lei$^{53}$ lei$^{5}$
自 古 以 来， 沙 园 龙 舟 好 出 名。 年 年

ʦʰy$^{5}$ guo$^{33}$ pai$^{35}$ ʦʰuo$^{55}$ tu$^{21}$ ʦɿ$^{55}$ sio$^{35}$ kʰau$^{35}$ tai$^{5}$ ʦʰei$^{53}$ sa$^{21}$ bie$^{5}$, la$^{53}$
出 外 比 赛 都 至 少 考 得 前 三 名， 男

loe$^{55}$ lau$^{55}$ sio$^{55}$ tu$^{21}$ ʦʰioŋ$^{55}$ lɛŋ$^{53}$ søy$^{53}$ kou$^{21}$. bai$^{55}$ lei$^{53}$ m$^{55}$ gøy$^{3}$ ʦʰou$^{21}$
女 老 少 都 唱 龙 船 歌。 每 年 五 月 初

m$^{55}$, sou$^{3}$ voŋ$^{53}$ tu$^{33}$ tia$^{5}$ la$^{53}$ loe$^{55}$ lau$^{55}$ sio$^{55}$ boŋ$^{55}$ hou$^{21}$ pei$^{21}$, kau$^{21}$
五， 沙 园 渡 头 男 女 老 少 满 河 边， 高

kau$^{21}$ haŋ$^{55}$ haŋ$^{55}$ ʦʰioŋ$^{55}$ kou$^{21}$ jøy$^{53}$. kou$^{21}$ jio$^{53}$ kaŋ$^{35}$: "ji$^{21}$ kaŋ$^{21}$ tuo$^{33}$ sy$^{35}$
高 兴 兴 唱 家 园。 歌 谣 讲： "一 江 大 水

ʦʰou$^{3}$ lɛŋ$^{53}$ lɛŋ$^{53}$ , tu$^{21}$ ʦʰaŋ$^{21}$ sou$^{3}$ voŋ$^{53}$ tu$^{33}$ tia$^{5}$ ʦʰy$^{21}$ fai$^{21}$ lɛŋ$^{53}$ . jiu$^{33}$
浊 □ □，都 称 沙 园 渡 头 出 飞 龙。又

kaŋ$^{35}$ sɿ$^{33}$ gɐn$^{53}$ ʦʰy$^{5}$ tai$^{5}$ fai$^{21}$ lɛŋ$^{53}$ hi$^{35}$, sei$^{21}$ sioŋ$^{35}$ kɐn$^{21}$ fou$^{21}$ hia$^{33}$
讲 是 人 出 得 飞 龙 起，先 想 金 花 后

sioŋ$^{35}$ hɛŋ$^{53}$." "lɛŋ$^{53}$ søy$^{53}$ ku$^{35}$ ʦɿ$^{35}$ hioŋ$^{53}$ lei$^{53}$ lei$^{53}$, pou$^{53}$ tau$^{35}$ lɛŋ$^{53}$ søy$^{53}$
想 红。”“龙 船 鼓 子 响 连 连，爬 倒 龙 船

boŋ$^{55}$ kaŋ$^{21}$ jøy$^{53}$. jio$^{53}$ jio$^{53}$ pa$^{35}$ pa$^{35}$ lɛŋ$^{53}$ bu$^{55}$ ʦau$^{35}$, pa$^{35}$ pa$^{35}$ jio$^{53}$
满 江 沿。摇 摇 摆 摆 龙 舞 早，摆 摆 摇

jio$^{53}$ lɛŋ$^{53}$ kʰuɐn$^{35}$ kʰiu$^{53}$."
摇 龙 滚 球。”

## 三、sou$^{3}$ voŋ$^{53}$ ʦʰɐn$^{21}$ ʦʰɐn$^{21}$ bie$^{5}$ ka$^{55}$ luo$^{53}$ jiu$^{53}$ 沙园村村名箇来由

ʦʰaŋ$^{21}$ ʦʰio$^{53}$ sɿ$^{53}$ hia$^{5}$ ʦu$^{3}$, kɛŋ$^{21}$ ʦʰɛŋ$^{53}$ kaŋ$^{21}$ sei$^{21}$ ki$^{5}$ ɔn$^{21}$ jøy$^{33}$ tuo$^{33}$
清 朝 时 候，祖 公 从 江 西 吉 安 县 大

bou$^{55}$ tia$^{53}$ luo$^{53}$ tau$^{55}$ sio$^{53}$ ʦiu$^{21}$ kʰɛɯ$^{5}$ kaŋ$^{21}$ jøy$^{33}$ la$^{53}$ sɿ$^{55}$ fu$^{33}$ kʰɐn$^{55}$
码 头 来 到 韶 州 曲 江 县 犁 市 附 近

ʦiu$^{21}$ vai$^{53}$, kuoŋ$^{21}$ ʦʰa$^{5}$ la$^{21}$ poŋ$^{55}$ kuo$^{55}$ gøy$^{5}$, ʦʰuo$^{33}$ hi$^{21}$ kɐn$^{3}$ ka$^{55}$ tai$^{33}$
周 围， 观 察 了 半 个 月， 在 □ 今 箇 地

foŋ$^{21}$ toe$^{33}$ hou$^{55}$ luo$^{53}$. taŋ$^{21}$ sɿ$^{53}$, sy$^{35}$ pei$^{21}$ lai$^{3}$ hau$^{35}$ tou$^{21}$ sou$^{3}$ toe$^{21}$,
方 住 下 来。 当 时， 水 边 哩 好 多 沙 堆，

ta$^{21}$ sou$^{3}$ høy$^{53}$ la$^{53}$ sɿ$^{55}$ ba$^{33}$ ku$^{21}$ hi$^{35}$ ɛɯ$^{5}$ ka$^{55}$ gɐn$^{53}$. jy$^{53}$ sɿ$^{33}$,
担 沙 去 犁 市 卖 过 起 屋 箇 人。 于 是，

hi$^{35}$ ɛɯ$^{5}$ ka$^{55}$ gɐn$^{53}$ bɐn$^{33}$: " lai$^{55}$ tu$^{5}$ hia$^{33}$ ba$^{3}$ kou$^{3}$ ka$^{55}$?" ta$^{21}$ sou$^{3}$
起 屋 箇 人 问：“ 你 □ 係 □ 角 箇？” 担 沙

ka$^{55}$ ta$^{5}$ fɛɯ$^{5}$: " guo$^{55}$ tu$^{5}$ hia$^{33}$ ʦʰuo$^{33}$ soŋ$^{33}$ jiu$^{53}$ ka$^{55}$ sou$^{3}$ pou$^{55}$ lai$^{3}$
箇 答 复：“ 我 □ 係 在 上 游 箇 沙 坝 哩

toe$^{33}$ ka$^{55}$ gɐn$^{53}$." hi$^{35}$ ɛɯ$^{5}$ ka$^{55}$ gɐn$^{53}$ kaŋ$^{35}$: " ba$^{3}$ ʦɛŋ$^{21}$ bau$^{55}$ tai$^{5}$ bie$^{5}$
住 箇 人。” 起 屋 箇 人 讲：“ □ 宗 有 得 名

ʦʰaŋ$^{21}$ ka$^{55}$? guo$^{55}$ ʦʰia$^{55}$ lai$^{55}$ tu$^{5}$ m$^{21}$ kuo$^{55}$ bie$^{5}$, ʦʰiu$^{33}$ kʰa$^{55}$ sou$^{3}$ voŋ$^{53}$
称 箇？ 我 凑 你 □ 安 个 名， 就 喊 沙 园

ʦʰɐn$^{21}$ pa$^{33}$." ʦʰɛŋ$^{53}$ ʦʰɿ$^{35}$ ji$^{35}$ hia$^{33}$, guo$^{55}$ tu$^{5}$ ki$^{55}$ kou$^{3}$ ʦʰiu$^{33}$ kʰa$^{55}$ sou$^{3}$
村 吧。” 从 此 以 后， 我 □ □ 角 就 喊 沙

voŋ$^{53}$ ʦʰɐn$^{21}$.
园 村。

# 参考文献


[1]（宋）陈彭年. 钜宋广韵. 上海：上海古籍出版社，1983.

[2] 邓晓华. 客家话跟苗瑶壮侗语的关系问题. 民族语文，1999（3）：42～49.

[3]（宋）丁度等. 集韵. 上海：上海古籍出版社，1985.

[4] 范俊军. 语言调查语料记录与立档规范. 广州：暨南大学出版社，2011.

[5] 甘于恩. 论汉语方言本字考订的“四性”——以粤方言为例. 广东技术师范学院学报，2009（4）：75～78.

[6] 李如龙. 从闽语的“汝”和“你”说开去. 方言，2004（1）：1～6.

[7] 李如龙，张双庆. 客赣方言调查报告. 厦门：厦门大学出版社，1992.

[8] 李冬香，庄初升. 韶关土话调查研究. 广州：暨南大学出版社，2009. 234.

[9] 刘纶鑫. 客赣方言比较研究. 北京：中国社会科学出版社，1999.

[10] 梅祖麟. 吴语和闽语的比较研究. 上海：上海教育出版社，1995. 1～12.

[11] 曲江县地方志编纂委员会. 曲江县志. 北京：中华书局，1999.

[12] 潘悟云. 汉语否定词考源——兼论虚词考本字的基本方法. 中国语文，2002（4）：302～309.

[13] 王福堂. 平话、湘南土话和粤北土话的归属. 方言，2001（2）：107～118.

[14] 李如龙. 汉语方言特征词研究. 厦门：厦门大学出版社，2002：208～277.

[15]（汉）许慎撰，（宋）徐铉校定. 说文解字. 北京：中华书局，2004.

[16] 游汝杰，邹嘉彦. 社会语言学教程. 上海：复旦大学出版社，2009.

[17] 詹伯慧. 汉语方言及方言调查. 武汉：湖北教育出版社，2001.

[18] 张双庆. 乐昌土话研究. 厦门：厦门大学出版社，2000；张双庆. 连州土话研究. 厦门：厦门大学出版社，2004.

[19] 中国社会科学院与澳大利亚人文科学院. 中国语言地图集 B13. 香港：

香港朗文（远东）出版有限公司，1989.

［20］中国社会科学院语言研究所方言研究室资料室. 汉语方言词语调查条目表. 方言，2003（1）：6～27.

［21］周振鹤，游汝杰. 方言与中国文化. 上海：上海人民出版社，2006.

［22］朱晓农，寸熙. 韶关话的小称调和嘎裂声. 戴昭铭. 汉语方言语法研究和探索——首届国际汉语方言语法学术研讨会论文集. 哈尔滨：黑龙江人民出版社，2003. 346～354.

［23］庄初升. 粤北土话音韵研究. 北京：中国社会科学出版社，2004.